Junto a aguas
de reposo

volumen 3

Meditaciones diarias

Junto a aguas de reposo Volumen 3
Derechos de impresión 2014 © Vision Publishers
Publicado por: Vision Publishers, LLC

ISBN-10: 1-932676-87-2
ISBN-13: 978-1-932676-87-7

ePUB-10: 1-932676-91-0
ePUB-13: 978-1-932676-91-4
ePDF-10: 1-932676-92-9
ePDF-13: 978-1-932676-92-1

Impreso en los Estados Unidos de América

Levantado de texto y diseño: Lanette Steiner

El texto bíblico ha sido tomado de la versión Reina-Valera © 1960 Sociedades Bíblicas en América Latina; © renovado 1988 Sociedades Bíblicas Unidas. Usado con permiso.

Para descuentos especiales en compras al mayor, por favor contacte a Vision Publishers.
Para más información o comentarios, por favor contacte:

Vision Publishers
P.O. Box 190 Harrisonburg, Virginia 22803
Teléfono: 877-488-0901
Fax: 540-437-1969
E-mail: orders@vision-publishers.com
www.vision-publishers.com
(Véase la hoja de pedidos atrás)

Holmes Printing Solutions
8757 County Road 77 • Fredericksburg, OH 44627 • 888.473.6870

CONTENIDO

INTRODUCCIÓN

Jesús dijo: "Venid a mí, todos los que estáis trabajados y cargados, y yo os haré descansar" (Mateo 11:28). La vida nos presenta muchas cargas y pruebas. Éstas nos pueden dejar muy confusos y perturbados. Si estamos en tal condición, Jesús nos invita a ir a él para hallar descanso para el alma. "Tu guardarás en completa paz a aquel cuyo pensamiento en ti persevera; porque en ti ha confiado" (Isaías 26:3). Conforme la maldad crece y los hombres corruptos se vuelven cada vez peores, conforme las naciones se alejan cada vez más de Dios, necesitamos algo digno de confianza. Estas meditaciones devocionales tienen el propósito de llevar nuestros pensamientos hacia Dios y su Palabra. La Palabra de Dios es más segura que el oro que perece. Es una reserva de ayuda para nuestras necesidades. Esto es así porque fluye de Aquel que es una Roca inamovible.

El volumen 3 de *Junto a aguas de reposo* es una recopilación de meditaciones tomadas del séptimo año, del octavo y del noveno de la revista bimestral del mismo título en inglés. Esta revista se envía a cientos de miles de lectores. Agradecemos el privilegio de reproducir estas meditaciones escritas por muchos hombres piadosos de variados estilos de vida.

Le pedimos a Dios que muchos tomen el tiempo de dejar que estas lecturas ministren a las necesidades del corazón y de la vida.

Un porcentaje de cada venta se destina para "Still Waters Ministries" en Clarkson, Kentucky, EE.UU.

—Los publicadores

1 de enero

Sin profecía el pueblo se desenfrena;
mas el que guarda la ley es bienaventurado.

PROVERBIOS 29:18

EL INVENTARIO Y LAS METAS NOBLES

Cuando hacíamos el inventario del fin de año y evaluamos la hoja de preparación de impuestos y el estado de cuentas anual, encontramos muchas áreas en que hubiéramos podido hacer mejor. Pero el año ya se fue. El dinero se gastó. Lo único que nos queda es aprender de aquellos errores y poner metas mejores para el próximo año.

¿No es cierto que en la vida espiritual pasa lo mismo? Cuando reflexionamos sobre las experiencias del año que pasó, llegamos a la conclusión de que fallamos en muchas áreas. Pero el año ya se fue; ya no podemos cambiar nada. Por dicha tenemos la confianza de que Dios perdona nuestros pecados.

También podemos aprovechar de nuestros errores y aprender de ellos. Con la ayuda de Dios, pongamos mejores metas para el futuro. Las metas para el negocio son necesarias, pero es de mucha más importancia establecer metas para la vida espiritual.

Como padres, propongamos hacer lo mejor que podamos para que nuestros hijos y nuestros nietos lleguen al conocimiento de la verdad y perseveren hasta recibir el galardón celestial. Pongamos metas que ayuden a cada miembro de la iglesia a crecer en el conocimiento de la verdad. Nuestra meta debe ser que nadie caiga en la condenación del infierno, sino que cada uno viva eternamente en el glorioso cielo. Sí, eso es la voluntad de Dios, "el cual quiere que todos los hombres sean salvos y vengan al conocimiento de la verdad" (1 Timoteo 2:4).

Andrew M. Troyer, Conneautville, Pensilvania.

Nadie puede ser obrero para Dios hasta que sea hechura de Dios.

2 de enero

Os ruego, pues, hermanos, (. . .) que habléis todos una misma cosa.

1 CORINTIOS 1:10

UNA MENTE CON DIOS

En cierta ocasión una congregación decidió agregarle al edificio de su iglesia. Se reunieron para decidir a cual lado del edificio iban a construir. Una opción hubiera exigido talar un gran roble que tenía años de proveer sombra para las actividades que hacían al aire libre. Aunque ésta parecía la mejor opción, uno de los ancianos, que había sido miembro durante muchos años, creyó que debían construir al otro lado del edificio para salvar el viejo roble. Para él, el roble tenía mucho valor sentimental.

Cuando votaron, la mayoría optó por talar el roble. El único voto contrario había sido el del hermano anciano. En esa misma reunión planearon un día de trabajo para talar el árbol. Cuando llegó el día señalado, cual fue la sorpresa de los miembros al ver que el primero en llegar fue el hermano anciano, el único que había votado en contra de talar el árbol.

¿Cuántos estaríamos dispuestos a sacrificar nuestras ideas por el bien de la hermandad, por causa de la unidad y la paz, por causa del amor y la consideración, por la causa de Jesucristo?

La naturaleza humana se aferra a su propia opinión. Pero Dios puede cambiarla. Él puede quitar el corazón de piedra y darnos uno que es suave y considerado. Conforme Dios le dé forma al corazón para hacer su voluntad, comenzamos a pensar como él. Llegamos a ser más como él y unos como los otros. Solamente así podemos ser de un mismo pensar.

Harold R. Troyer, Kiev, Ucrania

*No es tanto que pensemos iguales,
como lo es que pensemos juntos.*

3 de enero

Lectura bíblica: Lucas 19:11-27

Plan para leer la Biblia en un año: Mateo 3; Génesis 6-8

El que es fiel en lo muy poco, también en lo más es fiel.
LUCAS 16:10

CUMPLAMOS CON NUESTRA RESPONSABILIDAD

Al acercarnos al pueblo, nos encontramos con el hermano Juan (nombre ficticio). Me habían pedido predicar la Palabra en la iglesia aquel domingo por la mañana. El hermano Juan era el pastor de aquella congregación, pero había caído en desánimo, y ya no predicaba. Pero nunca me imaginé que dejara de asistir a los cultos. La gente llegó tarde aquel día. Cuando llegó la hora de entonar los cantos, no había nadie preparado para dirigirlos. Aunque el canto no es mi don natural, de alguna manera logré comenzar uno. Llegó el momento para la lectura bíblica, y tampoco había alguien preparado. Concluí que aquella iglesia estaba muerta. La congregación parecía un redil de ovejas sin pastor. Apenas di por concluido el culto, la gente se marchó a la casa casi sin hablar. Parecía que les era difícil aun saludarse.

Seis meses después, otra vez me pidieron predicar en aquella misma iglesia. En el transcurso de esos seis meses, el hermano Juan se había arrepentido. Había confesado su pecado de desánimo y de abandono de sus responsabilidades hacia la iglesia. Después de un tiempo de disciplina, otra vez había tomado su posición de liderazgo. Cuando nos acercamos a la capilla, vimos que los hermanos se acercaban alegremente de todos lados. La capilla estaba casi llena. El hermano Juan dio inicio a la reunión. Otro hermano dirigió los cantos. Otro leyó una lectura e hizo comentarios muy apropiados. Después del culto, los hermanos se saludaron y se quedaron conversando.

Muchos hermanos me agradecieron el mensaje de la Palabra. Quedé admirado al ver la tremenda diferencia entre las dos visitas. Ahora, la iglesia estaba viva. Tenía un líder, un pastor, y las ovejas lo seguían.

¿A qué nos ha llamado Dios? ¿Estamos cumpliendo con nuestra responsabilidad, o somos la causa de que otros tropiecen y fallen? Seamos fieles a lo que Dios nos ha llamado en la iglesia, en el hogar, en la escuela, o en el trabajo.

David Good, Punta Gorda, Belice

Fiel es el que os llama, el cual también lo hará.
1 Tesalonicenses 5:24

4 de enero

Lectura bíblica: Juan 11:25-46

Plan para leer la Biblia en un año: Mateo 4; Génesis 9-11

Jesús le dijo: Yo soy el camino, y la verdad, y la vida;
nadie viene al Padre, sino por mí.

JUAN 14:6

JESÚS, NUESTRO GUÍA FIEL

Todo camino nos conduce a algún destino. Cada persona que ha vivido sobre la tierra terminará o en el cielo o en el infierno. Consideremos con mucho cuidado al hombre rico de Lucas 16:19-31. Cuando se encontró en el infierno, ya no había libertad, no había salida, ni tampoco había entrada por si alguien hubiera querido liberarlo. Se encontraba totalmente sin remedio. Había vivido con egoísmo, disfrutando de las cosas que este mundo ofrece sin pensar en los demás. Él escogió su destino. Jesús no fue su elección.

Si viajas a un lugar que no conoces, sería sabio consultar cuidadosamente un mapa para orientarte de la ruta que te lleva a tu destino final. "Escudriñad las Escrituras; porque a vosotros os parece que en ellas tenéis la vida eterna; y ellas son las que dan testimonio de mí" Juan 5:39.

Si no nos interesa saber de Jesús ni de su Palabra, somos como un barco sin capitán, llevados de un lado al otro sin destino. Aun si sobrevivimos a las tormentas de la vida, llegará una tormenta que nadie sobrevivirá sin Jesús. La única manera que vamos a sobrevivir el día del juicio, es permitir que Jesús, nuestro guía fiel, nos enseñe. Escudriñemos las Escrituras, hagamos caso a las señales por el camino, permitamos que Jesús sea nuestro guía, y llegaremos con seguridad al cielo.

Tobe Y. Hostetler, Danville, Ohio.

Tenemos que morir o vivir. Escoge a Jesús y vivirás.

5 de enero

Lectura bíblica: Efesios 4:11-32

Plan para leer la Biblia en un año: Mateo 5:1-26; Génesis 12-14

Por lo cual, desechando la mentira, hablad verdad cada uno con su prójimo; porque somos miembros los unos de los otros.

EFESIOS 4:25

TU PECADO TE ALCANZARÁ

Aquel viernes, cuatro jóvenes estudiantes planearon ir a pescar después de las clases. Llevaban todo su equipo de pesca en el vehículo. Pero mientras viajaban rumbo al colegio, les llegó la fuerte tentación de pescar antes de que empezaran las clases. Así fue como decidieron que aunque se quedaran pescando un rato, todavía podrían llegar a tiempo al colegio. Pero la pesca estuvo buena, y los muchachos llegaron al colegio una hora tarde.

—Ahora, ¿qué le diremos al director? —se preguntaron los muchachos al llegar al colegio.

—Le diré que se nos ponchó una llanta —ofreció el chofer. Llegaron a la oficina del director y le explicaron que una llanta se les había ponchado.

El director fue muy comprensivo.

—A cualquiera se le puede ponchar una llanta —dijo, mientras les daba un papelito a cada muchacho —. Sólo les doy una tarea antes que vayan a las clases. Apúntenme cuál llanta fue la que se ponchó.

Mentir no solamente es pecado, sino que también es muy inconveniente. Yo me asombro de cuántos supuestos cristianos guardan rencor, amargura y odio en el corazón. Si decimos que somos seguidores de Jesús, pero rehusamos obedecer sus mandatos, mentimos. Si digo que amo a Dios, pero fallo al amar a mi prójimo, estoy viviendo una mentira.

Conocí a un hombre que muchas veces decía:

—Permíteme un momento y te puedo inventar una explicación aceptable. —Si siempre decimos la verdad, nunca tendremos que inventar una explicación aceptable.

Melvin L. Yoder, Gambier, Ohio

Hablemos la verdad, o sufriremos las consecuencias.

6 de enero

Lectura bíblica: Salmo 37

Plan para leer la Biblia en un año: Mateo 5:27-48; Génesis 15-17

Guarda silencio ante Jehová, y espera en él. No te alteres con motivo del que prospera en su camino, por el hombre que hace maldades.

SALMO 37:7

EL CONTENTAMIENTO QUE DIOS QUIERE

¿Cómo me afecta la influencia de los demás? ¿Me regocijo cuando otros prosperan, cuando su negocio es rentable, su finca es próspera o encuentran la esposa ideal? ¿O me quedo inconforme hasta que los supere?

Cuando nuestros hijos eran más jóvenes, muchas veces decían:

—El papá de David compró una camioneta nueva. ¿No cree que la nuestra ya está un poco vieja?

—Rebecca tiene otro vestido nuevo. Yo también quisiera hacerme uno.

—Nuestro tractor no tiene aire acondicionado, y ni siquiera tiene cabina.

Yo les recordaba:

—Pero todavía funciona bien.

Como padres, parece que nos damos cuenta de cada nueva compra, de cada boda, de cada reunión familiar y de cada viaje que se hace para visitar a familiares en congregaciones distantes. ¿Pero querrá decir que nosotros tenemos que hacer lo mismo sólo porque tenemos con qué? En 1 Timoteo 6:6 leemos: "Pero gran ganancia es la piedad acompañada de contentamiento."

Me crié en un hogar donde compramos pocas cosas nuevas, y los aparatos más modernos ni se consideraban una opción. Uno de los refranes favoritos de Papá era: "Termínelo, gástelo, adáptelo o viva sin él."

Creo que la iglesia de hoy podría aprender de la sabiduría de este refrán. Podemos estar contentos sin los vehículos más nuevos y los muebles más bonitos, y a la vez regocijarnos con los que pueden obtenerlos. Las tarjetas de crédito, los salarios más altos y una economía en bonanza han sido perjudiciales para el crecimiento espiritual del pueblo de Dios. ¿Podríamos ser fieles y estar contentos sin la prosperidad que ahora disfrutamos? Pudiera ser que en el futuro cercano enfrentemos pruebas tales como enfrentaban nuestros antepasados. ¿Qué tal de la influencia de los demás entonces?

John Freeman, Albany, Kentucky

Pobre el hombre que no disfruta de las cosas sencillas de la vida.

7 de enero

Porque todo lo que es nacido de Dios vence al mundo; y esta es la victoria que ha vencido al mundo, nuestra fe.

1 JUAN 5:4

AL FINAL DE LA VIDA ¿VICTORIA O EMPATE?

A un hombre de setenta y ocho años, actor famoso y presidente de un grupo político influyente, hace poco se le informó que tenía síntomas de la enfermedad de Alzheimer. Su reacción en público fue que no se daría por vencido, sino que continuaría luchando como siempre. Después añadió: "Solamente que un día tendré que declararlo un empate."

La definición de "empate" es "dejar un concurso en disputa; salir iguales en una competencia." Cuando un juego termina sin que ningún equipo gane, se le llama un empate. Ahora consideremos el concepto que expresó este hombre en cuanto al final de la vida, cuando dijo: "Tendré que declararlo un empate."

Declararlo un empate da a entender que no estamos dispuestos a enfrentar las consecuencias de las decisiones tomadas en la vida. Si seguimos nuestros propios deseos no lograremos un empate, sino sólo la derrota. ¿Con quién empataríamos: con Dios o con Satanás? Declararlo un empate con Dios es casi blasfemia, y terminar empatados con Satanás no es aceptable.

El cristiano también lucha en la vida. Lucha contra el diablo, contra su propia carne y contra las fuerzas del mundo. La batalla es ardua y larga, y a veces nos cansamos. Pero nunca nos atrevamos a declararlo un empate. Ni lo pensemos, porque eso no sería ganar. La victoria es nuestra meta, y al final esperamos una corona de vida. Si nuestra vida termina antes de lo que esperábamos, o si contraemos la enfermedad de Alzheimer, podemos ser "más que vencedores por medio de aquel que nos amó."

Pablo entendió el concepto cuando dijo: "He peleado la buena batalla, he acabado la carrera, he guardado la fe." La victoria no es un empate con Dios, sino más bien un éxito bajo su bendición y dirección.

Delmar R. Eby, London, Kentucky

Ni es de los ligeros la carrera, ni la guerra de los fuertes.
Eclesiastés 9:11

8 de enero

Si muerde la serpiente antes de ser encantada,
de nada sirve el encantador.

ECLESIASTÉS 10:11

LA SERPIENTE ANTIGUA

Una gran culebra trepaba un árbol hacia un nido con pajaritos. Los tordos graznaban con tanta urgencia que los petirrojos los ayudaron a combatir al enemigo temido. Cerca de veinte pájaros frenéticamente se lanzaban contra la culebra y le picoteaban la cabeza, pero siguió trepando a pesar de los obstáculos y logró llegar al nido.

La mayoría de personas se aterrorizan a la vista de una culebra. Un hermano una vez comentó:

—En su temor de las culebras, las mujeres son bíblicas. —Se refería a Génesis 3:15: "Y pondré enemistad entre [la serpiente] y la mujer."

Pienso en la descripción bíblica de "la serpiente antigua, que se llama diablo y Satanás" (Apocalipsis 12:9). Esta serpiente está para destruir a nuestros preciosos hijos y nietos. Los puede atacar de muchas formas engañosas, haciéndoles dudar de la autenticidad de las Escrituras, o seduciéndolos al materialismo y a la carnalidad.

Muchos que se asustan mucho al ver una culebra (generalmente inofensiva) no parecen tenerle miedo al jefe de las serpientes, que es el diablo. Hasta se ríen de él, y hacen chistes de él como si fuera sólo un mito. ¡Qué triste que multitudes al fin caerán al lago de fuego junto con la serpiente antigua, el diablo, de la cual se burlaban en la vida!

Derrotemos a la serpiente por la sangre de Jesucristo, el Cordero de Dios, que "quita el pecado del mundo."

Willis Halterman, Carlisle, Pensilvania

El camino de la serpiente serpentea, más el del cristiano es derecho.

9 de enero

Lectura bíblica: 1 Pedro 5

Plan para leer la Biblia en un año: Mateo 8; Génesis 23, 24

Sed sobrios, y velad; porque vuestro adversario el diablo, como león rugiente, anda alrededor buscando a quien devorar.

1 PEDRO 5:8

¡PELIGRO A LA VISTA!

Nuestro hijo compró un nuevo toro para la finca. Días después notamos que se estaba enfermando. El veterinario dijo que tenía fiebre del embarque y le administró el tratamiento adecuado. Nos dijo que le diéramos otras inyecciones más en los días siguientes.

Mientras el toro estuvo enfermo, era fácil arrearlo al corral, meterlo en la manga y darle la inyección, pero según recuperaba, el asunto cambió. Una mañana intentamos arrearlo para meterlo en la manga, pero él se resistió y hasta dio un paso hacia mí. Con una oración pidiendo protección y valor para proceder, decidí enseñarle al toro que yo no le tenía miedo. Le seguí hincando, pero de repente se me tiró encima, dejándome tendido en el suelo. Me quedé inmóvil, esperando una embestida sin misericordia. El toro retrocedió, y en pocos segundos alcancé un lugar seguro.

¿Tomo decisiones imprudentes que dan oportunidad al enemigo para destruir mi alma? ¿Podré humillarme y recibir consejo de alguien mayor y más sabio que yo, cuando obviamente voy por un camino peligroso? ¿O seguiré hincando hasta que el enemigo me dé un golpe feroz y mortífero?

Solamente por la gracia de Dios pude salir ileso después de neciamente hincar al toro que hubiera podido matarme. Le pido a Dios que siempre me proteja y me humille para escoger de inmediato la seguridad cuando hay peligro espiritual por delante.

Daniel Mast, Orrville, Ohio

El sabio puede sentarse en un hormiguero, pero sólo el necio se queda sentado en él. —Proverbio chino

10 de enero

Bueno le es al hombre llevar el yugo desde su juventud.

LAMENTACIONES 3:27

EL YUGO

Leemos de varios tipos de yugos en la Biblia: el yugo del aprendizaje (Mateo 11:29), el yugo de esclavitud (Gálatas 5:1) y el yugo de la rebelión (Lamentaciones 1:14), para mencionar algunos.

¿Qué es un yugo? Es una pieza de madera que se coloca sobre el cuello de dos bueyes. Junta a dos animales para tirar de algún aparato.

Cuando se quiere entrenar a un buey nuevo, se enyuga a un buey entrenado, y se sueltan a pastar. Dondequiera que vaya el buey entrenado, va el buey nuevo. Esto se llama el yugo del aprendizaje.

¿No es esto el yugo del que habla Jesús en Mateo 11:29? Cuando llevamos el yugo de Jesús sobre nosotros, nos atamos junto a él y aprendemos de él. Lo seguimos dondequiera que él vaya y aprendemos de sus caminos. Su yugo es fácil, y ligera su carga.

En Gálatas 5:1 se nos amonesta a no estar sujetos al yugo de esclavitud. En 2 Corintios 6:14 se nos dice que no nos unamos en yugo desigual con los incrédulos, para no aprender de sus caminos perversos. Tengamos cuidado con quién nos uncimos. Si nos uncimos con un incrédulo, aprenderemos más de sus caminos. Eso es un yugo peligroso.

Daniel Miller, Dunnegan, Misuri

No hay gozo mayor que ser enyugado con Jesús.

11 de enero

Lectura bíblica: Jonás 1

Plan para leer la Biblia en un año: Mateo 9:18-38; Génesis 27, 28

Profesan conocer a Dios, pero con los hechos lo niegan, siendo abominables y rebeldes, reprobados en cuanto a toda buena obra.

TITO 1:16

LA PROFESIÓN CONTRADICTORIA DE JONÁS

Jonás fue un profeta de Dios a quién se le asignó una misión de gran importancia. Dios quería extenderle una invitación a la gran ciudad pecaminosa de Nínive. Quería invitarla a una relación con él. Escogió a Jonás como instrumento para llevarle la invitación.

Pero influenciado por su propia humanidad, su orgullo y su nacionalismo judío, Jonás desobedeció al llamado celestial. Huyó no solamente de la tarea, sino también de la presencia de Dios. Después se halló en una situación inescapable. Una tormenta terrible amenazaba con destruir la nave en la cual huía. Los tripulantes despertaron a Jonás y lo interrogaron.

Él hizo dos declaraciones contradictorias. Les dijo que temía a Dios, pero que estaba huyendo de la presencia del mismo. ¿Se daría cuenta Jonás de lo absurdo que era su confesión? El temor no fue lo suficiente como para motivarlo a la obediencia.

Pero tengo que preguntarme: ¿Cuántas veces no concuerdan mis palabras con mis hechos? Declaramos que somos humildes. Pero, cuando el mundo observa nuestros hogares y negocios, ¿observan un cuadro de humildad? Decimos que el cristiano no ama el dinero, pero ¿cuánto nos esforzamos por sacar el último peso en los tratos? Decimos que creemos en el evangelismo. Pero ¿cuántas veces le testificamos al vecino o al vendedor en la calle?

No digamos por un lado: "Temo a Dios," y por el otro lado: "Quiero agradarme a mí mismo". La profesión contradictoria es una afrenta a Dios. Digamos: "Temo a Dios," y demostrémoslo con la obediencia a él.

Delmar R. Eby, London, Kentucky

Si temo a Dios, oiré a Dios y me acercaré a él.

12 de enero

Lectura bíblica: Hebreos 12:1-17

Plan para leer la Biblia en un año: Mateo 10:1-23; Génesis 29, 30

Es verdad que ninguna disciplina al presente parece ser causa de gozo, sino de tristeza; pero después da fruto apacible de justicia a los que en ella han sido ejercitados.

HEBREOS 12:11

¿PIEDRAS DE PASADERA O DE TROPIEZO?

Se cuenta la leyenda de un anciano encorvado que se llama el Abuelito Tiempo. Él da sus vueltas y entrega un paquete a cada infante cuando nace. En el paquete vienen los problemas de la vida. Todos lo detestan, pero nadie puede deshacerse del paquete.

La leyenda cuenta que la mayoría abre sus paquetes y esparcen el contenido desordenadamente por el camino de la vida. Caminan sin rumbo, tropezando con un problema y otro. Dichosamente, algunas pocas personas saben qué hacer con sus problemas. Ellos también los esparcen por el camino de la vida, pero los usan como pasaderas.

Aunque es una leyenda, destaca la diferencia entre el punto de vista del cristiano y el del incrédulo. El incrédulo enfrenta los problemas sin esperanza y sin propósito. El cristiano sabe que los problemas pueden llegar a ser pasaderas que lo acercan más a Dios con la ayuda del Espíritu Santo.

"Y sabemos que a los que aman a Dios, todas las cosas les ayudan a bien, esto es, a los que conforme a su propósito son llamados" (Romanos 8:28). Dios promete que aun los problemas más graves pueden resultar en bien.

Muchas veces el cristiano puede ver que algún bien resulta de sus problemas. Quizás le ayudan a depender más de Dios, o le dan experiencia para ayudar a otros que enfrentan problemas parecidos. Aun cuando no comprendemos el porqué, Dios permite que enfrentemos problemas para probar nuestro compromiso con él. Esto se llama la disciplina del Señor. "Porque el Señor al que ama, disciplina" (Hebreos 12:6).

Roger Berry, Seymour, Misuri

Usa tus problemas como pasaderas para acercarte más a Dios.

13 de enero

Lectura bíblica: Génesis 3:1-13

Plan para leer la Biblia en un año: Mateo 10:24-42; Génesis 31-32

La serpiente me engañó.

GÉNESIS 3:13

LA HERMOSA SERPIENTE

Cuando era joven e incrédulo, anduve de vacaciones con un amigo cristiano. Una mañana asoleada buceaba solo en el agua tibia y clara del mar. Admiraba bancos de peces de muchos colores. Comencé a nadar hacia la orilla pero vislumbré una criatura hermosa que se deslizaba por el fondo arenoso. La seguí desde arriba. La luz del sol penetraba el agua cristalina y la criatura reflejaba muchos colores. Me fascinaba su hermosura.

De repente la criatura se volvió y rápidamente nadó hacia mí. Me quedé congelado del miedo. Pero inexplicablemente se detuvo, tan cerca que la hubiera podido tocar, y luego se alejó. ¡Decidí que era momento de buscar la orilla!

Cuando salí a la playa, mi amigo parecía agitado, y me preguntó repetidamente:

—¿Estás bien? —Él había orado por mí tan sólo unos momentos antes; por alguna razón se había preocupado por mi seguridad.

Pocos días después quedé asombrado al encontrar, por casualidad, una fotografía de la misma criatura marina. ¡Era la serpiente más mortífera del mundo! Una serpiente marina en temporada de celo (cuando son más agresivas) casi me había atacado. Si me hubiera mordido, dentro de pocos segundos habría experimentado insuficiencia respiratoria y me habría ahogado. Habría muerto un incrédulo, sin esperanza y eternamente separado de Dios.

Entonces entendí la verdad de la salvación de Dios. Yo seguía Satanás, que como la serpiente marina, al principio parecía hermoso, emocionante e inofensivo. Pero al fin la soledad, el vacío y el temor llenaron mi vida. Tanto Satanás como la serpiente marina son engañosos y mortíferos. Mi amigo cristiano había clamado al Señor por mi alma. Me arrepentí y le entregué la vida a Dios, y la serpiente tuvo que huir.

Bruce Files, Lyndon, Kansas

Busque a Dios, no a la serpiente astuta.

14 de enero

Pero nosotros bendeciremos a JAH desde ahora y para siempre. Aleluya.

SALMO 115:18

EL TIEMPO

El tiempo es un elemento que Dios creó cuando primero formó la tierra. "Y fue la tarde y la mañana un día" (Génesis 1:5). El tiempo sigue al mismo paso que Dios ordenó desde el comienzo. Nadie lo puede alterar sin que sea la voluntad de Dios. En el Antiguo Testamento leemos de unas veces que Dios hizo excepciones. El rey Ezequías estaba enfermo, y Dios le dijo que ordenara su casa porque iba a morir. Pero Ezequías le rogó a Jehová que lo sanara. Dios dijo que le iba a dar quince años más de vida. Ezequías preguntó:

—¿Cómo sabré esto? —Y Jehová hizo retroceder la sombra diez grados en el reloj de Acaz, como señal para Ezequías.

También leemos en Josué 10:13-14 que Dios hizo que se detuvieran el sol y la luna por casi un día entero, para que Josué tuviera tiempo para vencer a sus enemigos, los amorreos.

Ahora consideremos el tiempo que Dios nos ha dado a nosotros. ¿Lo usaremos para seguir los mandamientos de Jesús, o seguiremos nuestros propios placeres y deseos? ¿Extenderemos una mano amiga dondequiera y cuandoquiera que haya necesidad? ¿Nos preocuparemos por los que aún están en el pecado? ¿Seremos un testigo fiel a los incrédulos?

El tiempo es corto, y pasa pronto. Pensemos seriamente en las palabras de Jesús en Marcos 13:33: "Mirad, velad y orad; porque no sabéis cuándo será el tiempo." No sabemos cuándo vendrá nuestro Señor. Meditemos en lo que dice el apóstol Pablo: "Y esto, conociendo el tiempo, que es ya hora de levantarnos del sueño; porque ahora está más cerca de nosotros nuestra salvación que cuando creímos" (Romanos 13:11). "Porque dice: En tiempo aceptable te he oído, y en día de salvación te he socorrido. He aquí ahora el tiempo aceptable; he aquí ahora el día de salvación" (2 Corintios 6:2).

Amos Garber, Rosebush, Michigan

El tiempo es un trocito de eternidad que Dios nos ha regalado.

15 de enero

Lectura bíblica: Isaías 55

Plan para leer la Biblia en un año: Mateo 12:1-21; Génesis 36, 37

Inclinad vuestro oído, y venid a mí; oíd, y vivirá vuestra alma; y haré con vosotros pacto eterno, las misericordias firmes a David.
ISAÍAS 55:3

¡ALTO! ¡MIRA! ¡ESCUCHA!

Hace unas décadas, estas tres palabras comúnmente se veían en todos los cruces de ferrocarril en los Estados Unidos. Hace casi cien años, la línea férrea más grande del país observó el peligro y la muerte que tantas veces resultaba cuando las locomotoras de hierro chocaban contra los vehículos en las encrucijadas. La compañía ofreció un premio de 2,500 dólares para la persona que sugiriera las tres mejores palabras que poner en las señales de aviso en las encrucijadas de ferrocarril. La persona que se ganó el premio ofreció estas tres palabras: "¡Alto! ¡Mira! ¡Escucha!" Cada palabra era importante para la seguridad de las personas. No era suficiente detenerse, sin mirar y escuchar. Pero al obedecer las tres palabras, sí había seguridad.

Hay muchas encrucijadas en la vida espiritual. Cuando Dios nos habla, ¿nos detenemos y escuchamos lo que nos quiere comunicar? ¿Buscamos dirección diaria en la Palabra de Dios? Demasiadas veces nuestra línea de comunicación con Dios está rota y no escuchamos lo que él nos quiere decir. Los afanes de este mundo, el engaño de las riquezas o el futuro desconocido nos pueden atascar espiritualmente.

Dios desea comunicarse con el hombre y dirigirle en la senda de la justicia y santidad.

Samuel Beachy, Belvidere, Tennessee

Detente cuando Dios se detiene. Camina cuando Dios camina.

16 de enero

Lectura bíblica: Mateo 10:7-42

Plan para leer la Biblia en un año: Mateo 12:22-50; Génesis 38-40

Porque ignorando la justicia de Dios, y procurando establecer la suya propia, no se han sujetado a la justicia de Dios.

ROMANOS 10:3

CONFIESA A CRISTO HOY

¡Habla de Jesús a alguien hoy! Tal vez me dices: "No sé hacerlo", o "Soy tardo para hablar", como dijo Moisés cuando Dios lo llamó a liberar a los israelitas. Tal vez te da vergüenza hablar de Jesús y lo que él ha hecho por ti. "¿Qué tal se rían o se burlen o se enojen? ¿Qué haré entonces?" te preguntas.

Cuando no queremos hacer algo, siempre hay un sinfín de razones y pretextos para no hacerlo. Pero Mateo 10:32-33 dice que si negamos a Jesús, él también nos negará.

Muchas personas, en su interior, están profundamente heridas. Por fuera, todo parece estar bien, pero por dentro lloran, buscando ayuda. Algunos hasta se burlarán de ti cuando les hables de Cristo, pero por dentro desean que alguien les muestre cómo llenar el vacío.

No sólo los mundanos están heridos. Pudiera ser mi hermano en la iglesia que necesita una palabra de ánimo o una ayuda.

El versículo clave dice que las personas ignoran la justicia de Dios y que por eso intentan establecer la justicia propia. Ser ignorante resulta de la falta de información o inteligencia. Debemos estar dispuestos a decirles que Cristo los ama y los puede llenar de su amor.

Sanford Nissley, Catlett, Virginia

Si no confesamos a Cristo hoy, él no nos confesará delante del Padre en el día del juicio.

17 de enero

Echad de vosotros todas vuestras transgresiones con que habéis
pecado, y haceos un corazón nuevo y un espíritu nuevo.
¿Por qué moriréis, casa de Israel?

EZEQUIEL 18:31

EL ARREPENTIMIENTO: EL CAMINO HACIA DIOS

Juan el Bautista predicaba el arrepentimiento. Jesús predicaba el
arrepentimiento. Hoy aún se predica el arrepentimiento.

Y ¿cuál es el mensaje? ¿Cuál es la idea? ¿Por qué predicar el
arrepentimiento? ¿Tendremos algún problema? ¿O será que los
predicadores sólo quieren que nos sintamos culpables?

El arrepentimiento es absolutamente necesario para obtener
el perdón de Dios. No podemos entrar en la presencia de Dios sin
primero arrepentirnos del pecado. El pecado nos separa de Dios, de
su aprobación y de sus bendiciones. El arrepentimiento y la fe en la
sangre redentora de Cristo restauran al hombre a la plena comunión
con su Creador.

Nos arrepentimos cuando detestamos lo suficiente el pecado como
para clamar a Dios que nos limpie de él. Solamente cuando estamos
lo suficiente hartos del pecado como para rogarle a Dios que nos dé un
corazón nuevo podemos experimentar su perdón. El arrepentimiento
no siempre es fácil, pero siempre vale la pena.

El arrepentimiento no es un remedio que se necesita solamente
una vez. A veces caemos en nuestro caminar con Dios, aun después
de aceptarlo. Tenemos que arrepentirnos cada vez que esto suceda.

"Por cuanto todos pecaron, y están destituidos de la gloria de Dios"
(Romanos 3:23). Nadie queda exento del arrepentimiento y de la
confesión.

Harold R. Troyer, Belleville, Pensilvania

---

*Tenemos dos opciones: Arrepentirnos hoy y creer en Jesús,
o ser condenados mañana.*

18 de enero

Lectura bíblica: Lucas 13:1-6

Plan para leer la Biblia en un año: Mateo 13:33-58; Génesis 42, 43

Él entonces, respondiendo, le dijo: Señor, déjala todavía este año, hasta que yo cave alrededor de ella, y la abone.

LUCAS 13:8

PROBLEMAS EN LAS RAÍCES

Un amigo tenía un árbol con un problema. Cada primavera, cuando debía florecer y echar hojas nuevas, solamente florecía un lado del árbol. El otro lado daba una apariencia triste. Lo abonaron para que ese lado también se pusiera hermoso, pero no dio resultado. Al fin, después de considerarlo, creyeron que debía haber algún problema con las raíces. Excavaron al lado afectado hasta dejar descubiertas las raíces. Encontraron el problema: una gran roca impedía que las raíces se extendieran por ese lado y extrajeran la nutrición que necesitaban. Sacaron la roca y llenaron el hoyo con buena tierra. La siguiente primavera todo el árbol floreció.

Si mi amigo hubiera decidido solamente eliminar unas ramas del lado bueno para contrabalancear el lado malo, sólo habría logrado arruinar más al árbol. Intentó abonarlo, pero eso no ayudó. Cuando al fin decidió escarbar, se dio cuenta de que el problema estaba bajo tierra. Después de quitar la roca, el árbol al fin prosperó.

Los problemas en las raíces también impiden la salud y el crecimiento en la familia o aun en la iglesia. Cuántas veces intentamos resolver los problemas superficialmente, enfocando en una y otra cosa, solamente para después darnos cuenta de que la situación se agrava más y más. Muchas veces cuando observamos un problema tal como la rebeldía, la raíz del problema está más profunda, casi siempre donde no se puede ver. Aunque vemos los síntomas por fuera, el problema principal está bajo tierra.

Joe Miller, Hartville, Ohio

Arráigate en la Palabra de Dios.

19 de enero

Y los naturales nos trataron con no poca humanidad; porque encendiendo un fuego, nos recibieron a todos, a causa de la lluvia que caía, y del frío.
HECHOS 28:2

SEÑOR, DAME OJOS

Hace varios años mi hermana dejó una poesía con el almuerzo que me alistó:

Señor, dame ojos para ver, no sea que yo, como muchos,
Pase por el Calvario de alguno, y vea solamente una colina.

¿Tienes suficiente compasión para vendar a los heridos y sanar a los quebrantados de corazón? ¿Saben los demás que te interesas por ellos y que los comprendes? Dios se interesó lo suficiente por nosotros que mandó a su único Hijo a la tierra a morir. Jesús se interesó lo suficiente que permitió que se burlaran de él, lo acusaran falsamente y lo clavaran a una cruz. Se hubiera podido librar, pero se entregó a la muerte por amor a nosotros. ¡Demostró gran misericordia y compasión por toda la humanidad!

Si pudiéramos comprender el corazón compasivo de Jesús, quizás podríamos mejor comprendernos los unos a los otros. Si en verdad nos arrepentimos, recibimos a Jesús como nuestro Salvador y comprendemos cuán indignos somos, también tendremos compasión de los demás. De forma contraria, seremos demasiado orgullosos como para ser compasivos.

Muchas personas sufren en nuestro mundo hoy. Tienen problemas en el hogar, problemas de salud, problemas en el trabajo y problemas en la iglesia. ¿Se interesará alguien?

Hay muchas formas de demostrar compasión. Escucha las historias y los problemas de los heridos, y comprométete a orar por ellos. Desarrolla una relación con los que quieren ayuda. Llámalos por teléfono. Envíales una carta de ánimo o un ramo de flores. Pídele a Dios que te guíe a alguien hoy que necesite una mano amiga. Mantén tus ojos puestos en Jesús, y hallarás compasión para los demás.

Harold R. Troyer, Belleville, Pensilvania

A las personas no les interesa cuánto sabes,
sino cuánto te interesas por ellas.

20 de enero

Lectura bíblica: Mateo 25:14-30

Plan para leer la Biblia en un año: Mateo 14:22-36; Génesis 46-48

A uno dio cinco talentos, y a otro dos, y a otro uno,
a cada uno conforme a su capacidad.

MATEO 25:15

TALENTOS PARA LA GLORIA DE DIOS

Hacía frío y caía nieve. No pude evitar pensar en el jefe, que disfrutaba el clima cálido de la República Dominicana. Él estaba tomando el lugar de una familia misionera mientras ellos andaban de vacaciones. De repente pensé: "Él se fue a un país lejano y dejó el negocio bajo mi administración. Cuando regrese ¿qué informe le daré de sus cuentas?"

Jesús habló de este mismo asunto. ¿Cómo usamos los talentos que nos ha dejado nuestro Padre celestial? "Ay, pero no tengo la capacidad que tienen otros", decimos. O como dijo Moisés: "No puedo hablar bien." O como Saúl, nos escondemos entre el bagaje.

Cuando el señor de la historia bíblica regresó, solamente exigió que cada siervo hubiera aumentado lo que le había dejado. Su requisito era que aumentara. Notamos que no se exigía de un siervo los mismos resultados que de otro. Nuestro Señor no nos pide más que una ganancia espiritual según la capacidad. Cuando él regrese, podemos informarle de que hubo ganancia, aunque sea sólo la de los intereses.

¡Ojalá exclamemos a Dios como Pablo: "¿Qué quieres que yo haga?"! O como Isaías: "Heme aquí, envíame a mí." Después podemos regocijarnos, confiando en que Dios hará en nosotros su buena voluntad.

Nelson Gingerich, Richfield, Pensilvania

Los talentos se aumentan al utilizarse.

21 de enero

Y todo lo que hagáis, hacedlo de corazón,
como para el Señor y no para los hombres.

COLOSENSES 3:23

EL SERVICIO RENUENTE

Una hermana anciana de nuestra congregación se trasladaba a otra casa, y creí que debía ayudarle. Ya que estaba mal de salud, poco aseaba la casa; eso se veía claramente en los muebles. Mi hijo y yo hicimos el trabajo lo más pronto posible. Al terminar, sentí necesidad de bañarme y cambiarme la ropa. Lo cierto es que cumplí con el deber de ayudarle a la anciana. Pero al analizarlo, veo que lo hice sin ganas.

Deberíamos haber invitado a las hermanas de la iglesia a limpiar la casa y arreglar los muebles. Yo le debía haber dado palabras de ánimo durante este rato estresante. ¡Perdí una oportunidad excelente! No hubo bendición para mí en esta experiencia.

¿Estaremos sirviendo sin ganas a los padres, al patrón, o lo que es peor, a Dios? ¿Cómo se resuelve tal actitud? El versículo clave nos exhorta que sirvamos como si estuviéramos haciéndolo para el Señor. Si de todas formas vamos a hacer lo necesario, ¿por qué perder la bendición? El servicio amoroso tendrá un efecto agradable, no solamente para los que lo reciben y para Dios, sino también para nosotros.

Dios mandó al profeta Jonás a Nínive a predicar. Él intentó huir, pero Dios intervino y Jonás tuvo que ir a Nínive. Resultó un gran avivamiento, pero Jonás, en vez de regocijarse, se enojó. Cumplió con su deber, pero ¡qué bendición la que perdió!

Debemos dar un servicio voluntario y amoroso. Sólo Dios sabe cuántos resultarán bendecidos.

Norman Wine, Lebanon, Pensilvania

No existe gran talento sin gran voluntad. Honoré de Balzac

22 de enero

¿Quién es este Rey de gloria? Jehová el fuerte y valiente,
Jehová el poderoso en batalla.

SALMO 24:8

LA GLORIA DE DIOS

Si alguna vez has sido testigo de la gloria majestuosa de una tormenta en el oeste de los Estados Unidos, sabrá por qué la llamo majestuosa. Los relámpagos continuos y los truenos retumbantes dan testimonio del tremendo poder de Dios, el Creador de este drama extraordinario.

Hace miles de años, Dios bajó sobre el Monte Sinaí. Cuando los israelitas vieron los relámpagos y el cerro que humeaba, y oyeron el sonido de la bocina, se apartaron y se pararon a lo lejos.

El salmista David dijo: "Dios, Dios mío eres tú; de madrugada te buscaré; mi alma tiene sed de ti (. . .) para ver tu poder y tu gloria, así como te he mirado en el santuario" (Salmo 63:1-2).

Cuando Isaías vio a Dios sentado en su trono, dijo: "¡Ay de mí! que soy muerto; porque (. . .) han visto mis ojos al Rey, Jehová de los ejércitos" (Isaías 6:5). Moisés quería ver la gloria de Dios, pero Dios dijo: "No podrás ver mi rostro; porque no me verá hombre, y vivirá" (Éxodo 33:20).

Solamente en parte se puede observar la gloria de Dios con ojos mortales. Sólo después de la muerte veremos a Dios cara a cara. Solamente en parte observamos su gloria y su poder majestuoso en nuestra vida hoy. Su bondad no se puede medir.

Dios le dijo a Job: "Adórnate ahora de majestad y de alteza, y vístete de honra y de hermosura" (Job 40:10). Job respondió: "Me aborrezco" (Job 42:6). Doblemos con reverencia y humildad la rodilla y el corazón ante Dios.

Harold R. Troyer, Belleville, Pensilvania

Y respondió Dios a Moisés: YO SOY EL QUE SOY. Éxodo 3:14

23 de enero

Aprovechando bien el tiempo, porque los días son malos.

EFESIOS 5:16

A APROVECHAR BIEN EL TIEMPO

El tiempo es precioso. Cada uno tiene solamente cierta cantidad, así que debemos aprovechar cada momento. Si perdemos el tiempo en actividades que nos dejan vacíos e insatisfechos, no lo estamos aprovechando bien.

Se nos exhorta a aprovechar bien el tiempo al . . .

. . . tomar en cuenta que la vida es corta (Salmo 90:12). Debemos recordar que nuestros días son pocos.

. . . ser fieles como jóvenes (Eclesiastés 12:1). Debemos acordarnos de nuestro Creador en los días de nuestra juventud. No hay tiempo mejor para comenzar a aprovechar bien el tiempo, antes que lleguen los días malos cuando digamos: "No tengo en ellos contentamiento."

. . . subordinar los deberes terrenales a los deberes celestiales (1 Corintios 7:29). Aquí habla de ser casado o soltero. El matrimonio no debe impedir nuestras metas espirituales, más bien las debe realzar.

. . . tomar en serio la vida (Efesios 5:15-16). Debemos ser sobrios, utilizando los talentos con el fin de aumentarlos.

. . . ser ejemplo fiel al mundo (Colosenses 4:5). Redimimos el tiempo demostrando al mundo nuestra dedicación profunda a Dios, en palabras y en acciones.

. . . aprovechar cada oportunidad de estar en la congregación de los santos (Hebreos 10:25).

Si hemos fallado en el pasado, hoy podemos comenzar a usar nuestro tiempo solamente para Dios.

Wilmer S. Beachy, Liberty, Kentucky

Nuestros días son maletas idénticas, de un solo tamaño; pero algunas personas logran meterles más que otras.

24 de enero

Lectura bíblica: Génesis 6

Plan para leer la Biblia en un año: Mateo 17; Éxodo 7, 8

Y lo hizo así Noé; hizo conforme a todo lo que Dios le mandó.

GÉNESIS 6:22

LA PREPARACIÓN DEL ARCA

Cuando Dios mandó a Noé construir el arca, la tierra estaba llena de corrupción y de violencia. Había gigantes malvados llenos de codicia y deseos egoístas. Dios miró desde el cielo y sintió tristeza. Estaba hasta arrepentido de haber hecho al hombre que ahora había llegado a ser tan perverso. ¿Podemos imaginar a un hombre en medio de toda esta maldad que halló gracia delante de Dios? Noé fue hombre justo y perfecto, y hacía todo lo que Dios le mandaba. Ya que era predicador de justicia, advertía a los corruptos que dejaran la maldad.

Después que recibió de Dios las instrucciones para construir el arca, Noé hubiera podido quejarse de los vecinos necios y egoístas. Tal vez no le querían ayudar en el proyecto, o posiblemente se burlaban de la familia de Noé y de sus ideas extrañas. Pero en vez de quejarse, Noé se puso a trabajar. Por medio de la fe y la obediencia a Dios, Noé y su familia hallaron gracia y un refugio seguro.

Las bendiciones de la obediencia son eternas. ¿Qué podemos aprender de la vida de Noé?

1. Un hombre puede hacer una gran diferencia si escoge el camino angosto.

2. Es importante obedecer con fe.

3. Necesitamos con urgencia un arca (Jesús) para la salvación del alma.

¿Estoy preparando un arca para mi alma y las almas de mi familia, obedeciendo a Cristo y confiando en él?

Roy Keim, West Union, Ohio

Para hacer la voluntad de Dios se exige una decisión personal.

25 de enero

Porque lo que hago, no lo entiendo; pues no hago lo que quiero,
sino lo que aborrezco, eso hago.

ROMANOS 7:15

LA LUCHA INTERIOR

"Yo soy carnal, vendido al pecado" quiere decir que, aunque "la ley es espiritual" porque es la ley de Dios, la naturaleza pecaminosa no es espiritual. Busca rebelarse e independizarse de Dios. Si yo, siendo cristiano, trato de vencer el pecado en mi propia fuerza, caeré bajo el poder del pecado.

Pablo presenta tres lecciones que aprendió, intentando vencer sus propios deseos pecaminosos.

1. El conocimiento no es la respuesta (Romanos 7:9). Pablo se sentía bien mientras no entendía lo que exigía la ley. Cuando conoció la ley, supo que estaba condenado.

2. La fuerza propia no es suficiente (Romanos 7:15). Pablo pecó de formas que no eran ni atractivas para él.

3. Al aceptar a Cristo, no mueren automáticamente toda tentación y pecado (Romanos 7:22-25). Nacer de nuevo exige una decisión de fe, pero llegar a ser como Cristo es un proceso que dura de por vida. Pablo compara el crecimiento cristiano a una lucha o una carrera agotadora (1 Corintios 9:24-27; 2 Timoteo 4:7).

En el libro de Romanos, Pablo enfatiza que nadie es inocente. Nadie merece ser salvo. Todos dependemos de la obra de Cristo para la salvación. No la podemos ganar por medio del buen comportamiento. Pablo, al igual que nosotros, enfrentaba diariamente esta lucha contra el pecado. De Pablo podemos aprender a enfrentarla. Cuando él se sentía perdido, regresaba al comienzo de su vida espiritual, recordando que Cristo ya lo había librado.

Cuando estás confundido y abrumado por el impulso a pecar, sigue el ejemplo de Pablo. Dale las gracias a Dios que te ha dado la libertad por medio de Jesucristo. Deja que la realidad del poder de Cristo lo levante a la verdadera victoria sobre el pecado.

Marvin C. Hochstetler, Nappanee, Indiana

---

*Cuando caemos, Dios con amor nos extiende
la mano para levantarnos.*

26 de enero

Lectura bíblica: Mateo 18:1-14

Plan para leer la Biblia en un año: Mateo 18:21-35; Éxodo 11, 12

Desead, como niños recién nacidos, la leche espiritual no adulterada, para que por ella crezcáis para salvación.

1 PEDRO 2:2

COMO NIÑO

Una de las cartas más conmovedoras en la colección de la Casa Blanca, fue escrita por un joven. Fue dirigida al Presidente Cleveland, y fue escrita en septiembre de 1895. Leía:

> Estimado Presidente:
> Me siento bastante mal, y pensé escribirle y contarle todo. Hace como dos años (según me acuerdo) usé dos sellos postales que ya se habían usado antes para enviar cartas. Tal vez eran más de dos. Sólo recuerdo haberlo hecho dos veces. Hace poco me di cuenta de que eso es incorrecto. Pienso mucho en eso, y lo recuerdo día y noche. Ahora, estimado Presidente, ¿me perdonaría por favor? Le prometo que nunca lo volveré a hacer. Le mando el precio de tres sellos postales, y por favor perdóneme porque tenía sólo trece años cuando sucedió, y me arrepiento mucho de haberlo hecho.

También leí de una niña que estaba en el hospital esperando una operación peligrosa. La acostaron sobre la cama, y el cirujano ya le iba a dar la anestesia para dormirla. Entonces él le dijo:

—Ahora, antes que podamos operarte, te tendremos que dormir.

Ella respondió con dulzura:

—Pero si voy a dormir, primero tengo que orar. —Se puso de rodillas y oró una oración sencilla que le habían enseñado los padres.

Esa noche el cirujano, cuando se iba a acostar, oró por primera vez en treinta años.

Eli A. Yoder, Stuarts Draft, Virginia

El camino que lleva al monte de la transfiguración
pasa por el valle de la humillación.

27 de enero

Lectura bíblica: Lucas 3:1-18

Plan para leer la Biblia en un año: Mateo 19:1-15; Éxodo 13-15

Es necesario que él crezca, pero que yo mengüe. El que de arriba viene, es sobre todos; el que es de la tierra, es terrenal, y cosas terrenales habla; el que viene del cielo, es sobre todos.

JUAN 3:30-31

¿YO O DIOS?

Juan el Bautista era un hombre del desierto. Seguramente no presentaba un cuadro tan agradable con la ropa áspera, el pelo largo, y la piel quemada por el sol caluroso del desierto. La gente no viajaba grandes distancias para verlo por su atracción física.

Pero Juan tenía un mensaje del Dios del cielo; y cuando Dios le mandó comenzar su ministerio, él obedeció. Podría haber dicho: "Nadie me hará caso. No soy como otros. Nunca me recibirán." Pero en vez de resistir el mandato, comenzó a predicar el arrepentimiento y el bautismo.

El mensaje penetró hasta el corazón de los oyentes. De todas partes se reunieron para oír al salvaje con el mensaje poderoso. Llegó a ser tan popular que la gente lo buscaba para hallar respuestas a sus preguntas. Aun los soldados le preguntaron:

—Maestro, ¿qué haremos?

Con el paso del tiempo, Juan el Bautista enfrentó una crisis personal. La gente lo escuchaba. Muchos recibían el mensaje. Tuvo la gran oportunidad de liderar un movimiento. Algunas personas hasta se preguntaban si él sería el Cristo. Solamente faltaba que Juan los animara un poco.

Pero ¿qué hizo? Dijo: "Viene uno más poderoso que yo, de quien no soy digno de desatar la correa de su calzado" (Lucas 3:16). "Es necesario que él crezca, pero que yo mengüe" (Juan 3:30). Y ¿será que Juan en verdad menguó después de esto? Sí, hasta dio la cabeza por causa de la verdad.

¿Qué les indica a los demás mi vida? ¿Fomento mis propios intereses, o el reino de Cristo, que merece toda la gloria?

Nelson Rohrer, Harriston, Ontario

Que mi vida entera esté consagrada a ti, Señor;
Que a mis manos pueda guiar el impulso de tu amor.
— Frances Havergal

28 de enero

Jehová reina; temblarán los pueblos. El está sentado
sobre los querubines, se conmoverá la tierra.

SALMO 99:1

LA VANIDAD DEL HOMBRE

Matthew Henry dice de Job 41:10:
[Dios] destaca lo incapaz que fue [Job] para contender con el
Altísimo. Nadie es tan feroz, tan atrevido, que se atreva a alborotar al
leviatán, sabiendo que sería demasiado para él. ¿Quién, pues, podrá
estar de pie ante Dios, sea para criticar sus acciones o para aguantar
el poder de su ira? Si las criaturas inferiores que han sido puestas
bajo los pies del hombre lo asombran tanto, ¡cuán terrible debe ser la
majestad de nuestro gran Dios, que tiene el dominio soberano sobre
nosotros, y contra el cual el hombre se ha rebelado tanto! ¿Quién
podrá sostenerse en pie ante él una vez que se encienda su ira?

Hace unos años, me atrasé en un gran avión en Miami, Florida.
Una tormenta atrasó el vuelo. Hoy no estoy trabajando por la lluvia.
Un témpano de hielo hizo su marca inolvidable en la historia cuando
hundió el *Titánico*. Hace miles de años un hombre fue tragado vivo
por un pez grande, preservado vivo, y arrojado en la playa. Una vez
la tierra se abrió y tragó a unas familias rebeldes en el campamento
de los hijos de Israel. Por causa de la desobediencia, un león mató a
un profeta de Judá. Si el hombre es dominado por la creación, cuánto
más por el Creador. Sin duda, Dios es omnipotente. Su creación
obedece su mando.

El Nuevo Testamento dice: "¡Horrenda cosa es caer en manos del
Dios vivo!" (Hebreos 10:31). Dios está vivo y nos mira. El pensamiento
más noble que puedes tener hoy es un pensamiento de Dios.

Harold R. Troyer, Belleville, Pensilvania

El principio de la sabiduría es el temor de Jehová. Proverbios 1:7

29 de enero

Porque yo sé los pensamientos que tengo acerca de vosotros, dice Jehová, pensamientos de paz, y no de mal, para daros el fin que esperáis.

JEREMÍAS 29:11

¿QUÉ PIENSA DIOS DE TI?

Muchas veces cuando hemos actuado mal, nos preguntamos qué pensaran los demás. Aun si no hemos actuado mal, nos preguntamos lo mismo. Pero ¿nos habremos preguntado qué pensara Dios de nosotros? Jeremías dijo que los pensamientos que Dios tiene acerca de nosotros son de paz y no de mal.

¡Qué gran consuelo es saber que aun cuando actuamos mal, Dios siempre quiere que nos acerquemos a él! ¿Para qué? ¿Para regañarnos? ¡No! Él quiere darnos paz. ¡Qué gozo es recibir el perdón de pecados! Dios promete lavarnos y hundir los pecados en lo más profundo del mar. Esto es solamente una de las cosas que Dios hace para nosotros (véase Juan 14:27 y 16:33).

Dios no quiere que nadie perezca, sino que todos sean salvos. La decisión es nuestra. Él nos quiere bendecir, pero si no lo buscamos, no podemos aprovechar esa promesa maravillosa.

Dios ha prometido oírnos. "Clama a mí, y yo te responderé, y te enseñaré cosas grandes y ocultas que tú no conoces" (Jeremías 33:3). Léase también 2 Crónicas 7:14 y Jeremías 29:12-13. Si clamamos a él, podemos saber que él nos oye.

¡Cuán grande y maravilloso es nuestro Dios!

Mark G. Meighn, Ciudad de Belice, Belice

Sin Dios, no hay paz.

30 de enero

Por lo cual eres inexcusable, oh hombre, quienquiera que seas tú que juzgas; pues en lo que juzgas a otro, te condenas a ti mismo; porque tú que juzgas haces lo mismo.

ROMANOS 2:1

EL QUE PASA LA PELOTA

Cuando mi esposa Melissa era niña, una vez se puso a dibujar en la pared con una crayola. Cuando su madre vio la pared manchada, no estaba muy contenta.

—¿Tú hiciste esto? —preguntó severamente.

Melissa la miró inocentemente y señaló con el dedo al perro.

—Lobo lo hizo —acusó.

Echarle la culpa a otro es parte de la antigua naturaleza humana. Cuando Adán tuvo que enfrentar su desobediencia, dijo: "La mujer que me diste por compañera me dio del árbol, y yo comí" (Génesis 3:12). Eva dijo: "La serpiente me engañó, y comí" (Génesis 3:13). Ninguno de los dos quería aceptar la culpa.

En Éxodo 32:19-24, Aarón no quiso reconocer su culpa al fabricar el becerro de oro. Le echó la culpa a la gente. Cuando el rey Saúl no destruyó completamente a Amalec, también le echó la culpa a la gente. Y así ha sucedido a través de la historia.

¡Qué diferente la respuesta de David a Natán en 2 Samuel 12:13: "Pequé contra Jehová"! Con razón David fue llamado un hombre conforme al corazón de Dios.

Como cristianos, necesitamos un corazón como el de David. Debemos ser sinceros al evaluar cualquier situación. Aun si pensamos que otra persona tiene la mayor parte de la culpa, debemos aceptar la culpa propia con humildad y sinceridad. Tal vez a la otra persona le parezca que tengamos la mayor parte de la culpa (véase Mateo 7:1-5).

Con la ayuda de Dios, aceptemos toda responsabilidad por cada acción propia.

Joseph Jones, Ash Fork, Arizona

Vale la pena aceptar la culpa.

31 de enero

Mas él conoce mi camino; me probará, y saldré como oro.

JOB 23:10

EL PORQUÉ DEL SUFRIMIENTO

Los tres amigos de Daniel enfrentaron una gran decisión. El rey les mandó adorar a la imagen de oro. Si no la adoraban, serían echados en el horno de fuego. Ellos escogieron obedecer a Dios aunque les costara la vida. Desobedecieron el mandato del rey; se quedaron de pie y experimentaron una prueba de fuego.

En la vida enfrentamos experiencias que nos causan dolor. Muchas veces la hermosura en la vida es resultado de algún sufrimiento. El sufrimiento no es agradable, pero cuando lo aceptamos, da honra y gloria a Dios.

La rosa es una flor hermosa, pero también tiene espinas. La rosa libera la fragancia más dulce cuando es aplastada. Si pasamos por un valle oscuro, cobremos ánimo y no nos demos por vencidos. Produzcamos la fragancia más dulce en la hora más oscura.

Dios nos quiere moldear para su honra y gloria. A veces ve defectos en nosotros y los quiere quitar. A veces sentimos dolor cuando él nos talla, sacando la impureza de la vida. Pero sabemos que la prueba de nuestra fe produce paciencia. Aunque el sufrimiento sea difícil, aceptemos lo desagradable de la vida.

Mantengamos los ojos en Jesús, y algún día experimentaremos el gozo eterno en el cielo. Allá no habrá más dolor, ni tristeza, ni sufrimiento.

Samuel Beachy, Belvidere, Tennessee

*Aunque las pruebas sean desagradables,
producen una deliciosa fragancia.*

1 de febrero

Pero tú, cuando ayunes, unge tu cabeza y lava tu rostro, para no mostrar a los hombres que ayunas, sino a tu Padre que está en secreto; y tu Padre que ve en lo secreto te recompensará en público.

MATEO 6:17-18

PROCLAMEN AYUNO

El ayuno ha sido un factor importante en la vida de muchos piadosos en toda la historia de la Biblia. Ha sido una forma de presentarnos ante Dios pidiendo misericordia, compasión y ayuda en las muchas aflicciones que sufrimos a causa de la naturaleza pecaminosa. Hay muchos ejemplos en la Biblia de santos que ayunaron.

En 1 Samuel 7 leemos de una gran victoria que ganaron los israelitas sobre los filisteos después de ayunar y confesar sus pecados a Dios. Cuando Amán tramó destruir a los judíos, la reina Ester proclamó ayuno. Los judíos ayunaron tres días y fueron maravillosamente librados de la mano del enemigo.

En Marcos 6:7 leemos que Jesús envió a sus discípulos de dos en dos y les dio autoridad sobre los espíritus inmundos. Sin embargo, más adelante los discípulos enfrentaron un caso en que no pudieron echar fuera un demonio. Jesús se entristeció por la falta de fe, y después de echar fuera al demonio, les informó a los discípulos que ese género solamente salía con oración y ayuno.

Por el poder del Espíritu Santo, Jesús pudo resistir al diablo cuando ayunó cuarenta días y noches en el desierto.

En estos últimos días peligrosos en los cuales se ha multiplicado la maldad y el amor de muchos se ha enfriado, unámonos en oración y en el espíritu de ayuno que Dios indica en Isaías 58. No solamente veremos que Dios obrará, sino que también seremos limpiados de las transgresiones y disfrutaremos un andar más cerca de Dios.

Chester Mullet, Belle Center, Ohio

Por medio de comer la fruta prohibida entró el pecado en el mundo.
Por medio del ayuno y de la oración podemos
ser librados del pecado.

2 de febrero

Lectura bíblica: Salmo 139

Plan para leer la Biblia en un año: Mateo 22:1-22; Éxodo 29, 30

Péseme Dios en balanzas de justicia, y conocerá mi integridad.
JOB 31:6

LA AUTOEXAMINACIÓN

—Tengo muchos problemas —confesó Luís. Habló con el pastor un rato, y el pastor le dio algunos consejos. Pero pocos días después Luís regresó y dijo:

—Intenté lo que usted sugirió, pero no funcionó.

Al fin el pastor le dijo:

—Luís, no tengo más consejo que darte. ¿Por qué no hablas con otros pastores? Tal vez ellos te puedan ayudar.

Al poco tiempo Luís regresó al pastor:

—He pedido consejo a muchos pastores —dijo—, y ninguno de ellos sabe más que usted.

Una noche este pastor tenía planes de predicar en otra iglesia, y pidió a Luís acompañarlo. Cuando regresaban a casa, ya tarde, pasaron a cenar en un restaurante. Mientras comían, Luís de repente golpeó la mesa con la mano y exclamó:

—¡Ya la hallé! ¡Ya la hallé!

—Cálmate —dijo el pastor—. ¿Qué hallaste?

—La respuesta al problema. La razón por lo que todo me sale mal es que yo estoy mal.

Luís se dio cuenta de que cuando uno realmente encuentra el poder de Dios y reconoce que está derrotado, puede hallar una vida de victoria.

Muchas veces la razón que las personas tienen tantos problemas es que toleran el pecado.

Eli A. Yoder, Stuarts Draft, Virginia

La vida con Cristo trae esperanza sin fin; la vida sin Cristo trae un fin sin esperanza.

3 de febrero

Lectura bíblica: 1 Reyes 3:16-28

Plan para leer la Biblia en un año: Mateo 22:23-46; Éxodo 31-33

Humillaos delante del Señor, y él os exaltará.

SANTIAGO 4:10

SÓLO UN NIÑO

Cada día nacen muchos niños. Algunos nacen en hogares cristianos, otros en hogares no cristianos, y aun otros nacen sin hogar. Dios ama a los niños. Además, quiere que seamos como niños. Jesús dijo: "Si no os volvéis y os hacéis como niños, no entraréis en el reino de los cielos" (Mateo 18:3).

Los niños tienen un lugar importante en el mundo. ¿Cómo sería este mundo sin ellos? ¿Cómo sería nunca tener en los brazos a un bebé, nunca oírlos llorar, nunca sentirnos maravillados de lo tiernos y delicados que son?

Los niños de alguna forma conmueven el corazón, y los amamos. Tal vez porque son tan pequeños. Tal vez por su sencillez y su falta de arrogancia. El niño no presume ser una gran persona. Tal vez los amamos porque están dispuestos a recibir enseñanza. ¿O será porque nos aman tanto? Hay muchas razones por las cuales amamos a los niños.

Salomón se sentía muy joven (1 Reyes 3:7). Jeremías dijo: "¡Ah, Señor Jehová! (. . .) soy niño" (Jeremías 1:6). Pero si no nos hacemos como niños no podemos entrar en el reino de Dios. Él quiere que recordemos que somos pequeños.

Los niños recién nacidos son tan indefensos que necesitan cuidado constante. Dios nos puede ayudar solamente cuando nos damos cuenta de que somos incapaces de dirigirnos solos. Él nos quiere ayudar. Nos quiere enseñar. Nos quiere dirigir. Nos quiere llevar en sus brazos. Pero tal vez nos creemos muy grandes. Creemos que podemos defendernos solos, pero perdemos una gran bendición. Dios nos quiere tomar en los brazos como a un niño y decir:

—Vamos por aquí. —¡Nunca nos creamos demasiado grandes para esto!

Harold R. Troyer, Kiev, Ucrania

La fe más grande muchas veces se halla en el corazón de un niño.

4 de febrero

Lectura bíblica: 2 Pedro 3:1-14

Plan para leer la Biblia en un año: Mateo 23:1-22; Éxodo 34-36

Pero el día del Señor vendrá como ladrón en la noche;
en el cual los cielos pasarán con grande estruendo.
2 PEDRO 3:10

ESTÉN PREPARADOS

Era un atardecer hermoso y tranquilo en Pensilvania, EE.UU. La gente se ocupaba en sus trabajos, unos alimentando los animales, otros lavando los trastos, y otros descansando después de un largo día de trabajo.

De repente se oyó una fuerte explosión. Salí del establo para investigar. El cielo estaba despejado. Oí otra explosión más pequeña, seguida de unos retumbos. Comenzaron a sonar los teléfonos; las personas alarmadas se llamaban los unos a los otros. La policía reportó de un posible choque de un avión. Los vehículos corrieron a gran velocidad hacia el supuesto sitio del choque.

Después de una investigación, no se halló ningún avión accidentado. Pero sí se halló evidencia de un meteorito que había chocado con la tierra, causando la gran explosión que oímos.

Esto trajo a mi memoria las palabras de Pedro, que dijo que en el día final los cielos pasarán con gran estruendo. También dijo que en los postreros días vendrán burladores, diciendo: "¿Dónde está la promesa de su advenimiento?" Pueden suceder eventos atemorizantes, haciendo que la gente reflexione por un breve tiempo, pero pronto se olvidan, creyendo que todo seguirá igual. El texto nos exhorta a no ignorar el hecho de que el Señor no retarda su promesa. "Puesto que todas estas cosas han de ser deshechas, ¡cómo no debéis vosotros andar en santa y piadosa manera de vivir!" (2 Pedro 3:11).

Podemos esperar la venida del Señor con anhelo y gozo en vez de sufrir la ira de Dios derramada sobre los impíos.

Willis H. Martin, Wellsboro, Pensilvania

En medio del dolor y la angustia, Jesús habla: "¡Ten ánimo! Yo soy".

5 de febrero

Habiendo creído en él, fuisteis sellados con el Espíritu Santo de la promesa, que es las arras de nuestra herencia.

EFESIOS 1:13-14

SELLADOS O MARCADOS

Poseer una identificación es un asunto importante en la actualidad. Los gobiernos se esfuerzan más que nunca para saber quién se mueve dentro de sus fronteras y qué hace dentro del país. Para la mayoría, la cédula, el pasaporte y la licencia de conducir son sellos muy normales de identidad. Nos ayudan a conseguir con cierta medida de seguridad los bienes y servicios que necesitamos.

Para otros, la identificación llega a ser una carga. Falsifican pasaportes y visas para darse una identificación falsa. Pero, ¿por qué será necesario? Porque son marcados por el gobierno como criminales, agitadores y aun terroristas. Una identificación con su fotografía les puede denunciar por quienes realmente son.

Los hijos de Dios poseen una identificación legítima. Han sido redimidos del pecado. Han cambiado su lealtad a Satanás y al mundo por lealtad a Cristo y a su iglesia. En esa conversión, Dios en su gracia sella su compromiso, dándoles el Espíritu Santo de la promesa. Ese sello es las arras o el depósito que garantiza que Dios cumplirá todo lo que ha prometido, mientras le sigan fielmente hasta el fin. El compromiso de Dios es protegerlos y ayudarles mientras permanezcan en su amor. Se puede notar cuando una persona permite que Dios produzca en su vida el fruto del Espíritu.

Los malvados e impíos no tienen tal bendición. Sirven a un amo muy diferente, que los quiere esclavizar. Pero su servicio les deja cicatrices en vez de sellos. Estos esclavos llegan a ser marcados por los rigores y la dureza de la vida pecaminosa. Su vida es marcada por el vacío, el odio y la inmoralidad. Esto muchas veces se revela en el rostro triste y en la falta de alegría en su vida. "La paga del pecado es muerte" (Romanos 6:23).

La decisión es nuestra. ¿Somos marcados o sellados?

Delmar R. Eby, London, Kentucky

El sello asegura y preserva; la marca identifica para la destrucción.

6 de febrero

Así que, según tengamos oportunidad, hagamos bien a todos, y mayormente a los de la familia de la fe.

GÁLATAS 6:10

LAS OPORTUNIDADES

—Quisiera ayudarte —digo—, pero estoy ocupado. ¿Alguna vez has dicho estas palabras? ¿Cómo decides cuándo dejar el trabajo propio para ayudarle a otro con un trabajo de menos importancia? No podemos hacer todo para todos, pero debemos estar dispuestos a sacrificarnos para ayudar a otros. ¿Hago bien si no estoy disponible para ayudarle al vecino, pero sí tengo tiempo para lavar el automóvil? Dios nos ha dado hermanos en la iglesia para que nos ayudemos unos a otros, aunque tal vez no siempre es posible ayudar en todo momento.

Para poder entender la voluntad de Dios, debemos escudriñar la Palabra y ponerle importancia en la vida. "Todo lo que te viniere a la mano para hacer, hazlo según tus fuerzas; porque en el Seol, adonde vas, no hay obra, ni trabajo, ni ciencia, ni sabiduría" (Eclesiastés 9:10). Considera la posibilidad de que tal vez nunca tendrás otra oportunidad de ayudarle a cierta persona. Las oportunidades son dadas por Dios. Es decisión nuestra si permitimos que nos controle el egoísmo.

"No mirando nosotros las cosas que se ven, sino las que no se ven; pues las cosas que se ven son temporales, pero las que no se ven son eternas" (2 Corintios 4:18). Establecemos valores eternos cuando les damos importancia a los demás. Con gusto debemos tomar el tiempo para asistir algún culto o visitar a algún anciano. No hallaremos oportunidades de compartir nuestra vida con otros si no nos entregamos a amar a los demás como Cristo nos amó. Es nuestra responsabilidad compartir gozo, esperanza y consuelo con los que lo necesitan. "Me es necesario hacer las obras del que me envió, entre tanto que el día dura; la noche viene, cuando nadie puede trabajar" (Juan 9:4).

Nevin Landis, Kalona, Iowa

Trabajemos para el Salvador que ama a las almas.

7 de febrero

Lectura bíblica: Ezequiel 33:1-20

Plan para leer la Biblia en un año: Mateo 24:23-51; Levítico 1-3

Por tanto, id, y haced discípulos a todas las naciones.

MATEO 28:19

EL RESCATE OPORTUNO

La noticia llegó a las dos de la madrugada del 25 de julio, 2002. A Bill Arnold y a su familia les despertaron los fuertes ladridos del perro. Bill se levantó y vio un alboroto en una mina de carbón en su finca. Le dijo a su esposa que iba a ver qué sucedía.

Descubrió que había ocurrido un accidente en la mina, y nueve hombres habían quedado atrapados a más de setenta metros bajo tierra. ¡Qué noticia más espeluznante para la comunidad, y cuánto más para las familias de los mineros atrapados! Se regó la noticia rápidamente. Los equipos de rescate llegaron en seguida. Llevaron máquinas para perforar la tierra. Primero, hicieron un hoyo pequeño para poder sacar el agua de la mina y para meter oxígeno y aire cálido para los atrapados. Otro equipo comenzó a perforar un hoyo para sacar a los hombres lo más pronto posible.

Pidieron oración por la seguridad de los atrapados y también por los familiares preocupados. Duraron setenta y dos horas en hacer el hoyo del rescate. El lema de los rescatadores no era "¿Los salvaremos?", sino "¡Los salvaremos!" Hubo gran regocijo cuando el último de los nueve hombres fue puesto a salvo.

Este suceso debe despertar a cada cristiano al gran trabajo de alcanzar a los que están sumergidos en el pecado. Si no se arrepienten, se perderán eternamente sin oportunidad alguna de escape. Debemos desesperarnos por dirigir a un mundo perdido a Jesucristo. Perseveremos, oremos y testifiquemos, señalando al mundo a Cristo, cuya sangre quitará el pecado.

Amos B. Stoltzfus, Honey Brook, Pensilvania

Rescatemos a los que perecen, y preocupémonos por los que se están muriendo.

8 de febrero

Lectura bíblica: Hechos 4:31-37; 5:1-11

Plan para leer la Biblia en un año: Mateo 25:1-30; Levítico 4-6

No tengo yo mayor gozo que este, el oír que mis hijos andan en la verdad.

3 JUAN 4

LA VERDAD NO CAMBIA

Se cuenta la historia de Fran y el abuelo que caminaban al pueblo. Un conejo cruzó el camino delante de ellos.

—¡Qué conejo más grande! —dijo el abuelo.

—Eso no es nada —dijo Fran—. Una vez vi un conejo del tamaño de una vaca.

—¡De veras! —exclamó el abuelo—. ¡Qué interesante! ¿Has oído el cuento del puente que pronto cruzaremos? Dicen que si lo cruza un mentiroso, el puente se quiebra.

—Eh . . . quizás el conejo sólo era del tamaño de una cabra —dijo Fran.

—Quizás —dijo el abuelo.

—O quizás como un perro —continuó Fran.

—Quizás —dijo el abuelo.

Llegaron al puente. Fran se detuvo.

—Ya me acuerdo —dijo—. Sólo era del tamaño de un . . .

—¿Un conejo? —sugirió el abuelo.

—Sí —dijo Fran—, un conejo.

Muchas veces exageramos. Seguramente se le debe llamar una mentira, pero suena tan inocente. Creemos que quizás logremos cruzar el puente. Pero la verdad es la verdad, y nunca cambia, así como Dios nunca cambia.

Se ha dicho que se puede exagerar, cambiar y enmendar la verdad, y aún será la verdad. ¡Pero no es cierto! Si no es la pura verdad, es una mentira. La exageración y la verdad enmendada ya no son la verdad.

Dios dijo:

—Adán y Eva, si comen de ese árbol, ciertamente morirán.

Satanás les mintió:

—No morirán, sino que serán como dioses, sabiendo el bien y el mal.

Tal vez Satanás sólo exageró. ¿Qué crees? ¿No fue cierto una parte de lo que dijo?

Harold R. Troyer, Kiev, Ucrania

Las peores mentiras pueden ser las que más se parecen a la verdad.

43

9 de febrero

Lectura bíblica: 1 Juan 2:12-17; Judas 11-19

Plan para leer la Biblia en un año: Mateo 25:31-46; Levítico 7-9

Y el mundo pasa, y sus deseos; pero el que hace la voluntad de Dios permanece para siempre.

1 JUAN 2:17

NO AMÉIS AL MUNDO

Una tarde abrí la Biblia a estas palabras subrayadas: "No améis al mundo." Entonces susurré:

—Señor, por favor pon en mí un odio por el mundo, Satanás y el pecado. —Más tarde las palabras "No améis al mundo" aún pasaban por la mente.

"No améis al mundo." En estas cuatro pequeñas palabras vemos la verdad de lo que comentó un pastor que predicaba acerca del amor. Dijo: "El amor es una decisión." Dios nos ha hecho con libre albedrío. Podemos decidir qué hacer. Aunque nos enojemos con alguien y deseamos vengarnos, aun es nuestra decisión. Podemos decidir odiar o amar.

Tenemos dos fuerzas luchando dentro de nosotros: el espíritu y la carne. Es como el indio que le dijo al pastor:

—Pastor, como que hay dos perros peleando dentro de mí. Siempre gana el que más alimento.

Estamos en una lucha verdadera. A menudo la siento en mí. A veces siento la presión del mundo tratando de desviarme del camino y rodarme hacia la destrucción. Si no mantengo los ojos en Dios, mi alma naufragará.

¿Acaso amamos al mundo más que al Padre? ¿Acaso amamos al mundo más que al hermano? La apariencia personal, el hablar y los lugares que frecuentamos nos deben identificar con los santos, y no con el mundo. ¿Nos reconocería el Padre como su posesión?

"Los deseos de la carne, los deseos de los ojos, y la vanagloria de la vida, no provienen del Padre, sino del mundo" (1 Juan 2:16).

No amemos al mundo ni las cosas que están en el mundo. "Si alguno ama al mundo, el amor del Padre no está en él" (1 Juan 2:15).

Richard del Cristo, Piedra Blanca, República Dominicana

Nada puede hacer pecar a un hombre sin su consentimiento.

10 de febrero

Lectura bíblica: 1 Corintios 3

Plan para leer la Biblia en un año: Mateo 26:1-19; Levítico 10-12

Por tanto, Jehová el Señor dice así: He aquí que yo he puesto en Sion por fundamento una piedra, piedra probada, angular, preciosa, de cimiento estable; el que creyere, no se apresure.

ISAÍAS 28:16

EL FUNDAMENTO FIRME

Cuando yo era muchacho, ayudé a mi papá a construir muchos fundamentos. Excavábamos hasta la tierra firme, formando una zanja para el fundamento. Después la llenábamos con cemento. Ya puesto el fundamento, no se podía hacer mucho para cambiarlo. Después que endurecía, construíamos sobre él.

Según el versículo once del pasaje bíblico (1 Corintios 3), el fundamento de la vida cristiana ya está puesto. Es responsabilidad nuestra construir sobre él, ya que es sólido y eterno. El Señor Jesucristo es el fundamento. Él dijo: "El cielo y la tierra pasarán, pero mis palabras no pasarán."

¿Qué tan profundo es tu fundamento? ¿De qué es hecho? Lee la Biblia. Ora al Señor Jesús. Construye sobre Jesucristo. Es muy importante construir. Si no construimos, fracasamos. Debemos escoger buenos materiales de construcción diariamente. Las actitudes, los pensamientos y las acciones hacen una diferencia en la construcción. Debemos usar materiales a prueba de fuego, porque serán probados por el fuego. Estamos construyendo para la eternidad sobre un fundamento eterno. Sin este fundamento, no podemos nada.

Harold R. Troyer, Kiev, Ucrania

El fundamento de Dios está firme. 2 Timoteo 2:19

11 de febrero

Lectura bíblica: Jueces 15:9-16:22

Plan para leer la Biblia en un año: Mateo 26:20-54; Levítico 13

Mirad, pues, con diligencia cómo andéis, no como necios sino como sabios.
EFESIOS 5:15

POTENCIAL MALGASTADO

Rodeado de enemigos, Sansón se sometió a ser atado con cuerdas y entregado a los filisteos. Pero de repente el Espíritu de Dios vino sobre él y las cuerdas que lo ataban se rompieron como hilo quemado. Sus enemigos no habían tomado en cuenta el poder de Dios en Sansón. Recogiendo del suelo la quijada de un asno, mató a mil filisteos.

¡Qué fuerza la de Sansón! Nadie lo podía detener sino él mismo. Los padres de Sansón lo aconsejaban, pero él repetidamente despreciaba los buenos consejos. Le encantaba llegarse a las mujeres paganas, y al fin se descuidó del voto nazareo. El Espíritu lo abandonó, y sin su protección, Sansón cayó en manos de los filisteos. Lo ataron y le sacaron los ojos. Sansón llegó a ser esclavo de ellos, y al fin murió en medio de ellos. ¡Qué trágico! Y esto porque Sansón les hizo caso a sus propios deseos y no al buen consejo de sus padres.

¡Qué fin más triste para un hombre que tenía la capacidad de hacer tanto para Dios! Falló sencillamente porque su preocupación principal fue agradarse a sí mismo.

Podemos aprender de la historia de Sansón. Es posible que malgastemos nuestro potencial porque rehusamos hacer lo que sabemos ser correcto. Muchas veces somos atrapados por el orgullo, el egoísmo y la obstinación. Logramos tan poquito para el Señor porque no queremos entregarnos completamente a él. Las buenas nuevas son que aún podemos cambiar. Vivimos en el presente, cuando aún es posible influir en nuestras circunstancias. Por la gracia de Dios, podemos vivir una vida victoriosa, una vida que logra mucho para el Maestro.

Craig Eicher, Butler, Indiana

El potencial malgastado es el mayor malgasto de todos.

12 de febrero

Lectura bíblica: Romanos 12; Efesios 4:11-16

Plan para leer la Biblia en un año: Mateo 26:55-75; Levítico 14

¿Andarán dos juntos, si no estuvieren de acuerdo?

AMOS 3:3

A REMAR JUNTOS

Era una mañana hermosa de otoño, un bello día para estar al aire libre disfrutando la naturaleza. El día estaba despejado, y los pájaros cantaban alegremente a su Creador. Íbamos a remar río abajo en canoa. Nos divertimos metiendo las canoas al agua al comenzar el paseo. En la mayoría de las canoas iban dos personas, utilizando un remo cada uno. Fue asombroso lo que se podía hacer cuando trabajábamos juntos. ¡Realmente podíamos avanzar!

Imaginemos que la pareja en una de las canoas comenzara a argumentar si remar río arriba o río abajo. Al fin, sin poder llegar a un acuerdo, uno comienza a remar río arriba y el otro a remar río abajo. No habría muchas posibilidades de avance en este caso. Tal conflicto sin duda terminaría en desastre, y perderían la experiencia agradable que podrían haber disfrutado. ¡Qué esfuerzo más malgastado!

¿Cómo es en la iglesia? ¿Estamos remando juntos hacia una meta común? Juntos debemos proseguir "a la meta, al premio del supremo llamamiento de Dios en Cristo Jesús" (Filipenses 3:14). Demasiadas veces hay conflictos porque cada uno obstinadamente insiste en que las cosas se hagan a la manera de él. Es cierto que no debemos ceder a la maldad solamente para lograr la paz. Pero tampoco debemos ser tan fuertes de opinión que no cedamos al punto de vista del hermano, con tal que no vaya en contra de las Escrituras.

Remar hacia la misma meta incluye animarnos y exhortarnos los unos a los otros. ¿Estoy dispuesto a recibir críticas? ¿Siento compasión por el hermano más débil? ¿Estoy haciendo todo en mi poder para ayudarle a llegar a la meta?

Solamente cuando todos miramos a Cristo podemos en verdad remar juntos. ¡Seamos fieles hasta el fin!

Philip Cross, Leitchfield, Kentucky

En asuntos de principio, afírmese como la roca; en asuntos de preferencia, fluya como el río. –Abraham Lincoln

13 de febrero

Lectura bíblica: Proverbios 28:1-14

Plan para leer la Biblia en un año: Mateo 27:1-31; Levítico 15-17

Ten piedad de mí, oh Dios, conforme a tu misericordia;
conforme a la multitud de tus piedades borra mis rebeliones.

SALMO 51:1

ME ARREPIENTO

Cuando Juan el Bautista y Jesús iniciaron su ministerio, predicaban el arrepentimiento. La responsabilidad de arrepentirse fue puesta sobre el hombre. Dios no puede arrepentirse para nosotros. Solamente cuando vemos el pecado como una afrenta a un Dios santo podemos claramente arrepentirnos.

Una profesora preguntó a sus alumnos:

—¿Qué es el arrepentimiento?

Un niño contestó:

—Es sentir lástima de haber hecho mal.

Otro añadió:

—Es sentirlo lo suficiente que dejamos de pecar.

Cuando uno se arrepiente, deja los caminos malvados, los sentimientos malos y las costumbres incorrectas. Si deja de hacer el mal y aprende a hacer el bien, eso es el arrepentimiento.

David expresó tristeza y pesar en Salmo 38:4-9. Dijo: "Hieden y supuran mis llagas (. . .) estoy humillado en gran manera, ando enlutado todo el día". En el versículo siete, dice: "Nada hay sano en mi carne". David nos da un ejemplo legítimo del arrepentimiento.

¿Será mi tristeza por el pecado tan evidente como lo que expresó David? Por lo general, se sabrá cuando en verdad estoy arrepentido. El arrepentimiento verdadero dice: "Yo he pecado".

"Por cuanto todos pecaron, y están destituidos de la gloria de Dios."

Allan A. Miller, Sarcoxie, Misuri

No podemos ser salvos sin el arrepentimiento.

14 de febrero

Lectura bíblica: Hebreos 12:1-29

Plan para leer la Biblia en un año: Mateo 27:32-66; Levítico 18, 19

Mirad bien, no sea que alguno deje de alcanzar la gracia de Dios;
que brotando alguna raíz de amargura, os estorbe,
y por ella muchos sean contaminados.

HEBREOS 12:15

MIREMOS BIEN

Nuestra lectura nos exhorta a mirar bien, con diligencia. Indica que al que le falte diligencia peligrará dejar de alcanzar la gracia de Dios. El primer versículo nos anima a despojarnos de todo peso y del pecado que nos asedia. No se puede enfatizar demasiado la necesidad de la diligencia en busca de la salvación.

Se cuenta de un hombre que estimaba mucho a su veloz perro. Un día quiso ponerlo a prueba. Lo soltó detrás de un conejo para ver si lo alcanzaría. Resultó que el conejo se escapó. Cuando se le pidió explicación al dueño, respondió:

—El conejo corría por su vida. El perro sólo corría por su comida.

Pablo se refiere a la jornada espiritual como a una carrera. La Biblia nos manda despojarnos de cada peso para que podamos terminar la carrera. Temo que muchos hoy en día solamente corren por amor a la comida. Su dios es el vientre. Se preocupan más por lo terrenal que por lo del reino. Despreocupadamente sacrifican en los altares de la moda, el entretenimiento y el egoísmo.

Pidámosle a Dios la fuerza y la gracia para despojarnos de todo peso y correr la carrera hasta el final. Regocijémonos en el Señor y en el trabajo que nos toca. Cristo dijo: "Ninguno que poniendo su mano en el arado mira hacia atrás, es apto para el reino de Dios." No miremos hacia atrás, sino extendámonos hacia adelante al premio eterno. Mientras otros corren por amor de la comida, corramos nosotros por amor de la vida eterna.

Melvin L. Yoder, Gambier, Ohio

¿Corres para arriba con Jesús hacia el cielo, o corres para abajo con el mundo hacia el infierno?

15 de febrero

Lectura bíblica: Efesios 6

Plan para leer la Biblia en un año: Mateo 28; Levítico 20, 21

Mayor es el que está en vosotros, que el que está en el mundo.

1 JUAN 4:4

ATRAPADO

Lo vi en el supermercado cuando pasaba a caja. Estaba detrás de él, y vi que solamente compraba un paquete de cigarrillos. Hedía a cerveza, y mi corazón se entristeció al recordar lo limpio que parecía durante la cena familiar hacía unos meses. Era un hijo extraviado que había sido atraído por el mundo.

Salí de aquel supermercado clamándole a Dios que me protegiera del sistema del mundo y que rescatara a los pobres perdidos. Pedí que de cualquier forma Dios me mantuviera fiel. El mundo no tiene misericordia en su persecución del hombre. Se presenta de forma astuta y esconde los motivos verdaderos detrás de una fachada inocente. Su influencia es demasiado fuerte para el hombre sin el poder de Dios. Él cree que puede resistir, pero no puede.

Esa noche le dije al Señor:

—Aborrezco al mundo. Llévame lo más lejos posible de él. Bien podré vivir en una choza de adobe en los cerros más remotos, contando a las almas perdidas de que hay un Salvador. ¡Solamente aléjame del mundo, Dios!

Después me sobrevino una calma al pensar en el poder de Dios. Dios es mayor que el mundo. No tengo razón de temer, si confío en él.

Al arrodillarme esa noche para orar, no pude detener las lágrimas. "El mundo y su rey son fuertes, pero tengo a alguien mayor en quien puedo confiar", pensé al levantarme.

Harold R. Troyer, Belleville, Pensilvania.

Si sigues las costumbres del mundo, segarás los resultados del mundo.

16 de febrero

Lectura bíblica: Romanos 12

Plan para leer la Biblia en un año: Marcos 1:1-22; Levítico 22, 23

Así que, hermanos, os ruego por las misericordias de Dios, que presentéis vuestros cuerpos en sacrificio vivo, santo, agradable a Dios, que es vuestro culto racional.

ROMANOS 12:1

¿CONTRIBUCIÓN O SACRIFICIO TOTAL?

Se cuenta de un cerdo y una gallina que se compadecieron de un hombre sin hogar y querían ayudarle.

—Tengo una idea —sugirió la gallina—. Le podríamos dar un buen desayuno de jamón con huevos.

—Eso sería fácil para ti —respondió el cerdo—. Para ti sería solamente una contribución; para mí sería un sacrificio total.

¿Es tu vida cristiana solamente una contribución, o un sacrificio total? ¿Te conformas con diezmar y calentar la banca en la capilla? ¿O vas más allá de lo exigido, supliendo las necesidades materiales y espirituales alrededor tuyo?

Cuando Cristo vino al mundo, no solamente contribuyó al bien de la humanidad. Él dio su vida como un sacrificio total para nosotros.

Muchos de nuestros antepasados espirituales se dispusieron a sufrir hasta la muerte por la causa de Cristo y para el bien de sus semejantes.

Tal vez nunca tengamos la oportunidad de morir físicamente por la causa de Cristo, pero debemos morir por él diariamente, crucificando la carne y buscando oportunidades para servirle. Es cierto que no podemos suplir toda necesidad que vemos, pero sí podemos gozarnos con los que se gozan y llorar con los que lloran (Romanos 12:15). Podemos dar una palabra de ánimo a algún hermano y estar atentos a la dirección del Espíritu para que nos instruya a cuales necesidades debemos suplir.

¿Qué le debemos a Jesús? Le debemos una entrega total de nuestra vida.

Joseph Jones, Ash Fork, Arizona

No podrás realmente vivir hasta que estés dispuesto a morir.

17 de febrero

Antes del quebrantamiento es la soberbia,
y antes de la caída la altivez de espíritu.

PROVERBIOS 16:18

LA CAÍDA DEL REY UZÍAS

Uzías tenía dieciséis años cuando su padre murió y él tomó su lugar. Reinó cincuenta y dos años. Construyó muros y los fortaleció. Construyó torres en Jerusalén y en el desierto e hizo cisternas para proveer agua para su mucho ganado. Sembró viñas en las montañas y en los llanos porque le encantaba la agricultura. Entrenó un ejército poderoso y fuerte. Uzías preparó escudos, lanzas, yelmos, coseletes, arcos y hondas para tirar piedras. En Jerusalén instaló máquinas con las que podía lanzar saetas y grandes piedras. La fama de Uzías se extendió.

Aunque por la mayor parte del reinado fue un buen rey, y su reino duradero y próspero, una gran parte del pueblo se apartó de Dios. Uzías mismo al final se apartó de Dios y murió leproso, cerca del año 740 a.C. Contrajo la lepra por tomar sobre sí las responsabilidades del sumo sacerdote.

Hoy le recordamos más por su acto de arrogancia y el castigo que sufrió que por sus grandes reformas.

Dios exige una obediencia constante toda la vida. La obediencia por ratos no es suficiente. Solamente los que perseveran "hasta el fin" recibirán galardón (Marcos 13:13). Seamos fieles, no sea que también nos recuerden más por el fracaso que por el éxito.

Marvin C. Hochstetler, Nappanee, Indiana

El temor de Jehová es manantial de vida para apartarse de los lazos de la muerte. (Proverbios 14:27)

18 de febrero

Lectura bíblica: Hechos 21:7-24

Plan para leer la Biblia en un año: Marcos 2; Levítico 26, 27

Entonces Pablo respondió: ¿Qué hacéis llorando y quebrantándome el corazón? Porque yo estoy dispuesto no sólo a ser atado, mas aun a morir en Jerusalén por el nombre del Señor Jesús.

HECHOS 21:13

POR EL NOMBRE DE DIOS

Un día asaltaron a Matthew Henry, el famoso comentarista bíblico. En su diario escribió: "Agradezco, primero, que nunca antes fui asaltado; segundo, que me quitaron el bolso y no la vida; tercero, que aunque me quitaron todo lo que tenía, no era mucho; y cuarto, que fui el asaltado y no el asaltante."

Para Matthew Henry, la pérdida que sufrió no fue de importancia comparada con cumplir la voluntad de Dios. El apóstol Pablo también mostró esta actitud cuando Ágabo le informó lo que le pasaría si fuera a Jerusalén: sería atado y entregado a los gentiles. Pablo, aun así, decidió seguir adelante. Su deseo era hacer la voluntad de Dios y cumplir su propósito en la vida, no importando lo que le sucediera. Él deseaba obedecer al Señor por amor de su nombre.

No conocemos el futuro. Si nos disponemos a hacer la voluntad de Dios, tal vez nos lleve por el valle de sombra de muerte. A veces, para hacer lo correcto, tenemos que escoger el camino de aflicción en vez del camino más fácil. Al enfrentar las decisiones y dificultades de la vida, recordemos que hacer la voluntad de Dios es mucho más importante que lo que pueda sucedernos. Debemos hacer todo para Dios.

Daniel Miller, Dunnegan, Misuri

Lo que nosotros llamamos adversidad, Dios llama oportunidad.

19 de febrero

Lectura bíblica: Lucas 1:35-55

Plan para leer la Biblia en un año: Marcos 3:1-21; Números 1, 2

Pero la sabiduría que es de lo alto es primeramente pura, después pacífica, amable, benigna, llena de misericordia y de buenos frutos, sin incertidumbre ni hipocresía.

SANTIAGO 3:17

¿EL ESPÍRITU NUESTRO O EL ESPÍRITU DE DIOS?

Cierto día escuché a unos hermanos conversando en cuanto a nuestro espíritu y el Espíritu de Dios. Uno contó que una mañana de camino al trabajo, el Espíritu de Dios le dijo claramente que hiciera cierta acción. Era algo que hubiera violado las normas de su congregación. También dijo que varias semanas antes, su propio espíritu le había dicho que no lo hiciera.

—Y ¿cómo sabes cuál espíritu es el que te habla? —preguntó el otro hermano.

Hubo unos momentos de silencio. Al fin contestó:

—En verdad no sé. Reconozco que no siempre es fácil discernir cuál espíritu es cuál.

Debemos andar con cuidado en el camino de la vida, especialmente cuando sentimos un impulso de realizar cierta acción. A veces dejamos que esos deseos estorben la unidad entre los hermanos. ¿Escuchamos la voz del Espíritu Santo? ¿Tenemos confianza y paz con la familia y con los hermanos en la iglesia? ¿Apoyamos a la iglesia y los acuerdos que hemos hecho? ¿Somos pacíficos, amables y benignos? ¿Estaremos dispuestos a ser parte del grupo del que habla el profeta en Sofonías 3:12: "Y dejaré en medio de ti un pueblo humilde y pobre, el cual confiará en el nombre de Jehová."?

En verdad nos necesitamos el uno al otro.

Roy Keim, West Union, Ohio

A pesar de muchos sueños frustrados, he aprendido a decir que las oraciones que me parecían no contestadas, fueron contestadas a la buena manera de Dios.

20 de febrero

Lectura bíblica: Lucas 15:3-32

Plan para leer la Biblia en un año: Marcos 3:22-35; Números 3, 4

¿Qué os parece? Si un hombre tiene cien ovejas,
y se descarría una de ellas, ¿no deja las noventa y nueve y va por
los montes a buscar la que se había descarriado?

MATEO 18:12

LA REDENCIÓN

Imaginemos a un pastor buscando su oveja perdida. Tal vez sepa el área general donde se perdió. Ella tomó un rumbo que la separó del rebaño. Primero, cuando se escapó, todo parecía tan glorioso. Pero siguió caminando por bosques y matorrales, y pronto estaba cubierta de rasguños y golpes, y se debilitaba con cada paso. Al fin reconoció que estaba perdida y sin esperanza. Estaba exhausta y no sabía qué hacer. Se puso a balar, deseando que el pastor la hallara.

El pastor llamó a la oveja perdida. Buscó las huellas y aguzó el oído, deseando oír algo. Al fin la oyó. A pesar de lo escarpado y pedregoso del lugar, se apresuró hacia ella. Rescató la oveja y tiernamente la llevó de nuevo al redil.

El que no ha entregado la vida a Dios es como esta oveja perdida. Vaga por las profundidades del pecado. El pecado deja rasguños y cicatrices en la vida. Cada persona debe reconocer su estado perdido y pecaminoso, y clamar al buen Pastor. Él siempre busca tales, que estén dispuestos a entregar la vida a él.

Jesús entregó la vida por mí. ¿No debo entregarle la mía?

Samuel Beachy, Belvidere, Tennessee

Aunque el alma esté herida, golpeada y sangrienta,
Jesús la puede salvar.

21 de febrero

Lectura bíblica: Marcos 4:1-20

Plan para leer la Biblia en un año: Marcos 4:1-20; Números 5, 6

Entonces les dijo: El que tiene oídos para oír, oiga.

MARCOS 4:9

¿DE QUIÉN ES LA CULPA?

¿De quién es la culpa cuando los sermones parecen secos? Muchas veces culpamos al predicador, pero pensémoslo bien.

En la parábola del sembrador, vemos que Satanás quitó la semilla que cayó junto al camino. Quizás no nos concentramos en el mensaje y, como las aves, el diablo se lleva las semillas aun antes de recibirlas en la mente.

Quizás el suelo es pedregoso, pero la semilla nace. Decimos que Dios nos habló; pero como en un campo pedregoso, las raíces no alcanzan profundidad, y por una pequeña dificultad dejamos de crecer y luego morimos espiritualmente.

No hay remedio fácil para el suelo pedregoso. Quitar las piedras que impiden que las raíces se profundicen exige sudor, lágrimas y mucho esfuerzo. Dios nos puede ayudar a quitar las piedras de la vida. Él espera que le pidamos ayuda.

Los espinos también son problemáticos, al igual que en la vida física. Igualmente, tenemos que pedirle la ayuda a Dios para quitar los estorbos que Satanás pone. ¿Podemos imaginar un campo sembrado en el cual no se quita la maleza? Sin duda se pierde la cosecha. Para colmo de males, muchas personas que asisten a los cultos hacen esto mismo en la vida espiritual. ¿Qué tal el suelo de tu corazón?

Michael David Yoder, Dundee, Ohio

Donde no hay sed de justicia, los sermones parecen secos.

22 de febrero

Lectura bíblica: Hebreos 12

Plan para leer la Biblia en un año: Marcos 4:21-41; Números 7

Puestos los ojos en Jesús, el autor y consumador de la fe, el cual
por el gozo puesto delante de él sufrió la cruz,
menospreciando el oprobio, y se sentó a la diestra del trono de Dios.

HEBREOS 12:2

AUTORES CONOCIDOS

En mi colección de libros, tenía un libro que contaba de un joven
que murió en un campo misionero. El libro me lo habían regalado,
pero no le puse mucha importancia. La portada era oscura y poco
atractiva. Varias veces hice débiles intentos de leerlo, pero nunca me
interesé en la historia. El libro quedó abandonado en el estante por
algún tiempo.

Con el tiempo pasé un fin de semana en un centro misionero en un
pueblo distante. Después de una tarde provechosa de compañerismo,
tuve una plática amena con los anfitriones de la misión. A través de
la conversación, me di cuenta de que hablaba con el autor de aquel
libro aburrido de pasta oscura. De pronto sentí un gran deseo de leer
el libro. El libro no cambió, pero mi actitud para con él sí cambió. La
diferencia fue que ahora conocía al autor.

Cuando yo me criaba, siempre había una Biblia en el escritorio de
la sala. No era muy llamativa con su pasta negra. Hice unos débiles
intentos de leerla, sólo para pronto dejarla otra vez en el escritorio.

Con el tiempo, tras una vida de pecado y egoísmo, Dios me dio una
visión del infierno para donde iba. En angustia clamé a Dios, y él me
alcanzó, me tocó y me llenó de paz.

Entonces aquella Biblia negra llegó a ser muy preciosa para mí. La
apariencia no cambió, ni tampoco el contenido; pero mi actitud para
con él sí. Ahora conocía al Autor.

Aún hay momentos cuando me distraigo y pierdo el deseo de leer
la Biblia. Ésos son los momentos en que necesito acercarme más al
Autor.

William J. Miller, Conneautville, Pensilvania

Escudriñad las Escrituras; porque a vosotros os parece
que en ellas tenéis la vida eterna. Juan 5:39

23 de febrero

Lectura bíblica: Proverbios 23

Plan para leer la Biblia en un año: Marcos 5:1-20; Números 8-10

Y pon cuchillo a tu garganta, si tienes gran apetito.
PROVERBIOS 23:2

LOS BOCADOS EXQUISITOS

Vivimos en un mundo sensual en que todo es calculado para agradar a los deseos. El mundo dice: "Come lo que quieras, viaja donde quieras, vive donde quieras. Haz lo que quieras, cuando quieras, con quien quieras, todo el tiempo que quieras. Mientras no te aburras, sigue haciéndolo. Cuando te aburras, prueba otra actividad."

Lo que necesitamos hoy es menos indulgencia y más disciplina e instrucción. ¿Cómo es posible lograr la moderación en medio de una sociedad desenfrenada?

El versículo clave indica medidas drásticas para evitar la glotonería. "Pon cuchillo a tu garganta." Parece mortal, pero ¿cuál es peor: morir de glotonería o morir de pérdida de sangre? No recomiendo ninguna de las dos. Mejor busquemos el dominio propio.

Somos llamados a crucificar la carne con sus pasiones y deseos. Ya que somos templo de Dios, lo que hacemos afecta la eficacia del Espíritu en la vida. Si sembramos para la carne, segaremos carnalidad; si sembramos para el Espíritu, segaremos frutos del Espíritu.

Una forma práctica de poner cuchillo a la garganta es ayunar y orar. Pasemos por alto algunas comidas y neguemos nuestra carne. Pidámosle a Dios la templanza y el amor; no el amor a nosotros mismos, sino el amor para el Creador del cuerpo humano. Siempre acuérdate que el Diseñador no hizo errores.

Harold R. Troyer, Belleville, Pensilvania

La vida suave es una búsqueda difícil.

24 de febrero

Lectura bíblica: Eclesiastés 7:1-22

Plan para leer la Biblia en un año: Marcos 5:21-43; Números 11-13

Bienaventurados los que lloran, porque ellos recibirán consolación.
Mateo 5:4

LA TRISTEZA

Todos hemos experimentado tristeza en algún momento. No es malo sentir tristeza. Jesús sintió profunda tristeza cuando murió Lázaro. También lloró sobre Jerusalén. La Biblia nos dice que él fue experimentado en quebranto, o tristeza profunda.

Job se entristeció mucho e hizo luto por sus hijos muertos. En el caso de Job, nos puede parecer que Dios permitió demasiada aflicción en un solo momento, pero su gracia fue suficiente. Esta historia nos da un vistazo de la guerra espiritual detrás de lo que normalmente vemos. El diablo trata de destruir al pueblo de Dios, pero no puede hacer más de lo que Dios le permite. Él quiere sembrar conflictos en la familia, problemas en la iglesia o dificultades financieras. Con tales cosas el diablo trata de que nos rindamos en nuestro compromiso con Cristo.

No es pecado pensar en nuestros problemas. Pero no es correcto culpar a Dios, a otras personas o a las circunstancias. Job fue tentado a hacer esto. Aun la esposa le sugirió que maldijera a Dios. Vemos la firmeza de Job en su respuesta. Él aseguró que culpar a Dios sería necedad, aun en medio de todos los problemas.

También debemos tener en mente que nosotros no nos entristecemos como los otros que no tienen esperanza. "Porque si creemos que Jesús murió y resucitó, así también traerá Dios con Jesús a los que durmieron en él. Por tanto, alentaos los unos a los otros con estas palabras" (1 Tesalonicenses 4:14, 18).

Elvin Fox, Shiloh, Ohio

"¡Oh, qué amigo nos es Cristo! Él llevó nuestro dolor."

25 de febrero

Lectura bíblica: Apocalipsis 2:1-7; Mateo 24:3-13

Plan para leer la Biblia en un año: Marcos 6:1-32; Números 14, 15

Y por haberse multiplicado la maldad, el amor de muchos se enfriará.

MATEO 24:12

¿DÓNDE ESTÁ TU PRIMER AMOR?

¿Todavía anhelas las cosas de Dios o enfocas las cosas del mundo? ¿Usas tu tiempo libre para Dios o para ti mismo? ¿Realmente amas al Señor con todo tu corazón? Él exige el cien por cien de nuestra vida. Cuando lees la Biblia, ¿la lees con un verdadero amor por el Autor y un deseo de conocerlo más, o sólo porque es el deber de todo fiel cristiano? Éstas son unas preguntas serias que debemos hacernos de vez en cuando.

Hebreos 10:23 dice: "Mantengamos firme, sin fluctuar, la profesión de nuestra esperanza, porque fiel es el que prometió." El Señor nos sostendrá si entregamos totalmente la vida a él y dependemos de él. No podemos solamente descansar y esperar que los demás hagan el trabajo. Tenemos algo que hacer. Tenemos que pasar la antorcha de la fe a las siguientes generaciones.

Sigamos adelante, esforzándonos por mantenernos cerca del Señor, para alcanzar aquella meta eterna. "Prosigo a la meta, al premio del supremo llamamiento de Dios en Cristo Jesús" (Filipenses 3:14). Debemos olvidar lo que queda atrás y extendernos a lo que está delante. Seamos fieles, para que al final oigamos las palabras: "Bien, buen siervo y fiel; sobre poco has sido fiel, sobre mucho te pondré; entra en el gozo de tu señor" (Mateo 25:21).

Darin Stoll, Greensburg, Kentucky

¿Aún arde el fuego en tu alma?

26 de febrero

Respondiendo Pedro y los apóstoles, dijeron: Es necesario obedecer a Dios antes que a los hombres.

HECHOS 5:29

LA OBEDIENCIA GENUINA

Cuando Dios mandó a Abraham a ofrecer a su único hijo en holocausto, Abraham no le preguntó a Dios el porqué. No trató de convencerlo de que pudiera comprobar su amor y obediencia de otra forma. Abraham se levantó muy de mañana y obedeció. Dios quiere que nosotros, como Abraham, le obedezcamos de una vez y de buena gana. ¿Estuvieras dispuesto a sacrificar a tu único hijo?

El Señor se acordará de los que son obedientes a él. Dios espera que le obedezcamos de todo corazón y que sigamos todos sus mandamientos.

Saúl, en 1 Samuel 15:9, desobedeció a Jehová cuando no destruyó por completo a los amalecitas. A pesar de que Saúl al fin pareció arrepentirse, Dios lo castigó quitándole el reino.

Dios tiene que ser el objeto de nuestras metas y nuestros esfuerzos. Los resultados imperfectos de aun los esfuerzos más vigorosos demuestran que necesitamos la gracia de Dios. Nada menos que la completa obediencia y confianza en Dios hace disponible esta gracia (1 Juan 2:1-6).

La obediencia cristiana también incluye la de los hijos a los padres (Efesios 6:1-2). Los padres son buenos ejemplos para sus hijos cuando obedecen a la iglesia y a las otras autoridades que Dios ha puesto sobre ellos.

Joash Yoder, Greensburg, Kentucky

"Obedecer y confiar en Jesús es la regla marcada para andar en la luz."

27 de febrero

Lectura bíblica: Job 37

Plan para leer la Biblia en un año: Marcos 7:1-13; Números 18-20

Muéstranos qué le hemos de decir; porque nosotros no podemos ordenar las ideas a causa de las tinieblas.

JOB 37:19

LAS PRIMERAS IMPRESIONES

Hace poco, en un viaje al pueblo, entré por primera vez en cierta ferretería. Cuando me acerqué, noté que no había vehículos en el área de parqueo. Al entrar, lo primero que me llamó la atención fue lo polvorienta y sucia que estaba la sala de exhibición. Los estantes estaban escasamente abastecidos, y muy desordenados. Recuerdo que pensé: "¿Qué habrá de bueno en este lugar? Este negocio probablemente pronto cerrará las puertas por falta de clientela."

Un hombre, que parecía ser el dueño, limpiaba las ventanas. En ese momento sonó la campanilla de la puerta y entró otro cliente, que exclamó:

—¡Está quedando excelente!

¿De qué hablaría? Examiné un poco más el interior de aquel viejo edificio. Al fin pregunté:

—¿Estás remodelando?

—Sí —respondió el dueño—. Quiero mejorar el edificio.

Al explorar más, noté un área recién barnizada y otra parte que todavía faltaba lijar. Parecía que alguien invertía mucho esfuerzo en renovar el piso gastado y manchado.

Me avergoncé de los pensamientos negativos. Eché otra mirada al dueño, y lo vi desde otra perspectiva. Parecía ser joven, enérgico y diligente, dispuesto a pagar el precio necesario para hacer prosperar el negocio. Es asombroso lo rápido que cambió mi impresión.

Muchas veces juzgamos demasiado rápido las cosas, y así nos equivocamos. Es mucho mejor evaluar con calma las situaciones, siempre recordando que es posible que no veamos el cuadro completo.

Roy Keim, West Union, Ohio

Mejor es intentar y fallar, que nunca intentar.

28 de febrero

Lectura bíblica: Romanos 6:11-23

Plan para leer la Biblia en un año: Marcos 7:14-23; Números 21, 22

Absteneos de toda especie de mal.

1 TESALONICENSES 5:22

LOS OSOS PARDOS

Pocos nos sentiríamos tranquilos en acampar sin armas en territorio de los osos pardos. Tim Treadwell sí lo hacía. Cada verano iba a una isla de Alaska para fraternizar con los osos, haciendo caso omiso a los carteles que advertían acerca de los peligrosos osos. Tim pasaba días observando a los osos y estudiando sus hábitos. La meta era acercarse a los osos mientras lo filmaban. Muchas veces se acercaba lo suficiente a los osos (pesaban media tonelada) como para tocarlos.

En el invierno, mientras dormían los osos, regresaba al hogar en California y mostraba a la gente los videos de sus acciones atrevidas. Dio presentaciones a miles de alumnos y llegó a ser famoso. Apareció en varios programas de televisión.

Pero en Alaska, a los biólogos y a los oficiales de parques no les parecían correctas las acciones de Tim. Varias veces le advirtieron que dejara de jugar con los osos. Pero Tim rehusaba prestar atención a sus advertencias.

En octubre del 2003, Tim y una amiga acampaban nuevamente en el territorio de los osos pardos. Una tarde Tim salió de la tienda para arrimarse a un oso que estaba en el campamento. Esta vez la confrontación fue fatal. Ambos él y su compañera fueron muertos, parcialmente comidos por el oso. Se halló la cámara de video; había grabado los últimos minutos de la vida de Tim. Sus clamores desesperados pidiendo ayuda aumentaron hasta convertirse en gritos desesperados al ser desgarrado. Sin duda se arrepentía de haber trabado amistad con los osos.

Hoy mucha gente juega con un oso pardo espiritual que se llama el pecado. A menudo se les advierte de lo peligroso que es, pero muchos, como Tim, no hacen caso a los avisos hasta que es demasiado tarde. En el día del juicio lamentarán su error, porque el oso que se llama el pecado los llevará a la destrucción eterna. El pecado es peligroso en verdad. No juguemos con él. Hagamos todo lo posible para mantenernos alejados de él. El pecado siempre trae la muerte espiritual.

Nathan Mast, Sugarcreek, Ohio

El que con fuego juega, con fuego se quema.

29 de febrero

Lectura bíblica: Salmo 104

Plan para leer la Biblia en un año: Marcos 7:24-37; Números 23, 24

Oíd mi voz, y cumplid mis palabras, conforme a todo lo que os mando; y me seréis por pueblo, y yo seré a vosotros por Dios.

JEREMÍAS 11:4

EL DISEÑO DE DIOS

Dios creó todo según un diseño ordenado. Estudiamos este orden en la escuela. Dios tiene un diseño especial para las personas. Nunca hace dos personas exactamente iguales. Algunas son altas y delgadas. Otras son bajas y recias. Algunas son rápidas para llegar a conclusiones y otras se dan tiempo para pensar más detenidamente.

Cierta vez un hombre quiso hacer un jabón especial. La receta decía que mezclara algunos de los ingredientes y dejara endurecer la mezcla. Ya dura, debía molerla, disolverla, y agregarle otros ingredientes. Pero el hombre pensó: "¿Para qué tantas vueltas? ¿Por qué no agregarle todos los ingredientes mientras que aún esté suave, en vez de dejarla endurecer y después tener que molerla?" El hombre echó todos los ingredientes de una sola vez, pero no le salió bien.

Fracasó porque no siguió las instrucciones. En la vida cristiana, si no seguimos las instrucciones de Dios, no tendremos su bendición. Si hablamos con aspereza a una persona, no seguimos las reglas de Dios. La Palabra de Dios dice: "La blanda respuesta quita la ira; mas la palabra áspera hace subir el furor" (Proverbios 15:1). Asimismo, las instrucciones que encontramos en la Biblia nos explican la mejor forma de llevarnos con la gente y tener gozo en el corazón.

Eli A. Yoder, Stuarts Draft, Virginia.

Si no tienes tiempo de hacerlo bien,
¿tendrás tiempo de corregirlo después?

1 de marzo

Lectura bíblica: 1 Juan 2

Plan para leer la Biblia en un año: Marcos 8; Números 25-27

No améis al mundo, ni las cosas que están en el mundo.
Si alguno ama al mundo, el amor del Padre no está en él.

1 JUAN 2:15

¿CUÁL ENTREGARÁS?

La historia dice que el pueblo de San Quintín, en la frontera de Francia, fue atacado por los españoles. Un día los españoles, creyendo que la victoria estaba cerca, tiraron una lluvia de flechas por encima del muro. Las flechas llevaban unos papelitos que prometían la vida y la propiedad al que se rindiera. El gobernador tomó un papel y escribió en él dos palabras: *Regem habemus* (rey tenemos). Amarró el papel a una jabalina y la regresó por encima del muro.

Satanás constantemente nos trata de convencer de que sería mejor entregarnos a su voluntad. Si aceptamos sus doctrinas, no tendremos que entregar la naturaleza pecaminosa. Podemos retener el orgullo y el entretenimiento.

—Puedes ir donde va el mundo —dice el diablo—, y hacer lo que hace el mundo, con tal que tu corazón sea bueno.

Nos trata de convencer de que todas las tradiciones son malas. Ha convencido a muchos de que la membresía en una iglesia y la asistencia al culto son tradiciones innecesarias. Nos dice que si entregáramos esas tradiciones viejas, hallaríamos la libertad. Dice que no es necesario apartarnos del mundo, y que está bien resistir al que es malo. Nos acusa de intentar ganarnos la salvación en vez de confiar en la gracia de Dios.

—Entrega esas tradiciones anticuadas —dice el tentador—, y disfruta todo lo que has estado perdiendo: la música, los deportes y el entretenimiento.

No nos dice que el entretenimiento es la tradición número uno del mundo. El juego de béisbol y el futbol han tomado el lugar de los cultos del domingo. Los negocios y el entretenimiento han tomado el lugar del culto de oración. El campo de golf, el salón de billar y el boliche han invadido a la iglesia que ha entregado las antiguas tradiciones. Han cambiado las tradiciones de la Biblia por las tradiciones del mundo.

Melvin L. Yoder, Gambier, Ohio

Entregaremos el gozo del cielo o los placeres del mundo.
Escoge cuál.

2 de marzo

Yo he venido para que tengan vida, y para que la tengan en abundancia.
JUAN 10:10

UN MENSAJE EN EL POLVO

Todos hemos visto vehículos polvorientos y sucios. Las ventanas y las puertas sucias dan oportunidad para que alguna persona ingeniosa escriba algo como: "Lávame."

Hace varios años, viajando por la autopista, alcanzamos un camión de remolque. Alguien había escrito en el polvo en una de las puertas traseras. No recuerdo en cuál pueblo estábamos, qué hora era, en qué carretera viajábamos, para dónde íbamos ni de dónde veníamos; pero sí recuerdo el mensaje escrito en aquella polvorienta puerta. Solamente decía: "1 Juan 1:4." De una vez lo busqué en la Biblia y encontré estas palabras fieles: "Estas cosas os escribimos, para que vuestro gozo sea cumplido."

¿Quién creería que el humilde polvo podría comunicar algo de tanta bendición? Nos quedaríamos sorprendidos si supiéramos cuántas decisiones han dependido del uso del polvo como una superficie para rápida y fácilmente apuntar algo. El agricultor quiere recordar cierto número; con un dedo lo escribe en el polvo para que no se le olvide. Muchas personas de muchas profesiones lo han hecho alguna vez. Los exploradores, ejércitos y otros usaron mapas dibujados en el polvo o en la arena. ¿Por qué? Para más fácilmente memorizar la ubicación de algún lugar. En nuestra lectura, Jesús usó este método, y los escribas y fariseos recordaron lo que escribió.

Wayne E. Miller, Rushsylvania, Ohio

Cuando haya regresado al polvo nuestro cuerpo, ¿habremos dejado un buen mensaje?

3 de marzo

Lectura bíblica: Lucas 15:11-32

Plan para leer la Biblia en un año: Marcos 9:30-50; Números 30, 31

Y volviendo en sí, dijo: ¡Cuántos jornaleros en casa
de mi padre tienen abundancia de pan, y yo aquí perezco de hambre!

LUCAS 15:17

EL HIJO PRÓDIGO

En esta parábola del hijo pródigo, el hermano menor no era rebelde porque se fue de la casa; más bien se fue de la casa porque era rebelde. No tomó en cuenta cómo se sentirían su padre y su hermano en cuanto a su partida. Nota lo que dijo en el versículo doce: "Dame la parte de los bienes que me corresponde." Solamente se interesaba por lo que le correspondía a él.

Cuando el hijo menor recibió su parte de la herencia, el mayor también recibió su parte. Considera lo que esto le costó a su padre. Él seguramente no estaba preparado para dividir su sustento entre sus dos hijos. Después, el hijo menor se fue a un país lejano. Ahora el padre se quedó con una pérdida material y una pérdida laboral. El padre se quedó muy corto de recursos.

La actitud del hijo menor era: "Dame lo que me corresponde." Probablemente esto había sido su actitud ya hacía mucho tiempo. Lo hallo interesante que en solamente dos versículos el hijo pródigo se hundió en la pobreza. Lo que a su padre le había costado años de trabajo, el hijo ya lo había terminado de gastar. Enfrentó la realidad. Seguramente comenzó a recordar las buenas comidas que preparaba su madre y el ambiente agradable en la casa. Tal vez se acordaba de cómo los camellos de su padre le habían servido para viajar. Ahora no disfrutaba de ninguna de estas cosas. La ropa se le hedía a cerdo, y la Biblia dice que se volvió en sí. Cuando se acordó de la bondad de su padre y de la abundancia que una vez disfrutaba, este hijo extraviado se arrepintió. Ahora el joven estaba dispuesto a ser nada más un siervo en la casa de su padre.

Esta historia me toca el corazón porque muchos, en nuestra relación con Dios, somos como este joven. Nuestra actitud es: "Dame mi porción", cuando Dios está esperando que lleguemos al arrepentimiento.

Terry Lester, Montezuma, Georgia

La benignidad de Dios te guía al arrepentimiento.

4 de marzo

Porque os digo que si vuestra justicia no fuere mayor que la de los escribas y fariseos, no entraréis en el reino de los cielos.

MATEO 5:20

¿RELIGIOSOS O JUSTOS?

¿Sabía usted que el diablo es religioso? La Biblia dice que "los demonios creen, y tiemblan". ¿Será posible que tu vecino, que trabaja los domingos y raramente asiste a un culto, sea religioso? Sí, él puede ser miembro de una iglesia y puede creer en Dios. ¿Podrá el ateo, que dice que no hay Dios, ser religioso? Otra vez, sí; porque ¿no es ferviente en promover su creencia?

¿Será posible ser religioso sin ser justo? ¿Será posible ser justo sin ser religioso?

La justicia y la religión se complementan si se pone el énfasis principal en la justicia. La justicia ante Dios resulta de una fe viva. Abraham es un buen ejemplo. Cuando una persona se salva por medio de la fe, es cierto que será religiosa. Será ferviente y devota en vivir y promover su creencia.

Por otro lado, la religión sin la justicia ante Dios es inútil. Las metas de tal religión son muy variadas. La religión puede incluir la adoración a los demonios, a la tierra o a los ídolos. Puede llevar a hombres a convertirse en fanáticos misioneros del suicidio o del autoabuso. Puede llevarlos a prácticas inmorales.

Hasta para nosotros, la religión puede ser solamente una lista prescrita de formalidades o costumbres. Puede ser solamente una reliquia que heredamos. Puede estar presente solamente los domingos.

Dios busca más que eso. Él busca una religión del corazón, no solamente de la mente. Dios busca la justicia que produce "la religión pura y sin mácula".

¿Nace tu religión de la justicia que es por la fe? Si tu religión no procede de la justicia, tampoco producirá justicia.

Delmar R. Eby, London, Kentucky

Ser religioso solamente exige reforma.
Ser justo exige regeneración.

5 de marzo

Mi pueblo a su ídolo de madera pregunta, y el leño le responde;
porque espíritu de fornicaciones lo hizo errar,
y dejaron a su Dios para fornicar.

OSEAS 4:12

FIEL ES DIOS

Cien vacas con su cría exigen una provisión abundante de agua. Cuando nos dimos cuenta de que el pozo se nos estaba secando, teníamos bastante razón de alarmarnos. Después de que el fontanero examinó la situación y confirmó nuestros temores, supimos que necesitaríamos un pozo nuevo. Nuestro primer pensamiento fue: "Señor, ¿nos estarás probando? ¿Será difícil hallar agua, y así seremos tentados a usar un hechicero para hallarla?"

Pusimos el asunto en las manos de Dios y llamamos a una compañía que perforaba pozos. Aunque estaban ocupados por la sequía, resultó que pudieron llegar el mismo día para comenzar a perforar el pozo.

Pronto después del mediodía llegaron con la maquinaria. Les mostramos el área general donde creímos que convendría cavar el pozo nuevo. El operador preguntó:

—¿Usaron un hechicero para buscar el sitio para el nuevo pozo?

—No —respondimos—. Tenemos fe y confiamos en que el Señor nos guiará y que tendremos abundante agua donde usted perfore.

El operador respondió:

—Tomaron una buena decisión. —Se montó en el camión, lo parqueó en el área designada, levantó la torre de perforación y comenzó a perforar. Antes de las diez de la siguiente mañana, alcanzó buena agua. Pronto después del mediodía llegaron los fontaneros, y ya para la tarde el nuevo pozo estaba funcionando.

¿Dónde debe ir el cristiano cuando enfrenta lo desconocido? Nuestro Señor dice en su Palabra que él sabe nuestras necesidades aun antes que le pidamos. Si oramos a Dios de corazón pidiendo dirección y ayuda, él no nos pasará por alto. Satanás tiene un plan falsificado, pero los que son fieles a Dios no serán engañados y serán bendecidos por su fidelidad.

Lester K. Burkholder, Fredericksburg, Pensilvania

El dedo que señala el camino es parte de la mano que suple la necesidad.

6 de marzo

Lectura bíblica: 1 Pedro 4

Plan para leer la Biblia en un año: Marcos 11:1-19; Deuteronomio 1, 2

Que en grande prueba de tribulación, la abundancia de su gozo y su profunda pobreza abundaron en riquezas de su generosidad.

2 CORINTIOS 8:2

POR SOL Y TORMENTA

Cuando tuvimos una época seca, me gustó que hiciera sol todos los días. Pero al pasar los días observé que el césped se secaba y las flores se marchitaban y perdían su color.

Más adelante tuvimos unas tormentas. No eran tan agradables como cuando hacía sol, pero pudimos ver que sirvieron de bien.

Durante una tormenta las plantas se agachaban. Pero cuando pasó la lluvia y el sol salió de nuevo, las plantas se veían mejores que antes de la tormenta. El césped también comenzó a reverdecer.

Así es en nuestra vida diaria. Si solamente tuviéramos días asoleados, no los apreciaríamos tanto como cuando a veces enfrentamos tormentas también. En la vida necesitamos lluvias de vez en cuando para ayudarnos a crecer. Durante la tormenta, tal vez nos agachamos, pero después de que pasa, podemos ver que hemos avanzado por medio de ella.

Al enfrentar las pruebas, pidámosle a Dios que nos ayude y nos guíe para que nos podamos beneficiar de ellas. Cuando vuelve a salir el sol, podemos ayudarle a otro que esté pasando por una tormenta. Démosle las gracias a Dios por las pruebas que él nos manda. Ayudarán a que nuestras raíces penetren más profundamente, para que vivamos una vida mejor para Cristo hoy y recibamos ese galardón en el cielo.

Melvin Byler, Newaygo, Míchigan

Si queremos ver un arco iris,
tendremos que aguantar un poco de lluvia.

7 de marzo

Entonces Jesús le dijo: Vete, Satanás, porque escrito está:
Al Señor tu Dios adorarás, y a él sólo servirás.

MATEO 4:10

LA IDOLATRÍA Y LA BANDERA

Hace poco asistí una campaña evangelista. El tema era la idolatría. Mis pensamientos se dirigieron hacia Dios y la bandera nacional. Como cristianos, ¿miramos a Dios o a la bandera como nuestro refugio? ¿Puede la bandera salvarnos? ¿Puede contestar la oración? ¿Idolatramos la bandera? Éxodo 20:3 dice: "No tendrás dioses ajenos delante de mí." La bandera estadunidense ha existido desde 1777, pero Dios ha existido desde antes de la creación y antes que existiera el tiempo.

Como cristianos, ¿miramos a Dios de la forma en que el mundo mira la bandera? Las personas alrededor de mí deben poder ver a Jesús en mi manera de vivir. Debo tener a Jesús levantado en alto en mi corazón. En tiempos de pruebas y problemas, debo buscarle a él en vez de mirar a la bandera. La bandera es solamente una pieza de tela que con el tiempo perecerá y que no tiene ningún valor espiritual para el cristiano. Debemos recordar que Dios quiere que le adoremos sólo a él, no a la bandera.

La bandera es solamente una de las muchas cosas materiales que pudieran llegar a ser un ídolo para nosotros. La Biblia dice en 1 Corintios 10:14: "Por tanto, amados míos, huid de la idolatría." Mantengamos nuestro enfoque en Dios en todo momento, no solamente cuando aparecen pruebas y problemas sino también cuando las cosas nos van bien. Adoremos a Dios con toda sinceridad. Levantemos en alto la bandera de la cruz. Dios nuestro Padre es el único que puede ayudarnos en las luchas.

Menno H. Eicher, Miami, Oklahoma

La idolatría siempre destruirá nuestra relación con Jesús.

8 de marzo

Lectura bíblica: Hechos 17:1-15

Plan para leer la Biblia en un año: Marcos 12:1-27; Deuteronomio 5-7

Estos que trastornan el mundo entero también han venido acá.

HECHOS 17:6

"INTENTARÍA DESPEDAZAR AL MUNDO"

Una tarde hace varios años, platiqué con unos ancianos de la comunidad que habían llegado al campo donde estaba trabajando. Después de platicar unos minutos, uno se volvió hacia mí y me preguntó:

—¿Cuántos años tienes?

—Dieciocho —respondí.

—¡Dieciocho! —repitió enfáticamente—. ¡Dieciocho! Muchacho, ¿sabes qué haría yo si tuviera dieciocho años?

—No —dije—. No lo sé; ¿qué haría?

Estirándose a su altura máxima y fijando sus ojos grises en mí, enganchó los dedos pulgares detrás de sus enormes tirantes y respondió con un énfasis deliberado en cada palabra:

—Intentaría despedazar al mundo.

Mientras continuaba el trabajo, pensaba en aquellas palabras. Con mi imaginación juvenil, decidí sacar unas cuentas de cuánto realmente se llevaría, en camionadas y años, para despedazar al mundo y llevar el enorme volumen de material a la luna en una carretera imaginaria.

Aunque sería una completa locura intentar despedazar así al mundo, hay un sentido en que Dios sí nos llama a trastornarlo. Cuando Pablo y Silas predicaban al Salvador resucitado, fueron acusados de hacer exactamente esto. Nosotros tampoco debemos dejar de compartir este mensaje. Si nuestras creencias en cuanto a la creación del mundo, la salvación y la obediencia a Cristo causan que el mundo nos rechace, entonces démosle las gracias a Dios por el privilegio de ser soldados en su "reino trastornado".

Joshua Eicher, Rosebush, Míchigan

Porque de Jehová es la batalla. 1 Samuel 17:47

9 de marzo

Lectura bíblica: Mateo 24:1-28

Plan para leer la Biblia en un año: Marcos 12:28-44; Deuteronomio 8-10

Y lo que a vosotros digo, a todos lo digo: Velad.

MARCOS 13:37

MIRAD QUE NADIE OS ENGAÑE

En Mateo 24:3 los discípulos le dijeron a Jesús: "Dinos, ¿cuándo serán estas cosas, y qué señal habrá de tu venida, y del fin del siglo?" ¿Por qué les respondería Jesús: "Mirad que nadie os engañe"? ¿Por qué no solamente les contestó la pregunta? La forma en que Jesús respondió a esta pregunta nos enseña que es aun más importante ser vigilantes y velar, que saber todos los detalles de su venida y del fin del mundo.

"Mirad" significa estar alerta y ser vigilantes. Indica que si no estamos alerta, habrá peligro de ser engañados aun si sabemos las señales de su venida y del fin del mundo.

El engaño incluye las ideas, creencias y opiniones falsas. Todo engaño tiene su origen con Satanás. Debemos tener cuidado con lo que leemos. "No erréis; las malas conversaciones corrompen las buenas costumbres" (1 Corintios 15:33). Debemos ser vigilantes y estar alerta como dice Pablo en 2 Corintios 2:11: "Pues no ignoramos sus maquinaciones." Aunque Satanás tome la forma de ángel de luz o de león rugiente, lo podemos vencer por la sangre del Cordero.

Así que, permanezcamos en un estado de vigilancia, porque Jesús dijo: "Muchos falsos profetas se levantarán, y engañarán a muchos" (Mateo 24:11). Pero también tenemos la promesa maravillosa en 1 Juan 4:4: "Mayor es el que está en vosotros, que el que está en el mundo."

Eli A. Yoder, Stuarts Draft, Virginia

---

*Aunque nos engañemos a nosotros mismos,
y aunque engañemos a otros, nunca engañaremos a Dios.*

10 de marzo

No mirando nosotros las cosas que se ven, sino las que no se ven;
pues las cosas que se ven son temporales,
pero las que no se ven son eternas.

2 CORINTIOS 4:18

EL CIELO SE DESPEJA

Era una mañana nublada de domingo, y estaba cayendo una llovizna. Un poco después, las nubes comenzaron a partir y apareció un poco de cielo azul. Mientras regresábamos a la casa después del culto, mi esposa comentó:

—Cuanto más nos acercamos a la casa, tanto más despejado está el cielo. —Su comentario me hizo pensar en la jornada de la vida y en nuestro hogar celestial.

Cuando era joven, el cielo parecía algo irreal y lejano. Esperaba tener muchos años de vida todavía. Poco pensaba en salir de este mundo. Hoy a los cincuenta años de edad todavía no soy anciano, pero mi perspectiva del cielo ha cambiado un poco. Varios de mis amigos y seres amados han pasado a ese hogar eterno. Estoy profundamente consciente de que yo también estoy cada vez más cerca. La realidad está llegando a ser más clara y más atractiva.

La Biblia dice que Abraham habitó como forastero en la tierra de Canaán. Quiere decir que su morada era temporal. Así es nuestra vida aquí en la tierra. También la Biblia dice que Abraham esperaba la ciudad que tiene fundamentos, cuyo arquitecto y constructor es Dios. ¿No debemos nosotros también estar esperando nuestro hogar celestial?

Es cierto que la situación terrenal no se va aclarando. Entre las naciones hay terrorismo, guerra y tumulto. Aun más alarmante es la ferocidad creciente con que Satanás ataca al hogar y a la iglesia. Las nubes son oscuras y amenazadoras. Pero al fijar la vista en el horizonte, vemos que hay claridad. Sí, Jesús está alumbrando. Nuestro anhelo por aquella tierra hermosa se aumenta. Podemos decir: "Cuanto más nos acercamos a la casa, tanto más claro se ve el cielo".

John E. Glick, Gap, Pensilvania

El cielo valdrá toda la pena.

11 de marzo

Lectura bíblica: Proverbios 15:1-23

Plan para leer la Biblia en un año: Marcos 13:14-37; Deuteronomio 14-16

Porque nosotros somos colaboradores de Dios, y vosotros sois labranza de Dios, edificio de Dios.

1 CORINTIOS 3:9

LA COMUNICACIÓN

Comunicar es depositar una parte de uno en otra persona. La comunicación sincera entre hermanos alivia la tensión. Cuando contamos a otros nuestros problemas, ellos pueden orar por la situación. Al juntarnos y revelar nuestros pensamientos, podemos ser una bendición los unos a los otros. Como dice el refrán: "Dos cabezas piensan mejor que una." Debemos escuchar los problemas de otros y no ofrecer nuestra opinión hasta que terminen de hablar. Debemos aprender a escuchar bien y ser, como dice Santiago 1:19: "pronto para oír, tardo para hablar, tardo para airarse". Para escuchar bien se necesita un interés genuino en el bien de la otra persona. Es muy importante ser atento. Debemos escuchar más que solamente las palabras que dice la persona, para llegar a entender lo que realmente siente. Antes de poder realmente ayudar en una situación, necesitamos escuchar ambos partidos.

Debemos tener cuidado de no divulgar lo que se nos comunica en confianza. Eso destruye la confianza más que cualquier otra cosa.

"Entonces los que temían a Jehová hablaron cada uno a su compañero; y Jehová escuchó y oyó" (Malaquías 3:16). No debemos siempre estar hablando, y tampoco debemos cerrarnos y no hablar nada. Cuando hay diferencia de opiniones, tal vez tengamos que ceder, aunque creemos que tenemos razón. Otro también puede tener razón. Debemos someternos unos a otros en el temor de Dios para estar en paz en la iglesia. Para tener el orden correcto en la iglesia, debemos sentarnos juntos y comunicar.

El amor debe ser lo principal en nuestras relaciones. Hará que entreguemos nuestra voluntad por la de los demás.

Eli A. Yoder, Stuarts Draft, Virginia

Puedes dar y a la vez guardar tu palabra.

12 de marzo

Lectura bíblica: Gálatas 3:8-29

Plan para leer la Biblia en un año: Marcos 14:1-25; Deuteronomio 17-19

Porque él es nuestra paz, que de ambos pueblos hizo uno, derribando la pared intermedia de separación.

EFESIOS 2:14

LA PARED INTERMEDIA

¿Qué es esta pared intermedia de separación?

Antes que vino Jesús, la única manera en que el gentil o pagano podía llegar a ser parte de la nación de Israel fue por medio de muchas ceremonias y ritos de purificación, un proceso que duraba un período de tiempo. Hoy, por la gracia de Dios, esa pared de separación está derribada. Dios ha derribado la barrera entre los judíos y los gentiles por medio de la muerte y la resurrección de Jesucristo. Los judíos eran el pueblo de Dios antes que vino Jesús para salvar a toda humanidad de sus pecados. Hoy, por su muerte y su resurrección, también podemos ser parte del pueblo de Dios. Llegamos a ser hijos de Dios por aceptar el sacrificio de Cristo, no por seguir los ritos del Antiguo Testamento.

Debemos recordar quiénes éramos antes que Dios quitó la pared de separación. El propósito de Dios en derribar esta pared era hacer un solo pueblo de los dos. Ahora todos tienen el mismo acceso a Dios. Todos tienen que arrepentirse y creer en el Señor antes de pertenecer a él. Los versículos ocho y nueve de nuestra lectura bíblica explican que no es lo que nosotros hayamos hecho, sino lo que Dios ha provisto para nosotros.

Joe Miller, Hartville, Ohio

Dios no hace acepción de personas.

13 de marzo

Lectura bíblica: Salmo 125; Hebreos 11:1-8

Plan para leer la Biblia en un año: Marcos 14:26-50; Deuteronomio 20-22

Gustad, y ved que es bueno Jehová; dichoso el hombre que confía en él.
SALMO 34:8

CONFÍA EN EL SEÑOR

—¡Emmanuel! Vamos a visitar a mis padres. Cuida la casa. Te damos la responsabilidad de todo por ahora. —Eso me dijo mi amigo Toño. Hemos sido amigos ya durante más de diez años y ahora había tal confianza mutua que él no tuvo temor de dejar todo bajo mi cuidado hasta que él y su familia regresaran. Sin mantener una relación correcta a través de los años, no hubiéramos ganado tal confianza el uno en el otro.

El rey David había visto gran aflicción y adversidad. La lección más importante que él aprendió en esos momentos era la de confiar en el Señor para la liberación. ¿Qué significa confiar en Dios? No es solamente ser miembro de una iglesia, aunque eso es importante. No es solamente seguir una rutina diaria de leer la Biblia y orar, sin ningún cambio de vida.

Confiar en el Señor se basa sobre una relación íntima, personal y permanente con Dios. Es creer en la fiabilidad o integridad de Dios, dependiendo de él cada momento, sin importar los problemas que uno enfrente.

David dice en Salmo125:1: "Los que confían en Jehová son como el monte de Sion, que no se mueve, sino que permanece para siempre." Confiar en el Señor es de gran provecho. La frase "no se mueve" en el versículo de arriba significa: "No se puede arrebatar, volver atrás ni derrotar." El monte de Sion ha quedado en su posición geográfica durante miles de años. Las grandes tormentas y los vientos a través de los años no lo han podido sacar de allí.

Si tú confías en el Señor, serás como el monte de Sion: inmovible, quebrantable, invencible. Pueden venir en tu contra las tormentas de la situaciones adversas y personas malévolas, pero no te arrebatarán. No volverás atrás. No serás vencido porque Jehová, en quien tú confías, estará.

Emmanuel Dareman, Accra, Ghana

Confía en Jehová, y haz el bien. Salmo 37:3

14 de marzo

Lectura bíblica: Salmo 10:11-18; Lucas 12:16-21

Plan para leer la Biblia en un año: Marcos 14:51-72; Deuteronomio 23-25

En tu mano están mis tiempos.

SALMO 31:15

ESTE TIEMPO ES NUESTRO

El tiempo es algo con que todos tenemos que ver. Se nos da el tiempo sin que nosotros lo busquemos. Pero nos toca escoger cómo usamos nuestro tiempo. Tendremos que dar cuentas a Dios de cómo lo gastamos.

Medimos el tiempo en segundos, minutos, horas, días, meses, años o la duración de una vida. ¿Vemos el tiempo como un regalo de Dios, o sólo lo tomamos por sentado? ¿Usamos el tiempo de forma egoísta, o para la gloria de Dios? Tenemos solamente una vida, un tiempo designado, y no sabemos cuánto durará. ¿Qué estamos haciendo con el regalo de tiempo que Dios nos ha dado?

Muchas personas quieren más tiempo libre, tiempo para hacer lo que quieren sin tener que dar cuentas a nadie.

La vida es corta. El tiempo es corto. Salmo 39:5 nos dice que nuestros días son de término corto.

Debemos recordar que el tiempo está en las manos de Dios. Cuando Dios declara que el tiempo ya no será más, ¡hasta allí llegó todo! El hombre es incapaz de impedirlo. Debemos estar preparados para encontrarnos con Dios en cualquier momento. Cuando él dice que llegó nuestro último minuto de vida, ya no habrá tiempo para arreglar las cosas. Si Dios nos dijera: "Tienes un minuto más", ¿cuál sería nuestra reacción? Siéntate y mira el reloj por un minuto. ¿Qué tal hubiera sido tu último? ¿Estás listo?

Marlin Schrock, Stark City, Misuri

La mejor forma de gastar tu tiempo es invertirlo en la eternidad.

15 de marzo

El perezoso no ara a causa del invierno; pedirá, pues,
en la siega, y no hallará.
Proverbios 20:4

REFUGIO SEGURO EN DESASTRE

Mi hijo Jasón y yo andábamos en el bosque buscando árboles que talar para leña. Hallamos un cerezo seco, medio caído y enganchado en un nogal resistente y firme. Le hicimos un corte profundo al nogal y después cortamos el cerezo. Ambos árboles cayeron con un golpe estruendoso.

¡De repente había ardillas voladoras por todas partes! Habíamos dañado su guarida. Varias corrieron a través de los árboles caídos y llegaron a un manzano hueco. Otros planearon cuesta abajo para luego desaparecer en otro cerezo hueco. En unos veinte segundos todos estaban en algún refugio seguro. Pero pronto Jasón detectó movimiento en el hueco del árbol caído. Al acercarnos encontramos una ardilla voladora, temblando y desorientada. No tenía preparado de antemano ningún refugio.

A veces somos como esa ardilla voladora. Nos acostumbramos a la rutina diaria de la vida. Tenemos abundante alimento, tenemos ropa y tenemos una casa donde vivir. Nuestras necesidades espirituales están satisfechas al seguir la rutina.

Pero ¿no deberíamos estar pasando un tiempo adicional con Dios, un tiempo de esfuerzo personal para profundizarnos en su Palabra para fortificar nuestras reservas espirituales? El haragán decide no arar todavía cuando se acerca el tiempo de siembra. Dice que hace mucho calor.

¿Qué tal de tú y yo? Estamos demasiado ocupados como para pasar tiempo a solas con Dios arando las Escrituras. Quizás no sentimos la necesidad de meditar. Si rehusamos preparar de antemano el corazón, nosotros, como la ardilla voladora, nos quedaremos sin refugio cuando nos sobreviene el desastre.

James Beachy, Sugarcreek, Ohio

Toma el tiempo, o en algún tiempo tú serás tomado.

16 de marzo

Lectura bíblica: Mateo 25:1-13

Plan para leer la Biblia en un año: Marcos 15:27-47; Deuteronomio 28

Velad, pues, porque no sabéis el día ni la hora
en que el Hijo del Hombre ha de venir.

MATEO 25:13

ESTEMOS LISTOS

Hace unos días viajamos a Honduras como familia. Cuando regresábamos, llegamos a la frontera como cinco minutos después que cerraron. Le pregunté al guarda si habría alguna forma de pasar a Nicaragua, pero él contestó:

—No es posible. El portón ya está cerrado.

"¡No es posible! De alguna forma debemos poder cruzar", pensamos; pero fue inútil. Bien hubiéramos podido apresurarnos más en camino a la frontera, pero no lo creímos importante. Regresamos decaídos al pueblo más cercano.

¿No les sucede lo mismo a muchas personas? Podrían ser más responsables, apresurarse más y tomar más en serio los asuntos de la vida. Pero se preguntan si realmente sería tan importante. Sí lo es, amigo mío.

Muchas veces nos enredamos en los asuntos de este mundo. Creemos que hay bastante tiempo todavía y que más adelante podemos cambiar esto o aquello. Pero no logramos nada dejando las cosas para más adelante. Si descuidamos nuestras necesidades espirituales, con el tiempo llegan a tener menos importancia para nosotros. Pero eso no cambia la situación. Dios siempre lleva la cuenta. Debemos recordar que el día final llegará, y ya no podremos cambiar nada. En el lugar donde el árbol cayere, allí quedará. Cuando oímos las palabras: "El portón ya está cerrado", la escena tomó un nuevo significado. La situación ya no se podía cambiar.

¡No seamos como las vírgenes insensatas, que después de comprar el aceite, hallaron cerrada la puerta! Hoy es el día de hacer cambios. ¡Que Dios nos ayude a velar y a estar preparados!

John Byers, Masaya, Nicaragua

En el camino de "más luego", llegamos al destino de "nunca".

17 de marzo

Lectura bíblica: 2 Pedro 3

Plan para leer la Biblia en un año: Marcos 16; Deuteronomio 29, 30

Procuremos, pues, entrar en aquel reposo,
para que ninguno caiga en semejante ejemplo de desobediencia.
HEBREOS 4:11

LOS FAROS

Durante muchos años, los faros desempeñaban un papel muy importante para la seguridad de los marineros. Advertían dónde había rocas y arrecifes, y daban dirección a los marineros al entrar en los puertos. Su importancia ha disminuido en los años recientes a causa de los sistemas de dirección y advertencia electrónicos.

La vida muchas veces se compara a un mar. Nosotros los marineros. Agradecemos las muchas veces que otros nos han advertido de las áreas peligrosas. Nuestras iglesias, nuestros hogares y nuestras escuelas han sido faros en las rocosas costas del tiempo, para evitarnos el naufragio.

Pero pueden existir áreas especialmente peligrosas en tu vida que otros ni conocen. Puede haber piedras en las cuales podrías chocar, que son únicas a tu situación. Ciertas tentaciones te pueden llegar a ti más que a otros. Necesitas protección de estas piedras que ponen en peligro tu alma.

Muchas veces llega a ser responsabilidad tuya poner tus propios faros personales. Necesitas luz para guiarte a salvo al puerto celestial. Debes poner indicadores o establecer alguna señal que te advierte cuando te acercas a las rocas del pecado. Puede ser un versículo bíblico puesto en tu vehículo, casa o lugar de negocio. Puede ser un versículo tan bien memorizado que ciertas situaciones te lo traen a la mente.

Debemos tener los lugares de peligro claramente identificados. Lo que queremos evitar por ser malo, debemos llamarlo "pecado" y claramente marcarlo como tal. Meditar en la Palabra de Dios y marcar Escrituras pertinentes a nuestras necesidades es otra forma de construir faros.

¿Cuáles piedras te amenazan? ¿Dónde peligra naufragar tu barco? Construye faros de verdad para guiarte más allá de esas piedras.

Delmar R. Eby, London, Kentucky

Los faros en nuestra vida solamente nos sirven si les hacemos caso.

18 de marzo

Lectura bíblica: Juan 10:1-18

Plan para leer la Biblia en un año: Lucas 1:1-23; Deuteronomio 31, 32

Porque estrecha es la puerta, y angosto el camino que lleva a la vida,
y pocos son los que la hallan.

MATEO 7:14

EL CAMINO ANGOSTO

Para entrar en el camino angosto, hay que dejar todas las cargas y los pecados afuera. Algunos tocan, y la puerta se les abre. Ellos entran mientras otros se quedan afuera chismeando y hablando de cómo ganar más dinero.

Los que entran pasan a un cuarto grande y salen como niños (Mateo 18:3). Siguen por el camino angosto y pasan debajo de una plataforma grande con muchas personas paradas encima. Al pasar los cristianos, la gente en la plataforma les tira piedras y se burla de ellos.

Hay algunos de afuera que construyen escaleras y tratan de pasarse por encima del muro. Pero nunca pueden entrar. La escalera se quiebra, la persona se cae y nunca puede entrar (Juan 10:1).

¿Por cuál camino vas? ¿Andas como un niño en el camino angosto? ¿Estás tratando de subir una escalera del lado afuera? ¿O estás en la plataforma tirando piedras y burlándose de los que andan en el camino angosto? Si no has entrado por la puerta estrecha, hoy puedes hacerlo por medio del arrepentimiento. Deja tus cargas y tus pecados afuera y entra. El tiempo es corto.

"Jesús le dijo: Yo soy el camino, y la verdad, y la vida; nadie viene al Padre, sino por mí" (Juan 14:6).

Daniel Miller, Dunnegan, Misuri

El pecado jamás entrará en el cielo.

19 de marzo

Lectura bíblica: Jueces 7:9-25

Plan para leer la Biblia en un año: Lucas 1:24-56; Deuteronomio 33, 34

Porque cuando soy débil, entonces soy fuerte.

2 CORINTIOS 12:10

UN PAN DE CEBADA

En nuestra lectura bíblica, Gedeón es comparado a un pan de cebada. Un pan de cebada seguramente era algo de muy poco valor. Gedeón se había quedado con menos del uno por ciento del ejército con que había comenzado. ¡Cuán impotente se ha de haber sentido para poder enfrentar al enemigo en su propia capacidad! Pero el Señor estaba preparado para usarlo. Gedeón no marchó valientemente al campamento de los madianitas con un ejército de 32,000 hombres. Más bien llegó a la multitud de Madián como un pan de cebada.

Nosotros también estamos en batalla contra un enemigo potente. Pero no luchamos con naves de guerra ni con helicópteros. Tampoco estamos armados con bombas, granadas ni misiles. No llevamos el uniforme militar ni cargamos fusiles con municiones. "Porque las armas de nuestra milicia no son carnales, sino poderosas en Dios para la destrucción de fortalezas" (2 Corintios 10:4). La batalla no es de nosotros, sino de Jehová. Nuestra tendencia más bien es atrasar la obra de Dios porque nos creemos muy suficientes en nosotros mismos. Si perdemos la batalla, será por ser demasiado orgullosos. "Dios resiste a los soberbios, y da gracia a los humildes" (Santiago 4:6).

Alvin J. Coblentz, Free Union, Virginia

La mejor forma de vencer es en posición postrada.

20 de marzo

Y aunque era Hijo, por lo que padeció aprendió la obediencia; y habiendo sido perfeccionado, vino a ser autor de eterna salvación para todos los que le obedecen.

HEBREOS 5:8-9

EL DOLOR PURIFICADOR

Al pasar por la vida, encontramos muchas clases de experiencias. Algunas experiencias nos causan alegría. Otras nos causan tristeza. Probablemente las más difíciles son las que nos causan dolor: dolor mental, dolor emocional o dolor físico. Todos las hemos experimentado, y para todos han sido desagradables. Aunque el dolor nos puede motivar a abandonar un mal hábito, todos anhelamos estar libres del dolor. Cantamos en cuanto a ser libres de dolor. Oramos para los que experimentan dolor. Todos tomamos medidas para evitar al dolor.

Pero ¿por qué tenemos dolor? Considere cuánto daño nos haríamos a nosotros mismos si no existiera el dolor. Los constructores se podrían trozar la mano con la sierra. Los agricultores podrían herir a sus hijos con la maquinaria de la finca. Las amas de casa se podrían quemar. ¿Cómo nos comportaríamos en la iglesia, el hogar y la sociedad si no existiera el dolor?

Dios creó al hombre con libre albedrío. Él bien sabía el dolor que le causaríamos, el dolor del rechazo y los horrores del pecado, la muerte y el Hades. Sin embargo, Dios miró que de esta forma nos mostraría más claramente su amor. Así que escogió el dolor. ¿Por qué? La Biblia dice que Jesús, siendo perfeccionado por lo que sufrió, vino a ser autor de nuestra salvación (Hebreos 5:9). Todos somos pecaminosos, y el dolor es el método que Dios usa para purificarnos. En vez de preguntar: "¿Por qué?" debemos decir: "Gracias, Señor. Ahora soy más puro, como tú."

Owen Shrock, Shreve, Ohio

El que no quiere sufrir no puede ser hijo de Aquel que sufrió.

21 de marzo

Lectura bíblica: Juan 4:13-42

Plan para leer la Biblia en un año: Lucas 2:1-24; Josué 4-6

Entonces dijo a sus discípulos: A la verdad la mies es mucha,
mas los obreros pocos.

MATEO 9:37

SIN VISIÓN, PERECEREMOS

¿Puedes ver? ¿Tienes visión? ¿Cuán buena es tu visión? ¿Hace tu
visión una diferencia en tu vida?

¿Qué dirías si alguien te dijera que se ha descubierto que los seres
humanos ya no necesitamos ojos? Ya no habría visión borrosa. No
habría necesidad de usar anteojos ni lentes de contacto. Tus ojos
ya no se irritarían por la arena o el polvo. Habría nueva tecnología y
nueva ciencia, pero sin ojos.

Puedes imaginar el desastre que resultaría si nadie tuviera ojos.
¿Quién ayudaría a los ciegos? Pero pronto aprenderíamos, ¿no? Sí,
aprenderíamos la dura lección de la experiencia: con el tiempo nos
moriríamos.

Muchas personas hoy día no tienen ninguna visión espiritual, y el
mundo perdido sufre. No solamente los perdidos sufren, sino también
los llamados cristianos a quienes les falta la vista espiritual.

Jesús tenía visión. Él dijo: "Alzad vuestros ojos y mirad los campos,
porque ya están blancos para la siega" (Juan 4:35). Él sabía que
acababa de hablar con una mujer que tenía un problema y una
necesidad, y él comprendía ambos.

El evangelista Spurgeon dijo: "Nunca harás misioneros de la
persona que no hace ningún bien en casa. El que no quiere servir a
Dios en la escuela dominical en casa, no ganará niños para Cristo en
China."

Necesitamos agudizar nuestra visión. Tenemos que ver más allá del
presente, más allá del exterior, más allá de la cara sucia. Si queremos
conocer a Jesús, tendremos que conocer a nuestros semejantes.

Harold R. Troyer, Belleville, Pensilvania

No mirando nosotros las cosas que se ven, sino las que no se ven.
2 Corintios 4:18

22 de marzo

Lectura bíblica: Juan 11:11-15, 21-45

Plan para leer la Biblia en un año: Lucas 2:25-52; Josué 7, 8

Esta enfermedad no es para muerte, sino para la gloria de Dios,
para que el Hijo de Dios sea glorificado por ella.

JUAN 11:4

LA GLORIA DE DIOS

Jesús dijo que la enfermedad de Lázaro era para la gloria de Dios.
Hasta esperó dos días para ir a ver a sus amigos. Para ese entonces
Lázaro ya había muerto, y María y Marta estaban muy entristecidas.
Cuando Lázaro fue resucitado, Dios recibió la gloria. Dios permitió
que Lázaro muriera para él demostrar su poder y su amor. Era "para
la gloria de Dios".

Como cristianos, debemos tener cuidado de promover una fe que
enfoca la gloria de Dios, no la del hombre. Nuestros hijos necesitan
tanto la alabanza como la disciplina. Cuando reciben mucha alabanza
y poca disciplina, se desarrollan viviendo para la gloria de sí mismos
en vez de para la gloria de Dios. Si sienten el amor en la disciplina
de sus padres, se desarrollan con un concepto del amor como parte
de la disciplina. Cuando vemos el amor de Dios en su disciplina,
le glorificamos, devolviéndole una medida de ese mismo amor.
Así vivimos la vida cristiana para su gloria y no para la nuestra. Si
buscamos mucha atención de otros, nuestra vida está enfocada en
nosotros mismos y no en Dios.

Dios mostró su amor para con nosotros cuando envió a su propio
Hijo a morir por nuestros pecados. Eso tampoco fue para nuestra
gloria, sino para la de él. En 1 Pedro 3:18, leemos: "Porque también
Cristo padeció una sola vez (. . .) para llevarnos a Dios". La meta de
Dios en mandar a Cristo no fue glorificarnos a nosotros, sino preparar
un camino para que nosotros eternamente le glorificáramos a él.

Amsey Martin, Wallenstein, Ontario

---

*El principio básico de la fe no es que Dios le dé gloria al hombre,
sino que el hombre le dé gloria a Dios.*

23 de marzo

Lectura bíblica: Isaías 40:12-27

Plan para leer la Biblia en un año: Lucas 3; Josué 9, 10

He aquí que las naciones le son como la gota de agua que cae del cubo, y como menudo polvo en las balanzas le son estimadas.

ISAÍAS 40:15

¿CUÁNTOS EN EL CAMINO?

Mi primo y yo viajábamos por la carretera, saliendo de Denver, Colorado, con rumbo al oeste, cuando se nos dañó el automóvil. Mientras esperamos el camión de auxilio, me quedé asombrado por la cantidad de tráfico que vimos. El automóvil se había descompuesto en un lugar muy estrecho al lado de la carretera. Los muchos vehículos que pasaban a gran velocidad muy cerca de la ventana, me despertaron la curiosidad. Decidí contarlos y averigüé que entre veinte y cincuenta vehículos pasaban cada minuto.

Usé un poco de matemática para calcular que en las doce horas del día, por lo menos 22,000 vehículos salen de Denver, Colorado, contando solamente los que salen en dirección oeste en aquella carretera. Si cada vehículo llevara un promedio de 1.5 personas, sumarían a 33,000 personas.

Todos esos miles de personas son como una gota de agua en un balde comparado con toda la población del mundo. Para nuestro Dios todo esto es como nada. Seguí meditando. ¿Adónde va toda la gente? ¿Qué hacen? ¿Qué propósitos tienen en la vida? Después pensé en otro camino mucho más transitado aun que éste: el camino al infierno y a la destrucción. En ese camino muchos se preocupan más por el dinero, se complacen en los deseos carnales y se aprovechan de los que están a su alrededor.

En el año 2000 se calcula que murieron 54,513,000 personas en todo el mundo. Asombrosamente, sale a 149,350 personas cada día, o casi dos por segundo. Observemos el reloj por un minuto; con cada movimiento del segundero, dos personas pasan a la eternidad.

¿Qué estamos haciendo para Dios? ¿Somos como una ciudad asentada sobre un monte que no se puede esconder? ¡Que Dios nos llene el corazón de un verdadero amor por las almas perdidas que van rumbo a la destrucción!

Llewellyn Miller, Grand Junction, Colorado

Los que van rumbo al cielo no quieren llegar solos.

24 de marzo

Lectura bíblica: 1 Juan 4

Plan para leer la Biblia en un año: Lucas 4:1-32; Josué 11-13

Nadie tiene mayor amor que este, que uno ponga su vida por sus amigos.
JUAN 15:13

AMÉMONOS UNOS A OTROS

Se cuenta de una niña que necesitaba un trasplante de riñón. Después de investigar y hacer exámenes a varias personas, se averiguó que un riñón de su hermano menor le servía. El hermanito con gusto se dispuso a donar un riñón. Prepararon a ambos niños para la operación, ambos esperaban en sus respectivas camas, cuando uno de los doctores notó que la cara del niño acusaba tristeza. Acercándose, le preguntó:

—¿Qué te pasa? ¿Tienes miedo?

—No —respondió el niño—, pero ¿me puede decir a qué hora moriré?

Este hermanito tan amoroso no había entendido que él tenía dos riñones, y que solamente le quitarían uno. Él creía que cuando le quitaran el riñón, moriría. Tanto amaba a su hermana que estaba dispuesto a morir para que su hermana pudiera vivir.

¿Tenemos nosotros tal amor por otros? El amor verdadero con gusto se sacrifica por el bien de los demás.

Otra historia cuenta de un jovencito que llevaba a su hermano menor en los brazos. Cuando alguien le preguntó si no pesaba mucho, respondió:

—Ah, no; ¡es mi hermano!

Si amamos a nuestro hermano, ayudarle no será una carga pesada, sea que le estemos apoyando en un tiempo de prueba, o sacrificándonos hasta la muerte.

Joe Miller, Hartville, Ohio

Permanezca el amor fraternal. Hebreos 13:1

25 de marzo

Lectura bíblica: Efesios 6

Plan para leer la Biblia en un año: Lucas 4:33-44; Josué 14, 15

Ahora, pues, ninguna condenación hay para los que están en Cristo Jesús, los que no andan conforme a la carne, sino conforme al Espíritu.
ROMANOS 8:1

¿CONVICCIÓN O CONDENACIÓN?

¿Has estado sin gozo en estos días? Seguramente todos tenemos días en que podríamos decir: "No tengo gozo". Cuando no tenemos gozo, debemos recordar la diferencia entre la convicción y la condenación. El sentimiento de condenación es un sentimiento vago e indefinido de culpa. Es como una nube negra sobre la cabeza que nos sigue a dondequiera que vayamos, sin saber de qué nos sentimos culpables. El sentimiento de condenación muchas veces es mentiroso y nunca es de edificación. No nos lleva al arrepentimiento ni nos hace cambiar, porque no sabemos de qué somos culpables.

Satanás usa la condenación para robarnos la fe y la confianza en Dios. Para protección debemos tomar "el escudo de la fe, con que podáis apagar todos los dardos de fuego del maligno" (Efesios 6:16).

El sentimiento de convicción, por el contrario, es claro y específico. No es vago, ni nos confunde en cuanto a cuál sería el problema. El sentimiento de convicción nos hará sentirnos mal hasta que hagamos lo debido. Si nos sentimos condenados, lo primero que debemos hacer es reflexionar para saber si estamos evitando la voz convencedora de Dios en la vida.

"Si confesamos nuestros pecados, él es fiel y justo para perdonar nuestros pecados, y limpiarnos de toda maldad" (1 Juan 1:9). No confiemos en los sentimientos; confiemos en la promesa de este versículo.

Aaron Miller, Loudonville, Ohio

Muchos buscan el sentimiento en vez de la sanidad.

26 de marzo

El hombre de verdad tendrá muchas bendiciones;
mas el que se apresura a enriquecerse no será sin culpa.
PROVERBIOS 28:20

EN DIOS CONFIAMOS

En muchas partes vemos rótulos que dicen: "Compra lotería y hazte millonario." Lo único que tenemos que hacer es pagar un poquito y sacar el número correcto para llegar a ser millonario. Por lo menos, creo que así funciona; nunca lo intenté. Lamentablemente, muchas personas sí lo intentan. Algunos hasta gastan su último dinero con la esperanza de hacerse millonarios.

Digamos que quisiera hacer una llamada telefónica, pero no supiera el número. Yo podría adivinar los números para ver si por alguna casualidad marcara el número correcto. ¡Eso sería una locura! Habría solamente una posibilidad en cien mil millones que marcaría el número correcto. Así también se puede decir que es una locura gastar dinero en billetes de lotería. Tal vez tenga solamente una posibilidad entre un millón de sacar un millón de dólares. Y eso sólo viéndolo de una perspectiva natural. Como cristianos no debemos ni desear ganar un millón de dólares por pura suerte.

Tal vez alguien hasta dirá: "Si me toca la suerte, llegaré al cielo". Pero nadie llegará al cielo como resultado de la suerte. Si llegamos al cielo, será porque aceptamos a Jesús como nuestro Señor y Maestro y vivimos para él.

No confiemos en la suerte para ganar la salvación ni la lotería. Dios le dijo a Adán: "Con el sudor de tu rostro comerás el pan" (Génesis 3:19). Nosotros queremos trabajar para ganar el sustento. En Juan 5:24 dice: "De cierto, de cierto os digo: El que oye mi palabra, y cree al que me envió, tiene vida eterna; y no vendrá a condenación, mas ha pasado de muerte a vida."

Eli A. Yoder, Stuarts Draft, Virginia

---

*Trabaja como si todo dependiera de ti, y ora como si todo
dependiera de Dios.*

27 de marzo

Venid a mí todos los que estáis trabajados y cargados, y yo os haré descansar.
MATEO 11:28

EL MIEDO CREE LO PEOR

El desánimo es una de las herramientas más importantes del diablo. Si logra que el hombre esté deprimido, desanimado, derrotado y sintiendo que no vale la pena vivir, el diablo gana. Nosotros no queremos que Satanás controle nuestra vida. Algunos hasta intentan terminar con todo, quitándose la vida. Hay médicos, abogados, hombres de negocio, estrellas de cine y muchos jóvenes que mueren por su propia mano. Muchas veces una nota cuenta la historia. La frustración, la desesperación, la soledad y la tristeza son causas comunes.

La Biblia nos dice en 1 Tesalonicenses 5:14: "Que amonestéis a los ociosos, que alentéis a los de poco ánimo." El que se suicida está convencido de que la única solución que le queda es la muerte. Pero el suicidio no es la solución. Es la puerta a problemas, tormentas y angustia peor de lo que jamás haya experimentado en esta vida. El que se quita la vida se excluye eternamente de la paz, la felicidad y la satisfacción.

Después de la muerte no hay perdón de pecados. No importa cuál sea el problema, Jesús siempre tiene la respuesta. Jesús tiene el poder de darnos la paz si le obedecemos a él en vez de a nuestros propios deseos egoístas. Tengamos cuidado de no dejar que el desánimo tenga lugar en nosotros, ya que eso es el comienzo del camino que puede llevar al suicidio.

Eli A. Yoder, Stuarts Draft, Virginia

Nos quejamos, no porque sean grandes nuestros problemas,
sino porque es pequeño nuestro espíritu.

28 de marzo

Derribando argumentos y toda altivez que se levanta contra el conocimiento de Dios, y llevando cautivo todo pensamiento a la obediencia a Cristo.

2 CORINTIOS 10:5

GALLINAS EN LA HORTALIZA

Ya hace tres días que sembramos la hortaliza, y desde entonces tenemos un verdadero conflicto con las gallinas del vecino. Les encanta rascar la tierra recién labrada y robarse las semillas que tan cuidadosamente sembramos. Cuando me despierto al amanecer y oigo cantar los gallos, sé que ya es hora de revisar la hortaliza. Lamentablemente, las gallinas a veces llegan primero que yo. Salgo agitando los brazos, batiendo las palmas y haciendo ruido para espantarlas. Están aprendiendo. Ahora sólo me echan un vistazo y se corren.

Jesús usó la parábola de las aves que recogían las semillas que cayeron en el camino para explicar cómo trabaja el diablo en la mente. Él siempre busca la oportunidad de robarse las verdades de la Palabra de Dios antes que echen raíz en el corazón.

Nuestro versículo clave nos exhorta a dominar los pensamientos. Las "gallinas" de Satanás constantemente atacan las "hortalizas" de los pensamientos. El enemigo usa la propaganda de los anuncios que se colocan por la carretera, los periódicos, la música en la radio que oímos en el autobús, la inmodestia y muchas otras cosas, para robarse la semilla buena y sembrar maleza. Debemos estar siempre alerta. Derribemos "toda altivez que se levanta contra el conocimiento de Dios" (2 Corintios 10:5). Pidámosle a Dios su ayuda hoy para mantener la mente pura y libre de la maleza de Satanás.

Joel Showalter, Choluteca, Honduras

¿Están las "gallinas" de Satanás rascando en tu hortaliza?

29 de marzo

Lectura bíblica: Mateo 27:24-54

Plan para leer la Biblia en un año: Lucas 6:27-49; Josué 23, 24

Y Jesús decía: Padre, perdónalos, porque no saben lo que hacen.

LUCAS 23:34

FUE UN VIERNES SANTO

¿Por qué todo ese alboroto? Los soldados romanos hacían marchar a unos criminales hacia Gólgota para ser crucificados. Pero parecía que algo los hizo detenerse. Sí, uno de los criminales estaba muy débil y no pudo cargar más su cruz. A un observador curioso lo obligaron a llevar la cruz para él.

Llegaron al Gólgota y se apresuraron a trabajar. Dos de los criminales protestaban a gritos, y con mucho esfuerzo fueron colocados y sujetados sobre la cruz. Con el tercero fue totalmente diferente. No se resistió. Cuando clavaron los clavos en sus manos y sus pies, él oró:

—Padre, perdónalos.

Después de terminar el trabajo de la crucifixión, los soldados se sentaron a observar. El hombre sobre la cruz del centro guardaba silencio. Parecía un silencio santo. Varios de los sacerdotes y líderes religiosos hacían comentarios burlones en cuanto a él ser Hijo de Dios.

Al mediodía descendió una oscuridad profunda. Todos tenían miedo. Los tres crucificados estaban en agonía. A las 3:00 de la tarde el Hombre sobre la cruz del centro clamó con gran voz:

—¡Consumado es! —y colgó lánguidamente de la cruz. Había muerto. De repente hubo un terremoto que partió las piedras. Toda la cuidad se estremeció, y el velo en el gran templo se rasgó desde arriba hasta abajo.

El centurión perplejo exclamó:

—¡Verdaderamente éste era el Hijo de Dios! —Y lo era.

Murió por ti. Murió por mí.

Wilmer S. Beachy, Liberty, Kentucky

Piensa en todo el bien que salió de ese día tan conmemorable.

30 de marzo

Lectura bíblica: Lucas 23:26-43

Plan para leer la Biblia en un año: Lucas 7:1-30; Jueces 1, 2

Pero lejos esté de mí gloriarme, sino en la cruz de nuestro Señor Jesucristo, por quien el mundo me es crucificado a mí, y yo al mundo.

GÁLATAS 6:14

TRES CRUCES, TRES CRUCIFIXIONES, UNA GLORIA

Miremos las tres cruces en el Calvario. Normalmente observamos la cruz del centro donde colgaba Jesús, y eso está bien. Pero las dos cruces con los malhechores también tienen significado. A veces comparamos a los malhechores con las dos categorías de personas que hay en el mundo. Algunos se burlan y ridiculizan las provisiones en la muerte de Cristo, y mueren en miseria y condenación. El otro malhechor representa los pecadores que miran a Jesús y se arrepienten, hallando perdón y salvación. Ellos mueren en esperanza.

Nuestro versículo clave recientemente me impresionó de manera diferente. Dice que el mundo me es crucificado a mí. Consideremos que el malhechor despreciativo representa el mundo. Para poder experimentar la salvación, tenemos que clavar al mundo en la cruz. El mundo tiene que morir de forma que no tenga ninguna influencia en mi vida. Me puede insultar y despreciar aun mientras lo esté crucificando. Él desprecia la cruz de Cristo. Pero tiene que ser crucificado.

Otra crucifixión tiene lugar al otro lado de la cruz de en medio. Yo mismo estoy siendo crucificado al mundo. El que una vez fue mi amigo ya no debe tener ninguna atracción para mí. Aun si él me acusa y se burla, no le tengo que prestar ninguna atención. Soy crucificado al mundo.

Ahora puedo volver mi atención al que está en la cruz del centro. Éste es el único que tiene atracción alguna para mí. Ni el mundo, ni yo mismo, sino sólo Jesús. Me vuelvo a él y hago mi petición:

—Señor, acuérdate de mí cuando vengas en tu reino. —Y qué palabras más bondadosas con las que me responde:

—Hoy estarás conmigo en el paraíso. —¡Aleluya! ¡Que se vaya el mundo! ¡Que se muera mi carne! ¡Yo me gloriaré en la cruz de Jesucristo! Dios guarde que haga de otra forma.

Delmar R. Eby, London, Kentucky

La paradoja de las tres cruces: las tres eran instrumentos de muerte, pero una brindó vida.

31 de marzo

Lectura bíblica: Mateo 28; Juan 20:11-18

Plan para leer la Biblia en un año: Lucas 7:31-50; Jueces 3-5

No está aquí, pues ha resucitado, como dijo.
Venid, ved el lugar donde fue puesto el Señor.

MATEO 28:6

LA MAÑANA DE LA RESURRECCIÓN

—Eh-yo-esto-no-no fue nuestra culpa —tartamudeó el guarda a un grupo de sacerdotes. Él y los demás guardas estaban pálidos, inquietos y con muchísimo miedo.

—¿De qué no tienen culpa? —escupió el sumo sacerdote.

—Eh-este-Je-Jesús . . .

—¿Sí?

—¡Resucitó!

Los ojos de los sacerdotes acusaron asombro; arquearon las cejas, y quedaron boquiabiertos.

—¿Resucitó?

—Sí, nosotros no lo pudimos impedir. Hubo un terremoto y un rayo de luz brillante. Todos caímos al suelo y no nos pudimos levantar. La piedra fue removida, y Jesús salió de la tumba caminando.

—No le digan a nadie de lo sucedido —mandó el sumo sacerdote—. Digan que los discípulos se lo llevaron.

María estaba de pie afuera, llorando. ¡Jesús no estaba! Al mirar otra vez adentro de la tumba, vio a dos ángeles que le preguntaron por qué lloraba.

—Se han llevado a mi Señor, y no sé adónde lo han llevado. —Se volvió un poco y vio a alguien que ella supuso ser el hortelano—. Señor, si tú lo has llevado, dime, para que yo me lo lleve.

—¡María! —esa voz la reconoció de inmediato.

—¡Ah! —gritó—. ¡Ah, Maestro! —Ahora María sabía que Jesús estaba vivo—. ¡He visto al Señor! —declaró más tarde a los otros discípulos.

Si no captamos esta visión de María, con una plena seguridad de que Jesús está vivo, nos volveremos a las mentiras del sumo sacerdote.

Wilmer S. Beachy, Liberty, Kentucky

No está aquí; ha resucitado. La verdad más grande del cristianismo.

1 de abril

Lectura bíblica: Lucas 24:13-35

Plan para leer la Biblia en un año: Lucas 8:1-21; Jueces 6, 7

¿No ardía nuestro corazón en nosotros, mientras nos hablaba en el camino,
y cuando nos abría las Escrituras?

LUCAS 24:32

QUISIÉRAMOS VER A JESÚS

—Hermano, ¿qué crees?

—No sé qué creer —contestó tristemente.

—Yo tampoco.

Hablaron en voz baja mientras caminaban. De repente salió un hombre
desconocido de un callejón y los acompañó.

—¿De qué hablan? —les preguntó el hombre—. ¿Por qué están tan
tristes?

Los dos lo vieron con incredulidad:

—¿Pues, eres tú el único extranjero, que no has sabido las cosas que han
sucedido en estos últimos días?

—¿Cuáles cosas?

—Jesús de Nazaret era un hombre muy bueno, un gran maestro y muy
respetado de la gente y de Dios. Los sacerdotes y líderes religiosos lo odiaban
y lo crucificaron. Nosotros habíamos esperado que él liberara nuestra nación
de los romanos. Para complicar más las cosas, unas mujeres hoy en la
mañana dicen que ha resucitado. Si ha resucitado, quisiéramos verlo.

Aquel desconocido comenzó a enseñarles de las Escrituras, comenzando
con los escritos de Moisés, y siguiendo por todos los profetas, todas las
cosas pertenecientes al Cristo.

Cuando llegaron a casa, el desconocido quería seguir, pero ellos lo
convencieron para que se quedara con ellos. Se sentaron a comer y ellos
le pidieron bendecir la comida. Él tomó pan, lo bendijo, lo partió y le dio un
pedazo a cada uno. En ese instante, reconocieron que éste era el mismo
Jesús; pero al instante desapareció. Asombrados, se decían el uno al otro:

—¿No ardía nuestro corazón, mientras él nos enseñaba de las Escrituras?

A no ser que nuestro corazón arda cuando se predica la verdad pura del
evangelio, seremos más y más fríos y apartados hasta quedar reprobados.

Wilmer S. Beachy, Liberty, Kentucky

¡Ojalá hubiera estado allí!

2 de abril

Lectura bíblica: Génesis 37:18-36

Plan para leer la Biblia en un año: Lucas 8:22-56; Jueces 8, 9

Y decían el uno al otro: Verdaderamente hemos pecado contra nuestro hermano, pues vimos la angustia de su alma cuando nos rogaba, y no le escuchamos; por eso ha venido sobre nosotros esta angustia.

GÉNESIS 42:21

EL PERDÓN

Las palabras del versículo clave muestran el remordimiento de los hermanos de José. Ellos eran los mismos que le habían echado en la cisterna, y que después lo habían vendido a la esclavitud. En ese momento no habían tenido ningún remordimiento. Habían rehusado ver el dolor que sus acciones le causaban a José. No habían escuchado los ruegos de su hermanito. Ahora, años después, ellos confesaron que eran culpables de la supuesta muerte de su hermano José, que, sin saberlo ellos, estaba presente.

¿Cuál fue la reacción de José al oír a sus hermanos expresar remordimiento por el dolor que le habían causado? Él lloró. Tan grande fue su compasión por ellos que él tuvo que salir de su presencia. La Biblia menciona cinco veces en que José lloró. La mayoría de las veces fueron después que sus hermanos reconocieron las injusticias que le habían hecho.

¿Cuáles son nuestros pensamientos cuando algún hermano confiesa el pecado en su vida? ¿Lo tenemos en menos por su confesión? ¿O nos regocijamos con él en su nueva libertad de la culpa? Si un hermano pide perdón, ¿le perdonamos libremente y de buena gana?

Cuando José reveló su identidad, sus hermanos aterrorizados esperaban venganza. Pero José los tranquilizó y les dio lo mejor de Egipto. ¡Qué ejemplo para nosotros cuando tratamos con el hermano arrepentido! Ofrezcámosle el compañerismo cristiano, con el pasado perdonado y olvidado, y ayudémosle hacia adelante en su recién hallada victoria.

Lester K. Burkholder, Fredericksburg, Pensilvania

La persona está a lo más fuerte cuando perdona.

3 de abril

Lectura bíblica: Colosenses 3

Plan para leer la Biblia en un año: Lucas 9:1-36; Jueces 10, 11

Poned la mira en las cosas de arriba, no en las de la tierra.

COLOSENSES 3:2

NO CEDAMOS AL PECADO

Muchas cosas hay en este mundo que nos quitan la atención de las cosas celestiales. El mundo ha inventado muchos entretenimientos para agradar la carne. Algunas cosas parecen inofensivas, pero pronto nos distraen de la vida cristiana. Evitemos estas diversiones mundanas y pidamos al Espíritu Santo que nos ayude a distinguir entre lo bueno y lo malo.

Puede estar bien un juego de béisbol o una actividad social para los jóvenes de vez en cuando, pero no debe tener una prioridad para nosotros. Ni los eventos sociales ni los deportes deben tomar primer lugar en nuestra vida. Hay capillas con grandes centros de entretenimiento para atraer a los jóvenes (y tal vez a los mayores también) a la iglesia.

Un zopilote estaba parado en un gran trozo de hielo flotante devorando a un animal muerto que se había congelado. El trozo se iba acercando a las cataratas del Niágara, y los que lo observaban se preguntaban cuán cerca llegaría el zopilote a la catarata. Él llegó muy cerca antes de notar su peligro e intentar salir volando. Pero por desdicha, ¡no se pudo mover del punto! Por haber estado parado allí tanto tiempo, sus pies se habían pegado al hielo, y le fue imposible despegarse. Así cayó a la muerte porque se interesó más en alimentarse de algo muerto que en salvar la vida.

¿No es así como Satanás engaña a las personas? Les da alimentos muertos (el pecado) hasta que queden tan absortas y enredadas que les cuesta mucho librarse.

Daniel Miller, Dunnegan, Misuri

No cedas a la tentación, pues ceder es pecar.

4 de abril

Lectura bíblica: Marcos 5:1-20

Plan para leer la Biblia en un año: Lucas 9:37-62; Jueces 12-14

Así, no es la voluntad de vuestro Padre que está en los cielos,
que se pierda uno de estos pequeños.

MATEO 18:14

¿VALDRÁ LA PENA?

Realmente fue una pérdida sin sentido. Cuando los demonios pidieron permiso a Jesús de entrar en los cerdos, Jesús al parecer no calculó bien el costo. Sólo dijo:

—Vayan —e inmediatamente dos mil cerdos se precipitaron por un despeñadero al mar y se ahogaron. Aun si los cerdos solamente valían $50 cada uno, fue una pérdida de $100,000. Con razón los hombres de la ciudad salieron a rogar a Jesús que se fuera de ahí.

Pero realmente es un pensamiento interesante: ¿Cuántos cerdos se necesitarían para igualar el valor de un hombre? Se nota que Jesús creyó que un hombre valía más que dos mil cerdos. Pero ¿qué tal hubieran sido veinte mil cerdos? O ¿qué tal fueran doscientos mil? ¿Habría pensado Jesús que en ese caso hubiera sido mejor perder al hombre en vez de tantos cerdos?

La verdad es que un hombre no se puede comparar con un cerdo. Cuando se muere un cerdo, la única pérdida es un poco de dinero, el valor del animal. Cuando un hombre muere, su alma todavía vive en el cielo o en el infierno. El hombre es inmortal, es decir, no puede sencillamente dejar de existir. Así que, calculamos el valor de los cerdos con dinero, pero simplemente no funciona calcular así el valor de las personas.

¿Cuántas veces somos culpables de medir en dinero el valor de las almas? ¿Lo consideramos demasiado caro mantener la paz con un vecino poco razonable? ¿Se lleva demasiado tiempo repartir la literatura cristiana? ¿Será pérdida vender nuestro negocio para poder servir a Dios como misionero?

La siguiente vez que te preguntes: "¿Valdrá la pena?" asegúrate de que estés usando la unidad correcta de medición.

Rodney Yoder, Union, West Virginia

Con tu dinero sobrante nunca ganarás al mundo para Cristo.

5 de abril

Lectura bíblica: Efesios 6:1-9; Mateo 23:1-12

Plan para leer la Biblia en un año: Lucas 10:1-24; Jueces 15-17

Y todo lo que hagáis, hacedlo de corazón, como para el Señor
y no para los hombres.

COLOSENSES 3:23

BUENAS OBRAS DE UN CORAZÓN AMANTE

—Papá, ¿puedo ir mañana a ayudar a los vecinos a hacer fardos de heno? —preguntó un hijo a su padre.

—No —contestó su padre—. Debemos limpiar el establo mañana. Tal vez tú puedes comenzar mientras yo hago un mandado en el pueblo.

Llegó el siguiente día, y el muchacho fue a ayudarles a los vecinos con el heno a pesar de las instrucciones de su padre. Cuando su papá regresó del pueblo, se dio cuenta de que el hijo había ido a ayudar a los vecinos. En la tarde cuando regresó el muchacho, su papá le preguntó por qué le había desobedecido.

—Pues, mis intenciones eran buenas en irles a ayudar a los vecinos —contestó el muchacho.

¿Eran buenas o malas las obras del hijo, ya que las hizo en desobediencia?

¿Practicamos nosotros las buenas obras por las razones correctas? Cuando le ayudo a alguien, ¿es para alguna ganancia propia? ¿Hago buenas obras hasta el punto de desobedecer a Dios? ¿Salen mis buenas obras de un corazón amante, o sólo las hago esperando recompensa? Cuando desobedecemos a Dios para hacer una obra "buena", pecamos y desagradamos al Señor. Incluso nosotros como padres debemos estar seguros de tener la bendición de Dios antes de hacer obras que nos parecen buenas.

Las buenas obras son buenas solamente si las hacemos de un corazón amante. Antes de hacer algo que creemos ser bueno, asegurémonos de que Papá, Mamá, la iglesia y especialmente Dios estén de acuerdo.

Menno H. Eicher, Miami, Ohio

En el camino al infierno hay muchas buenas intenciones.

6 de abril

Lectura bíblica: Santiago 3

Plan para leer la Biblia en un año: Lucas 10:25-42; Jueces 18, 19

Así también la lengua es un miembro pequeño, pero se jacta de grandes cosas. He aquí, ¡cuán grande bosque enciende un pequeño fuego!

SANTIAGO 3:5

EL PODER DE LA LENGUA

En el verano de 2002 hubo muchos incendios de bosques en el occidente de los Estados Unidos. Por la sequía, los enormes incendios quemaron más extensión de tierra que nunca antes.

Uno de estos incendios comenzó cuando un hombre enojado escribió una carta a la que había sido su mujer. Tan amargada quedó la mujer después de leer la carta que la llevó al bosque y la quemó. Perdió el control de la pequeña fogata y terminó quemando más de 121,000 hectáreas de bosque. ¿Puedes creerlo? Las palabras escritas en esa carta resultaron en una pérdida de millones de dólares de valor. ¡Cuánto poder tienen las palabras!

Muchas ofensas y mucho daño emocional se han infligido por medio de la lengua; daños mucho mayores que los 121,000 hectáreas incendiados. Todos recordamos algún incidente del pasado en que las palabras ásperas hicieron triza nuestro espíritu. Tal vez alguien nos gritó enojado, o nos contradijo con una palabra despreciativa. Tal vez nos regañó severamente. Pero al considerarlo, las palabras que se nos quedan grabadas en la mente y nos duelen más suelen ser unas pocas.

Por otro lado, todos recordamos pequeñas palabras de ánimo en un momento oportuno que nos dieron el valor de seguir adelante. Aquellas palabras que se nos graban también pueden ser pocas.

Nunca menospreciemos el valor de la lengua. En verdad es solamente un pequeño miembro del cuerpo, pero gobierna nuestro ser y todo lo que poseemos.

La mayoría poseemos una lengua que funciona. Acordémonos de utilizarla de forma cuidadosa. Debemos pensar antes de hablar, y no usar mal las palabras. Para hacer eso necesitamos el poder de Dios. Debemos mantenernos siempre en contacto con el Espíritu Santo. Solamente cuando el corazón está bien con Dios podemos usar el poder de la lengua para relacionarnos con nuestros semejantes de forma bondadosa y no egoísta.

Stephen Miller, McBain, Míchigan

La lengua; pequeña pero poderosa.

7 de abril

Lectura bíblica: Romanos 1:1-16

Plan para leer la Biblia en un año: Lucas 11:1-28; Jueces 20, 21

Porque de tal manera amó Dios al mundo, que ha dado a su Hijo unigénito, para que todo aquel que en él cree, no se pierda, mas tenga vida eterna.
JUAN 3:16

BUENAS NUEVAS PARA TODOS

Muchas personas pasaron por la estación aquel día; tantas personas que viajaban a algún destino, aparentemente con mucha prisa. Cada una se vestía de manera distinta a la de los demás. Cada una tenía una apariencia única. ¿Qué de sus familias? ¿Qué de sus padres? ¿Qué de sus hijos? Había muchísimas personas que representaban a muchas familias, y seguían llegando más. ¿Alguna vez dejarían de llegar? Durante todo el tiempo en que la observé, la corriente de personas nunca terminó.

En Apocalipsis 7:9, Juan dice: "Después de esto miré, y he aquí una gran multitud, la cual nadie podía contar, de todas naciones y tribus y pueblos y lenguas, que estaban delante del trono y en la presencia del Cordero, vestidos de ropas blancas, y con palmas en las manos." Me pregunto cuántas de esas personas en la estación llegarán a formar parte de aquella multitud allá en el cielo. ¿Cuántas de esas almas conocen a Jesucristo como su Pastor personal?

Las personas que vi aquel día eran solamente una pequeña parte de la población del mundo. Aun si contáramos todas las personas en todas las estaciones de tren del mundo, serían una pequeña fracción del total.

Como dijo Jesús: "La mies a la verdad es mucha." Hay muchas personas que van rumbo a algún destino, y ¡van con mucha prisa! Nosotros debemos apresurarnos a llevarles las buenas nuevas. Podemos decir como dijeron los ángeles a los pastores en las colinas de Belén: "¡He aquí os doy nuevas de gran gozo!"

Harold R. Troyer, Kiev, Ucrania

Dios le ha dado al incrédulo el derecho de observar nuestra vida.

8 de abril

Lectura bíblica: Romanos 6

Plan para leer la Biblia en un año: Lucas 11:29-54; Rut 1-4

Porque la paga del pecado es muerte, mas la dádiva de Dios es vida eterna en Cristo Jesús Señor nuestro.

ROMANOS 6:23

¿DÓNDE RECIBIRÁS EL PAGO?

Se cuenta de una comunidad minera que tenía dos minas claramente distintas. Una mina tenía una vena de mineral muy puro y rico. Los empleados recibían un buen salario, y los dueños de la mina prosperaban. En la otra mina, el mineral era de poca calidad, y los empleados recibían un mal salario. Un hombre que trabajaba en la mina donde el mineral era de poca calidad decidió entregar sus horas de trabajo a la otra mina para recibir un mejor salario. Pero a pesar de sus ruegos, lo rechazaron, diciendo: "Si quieres tener mejor salario, tienes que trabajar para nosotros."

El versículo dieciséis de la lectura bíblica nos recuerda que a quien servimos, de allí también recibiremos el salario. "¿No sabéis que si os sometéis a alguien como esclavos para obedecerle, sois esclavos de aquel a quien obedecéis, sea del pecado para muerte, o sea de la obediencia para justicia?"

Muchos hoy día esperan servir a Dios sin sacrificar nada de sí mismos. Les encanta correr detrás de las diversiones del mundo, vestir a la moda y así ganar la aprobación del mundo y dejar a Dios a un lado en su caminar diario. Como las mujeres en Isaías 4:1, muchos dicen: "Nosotras comeremos de nuestro pan, y nos vestiremos de nuestras ropas; solamente permítenos llevar tu nombre, quita nuestro oprobio." Hoy día es común profesar el nombre de Jesús pero siempre vivir como les da la gana.

Me pregunto: ¿Cómo ve Dios mi vida? ¿Cuánto valor hay en lo que hago y en los lugares a donde voy?

Vivamos de manera que en el día del juicio, Dios no nos tenga que decir: "Has estado trabajando para la mina equivocada. Has gozado de los deleites temporales del pecado. Apártate de mí; nunca te conocí."

Melvin L. Yoder, Gambier, Ohio

Si trabajas con el mundo, también cosecharás con el mundo.

9 de abril

Lectura bíblica: Salmo 8; Mateo 14:13-23

Plan para leer la Biblia en un año: Lucas 12:1-34; 1 Samuel 1-3

Y había salido Isaac a meditar al campo, a la hora de la tarde.
GÉNESIS 24:63

VENID VOSOTROS APARTE

De alguna manera se nos ha pegado la idea de que siempre debemos estar trabajando o haciendo algo para ocupar la mente. Estoy seguro de que seríamos mejores cristianos si intentáramos hacer menos y pasáramos más tiempo en meditación. La atracción de las cosas de este mundo constantemente pide el primer lugar en nuestra vida.

Jesús mismo reconoció la necesidad de retirarse a descansar al decir a sus discípulos: "Venid vosotros aparte a un lugar desierto, y descansad un poco" (Marcos 6:31). Muchas veces Jesús se apartaba del gentío, de los afanes, del ruido y de la confusión para tener comunión con el Padre. Si Jesús necesitaba esto, ¿cuánto más nosotros?

Sal a caminar, siéntate al lado de un riachuelo, mira la puesta del sol, pasea por los campos buscando flores o escucha el canto de las aves. Si dejas que el Creador te hable, tendrá un efecto calmante y sanador. No hay tiempo mejor invertido que el que pasas meditando en las cosas de Dios. Te dará un nuevo aprecio por lo más importante. También te dará nuevo fervor y gozo en la vida.

Robert Burkholder, Brooksville, Kentucky

A veces debemos apartarnos para evitar desbaratarnos.

Lectura bíblica: Génesis 32

Plan para leer la Biblia en un año: Lucas 12:35-59; 1 Samuel 4-6

Adorad a Jehová en la hermosura de la santidad;
temed delante de él, toda la tierra.

SALMO 96:9

ALTARES PERSONALES

Esaú y Jacob eran más que sólo hermanos: eran gemelos. Tal vez nunca entenderemos completamente por qué fueran tan contrarios de carácter. Sin embargo, sabemos que el hombre fue creado con la capacidad de escoger el bien o el mal. Por lo que parece, Esaú nunca edificó un altar ni oró ni habló de Dios. Fue una persona impía, y su descendencia era igual.

Jacob, aunque tenía faltas, buscó a Dios. La Biblia muchas veces menciona los altares de Jacob. El primero fue entre Beerseba y Padan-aram. Hizo un compromiso con Dios, y después Dios le dio instrucciones específicas, las cuales Jacob obedeció. Otra vez tuvo contacto con Dios en su viaje de regreso a Canaán, cuando desesperadamente buscó la protección divina, recordando el odio de su hermano para con él. Esa noche Jacob luchó con un varón misterioso, y después testificó: "Vi a Dios cara a cara, y fue librada mi alma."

Después, ya anciano y habiendo pasado muchas pruebas, Jacob viajaba hacia Egipto. Por el camino se detuvo para ofrecer sacrificios a Dios, que le dio más instrucciones en cuanto a aquel traslado tan inesperado. Jacob se consoló por la seguridad de la presencia de Dios.

¿Tengo un altar personal? ¿Es mi altar un lugar santo de verdadera adoración y amor? ¿Es un lugar donde me quebranto y oro sinceramente: "Señor, sea hecha no mi voluntad, sino la tuya"? Nuestros altares no son hechos de piedra ni de madera, pero sí son los lugares donde nos encontramos con Dios, que hizo posible la salvación por medio de Jesucristo. Fue el amor que le motivó hacer eso para nosotros. ¡Amémosle y sirvámosle siempre!

Willis Halterman, Carlisle, Pensilvania

Los altares personales son vitales para una vida victoriosa.

11 de abril

Lectura bíblica: Ester 6-7

Plan para leer la Biblia en un año: Lucas 13:1-21; 1 Samuel 7-9

Antes del quebrantamiento es la soberbia,
y antes de la caída la altivez de espíritu.

PROVERBIOS 16:18

EL ENGAÑO DEL ORGULLO

Hay una fábula de una tortuga que consultó con dos gansos para que la llevaran al otro lado de un lago. Tenía la gran idea de que los dos gansos llevarían entre ellos un palo, agarrándolo con los picos. La tortuga se agarraría del palo con la boca, y así cruzaría colgado. Así que, hicieron los preparativos y despegaron.

El viaje aéreo avanzaba bien para los tres animales, y la tortuga se llenó de orgullo al ver que su gran plan funcionaba perfectamente.

Un muchacho que observaba este medio tan extraño de transporte preguntó:

—¿Quién tuvo tan gran idea?

—¡Yo! —gritó la tortuga.

¿Oíste el golpe? La tortuga estaba tan orgullosa de su buena idea que se le olvidó mantener cerrada la boca, y así cayó a su muerte.

El orgullo obra con astucia. Arruina muchas vidas si no se trata correctamente. Los ojos altivos pueden hacer mucho daño. Los que creen que sus ideas siempre son las mejores no son compañeros agradables. Debemos siempre considerar el punto de vista de otros. Todavía más debemos considerar lo que Dios quiere que hagamos.

Busquemos de Dios la gracia y la fuerza para vivir en humildad.

Samuel Beachy, Belvidere, Tennessee

La humildad ahuyentará el orgullo de tu vida.

12 de abril

Lectura bíblica: 2 Corintios 4:14-18; 5:1-10

Plan para leer la Biblia en un año: Lucas 13:22-35; 1 Samuel 10-12

He aprendido a contentarme, cualquiera que sea mi situación.
FILIPENSES 4:11

HOGAR DULCE HOGAR

Tuvimos una finca durante más de cincuenta años. Ahora hemos vendido la finca, el ganado y la maquinaria, y solamente nos queda una casa en que vivir y una hectárea de tierra para cuidar. Fue un cambio drástico. No solamente se vendió la finca, sino que también nuestro hijo y su familia, que vivían en la finca, se trasladaron a unos ochocientos kilómetros de aquí. La Biblia dice que debemos dar gracias en todo y que todas las cosas les ayudan a bien a los que aman a Dios. Así que queremos darle gracias a Dios por esto y confiar en que algún bien saldrá de todo. Sabemos que no podemos llevar lo material con nosotros a la gloria.

Esto trajo a mi memoria algo que sucedió hace varios años. Una hermana mía estaba a punto de morir. Ya no respondía si le hablábamos. Algunos familiares estábamos de pie alrededor de su cama. Leímos la Biblia y oramos, pero ella mantenía cerrados los ojos. De repente notamos que las lágrimas corrieron por sus mejillas. Creemos que oyó lo que decíamos aunque no podía ni abrir los ojos.

Unos años antes mi hermana, que era viuda, tuvo una subasta. Me sorprendió que vendiera algunos de los recuerdos de nuestro antiguo hogar. Después creí que seguramente ella sabía que ya no estaría mucho tiempo aquí, y pensó mejor dejar que otros disfrutaran esas cosas.

Pensé en la finca que ya está vendida. Sabemos que, con nuestra edad, ya no estaremos mucho tiempo aquí. Muchos menores que nosotros han fallecido. No debemos aferrarnos a las cosas de esta vida, ya que todo le pertenece al Creador. Somos solamente sus mayordomos.

Eli A. Yoder, Stuarts Draft, Virginia.

Así como la paloma de Noé no halló descanso fuera del arca, el cristiano no halla satisfacción fuera de Cristo.

13 de abril

No os engañéis; Dios no puede ser burlado:
pues todo lo que el hombre sembrare, eso también segará.

GÁLATAS 6:7

EL HUERTO DE LA VIDA

En la primavera comenzamos a preparar para la siembra de las hortalizas. El suelo necesita la cantidad correcta de agua para poder labrarlo bien. Después de labrar el suelo, sembramos las semillas; pero ¡el trabajo no termina allí! Tenemos que desherbar el terreno y abonar las plantas. Dios controla dos elementos importantes: la lluvia y el sol. Sin la ayuda de Dios, no podríamos cultivar hortalizas. Pero con suficiente trabajo, fertilizantes, sol y lluvia, podemos esperar disfrutar los frutos de nuestro esfuerzo.

¿Cómo está el huerto de mi vida? ¿Se agrada Dios con él? Dios ya tenía muchos beneficios esperándonos cuando nacimos. Jesús murió en la cruz y se levantó de los muertos. Regresó al Padre y ahora intercede por nosotros. Envía el Espíritu Santo a consolarnos y dirigirnos. Se interesa de forma especial en cada persona. Ha hecho tanto para mí. ¿Cómo respondo yo a su amor?

Jesús mira la hortaliza de mi vida. Quiere sembrar buena semilla que produzca buen fruto tal como el amor, el gozo, la paz, la paciencia, la benignidad, la bondad, la fe, la mansedumbre y la templanza. Quiere que crezca para ser una planta fuerte para él.

Los que obedecen a Dios recibirán buena cosecha. ¿Qué clase de semilla estamos sembrando? Si queremos cosechar cosas buenas, tenemos que sembrar cosas buenas.

Samuel Beachy, Belvidere, Tennessee

En la cosecha de la vida cosecharemos lo que hayamos sembrado.

14 de abril

Lectura bíblica: Salmo 61-62

Plan para leer la Biblia en un año: Lucas 14:25-35; 1 Samuel 15, 16

Porque tú has sido mi refugio, y torre fuerte delante del enemigo.

SALMO 61:3

REFUGIO CONTRA TORMENTAS

Algunas personas se preocupan por un tornado. Algunos hasta compran un refugio especial para usar en caso de tormentas severas. Así tienen un lugar seguro al cual acudir si llega una tormenta. Pero un refugio contra tormentas exige mantenimiento. Es importante que las bisagras de la puerta no se oxiden y que los respiraderos permanezcan abiertos. El refugio no debe estar lleno de desechos o de reliquias viejas. Si llegue un tornado, no habrá tiempo suficiente para primero sacar las cosas y después refugiarse adentro.

Tampoco nos protege el refugio si no lo usamos. Si alguien decidiera que no vale la pena correr al refugio, podría perecer en la tormenta sin aprovecharse de los beneficios disponibles.

"Dios es nuestro amparo y fortaleza, nuestro pronto auxilio en las tribulaciones" (Salmo 46:1). En Dios hallamos refugio y fuerza al enfrentar las tormentas de la vida. Como el refugio contra tormentas, nuestra relación con Dios necesita mantenimiento continuo. Necesitamos mantenernos en contacto con Dios, sirviéndole en sol y en tempestad. Necesitamos fortalecer nuestra vida durante las épocas buenas. Así cuando llegan las tormentas de la vida, podemos estar "firmes y constantes, creciendo en la obra del Señor siempre" (1 Corintios 15:58).

La vida cristiana exige esfuerzo. Los refugios de tormenta no nos ayudan si no los usamos cuando llega la tormenta. La protección espiritual de Dios no nos ayuda si no entregamos nuestra vida entera a él.

Samuel Beachy, Belvidere, Tennessee

Mantén al día tu refugio espiritual.

15 de abril

Lectura bíblica: 1 Peter 1:13-25

Plan para leer la Biblia en un año: Lucas 15:1-10; 1 Samuel 17, 18

Como hijos obedientes, no os conforméis a los deseos que antes teníais estando en vuestra ignorancia; sino, como aquel que os llamó es santo, sed también vosotros santos en toda vuestra manera de vivir.

1 PEDRO 1:14-15

ATRAPADO

Cuando era muchacho, si aparecía algún gato en nuestro establo y no lo queríamos tener allí, usábamos una trampa sencilla para atraparlo. Amarrábamos un saco en la punta de un tubo grande. Uno sostenía la trampa afuera del establo en un hoyo en la puerta (la única salida para los gatos). Otro entraba y asustaba al gato. El gato atravesaba como un rayo el establo. Se oían rasguños en el tubo, y de repente el saco tomaba vida con un gato chillando y pegando brincos adentro. Estaba atrapado sin esperanza por un muchacho que se reía mientras sujetaba la boca del saco.

Esto se parece a nuestro peregrinaje aquí. ¿Queremos, como el gato, entrar en lugares donde no pertenecemos, lugares que no le convienen al cristiano? Si disfrutamos pasar por los muestrarios de las revistas indecentes, o si dejamos que nuestros ojos sigan a las personas escasamente vestidas, ¿no seremos como el gato curioso que quería ver lo que había dentro del establo? Tal vez hasta hayamos entrado y salido por la puerta varias veces sin notar ningún efecto negativo. Pero estemos seguros que si seguimos al pecado, también quedaremos atrapados en la trampa de Satanás.

Gracias a Dios, si quedamos atrapados aún hay esperanza. Podemos ser librados de las garras del diablo si nos arrepentimos del pecado y dejamos que la sangre de Jesús nos limpie.

David S. Leid, Big Prairie, Ohio

Dios nos formó. El pecado nos deformó.
Solamente Cristo nos puede transformar.

16 de abril

Ninguno puede servir a dos señores; porque o aborrecerá al uno y amará al otro, o estimará al uno y menospreciará al otro. No podéis servir a Dios y a las riquezas.

MATEO 6:24

ASIDOS DE LA VIDA ETERNA

Un sabio dijo: "Si intentas atrapar a dos conejos a la vez, ambos escaparán." Es muy claro que no podemos amar a Dios y al mundo a la vez.

Es evidente que las bancas en nuestras capillas están siendo calentadas por personas que intentan seguir a dos conejos. Con eso no quiero decir que somos un grupo de malvados y pervertidos. Por lo general, somos una gente amable y bondadosa que ama al Señor y le quiere servir. Pero quizás amemos más al mundo de lo que queremos reconocer. Y Dios pide todo nuestro amor y una lealtad completa.

No se nos manda hacernos tesoros aquí en la tierra, los cuales se oxidan y pueden ser robados y al fin perecerán con el mundo. Vivimos en tiempos prósperos. Tenemos más de lo que necesitamos, y aún tendemos a enfocar más la ganancia material que las cosas del reino. Hallamos más tiempo para el mundo del entretenimiento y menos para el estudio bíblico. Oramos: "Hágase tu voluntad", y después hacemos lo que queremos. Oramos: "No nos metas en tentación", pero después compramos la entrada para la siguiente atracción y tentación que Satanás nos quiere poner. Decimos que somos muertos al mundo, sin embargo no podemos morir al deporte. Oramos: "Perdónanos nuestras deudas, como también nosotros perdonamos a nuestros deudores"; después nos desvelamos pensando en cómo el otro nos ofendió.

Ya sabemos que uno de los conejos se nos escapará. El mundo con todas sus atracciones se desvanecerá. ¿Por qué no concentrarnos en el otro conejo? La vida eterna es alcanzable y se nos ofrece gratuitamente. Concentrémonos en las cosas del reino.

Melvin L. Yoder, Gambier, Ohio

Concentrémonos en las cosas del reino,
y cualquier otra necesidad será suplida.

17 de abril

Y a Aquel que es poderoso para hacer todas las cosas mucho más
abundantemente de lo que pedimos o entendemos,
según el poder que actúa en nosotros.

EFESIOS 3:20

EL PERDÓN VERDADERO

Muchas veces cuando tratamos de perdonar a alguien, nos
ponemos en el lugar de Dios sin darnos cuenta. Tratamos de
administrar justicia, mental o literalmente. Tratamos de desquitarnos y
hacer pagar a la otra persona. Pronto estamos amargados. Tenemos
dos o tres discursos bien planeados que podríamos darle a aquella
persona si la oportunidad se presentara.

Tenemos que dejar que Dios sea Dios. No podemos hacer nada
para cambiar el pasado o a las demás personas. Dios obra en la
vida de las personas de maneras que no comprendemos. Debemos
aceptar esa realidad y permitir que Dios toque a las personas como
él quiera.

Si en realidad creemos esto de todo corazón, podemos soltar a
nuestros ofensores a Dios y perdonarlos de corazón. Permitimos que
Dios nos limpie el corazón de toda amargura. Reconocemos nuestras
propias fallas para que con la ayuda de Dios podamos responder con
humildad a los que nos ofenden.

Piensa en las personas que necesitas perdonar. Di el nombre de
cada una y cuenta a Dios cómo sentiste el dolor que esa persona
te infligió. Cuéntale todo a Dios. Después imagínate soltando esa
persona de todo lo que te debe y entregándola a Dios. Pide a Dios
que te sane el dolor que te causó la persona, y pídele perdón por tu
amargura y por cualquier otra acción incorrecta que hayas cometido
en el asunto. Pídele que llene tu corazón de amor para que puedas
bendecir a cada persona que te haya hecho daño.

Stephen Miller, McBain, Míchigan

---

*Perdónanos nuestras deudas, como también nosotros perdonamos
a nuestros deudores. Mateo 6:12*

18 de abril

Lectura bíblica: Mateo 25:14-46

Plan para leer la Biblia en un año: Lucas 16:19-31; 1 Samuel 25, 26

Esta ha hecho lo que podía;
porque se ha anticipado a ungir mi cuerpo para la sepultura.

MARCOS 14:8

SIERVOS FIELES

—¿Cuántos zapatos has lustrado? —le pregunté al anciano limpiabotas.

Soltó la carcajada.

—No llevo la cuenta —dijo—. Hace años la perdí.

—Bueno —comenté—, si me pudieras decir cuántos zapatos has lustrado, te podría decir a cuántas personas has servido.

—Ay, pero no lo sé —respondió—. Lo que hago es contar el dinero al fin del día para saber cuánto gané. Así sé si fue un buen día o no. Eso es lo que vale. Es muy imprevisible. A veces paso ocupado y otros días paso de balde.

Así es en la vida cristiana. A veces pasamos ocupados, y muchas vidas son afectadas por nuestro servicio cristiano. Otros días parece no haber tanto que hacer. Tal vez estamos desanimados o un poco solos. Sin mucho que hacer, nos sentimos casi olvidados.

Pero Dios hace todo bien. Solamente hagamos lo que él nos manda. A veces nos da bastante trabajo y otras veces no tanto. Lo importante es que hagamos lo que Dios quiere cuando él quiere. No esperamos hacerlo todo nosotros porque Dios usa muchos trabajadores. Algunos hacen mucho, y otros hacen menos. Sin embargo, todo el trabajo es importante. La notita dada al enfermo y el mensaje predicado a una gran audiencia ambos son necesarios. Estemos disponibles cuando Dios nos llama a hacer algún mandado. Tal vez sea solamente lustrar los zapatos de algún desconocido.

Harold R. Troyer, Belleville, Pensilvania

Dios no nos pide que hagamos todo;
solamente nos pide que hagamos algo.

19 de abril

Lectura bíblica: Job 5:6-21

Plan para leer la Biblia en un año: Lucas 17:1-19; 1 Samuel 27-29

Pacientemente esperé a Jehová, y se inclinó a mí, y oyó mi clamor.
SALMO 40:1

DIOS ESTÁ EN CONTROL

Asistimos al funeral de una anciana. Como todos los funerales, fue una ocasión triste. Sin embargo, nos regocijamos porque tuvimos la esperanza viva de que ella estaba preparada para encontrarse con Jesús. El cementerio estaba al lado de un potrero. Cuando llegamos para el entierro, una manada de cabras estaba justo al otro lado del cerco, mirando hacia el grupo de personas alrededor de la tumba. Todas balaban tristemente. Parecían compadecerse de la familia enlutada. Cuando ya íbamos a comenzar el culto al lado de la tumba, las cabras de repente se fueron. Me parece que Dios dirigió eso.

El cielo estaba nublado y se aproximaba una tormenta. Al comenzar el culto, creo que muchas personas estaban orando que Dios detuviera la lluvia. Y en realidad, la tormenta no se acercó hasta que terminó el entierro. Muchas oraciones de gratitud subieron a Dios mientras salimos del cementerio.

Dios todavía oye y contesta las oraciones. A veces contesta de forma diferente de lo que quisiéramos. Debemos recordar que todas las cosas les ayudan a bien a los que aman a Dios. Dios sabe mucho mejor que nosotros lo que nos conviene. Cuando le pedimos algo a Dios, siempre debemos recordar decir: "No se haga mi voluntad, sino la tuya."

Eli A. Yoder, Stuarts Draft, Virginia

Cuando Dios te contesta la oración, no te olvides de agradecerle.

20 de abril

Lectura bíblica: Mateo 6:19-34

Plan para leer la Biblia en un año: Lucas 17:20-37; 1 Samuel 30, 31

Mi Dios, pues, suplirá todo lo que os falta conforme
a sus riquezas en gloria en Cristo Jesús.

FILIPENSES 4:19

JEHOVÁ PROVEERÁ

"Jehová proveerá." Abraham dio ese nombre al lugar donde Dios proveyó un carnero para sacrificar en lugar de Isaac. Es el único lugar en la Biblia en que se usa esa frase, pero la idea sobresale por todas las Escrituras.

Tuve la bendición de ser criado en una familia pobre, pero rica espiritualmente. Para nuestras necesidades diarias, aprendimos a confiar en Dios y no en un salario bueno o una cuenta bancaria bien abastecida.

Una experiencia que nunca olvidaré fue la vez en que dos de mis hermanos querían acompañar a un viaje escolar que exigía que cada alumno contribuyera con diez dólares. Ya que mis padres no tenían el dinero, todos nos pusimos en oración sobre el asunto. La mañana del viaje, cuando salimos a esperar el autobús que nos llevara a la escuela, descubrimos dos billetes de diez dólares en la cuneta de la calle. ¡Fue exactamente la cantidad que necesitábamos! Dios no dejó lugar a duda en cuanto a quién proveyó el dinero. ¡Qué bendición habríamos perdido esa mañana si hubiéramos podido ganar ese dinero por nuestro propio esfuerzo! ¡Qué oportunidad de alabar a Dios!

Dios todavía anhela ser un Dios proveedor en la vida de su pueblo. Pero ¿cuántos hemos llegado a ser demasiado autosuficientes? Tan fácilmente ponemos más importancia en los deseos nuestros que en las necesidades de otros. Tenemos una promesa maravillosa en Malaquías 3:10: "Traed todos los diezmos al alfolí y haya alimento en mi casa; y probadme ahora en esto, dice Jehová de los ejércitos, si no os abriré las ventanas de los cielos, y derramaré sobre vosotros bendición hasta que sobreabunde."

Joseph Jones, Ash Fork, Arizona

Deposite tu dinero en la cuenta de Dios,
y te pagará grandes dividendos.

21 de abril

Lectura bíblica: Números 11:16-23, 31-34

Plan para leer la Biblia en un año: Lucas 18:1-17; 2 Samuel 1-3

No lo digo porque tenga escasez, pues he aprendido a contentarme, cualquiera que sea mi situación.

FILIPENSES 4:11

EL CONTENTAMIENTO

Pronto después de que los israelitas salieron de Egipto, murmuraron. Dios les envió maná para comer. Pronto se aburrieron de eso y querían carne. Se acordaban de todas la comidas deliciosas que comían en Egipto. Jehová los acababa de castigar con fuego por sus murmuraciones, pero ahora estaban llorando otra vez, cada uno a la puerta de su tienda. Dios les prometió carne; no solamente para unos pocos días, sino para un mes entero. Moisés dudó de que fuera posible. Pero Dios otra vez mostró su gran poder enviándoles codornices. Mandó tantas que fueron amontonadas a un día de camino a todos lados del campamento. Lo menos que recogió cada persona fueron diez montones.

Dios había dicho que comerían carne hasta que les saliera por las narices y la aborrecieran. Antes que fuera masticada, estando todavía entre los dientes de ellos, la ira de Dios se encendió contra ellos y los hirió con una gran plaga.

Tal vez culpamos a los israelitas por quejarse tanto. Pero, ¿somos mejores que ellos? Si las cosas no salen exactamente como queríamos, nos quejamos. En nuestra cultura moderna, cuando un aparato o un vehículo se daña, nos quejamos y nos enojamos.

Cuando las cosas no resultan como planeábamos, debemos dar gracias a Dios en vez de quejarnos. Tal vez él nos quiere enseñar algo. "Así que, teniendo sustento y abrigo, estemos contentos con esto" (1 Timoteo 6:8).

Daniel Miller, Dunnegan, Misuri

Dios es más grande que cualquier problema que tenga.

22 de abril

Lectura bíblica: Romanos 8:18-39

Plan para leer la Biblia en un año: Lucas 18:18-43; 2 Samuel 4-6

Antes, en todas estas cosas somos más
que vencedores por medio de aquel que nos amó.

ROMANOS 8:37

LA TRIBULACIÓN

Muchas personas padecen tribulación. Esto los entristece. Su rostro puede acusar miedo, ansiedad, dolor o sufrimiento. Muchas veces la tribulación viene en forma de sufrimiento físico a mano de los malos. Los que quieren vivir piadosamente y según la voluntad de Dios deben esperar tribulación. Pueden llegar situaciones fuera de nuestro control que nos hacen sufrir. Otras veces el sufrimiento es resultado de nuestras decisiones malas. La tribulación puede ser una enfermedad terminal o degenerativa, la pérdida de propiedad o aun de un ser amado.

Cuando cumplimos la voluntad de Dios, no es que escapamos la tribulación; más bien, suele aumentarla. Pero ya que Dios nos ha prometido ayuda y gracia, podemos regocijarnos en medio de la tribulación, sabiendo que estamos dentro de su voluntad.

Eso puede ser difícil. Es importante estar completamente entregados a Dios. Las tribulaciones nos pueden hacer evaluar nuestra relación con Dios y con nuestros semejantes. Podemos descansar sabiendo que Dios está en control.

Existe un gran peligro de que la tribulación nos aleje de Dios si no estamos firmemente arraigados en él (Mateo 13:21). Dios no se agrada cuando nos amargamos y nos rebelamos bajo la tribulación que él permite.

"Estos que están vestidos de ropas blancas, ¿quiénes son? (. . .) Yo le dije: Señor, tú lo sabes. Y él me dijo: Estos son los que han salido de la gran tribulación, y han lavado sus ropas, y las han emblanquecido en la sangre del Cordero" (Apocalipsis 7: 13-14). Hoy viven con Cristo para siempre. ¡Ojalá podamos identificarnos con ellos!

Wilmer S. Beachy, Liberty, Kentucky

La joya no se pule sin fricción, ni el hijo de Dios sin tribulación.

23 de abril

Lectura bíblica: Mateo 6:1-18

Plan para leer la Biblia en un año: Lucas 19:1-28; 2 Samuel 7-9

Exhorto ante todo, a que se hagan rogativas, oraciones,
peticiones y acciones de gracias, por todos los hombres.

1 TIMOTEO 2:1

ORA POR MÍ

Me detuve en el semáforo. Al mismo tiempo un vehículo de policía
paró a mi lado. Un movimiento en el asiento de atrás me llamó la
atención.

Un hombre me hacía señas. Después inclinó la cabeza, juntó las
manos en forma de oración y se señaló a sí mismo. Ya entendí. ¡Me
estaba pidiendo que orara por él! Estaba esposado, y al parecer, lo
llevaban para algún centro correctivo. El semáforo cambió y cada cual
siguió por su camino.

El hombre buscaba alguien en quien confiar, alguien cuyas
oraciones alcanzaran a Dios. ¿Cómo respondo a tal petición? ¿La
rechazo pensando: "Pues si te hubieras portado bien, no estarías
dónde estás"? Si no fuera por la gracia de Dios, fácilmente podría
estar yo en la misma condición.

Es fácil orar por los padres ancianos, los enfermos, los pastores y
nuestra familia. Pero ¿orar por los criminales? Él sentía profundamente
la necesidad de oración. Quizás su necesidad más grande era la de
un corazón cambiado. Pero ¿por qué me pidió que orara por él?

Tal vez nunca vea al hombre nuevamente. No pudimos hablar. Ni
sé su nombre, pero no olvido el escenario. Un alma está en peligro.
No sé cuál sea su ofensa, pero él confía en que yo ore por él. Quiero
ser digno de esa confianza.

Wilmer S. Beachy, Liberty, Kentucky

La luz se oscurece cuando los santos oran menos.

24 de abril

Lectura bíblica: Génesis 27:1-29

Plan para leer la Biblia en un año: Lucas 19:29-48; 2 Samuel 10-12

Como está escrito: A Jacob amé, mas a Esaú aborrecí. ¿Qué, pues, diremos? ¿Que hay injusticia en Dios? En ninguna manera.

ROMANOS 9:13-14

ÁSPERO O LISO

Hace poco estaba cepillando madera y noté lo hermoso que se volvían las tablas ásperas y sucias al cepillarlas. Estos versículos de Romanos 9 me llegaron a la mente. Me pregunté por qué sería que dice: "A Jacob amé, mas a Esaú aborrecí." Esaú nació primero y era áspero y peludo, lo que simboliza nuestro primer nacimiento (el natural). Somos pecadores de nacimiento, perdidos, corruptos y enemigos de Dios. Jacob, el segundo en nacer, simboliza el segundo nacimiento (el espiritual): liso, limpio, útil, agradable y hasta hermoso.

¿Por qué dice que Dios aborreció a Esaú, si Dios ama al pecador? Sí, Dios ama al pecador, no porque sea pecador sino a pesar del pecado. Dios no lo ama para que siga siendo pecador, sino para limpiarlo y convertir un Esaú en un Jacob. Entonces hay regocijo en el cielo y una bendición mucho mayor que la que recibió Jacob de Esaú.

Dios nos ha creado con libre albedrío. Decidimos si nos quedaremos ásperos y sucios, o si permitiremos que Dios nos limpie y nos alise, transformándonos en una persona presentable y útil. ¿No permitirás que él quite un poco aquí y otro poco allá hasta que encajes en el lugar que él tiene para ti?

Alvin Coblentz, Free Union, Virginia

En el taller de la vida, Dios talla a sus hijos a su manera.

25 de abril

Lectura bíblica: Romanos 12

Plan para leer la Biblia en un año: Lucas 20:1-26; 2 Samuel 13, 14

Bienaventurados los pacificadores,
porque ellos serán llamados hijos de Dios.

MATEO 5:9

LA NO RESISTENCIA EN ACCIÓN

Una familia se mudó a una finca pequeña, y pronto se dieron cuenta de que había perros sueltos en la vecindad. Ya que esta familia tenía cabras, tuvieron que construir un cerco fuerte, de metro y medio de altura, para protegerlas.

Una mañana el padre de familia, al que llamaremos Timo, oyó que ladraban unos perros y balaban las cabras. Salió corriendo de la casa para hallar a unos perros dentro del encierro de las cabras, atacándolas. Al ver al hombre, los perros salieron del encierro y se alejaron. Timo supuso que eran perros sin dueño. Esa noche les puso unas trampas. Usó trampas que prensaban la pata del animal sin herirla.

La siguiente mañana otra vez oyó un alboroto. Salió en carrera y vio a los perros afuera del encierro de las cabras, pero esta vez había un perro en una de las trampas. También vio que eran los perros del vecino. ¡Y allí venía el vecino en su camioneta, a alta velocidad! El vecino se detuvo al lado del encierro y salió de la camioneta de un brinco. Corrió hacia el perro atrapado.

—¡Éste es mi perro! —vociferó—. ¡Esto causará problemas entre nosotros! Me mudé al campo para que mis perros pudieran andar sueltos.

Timo pensó: "Yo me mudé al campo para que mis cabras pudieran andar sueltas. Si encierras a tus perros, yo encierro a mis cabras." Pero después pensó en el mandamiento de Jesús de volver la otra mejilla. Así que dijo:

—Estoy dispuesto a escuchar tus sugerencias.

—Si pusieras un alambre eléctrico arriba y abajo de tu cerco, creo que no se pasarían los perros —dijo el vecino.

—Bueno, estoy dispuesto a hacer eso —dijo Timo— para poder tener paz con mi vecino.

Eli A. Yoder, Stuarts Draft, Virginia

La misericordia y la bondad han convertido a más pecadores que el celo, la elocuencia y un gran conocimiento.

26 de abril

Lectura bíblica: 1 Pedro 5:1-11

Plan para leer la Biblia en un año: Lucas 20:27-47; 2 Samuel 15, 16

Sed sobrios, y velad; porque vuestro adversario el diablo, como león rugiente, anda alrededor buscando a quien devorar.

1 PEDRO 5:8

APRESADO POR UN PULPO

Un buceador trabajaba en la parte inferior de un barco. Llevaba una soga amarrada en el cuerpo, que le conectaba al barco arriba por cualquier peligro. Mientras trabajaba, un enorme pulpo lo atacó y lo envolvió con sus tentáculos. El hombre tiró de la soga, que era la señal al hombre que estaba arriba en el barco que lo sacara del agua. El hombre lo sacó, con todo y pulpo, del agua. El pulpo lo tenía tan agarrado que le tuvieron que cortar los tentáculos al pulpo para soltar al hombre. Si no hubiera habido alguien que lo salvara, el hombre habría muerto. El pulpo se lo habría llevado a la destrucción.

Antes de convertirnos éramos esclavos del diablo. Él nos envolvía con sus placeres pecaminosos. Nos quería devorar, alejándonos más y más de Dios. Tuvimos que reconocer que estábamos perdidos y que necesitábamos la ayuda de Dios para cambiar de vida.

Debemos tirar de la soga de la oración y pedirle a Dios que nos salve del pulpo que se llama el pecado, que aún nos quiere destruir y devorar. Al entregar la vida a Dios, experimentamos paz, gozo y victoria en Jesús. También tenemos la esperanza de la vida eterna. El cielo es un lugar preparado para las personas preparadas. Estemos preparados en todo momento para encontrarnos con Dios.

Samuel Beachy, Belvidere, Tennessee

Solamente Dios nos puede librar de las garras del diablo.

121

27 de abril

Lectura bíblica: 2 Corintios 10

Plan para leer la Biblia en un año: Lucas 21:1-19; 2 Samuel 17, 18

Porque no nos atrevemos a contarnos ni a compararnos con algunos que se alaban a sí mismos; pero ellos, midiéndose a sí mismos por sí mismos, y comparándose consigo mismos, no son juiciosos.

2 CORINTIOS 10:12

EL CAMINO ANGOSTO

Nosotros los humanos somos muy dirigidos por los hábitos, y a veces hacemos las cosas de cierta manera sin darnos cuenta del porqué. En la lectura bíblica de hoy, parece que hubo algún problema con ciegamente seguir algunas costumbres que otros habían establecido. Pablo advierte que no nos atrevamos a medirnos o a compararnos los unos con los otros. La única regla segura es la Palabra de Dios.

Se cuenta de una joven esposa que le preguntó a su madre por qué el jamón se tenía que partir de cierta forma antes de meterlo al horno para asar. Su madre respondió:

—Bueno, tu abuela siempre lo hacía así.

Decidieron preguntarle a la abuela. Ella respondió:

—Cuando éramos jóvenes, no teníamos una cacerola lo suficiente grande para meter el jamón sin cortarlo. —Resuelto el misterio.

J. Henry Fabre cuenta de un experimento que hizo con una especie de oruga. Puso un grupo de ellas en el borde de una maceta. Las orugas daban vueltas y vueltas por el borde, una tras otra, durante siete días. Lo hicieron a pesar de que él le había puesto una rama de pino, su comida preferida, al lado de la maceta.

Ahora debo considerar: ¿estaré tan preocupado siguiendo a los demás que no veo la voluntad de Dios para mí? ¿Por qué será que tantas personas ciegamente siguen las modas y los estilos del mundo mientras su espíritu se muere de hambre? Cristo dijo: "El camino es angosto, y pocos lo hallarán." ¿Será que no lo hallan porque solamente siguen a los demás?

Melvin L. Yoder, Gambier, Ohio

Si seguimos al mundo, llegaremos al mismo destino que el mundo.

28 de abril

Lectura bíblica: Filipenses 2:1-18

Plan para leer la Biblia en un año: Lucas 21:20-38; 2 Samuel 19, 20

Estén ceñidos vuestros lomos, y vuestras lámparas encendidas.
LUCAS 12:35

LOS CRISTIANOS SON FAROS

Tuve el privilegio de hacer una excursión al faro San Agustín en el estado de Florida. Subí las gradas en caracol hasta la cumbre del faro de cincuenta metros de altura. Cuando salí a la plataforma de observación, la vista asombrosa de la costa y del océano Atlántico me hizo olvidar cualquier duda o temor que hubiera tenido. Al dar vueltas por la plataforma, ni una vez me preocupó la posibilidad de que cediera bajo mi peso. Tuve completa confianza de que los materiales con sus refuerzos cumplieran con la responsabilidad de sostener la plataforma. Las personas que salían a la plataforma podían examinar el faro de cerca y apreciar la vista majestuosa del área alrededor.

El propósito de aquel faro es ser un punto invariable de ubicación a todos los que están dentro de la distancia visible. En la noche ilumina con una bombilla de mil vatios. Con la ayuda de prismas y lentes de aumento, la luz se puede ver desde una distancia de treinta a cuarenta kilómetros, así dirigiendo a los marineros a un puerto seguro en las horas más oscuras. Durante el día se ve una estructura imponente. Se levanta alto, fuerte y audaz, no dejando lugar a duda en cuanto a su propósito.

Como cristianos, ¿reflejamos la luz verdadera, que es Jesús? ¿Nos paramos altos y erguidos, inquebrantables en nuestra fe? Todos los que nos conocen deben poder ver claramente cuál es nuestro propósito: propagar el evangelio aquí en la tierra. ¿Estamos manteniendo limpia y libre del pecado la lámpara, para que la luz alumbre fuertemente para guiar a los débiles y desanimados? El pecado apagará poco a poco nuestra luz hasta dejar en sombras de duda y confusión a los que viajan alrededor nuestro en el mar de la vida.

Vernon Hershberger, Dundee, Ohio

Mas la senda de los justos es como la luz de la aurora,
Que va en aumento hasta que el día es perfecto. Proverbios 4:18

29 de abril

Lectura bíblica: Lucas 16:19-31

Plan para leer la Biblia en un año: Lucas 22:1-30; 2 Samuel 21, 22

Porque la paga del pecado es muerte, mas la dádiva de Dios es vida eterna en Cristo Jesús Señor nuestro.

ROMANOS 6:23

EL ATAÚD

El culto fue anunciado como culto de funeral. El ataúd cubierto de flores estaba delante de la plataforma desde donde el evangelista, golpeando el púlpito y agitando los puños, exhortaba a su audiencia al arrepentimiento verdadero. Habló de los horrores del infierno. Los oyentes se conmovieron no solamente a lágrimas, sino a clamores. El difunto en el ataúd había cometido todo pecado imaginable. El evangelista no tenía ningún elogio para él. Había vivido una vida depravada y sería condenado al tormento eterno.

Al terminar el sermón, dieron oportunidad para que la audiencia hiciera fila y pasara para darle una última mirada al viejo pecador. Al inclinarse cada persona para mirar dentro del ataúd, lo que miraba era su propio rostro. Lo único que contenía el ataúd era un espejo.

El ser humano es depravado. La Biblia describe a los impíos como abominables, inmundos, hacedores de maldad e hipócritas. En qué condición más horrible se hallaría el hombre si Dios nos hubiera vuelto la espalda, diciendo: "¡Qué lástima! Ya tomaste la decisión y tendrás que aguantar las consecuencias. Adiós." Sin Dios, estamos perdidos.

¡Qué recuerdo más sombrío de la verdad! Solamente por medio del arrepentimiento verdadero y el lavamiento de nuestros pecados en la sangre de Jesucristo somos librados del pecado. ¿Vendrás a él hoy? Dios nos puede hacer santos y aceptables.

Wilmer S. Beachy, Liberty, Kentucky

Grabada en una lápida sepulcral:
"Esperaba esto, pero no tan pronto."

30 de abril

Prepárate para venir al encuentro de tu Dios.

AMÓS 4:12

VIENE LA COSECHA

En el invernadero donde trabajo, sembramos las flores para la época de la Pascua como cuatro meses antes que esperamos venderlas. Quizás algunos se preguntan por qué las sembramos tan temprano. Pero así es con muchas plantas en los invernaderos, especialmente para el tiempo de la primavera. Empezamos a sembrar algunas plantas en la última semana de enero para que estén listas al comienzo de la primavera. Es necesario planificar bien para tener todas las plantas listas en la época correcta.

Como hijos de Dios, también tenemos que planificar bien para poder estar listos cuando Dios nos llama para irnos con él. Muchas personas posponen sembrar buenas semillas para la eternidad. Primero quieren disfrutar por un tiempo los placeres del mundo, siguiendo los deseos de la carne y la vanagloria de la vida. Después piensan alistarse. Pero Dios las puede llamar en una hora que no esperan, y entonces será muy tarde.

El evangelista D.L. Moody tuvo planes de predicar una campaña en cierto pueblo. Muchas personas llegaron de otras partes para esta campaña. Cuando Moody llegó al pueblo, buscó su habitación en un hotel. Una mujer le preguntó:

—¿Cómo lograste conseguir una habitación? Nosotros buscamos por todas partes y todas las habitaciones están ya ocupadas.

—Yo reservé una habitación de antemano —contestó Moody.

Si no hacemos arreglos de antemano, no entraremos en el reino de Dios.

Eli A. Yoder, Stuarts Draft, Virginia

¿Has hecho arreglos para tu habitación en el cielo?

1 de mayo

Lectura bíblica: Josué 3; Lucas 5:1-11

Plan para leer la Biblia en un año: Lucas 22:54-71; 1 Reyes 1, 2

Dijo a Simón: Boga mar adentro, y echad vuestras redes para pescar.

LUCAS 5:4

BOGA MAR ADENTRO

En la lectura bíblica de hoy, los hijos de Israel fueron mandados a empacar sus pertenencias, hacer fila y alistarse para marchar. Los sacerdotes que llevaban el arca tenían instrucciones de caminar hacia el río Jordán hasta que comenzaran a mojarse los pies en la orilla del agua. Con ese paso de fe se detuvieron las aguas, permitiendo que todos cruzaran seguros por un camino seco.

Cristóbal Colón dio al mundo un ejemplo de perseverancia aun en circunstancias difíciles. Se exigía valor para dejar atrás la tierra de España y navegar por aguas desconocidas. Sus compañeros marineros querían regresar, y amenazaban con amotinarse. Siempre su respuesta fue: "¡Adelante!" Cuando había solamente mares que parecían no tener fin, e iban perdiendo las últimas esperanzas, todavía decía: "¡Adelante!" Al fin en medio de la noche llegó el grito: "¡Tierra a la vista!"

Dios llamó a Abraham a dejar a su tierra y su parentela. Hebreos 11:8 nos dice que "obedeció (. . .) y salió sin saber a dónde iba."

A veces Dios nos llama a dejar nuestro terreno conocido y "bogar mar adentro". No dice cuán adentro. Eso depende de cuán dispuestos estamos de alejarnos de la orilla. Los peces están en el agua profunda. Nuestras necesidades se satisfacen en las cosas profundas de Dios. No podemos gozar de lo más profundo de su voluntad hasta que nuestro ser entero esté rendido en obediencia a él.

Debemos aprender a creer completamente la Palabra de Dios, como lo hizo Abraham, y ponernos en marcha. La clave de la fe de Abraham fue que "esperaba la ciudad que tiene fundamentos, cuyo arquitecto y constructor es Dios" (Hebreos 11:10). Tengamos nosotros la misma visión.

Robert Burkholder, Brooksville, Kentucky

El barco en el puerto está seguro,
pero los barcos no se construyen con ese fin.

2 de mayo

Lectura bíblica: Jueces 7

Plan para leer la Biblia en un año: Lucas 23:1-26; 1 Reyes 3-5

Así también la fe sin obras está muerta.

SANTIAGO 2:26

LA FE PROBADA

¿Cuán grande es tu fe? ¿Será tan grande como un grano de mostaza? En Mateo 17:20 leemos que si tenemos fe del tamaño de un grano de mostaza, que es muy pequeño, seremos capaces de mover montañas y nada nos será imposible. El siguiente versículo nos da una clave para alcanzar esta clase de fe: la oración y el ayuno.

Al leer de Gedeón y sus trescientos hombres, fui bendecido y desafiado por su fe. Ellos actuaron en fe y en obediencia, y Dios obró por medio de ellos para su propia gloria. Para poder tener la fe de ellos, debemos actuar en fe cuando quiera que Dios nos pone delante una tarea difícil.

Gedeón, en su humanidad, quiso una señal, y Dios le concedió ese deseo. Dios escogió a 300 hombres para luchar en contra de 135,000 (1 por cada 450). ¿Te imaginas lo imposible que les parecía la situación a los hombres de Gedeón? Seguramente les parecía como una hormiga molestando a un camello. Creo que temían a Dios, porque de lo contrario se habrían vuelto atrás mucho antes de llegar al campamento de los madianitas.

Un grano de mostaza es muy pequeño; sin embargo, si es regado y alimentado puede llegar a ser un árbol grande y útil (Lucas 13:19). De la misma forma, si ejercitamos nuestra fe, crecerá y prosperará para la gloria de Dios.

Marlin Schrock, Stark City, Misuri

La fe y las obras trabajan juntas, como los remos de un bote; si usas solamente uno, darás muchas vueltas, pero no avanzarás.

3 de mayo

Pero el día del Señor vendrá como ladrón en la noche; en el cual los cielos pasarán con grande estruendo, y los elementos ardiendo serán deshechos, y la tierra y las obras que en ella hay serán quemadas.

2 PEDRO 3:10

TRAICIONADO

Jesús fue traicionado por uno de sus discípulos. Este discípulo fue escogido por Jesús para seguirlo (Mateo 10:1-4). Sin embargo, no estuvo dispuesto a entregarse a sí mismo y seguir a su Señor con corazón limpio.

¿Cuántas veces traiciono a mi Señor con mi hablar y mi manera de vivir? Al entregar mi vida al Señor, debo vivir para él. Si digo que tengo a Jesús en mi corazón, pero trato de esconder pecado en mi vida, le estoy traicionando. Jesús ve lo que yo trato de esconder de la iglesia, de mi familia y de mis amigos. Tan fácilmente olvido que Jesús ve todo lo que hago, sea bueno o sea malo.

Seremos recompensados por nuestros hechos. "Porque el Hijo del Hombre vendrá en la gloria de su Padre con sus ángeles, y entonces pagará a cada uno conforme a sus obras" (Mateo 16:27). ¿Quiero recibir la recompensa de lo bueno o de lo malo en mi vida? Mi deseo es recibir la recompensa de lo bueno que hago. Ojalá que sea el deseo de cada cristiano. Si hay algo malo en nosotros, debemos arreglarlo ahora. Si esperamos, será muy tarde, porque nuestro Señor vendrá como ladrón en la noche.

Menno H. Eicher, Miami, Oklahoma

La honradez resulta en una vida gozosa.

4 de mayo

Lectura bíblica: Hebreos 1

Plan para leer la Biblia en un año: Lucas 23:39-56; 1 Reyes 8, 9

Porque yo Jehová no cambio; por esto, hijos de Jacob,
no habéis sido consumidos.

MALAQUÍAS 3:6

¿CAMBIARÁ DIOS?

Una característica de Dios es que él nunca cambia. Siempre es el mismo. "Toda buena dádiva y todo don perfecto desciende de lo alto, del Padre de las luces, en el cual no hay mudanza, ni sombra de variación" (Santiago 1:17).

En una conversación reciente, fui recordado que muchas iglesias creen que algunas de las Sagradas Escrituras no son para nosotros hoy en día. Se esquivan la separación del mundo, la modestia y la permanencia del matrimonio. Parece que el incrédulo de alguna manera cree que Dios se ajustará a lo que sea la opinión de la mayoría, aunque no concuerde con su Palabra.

"Otros lo hacen", dicen, "así que debe ser aceptable a Dios." Me agobia ver esto aun en nuestras iglesias anabaptistas. Nos comparamos los unos con los otros, como individuales o como iglesias, en vez de compararnos con la Palabra de Dios.

¿No es una bendición, en nuestro mundo cambiante, con sus cambios de moda, de vehículos y de arquitectura, que nosotros como cristianos no tenemos que cambiar?

Ya que Dios no cambia, su Palabra tampoco cambia. Podemos tener la seguridad de que él nos juzgará fielmente según su Palabra al final de la vida.

Dios siempre amará la justicia y aborrecerá la injusticia. Aun Moisés, el hombre más manso, y David, el hombre conforme al corazón de Dios, sufrieron las consecuencias de su pecado después de arrepentirse.

Steve Hershberger, Monticello, Kentucky

Sé a quién he creído y estoy convencido de que no cambiará.

5 de mayo

Lectura bíblica: Proverbios 23:15-35

Plan para leer la Biblia en un año: Lucas 24:1-35; 1 Reyes 10, 11

Después dijo al discípulo: He ahí tu madre.
Y desde aquella hora el discípulo la recibió en su casa.

JUAN 19:27

"HE AHÍ TU MADRE"

Jesús habló estas palabras a Juan durante las últimas horas de su vida mientras colgaba de la cruz. Juan entendió esta petición como un encargo de cuidar a María, y desde aquella hora la recibió en su casa.

Juan fue uno de los doce escogidos que personalmente había conocido a Jesús y escuchado sus enseñanzas. Dentro de unas pocas semanas llegaría el Espíritu Santo y la iglesia sería establecida. Juan necesitaría todo su tiempo y su energía para predicar el evangelio hasta lo último de la tierra. Su conocimiento de las enseñanzas de Cristo sería muy valioso para instruir a los nuevos creyentes. También tenía cartas y libros que escribir. ¿Tendría razón en gastar sus recursos para cuidar de una ancianita? Jesús le dejó esta tarea a su discípulo amado.

Los hijos cristianos tienen la responsabilidad de cuidar a sus padres ancianos. Ésta es una forma en que podemos recompensarlos por el cuidado que nos dieron en los años de nuestra infancia. Una vez ellos sacrificaron de su tiempo y sus placeres para atender a nuestras necesidades; ahora podemos cuidarles a ellos aunque tengamos otros trabajos importantes. Ellos nos cuidaron en nuestras enfermedades infantiles; ahora podemos cuidarles a ellos en las debilidades de la vejez. Una vez ellos nos paseaban en un cochecito para niños; ahora les podemos pasear a ellos en la silla de ruedas.

Los hogares para ancianos son útiles para los ancianos que no tienen quién les cuide, o que necesitan una supervisión constante. Aunque pueden haber razones válidos para que los hijos instalen allí a sus padres, los hogares para ancianos pueden hacerlo demasiado fácil para escapar la responsabilidad de cuidar a los padres. ¡Que nunca seamos culpables de menospreciar a nuestros padres ancianos (Proverbios 23:22)!

Gardell Strite, Warrensburg, Misuri

El tiempo gastado para otros nunca es malgastado.

6 de mayo

Lectura bíblica: Mateo 23:23-28; Apocalipsis 3:14-22

Plan para leer la Biblia en un año: Lucas 24:36-53; 1 Reyes 12, 13

De cierto, de cierto os digo: El que no entra por la puerta en el redil de las ovejas, sino que sube por otra parte, ése es ladrón y salteador.

JUAN 10:1

LA TRAMPA DEL FORMALISMO

Hoy en día muchas personas están tan enredadas en el formalismo y en guardar su cultura que olvidan el propósito de la iglesia, que es servir a Jesucristo. Los líderes de la iglesia llegan a ser un dios. Las personas en la trampa del formalismo han perdido el enfoque en Jesucristo. "Haz buenas obras", dicen. "Guarda las normas de la iglesia, y así cuando venga Jesús, probablemente serás bastante bueno para que él te acepte." Esto es una doctrina falsa. Jesús dijo: "De cierto, de cierto os digo: El que oye mi palabra, y cree al que me envió, tiene vida eterna; y no vendrá a condenación, mas ha pasado de muerte a vida" (Juan 5:24).

Muchas veces oímos decir: "Les funcionó a los abuelos, así que debe servir también para mí." Amigos, antes de decir esto, examinemos el asunto para ver si es bueno o malo. Si es algo correcto, es más que lo suficientemente bueno. Si es malo, es pecado y no lo debemos hacer. Jesús dice: "El que ama a padre o madre más que a mí, no es digno de mí; el que ama a hijo o hija más que a mí, no es digno de mí" (Mateo 10:37).

Esperar tener la salvación como resultado de tus buenas obras es tener una esperanza falsa. Confesemos nuestros pecados y arrepintámonos de ellos y dediquemos nuestra vida al Salvador Jesucristo, y después resultarán las buenas obras. Las obras no nos salvan, pero Jesús sí.

Andrew M. Troyer, Conneautville, Pensilvania

A Satanás le encanta cuando uno se sale de la trampa del formalismo solamente para caer en la trampa de la falsa espiritualidad.

7 de mayo

Lectura bíblica: 1 Timoteo 3

Plan para leer la Biblia en un año: Juan 1:1-28; 1 Reyes 14, 15

Porque vendrán muchos en mi nombre, diciendo:
Yo soy el Cristo; y a muchos engañarán.

MATEO 24:5

LA TRAMPA DE LA FALSA ESPIRITUALIDAD

Satanás pone trampas a ambos lados del camino. Al lado contrario del camino de la trampa del formalismo está la trampa de la falsa espiritualidad. Las personas en esta trampa se aferran a ciertos mandamientos o asuntos, enfocando solamente ésos y no mirando el cuadro completo de las enseñanzas de Cristo en cuanto a su iglesia.

¿Qué encontramos en esta trampa? El individualismo. La actitud de "Soy mejor que tú". El concepto que "si el corazón está bien, lo demás no importa". Los que se dicen ser cristianos pero que no se niegan a sí mismos. Ninguna sumisión a la hermandad. Las actitudes como: "Soy libre, mi corazón está bien con Dios, así que no necesito normas de la iglesia aunque se basen en principio bíblicos". "Me siento tan bien con Dios que nadie puede corregirme." Las personas que se encuentran en esta trampa muchas veces se dirigen por los sentimientos sin tomar en cuenta la realidad.

Cuando la serpiente engañó a Eva, usó una combinación de verdad y mentira. "Y no es maravilla, porque el mismo Satanás se disfraza como ángel de luz" (2 Corintios 11:14). "Respondiendo Jesús, les dijo: Mirad que nadie os engañe" (Mateo 24:4). En esta trampa hay un poco de verdad, pero la verdad va manchada de mentiras engañosas.

Andrew M. Troyer, Conneautville, Pensilvania

Algunos no ven el bosque por estar enfocando los árboles.

8 de mayo

Examíname, oh Dios, y conoce mi corazón; pruébame y conoce mis pensamientos; y ve si hay en mí camino de perversidad, y guíame en el camino eterno.

SALMO 139: 23-24

BUSCAD PRIMERAMENTE EL REINO DE DIOS

Hoy es un día que nunca ha existido y nunca existirá otra vez. Debemos tener cuidado de lo que hacemos hoy, porque afectará nuestro destino eterno.

Cada día al levantarnos, debemos tener presente que éste podría ser el último. Es importante leer y estudiar la Palabra de Dios y pasar un tiempo de rodillas en oración. Le debemos dar gracias a Dios por la noche de descanso y por darnos otro día para prepararnos para la eternidad. Le pedimos que nos acompañe en este nuevo día y que nos guarde de toda especie de mal.

Piensa en el canto que dice: "Cuando la trompeta suene y el tiempo cesará."

Es importante que en la tarde cuando nos acostamos, pensemos en lo que hemos hecho durante el día. ¿Hicimos algún bien para alguien? ¿Dimos alguna palabra de consuelo? O ¿será que hicimos o dijimos algo, sabiendo que no debíamos hacerlo? Podemos morir antes que venga la mañana, así que no nos acostemos sin tener paz con Dios y con los hombres. Cada noche antes de acostarnos debemos pasar un rato de rodillas pidiéndole a Dios que nos perdone las fallas y dándole gracias por su protección y su bondad durante el día.

Eli A. Yoder, Stuarts Draft, Virginia

El cristiano es el que puede decir en verdad:
"En mi corazón he guardado tus dichos" (Salmo 119:11).

9 de mayo

Lectura bíblica: 1 Juan 2

Plan para leer la Biblia en un año: Juan 2; 1 Reyes 19, 20

No tengo yo mayor gozo que este, el oír que mis hijos andan en la verdad.
3 JUAN 4

LA OBEDIENCIA: LA PUERTA AL GOZO

Hace poco tuvimos el privilegio de visitar a otra comunidad y pasar la noche en el hogar de una joven familia cristiana. La siguiente mañana oí voces en la cocina mientras la madre preparaba el desayuno. Su voz suave se oía dando instrucciones a los dos niños pequeños.

—Deja eso ya. Ven acá, por favor, donde Mamá te pueda ver. — Pensé en como los niños, especialmente los chiquitos, necesitan dirección y supervisión casi constante.

Pronto oí una voz infantil:

—"Yo siento gozo, gozo, gozo . . ." —No siguió cantando el resto del coro, pero ¡se oía hermoso! Fue muy evidente que tanto el gozo como la paz reinaban en este hogar.

Los hijos mayores, aunque sean cristianos, también necesitan dirección para mantenerse alejados de los peligros espirituales y de las cosas que impiden su servicio para Dios. Dios en su bondad ha provisto su Palabra escrita, el Espíritu Santo, los padres y la iglesia para dar esa dirección y supervisión. Cuando los hijos son mayores, si le han hecho caso a la voz correctiva de sus padres, generalmente ya no necesitan supervisión constante. De igual manera, si nosotros reconocemos nuestra necesidad de dirección y respondemos correctamente a ella, aprendemos más y más de lo que le agrada al Padre y trae una buena relación con él.

Alabemos al Señor que tan sabiamente nos ha dado en su Palabra el plan para hogares cristianos e iglesias bíblicas que provean la dirección que todos necesitamos. Cuando la seguimos, hay gozo para todos los integrantes.

Daniel Schrock, Stark City, Misuri

Estas cosas os he hablado, para que mi gozo esté en vosotros, y vuestro gozo sea cumplido. Juan 15:11

10 de mayo

Lectura bíblica: Romanos 10

Plan para leer la Biblia en un año: Juan 3:1-21; 1 Reyes 21, 22

Que si confesares con tu boca que Jesús es el Señor,
y creyeres en tu corazón que Dios le levantó de los muertos, serás salvo.

ROMANOS 10:9

EVANGELIZA HOY

Sea que hoy estés en el trabajo, en la casa, en la oficina, en el taller, viajando, de compras o en el hospital, evangeliza a alguien hoy. No esperes la oportunidad; búscala. Hazlo hoy y serás bendecido. Otros también serán bendecidos, y querrás hacerlo diariamente.

Hay varias razones por qué debemos evangelizar. Las Escrituras nos mandan hacerlo. Siempre hay personas que necesitan el evangelio. También dará honra a nuestro Señor.

Cuando Jesús estaba aquí en la tierra, hablaba y ministraba a la gente. Cuando regresó al Padre, prometió enviar el Espíritu Santo. El Espíritu Santo nos capacita para ser testigos para el Señor. Dios quiere usarnos para avanzar su reino aquí en la tierra.

Cuando ves a aquella persona de aspecto brusco en la esquina de la calle o en el comedor, háblale del amor de Dios. Su apariencia es un clamor pidiendo ayuda. Se perderá si nadie lo rescata. Muchas veces estas personas son productos de hogares destrozados y anhelan un amor verdadero. Es tu oportunidad.

Jesús dijo: "Toda potestad me es dada." Jesús en su bondad también nos da poder para trabajar en su reino. Todos los necesitados que vemos tienen el potencial de formar parte del reino de Dios.

James Yoder, Lewisburg, Pensilvania

Siembra hoy para cosechar mañana.

11 de mayo

De una misma boca proceden bendición y maldición.
Hermanos míos, esto no debe ser así.

SANTIAGO 3:10

SERVICIO DE LABIOS

Un padre de familia dirigía la oración dando gracias por el desayuno. Cuando terminó, su hijita le preguntó:

—Papi, ¿de verdad cree que Dios oye nuestras oraciones?

—Pues claro que Dios oye nuestras oraciones y alabanzas — respondió el padre, con un tono seguro. Satisfecha con la respuesta, la niña empezó a comer.

Pronto el padre descubrió que los huevos no estaban bien fritos. Cuando la madre sirvió el café, no estaba a como le gustaba ni tampoco estaba suficientemente caliente.

—¿Qué pasa? Tú sabes que me gustan los huevos bien fritos y que el café sea fuerte y calentito —se quejó el padre.

La niñita escuchó los comentarios de su papá, y al fin preguntó:

—Papi, ¿crees que Dios oye lo que tú dices acerca de la comida?

El padre pensó un momento antes de contestar:

—Eh, bueno . . . sí, supongo que lo oye.

—¿Cuáles palabras piensas que Dios va a creer? —preguntó la niña con inocencia.

Al igual que este padre, a veces debemos examinar nuestras actitudes y preguntarnos: "¿Puede Dios creer todo lo que le digo?" Jesús se encontró con personas de las cuales dijo: "Este pueblo de labios me honra; mas su corazón está lejos de mí" (Mateo 15:8). Santiago 3:11-12 dice: "¿Acaso alguna fuente echa por una misma abertura agua dulce y amarga? Hermanos míos, ¿puede acaso la higuera producir aceitunas, o la vid higos? Así también ninguna fuente puede dar agua salada y dulce."

Tengamos cuidado de que nuestras palabras no contradigan nuestros hechos o nuestras oraciones. Dios sabe qué creer.

Ben J. Troyer, Baltic, Ohio

Tus hechos hablan tan duro que no oigo tus palabras.

12 de mayo

Lectura bíblica: Santiago 3

Plan para leer la Biblia en un año: Juan 4:1-30; 2 Reyes 4, 5

Pero si tenéis celos amargos y contención en vuestro corazón,
no os jactéis, ni mintáis contra la verdad.

SANTIAGO 3:14

¿MENTIRA O MALENTENDIDO?

Hay una diferencia entre mentir y ser malentendido. ¿Cuántas veces tratamos de esconder una mentira llamándolo un malentendido? Mentir es pecado. Podemos tratar de taparlo, pero siempre saldrá a luz. Muchas veces los cristianos, para tapar la verdad, le echan culpa a los malentendidos.

Si somos sorprendidos en una mentira, es más fácil decir que hubo un malentendido que reconocer con vergüenza que mentimos. Mentir es pecado y exige arrepentimiento.

Si comenzamos diciendo una mentirita, después se harán más y más grandes las mentiras que decimos. Ser malentendido es una cosa, pero mentir y después llamarlo un malentendido es otra. Dios dice en Apocalipsis 21:27: "No entrará en ella ninguna cosa inmunda, o que hace abominación y mentira, sino solamente los que están inscritos en el libro de la vida del Cordero." Una mentira, si no nos arrepentimos, nos impedirá la entrada a la presencia de nuestro Señor y Salvador, Jesucristo.

La siguiente vez que eres tentado a llamar un malentendido una mentira, acuérdate: no se puede esconder nada de Dios.

Menno H. Eicher, Miami, Oklahoma

Las mentiras nos roban la paz.

137

13 de mayo

Hace salir su sol sobre malos y buenos,
y que hace llover sobre justos e injustos.

MATEO 5:45

LA RESPUESTA DE JOB

En la lectura bíblica, Job contradice las declaraciones de Zofar. Zofar naamatita dijo que los malos siempre son arruinados en esta vida. Job dice claramente que los malvados muchas veces gozan de una vida próspera y hasta de un entierro honorable.

Quizás tengamos la tendencia a creer que si alguien tiene grandes dificultades en la vida, debe estar escondiendo algún pecado. Los discípulos de Jesús tomaron por sentado que la ceguera del ciego indicaba algún pecado o en él o en sus padres. Pero Jesús dijo que ni el ciego ni sus padres habían pecado. El hombre nació ciego para que las obras de Dios se manifestaran en él.

No podemos medir la justicia de una persona por su prosperidad o adversidad, porque Dios hace llover sobre los justos e injustos. Realmente, lo que demuestra nuestra relación con Dios es nuestra reacción a la prosperidad y la adversidad. El cristiano dará según le prospera Dios, pero el impío gastará la ganancia para sí mismo. El cristiano cantará alabanzas en medio de la adversidad, mientras el impío se quejará y hasta maldecirá a Dios.

En el versículo veintiséis leemos que todos volveremos a la tierra. Seamos justos o injustos, experimentaremos la muerte física.

Que Dios nos dé la gracia para recordar que él no nos ha prometido una vida fácil. De hecho, ser cristiano casi siempre trae pruebas y adversidad. Hebreos 12:6 dice: "Porque el Señor al que ama, disciplina." Respondamos como Job, con una actitud de adoración.

Harold R. Troyer, Belleville, Pensilvania

Aprendemos más de la adversidad que de la prosperidad.

14 de mayo

Y conoceréis la verdad, y la verdad os hará libres.
Juan 8:32

CORAZONES TRANSFORMADOS

Los samaritanos eran gente mandada por el rey de Asiria para habitar la tierra de Israel después de que fue conquistada. Los samaritanos hicieron lo malo ante los ojos de Jehová. Construyeron lugares altos para adorar a ídolos, y le hicieron un templo a Baal. Lo tuvieron como cosa leve andar en el pecado. No le hacían caso a la voz de Dios. Samaria, la cuidad capital de Israel, debía haber sido un ejemplo de justicia en vez de un centro de maldad. Dios se entristeció por lo que vio. Los samaritanos no tenían un pasado bueno.

¿Cuáles eran las posibilidades de reconciliación entre Dios y Samaria? ¿Habría alguna posibilidad?

En Hechos ocho, Felipe predicó a los despreciados samaritanos. Ellos escucharon el mensaje y se volvieron a Dios. Pero espera un momento, ¿no es que tenían un pasado muy malo? Sus antepasados ya por muchos años no habían servido a Dios. ¿No los mantenía presos la influencia de ellos?

¡Claro que no! Dios rompe las cadenas. Él no solamente corrige nuestro corazón pecaminoso, sino que nos da uno nuevo, transformándonos completamente sin importar lo que haya sido nuestro pasado. Se deleita en hacer una nueva y hermosa creación de algo que no era tan agradable.

John Hochstetler, Worthington, Indiana

El carácter cristiano no se hereda.

15 de mayo

Mas tú, oh hombre de Dios, huye de estas cosas, y sigue la justicia, la piedad, la fe, el amor, la paciencia, la mansedumbre.

1 TIMOTEO 6:11

¿ESTÁS ATRAPADO?

En uno de nuestros edificios viejos, me llamó la atención una mariposita atrapada en una telaraña. Luchó desesperadamente por librarse, dando vueltas y vueltas. No sé ni cómo, pero de repente salió volando y de una vez desapareció por un hoyo en la pared.

Al observar esa telaraña, noté unas cosas interesantes. Estaba ubicada en el lugar donde más pasaban los insectos. Fue tejida atractivamente. Muchas veces si un insecto se pegaba en la tela y luchaba por librarse, la araña venía de inmediato para enredarlo más, envolviéndolo con sus hilos de seda.

¿No es así como trabaja Satanás? Pone trampas en las áreas más débiles de nuestra vida y hace que el pecado parezca lo más atractivo posible. A veces nos hallamos como la mariposa, atrapados en la trampa de Satanás. ¿Vemos el peligro? ¿Le pedimos a Dios que nos ayude a vencer? Satanás verá si nos debilitamos y, como la araña, estará pronto para enredarnos más y más.

Cuando reconocemos el pecado, ¿jugueteamos con él y nos quedamos cerca, o huimos de inmediato como lo hizo la mariposa? Cuando somos librados del pecado debemos dar gracias a Dios y renovar nuestro compromiso de vivir para él.

Pidámosle a Dios hoy que nos enseñe cualquier engaño. Seamos prontos a responder a la voz de Dios cuando nos habla. Pidámosle que nos ayude a huir del pecado.

Steven Farmwald, Cynthiana, Kentucky

Señor, aléjanos del pecado.

16 de mayo

Lectura bíblica: Números 14:25-45

Plan para leer la Biblia en un año: Juan 6:1-21; 2 Reyes 15-17

Entonces Jehová dijo: Yo lo he perdonado conforme a tu dicho. Mas tan ciertamente como vivo yo, y mi gloria llena toda la tierra (. . .) no verán la tierra.

NÚMEROS 14:20-21, 23

¿EL CAMINO MÍO O EL CAMINO DE DIOS?

Después que los doce espías regresaron de reconocer la tierra de Canaán, los hijos de Israel creyeron el informe negativo que dieron los diez espías en vez de creer a Josué y Caleb, que afirmaban que era una tierra que fluía leche y miel. Por esa decisión, Dios les dijo que todas las personas que tenían más de veinte años no verían la tierra prometida ni entrarían en ella. Como resultado de su pecado de no creer que Dios haría lo que prometió, tenían que regresar al desierto a morir.

Cuando los israelitas fueron informados que no podían entrar en la tierra prometida, su reacción era típica: de repente cambiaron de opinión y decidieron entrar. Aunque Moisés les advirtió que no lo intentaran, persistieron, y sufrieron una gran derrota.

Lo hermoso es que Dios siempre mostró misericordia. Mostró misericordia a Caleb y Josué, prometiéndoles que por su confianza en él, ellos sí entrarían en la tierra de Canaán. También mostró misericordia a los hijos de los desobedientes y los preservó para que quedara una descendencia.

¡Cuánto mejor es creer a Dios la primera vez en que nos habla! Dios tiene un plan para cada uno de nosotros, para nuestra familia y para nuestra iglesia. Quiere que confiemos en que él cumplirá a su manera y a su tiempo lo que prometió. A veces como humanos nos parece que Dios está perdiendo una oportunidad perfecta. "Si yo fuera Dios", pensamos, "haría esto o aquello." Pero ¿no es cierto que cuando nos sometemos al plan de Dios, después nos damos cuenta de que fue mucho mejor su plan?

Steve Burkholder, Nappanee, Indiana

Aunque el plan de Dios para mi vida no siempre está claro, vale la pena rebuscarlo.

17 de mayo

Lectura bíblica: Gálatas 6

Plan para leer la Biblia en un año: Juan 6:22-44; 2 Reyes 18, 19

No os engañéis; Dios no puede ser burlado: pues todo lo que el hombre sembrare, eso también segará.

GÁLATAS 6:7

¿ENGAÑADOS?

En el libro titulado *Bones of Contention* (Huesos de contención), el profesor Marvin Lubenow cuenta de Sir Arthur Keith, uno de los anatomistas más grandes del siglo veinte. Según la autobiografía de Keith, él asistió a campañas evangelistas en Edinburgh y Aberdeen cuando era joven, y observó a alumnos entregándose a Cristo. Él mismo muchas veces estuvo a punto de convertirse, pero resistió, rechazando el evangelio porque creía que la historia de la creación en Génesis era sólo un mito, y que la Biblia era solamente un libro como cualquier otro.

Después, cuando Keith llegó a ser científico, se interesó mucho en un descubrimiento famoso en Inglaterra. En el año 1912, se descubrieron unos huesos en un cascajar cerca del pueblo de Piltdown. Los huesos, que supuestamente eran de una especie de humano muy antiguo, incluían porciones de un cráneo, una muela y una quijada. Para Sir Arthur Keith, el descubrimiento del hombre Piltdown fue una confirmación de sus creencias evolucionistas. Su escrito famoso titulado "La antigüedad del hombre" se basaba mucho en el hombre Piltdown. Una gran parte de su vida fue invertida en estudiar y proclamar las maravillas de este descubrimiento.

No fue sino hasta el 1953 que se expuso el fraude. Los huesos habían sido alterados usando sales férricos para darles la apariencia de gran vejez. Sir Arthur Keith tenía 86 años cuando sus colegas lo visitaron en su hogar para darle la noticia que el fósil en el cual él había confiado fue todo un engaño.

Muchos hoy ponen mucha confianza en su propio intelecto y sabiduría. No sienten la necesidad de una autoridad divina. La lectura bíblica en Gálatas 6:3 dice: "Porque el que se cree ser algo, no siendo nada, a sí mismo se engaña." El hombre carnal se despertará muy tarde para darse cuenta de que durante toda la vida ha confiado en un mensaje falso.

Melvin L. Yoder, Gambier, Ohio

Asegúrate que tu fe esté puesta en Jesús, y no serás desilusionado.

18 de mayo

Sean gratos los dichos de mi boca y la meditación de mi corazón delante de ti, oh Jehová, roca mía, y redentor mío.

SALMO 19:14

LAS PALABRAS GRATAS

¿Habremos considerado el impacto que tienen nuestras palabras en nosotros mismos y en los demás? Al hablar revelamos nuestro carácter y las intenciones del corazón. En el juicio tendremos que rendir cuentas por todo lo que hayamos dicho. "Porque por tus palabras serás justificado, y por tus palabras serás condenado" (Mateo 12:37). Seguramente todos hemos sido culpables de usar malas palabras. ¿Cómo reaccionamos cuando las cosas nos salen mal, o cuando el tiempo no corresponde con nuestros planes? Debemos alabar al Señor por todo lo bueno de la vida en vez de dejar un mal testimonio con nuestras quejas. "El hombre se alegra con la respuesta de su boca; y la palabra a su tiempo, ¡cuán buena es!" (Proverbios 15:23). Por medio de nuestro hablar mostramos la profundidad de nuestras convicciones. Si decimos palabras malas, mostramos que no hemos entregado todo a Dios. El diablo ha usado la televisión como un medio para corromper el lenguaje de muchos. Por medio de la influencia del mundo el diablo puede hallar entrada a nuestra iglesia y a nuestra vida personal. Muchas de las palabras malas del mundo toman el nombre de Dios en vano. "No tomarás el nombre de Jehová tu Dios en vano; porque no dará por inocente Jehová al que tomare su nombre en vano" (Éxodo 20:7). Con la ayuda de Dios y de nuestros hermanos, dejemos las palabras malas y vanas.

"Porque todos ofendemos muchas veces. Si alguno no ofende en palabra, éste es varón perfecto, capaz también de refrenar todo el cuerpo" (Santiago 3:2).

Elvin Fox, Shiloh, Ohio

Las palabras amables cuestan poco.
Divulguémoslas libremente para que ninguna se pierda.

19 de mayo

Hazme saber, Jehová, mi fin, y cuánta sea la medida de mis días; sepa yo cuán frágil soy.

SALMO 39:4

TRAGEDIA A MEDIANOCHE

Una noche Kevin invitó a Julieta a acompañarlo a una fiesta. Los padres de Julieta no estaban de acuerdo, pero sí le dieron permiso de ir a la casa de otra amiga. Estando allí, Kevin llegó para recogerla y siempre fueron a la fiesta. Hubo licor y mucha diversión, y al final una carrera de automóviles a medianoche. Julieta varias veces le rogó a Kevin que la llevara a casa. Kevin, de mal humor, manejó a alta velocidad. Julieta le rogó que bajara la velocidad, pero no le hizo caso. De repente hubo un choque cegador.

Julieta volvió en sí en el hospital, pero la enfermera que la atendía le comunicó que le quedaban pocos minutos de vida. Le informó que Kevin no había sobrevivido y que las dos personas en el otro automóvil también habían muerto. Preguntó a Julieta si tenía alguna petición antes de morir. Julieta rogó a la enfermera que les dijera a sus padres cuánto sentía no haberles obedecido. La enfermera no respondió, y Julieta dio su último suspiro.

—Pero ¿por qué no le aseguraste de que contarías sus últimas palabras a sus padres? —preguntó el médico después—. Fue su último deseo.

La enfermera respondió con lágrimas:

—Las personas en el otro vehículo eran sus padres.

Resulta tanto mejor si los jóvenes obedecen a sus padres aun si no comprenden el peligro. Los padres tienen más experiencia, y además, Dios manda que los hijos obedezcan a sus padres. "El fin de todo el discurso oído es este: Teme a Dios, y guarda sus mandamientos; porque esto es el todo del hombre. Porque Dios traerá toda obra a juicio, juntamente con toda cosa encubierta, sea buena o sea mala" (Eclesiastés 12:13-14).

Daniel Miller, Dunnegan, Misuri

No podrás sembrar la iniquidad y cosechar la vida eterna.

20 de mayo

Lectura bíblica: Lucas 8:4-15

Plan para leer la Biblia en un año: Juan 7:32-52; 1 Crónicas 1, 2

Así que la fe es por el oír, y el oír, por la palabra de Dios.
ROMANOS 10:17

¿CÓMO ESTÁN TUS OÍDOS?

La palabra "oír" se usa ocho veces de diferentes maneras en la lectura bíblica de hoy, Cuando se lee la Palabra de Dios, ¿realmente escuchamos? La prueba será en cómo reaccionamos. El verdadero oír inspira una fe que motiva a la persona a actuar. ¿Por qué entonces tenemos tanto sueño cuando leemos la Palabra de Dios?

Tal vez esa pregunta se podría contestar mejor si primero consideráramos otra pregunta: "¿Qué tengo en la mano?" Es la misma Palabra de Dios. ¿No es preciosa? ¿Cómo la tratamos y la manejamos?

Jacob Ojwang Donji luchaba por pagar un préstamo de 600,000 Ksh. que debía. Un día decidió escapar de su problema robando de Securercor, la compañía que lo empleaba como chofer. Se llevó la suma de 56,000,000 del vehículo que manejaba y desapareció. La policía saqueó su casa, publicó su fotografía, notificó a todas las fronteras de Kenia para que vigilaran por si tratara de escapar, y dio a cada banco los números de serie de los billetes que había robado. ¿Qué tiene Jacob Donji en las manos? Él no puede gastar siquiera uno de esos billetes o la policía lo rastreará. ¿Crees que disfruta su vida?

¡Lo que tenemos en nuestras manos vale mucho más que 56,000,000! La Palabra es como semilla que contiene vida y riqueza incontable. Es el elemento más potente que jamás se puede poseer. Entonces ¿por qué cabeceamos aun mientras la tenemos en las manos? Cómo oímos, la lectura de la Palabra refleja la verdadera condición del corazón hoy. Solamente después de preparar el corazón por medio de la oración sincera podemos verdaderamente oír y ser inspirados a creer.

Quitemos la cera de nuestros oídos espirituales para que demos fruto abundante.

Mark Kuepfer, Kisumu, Kenia

Escuchar + Aceptar + Obedecer = Gloria a Jesús = Oído mejorado

21 de mayo

Señor, digno eres de recibir la gloria y la honra y el poder;
porque tú creaste todas las cosas, y por tu voluntad existen y fueron creadas.
APOCALIPSIS 4:11

NUESTRO GRAN DIOS

¡Qué asombroso meditar en la grandeza de Dios! Toda la creación testifica de la omnipotencia y la omnisciencia de nuestro Dios todopoderoso. Como creación de él, servirle es nuestro deber y también nuestro privilegio.

Dios ha creado una variedad sobrecogedora de criaturas para habitar la tierra. Desde el micoplasma más pequeño, que mide la décima parte de una milésima de un milímetro, hasta el elefante africano más grande, que pesa más de siete mil kilos y mide cuatro metros de alto; las criaturas de la tierra son prueba viva de un Diseñador experto. Desde un pez que vive más de siete mil metros bajo de la superficie del océano, hasta el yak, que vaga las mesetas tibetanas a seis mil metros sobre el nivel del mar; las criaturas vivientes viven en muchísimas clases de hábitats.

El guepardo puede correr a cien kilómetros por hora. El vencejo puede volar a más de ciento setenta. Una ballena mide treinta metros de largo y llega a pesar 181 toneladas métricas; puede nadar hasta cincuenta y cinco kilómetros por hora.

No podemos ni comenzar a comprender los pensamientos de Dios. Sus caminos son infinitivamente más altos de lo que puede alcanzar nuestra mente finita. Ya que es Creador de todo, tiene el derecho de ordenar las cosas como bien le parezca.

También tiene el derecho de establecer las leyes absolutas del bien y del mal. Cuando quebrantamos esas leyes, solamente el arrepentimiento y la sangre redentora de Jesús nos pueden reconciliar con Dios.

¿Estás sirviendo a tu Creador? Él tiene un propósito para tu vida. ¡Levanta su nombre en adoración! Cuenta a otros cómo pueden vivir para Dios. Solamente él es digno de tu adoración y lealtad.

Andrew Zimmerman, Foxworth, Misuri

---

*Hay mucho que no sé en cuanto a Dios,
pero lo que sí sé ha cambiado mi vida.*

22 de mayo

Lectura bíblica: Eclesiastés 11

Plan para leer la Biblia en un año: Juan 8:21-36; 1 Crónicas 6, 7

Si las nubes fueren llenas de agua, sobre la tierra la derramarán; y si el árbol cayere al sur, o al norte, en el lugar que el árbol cayere, allí quedará.

ECLESIASTÉS 11:3

AHORA ES EL TIEMPO

Un día hace años viajábamos en vehículo y pasamos un cementerio. Una mujer que nos acompañaba nos pidió que le disculpáramos mientras oraba para su madre para ayudarle a salir del purgatorio.

Los indígenas americanos creían que si a sus guerreros muertos les fuera cortada la cabellera, no podrían ir al paraíso. Muchos guerreros arriesgaban la vida para impedir que el enemigo hiciera eso con sus amigos muertos.

Sabemos que ambas creencias son falsas. La Biblia enseña que el destino eterno de cada persona depende de las decisiones que ha tomado aquí en la vida, y no de las oraciones de sus amigos cuando ya haya muerto. ¿Cómo reaccionamos a las acciones como ésas? Ambos grupos han apoyado fielmente sus doctrinas erróneas. ¿Seremos igual de diligentes en apoyar las enseñanzas bíblicas? ¿Estamos enseñando a nuestros hijos, amonestándonos los unos a los otros y evangelizando a los perdidos? Es urgente que hagamos lo que podemos ahora. Cuando se muere una persona, ya no tenemos más oportunidad de influenciar su destino. Ahora es el tiempo de enseñar a nuestros hijos. Ahora es el tiempo de llamar a nuestros amigos y vecinos al Señor.

Que el Señor nos dé la gracia para ser fieles. Tenemos algo de gran valor que propagar.

Alvin J. Coblentz, Free Union, Virginia

Levantémonos y edifiquemos. Nehemías 2:18

23 de mayo

Lectura bíblica: 2 Timoteo 3:10-17; 4:1-8
Plan para leer la Biblia en un año: Juan 8:37-59; 1 Crónicas 8-10

Entre tanto que voy, ocúpate en la lectura, la exhortación y la enseñanza.
1 TIMOTEO 4:13

LEE EL ITINERARIO

Una mañana nos levantamos temprano para ir a dejar a nuestra hija al aeropuerto. La noche antes había revisado cuidadosamente el itinerario. Sí, el vuelo salía a las 6:30 a.m. El itinerario que revisé fue el de mis padres, que iban al mismo destino, y creí que iban en el mismo vuelo. Antes de salir, llamé al servicio al cliente automatizado de la aerolínea para asegurar que el vuelo aún salía a la hora normal. Ingresé el número de vuelo, pero algo no concordaba. Después revisé más detenidamente el itinerario de mi hija, y para mi sorpresa me enteré de que su vuelo salía a las 12:20 a.m. ¡Ya eran las 2:30 a.m.!

Nos cayó como balde de agua fría la realidad. No habíamos leído el itinerario con suficiente cuidado. El avión ya había salido. La había dejado.

Todos volaremos un día en otro vuelo. Si no estamos preparados para ese vuelo, ya no habrá otra oportunidad. Dios nos dejó un itinerario con instrucciones detalladas de cómo prepararnos para ese vuelo.

Muchos hoy en día rechazan el itinerario de Dios, prefiriendo un itinerario distinto. El racionalismo y el intelectualismo han sustituido la Palabra de Dios en muchos círculos. El materialismo, que busca lo último, lo mejor y lo más al día, ha llegado a ser más importante para muchos que mantener al día su relación con Dios. Otros se ahogan en las aguas turbias de la filosofía mundana, donde la santidad y la pureza se consideran conceptos anticuados. Buscan la satisfacción en el placer sensual y temporal.

Cuando lleguemos al juicio, Dios nos juzgará según su itinerario y no otro. No habrá oportunidad de pedir otro, porque no hay otro.

¿Estás leyendo el itinerario de Dios? Es asunto de vida y muerte.

Jonathan Kropf, Halsey, Oregón

La Biblia no debe ser reescrita, sino releída.

24 de mayo

Lectura bíblica: Marcos 8:34-38; Mateo 10:22-42

Plan para leer la Biblia en un año: Juan 9:1-23; 1 Crónicas 11-13

Porque ¿qué aprovechará al hombre si ganare todo el mundo,
y perdiere su alma?
Marcos 8:36

EL VALOR DEL ALMA

¿Me podrás decir cuánto vale este mundo? Si se podría calcular el valor del universo, ¿cuánto crees que valdría? Un huracán en Florida dañó una partecita del mundo. La infraestructura que destruyó se valoraba en millones, y posiblemente miles de millones, de dólares. Apenas hoy leí de un violín, hecho en el año 1720, que vale por lo menos un millón de dólares. Hace poco fueron exhibidos unos peniques de los finales del siglo XIX que valían miles de dólares.

Anna Ölander escribió en 1904: "Si yo gano el mundo y pierdo a Cristo, ¿qué provecho para mí será? Si en traje mundanal me visto, ¿cuál premio el mundo me dará?"

No se puede comparar el universo con el alma. El alma vale mucho más que este mundo e incluso más que mil mundos. Al meditar en cuán larga es la eternidad, debemos temblar ante el Creador de nuestra alma. No hay nada de más valor en la vida que tener a Jesús como Salvador y Señor.

Hay personas que intercambian el alma por el placer, el trabajo, las diversiones y los engaños. ¡Qué terrible tener tan en poco lo que Jesús valoró tan caro! Si podríamos visitar al infierno por un instante, y ver al cielo en contraste, de repente comprenderíamos un poquito más el valor del alma.

Si queremos cuidar nuestra alma, tenemos que cargar la cruz. Estemos contentos con dejar al mundo y gloriarnos solamente en la cruz de Cristo.

Harold R. Troyer, Belleville, Pensilvania

Cuida tu alma, porque en ella está tu futuro.

25 de mayo

Lectura bíblica: Ezequiel 33:1-16

Plan para leer la Biblia en un año: Juan 9:24-41; 1 Crónicas 14-16

A ti, pues, hijo de hombre, te he puesto por atalaya a la casa de Israel, y oirás la palabra de mi boca, y los amonestarás de mi parte.
Ezequiel 33:7

¿ESTÁS VELANDO O DURMIENDO?

Jehová le dio instrucciones a Ezequiel que los hijos de Israel debían poner un atalaya. El atalaya sería responsable de advertirle a la gente si se acercaba algún peligro. Si el atalaya no sonaba la trompeta cuando veía acercarse al enemigo, era culpable de la pérdida que hubiera. Si el atalaya observaba el peligro y sonaba la trompeta, pero la gente no hacía caso, el atalaya no era culpable por los resultados.

Dios puso a Ezequiel como atalaya para el bienestar espiritual de Israel. Hoy Dios escoge a ministros para ser atalayas para él. Ellos nos enseñan el camino de justicia y santidad. Nos advierten del enemigo de nuestras almas que busca devorarnos. "Obedeced a vuestros pastores, y sujetaos a ellos; porque ellos velan por vuestras almas, como quienes han de dar cuenta; para que lo hagan con alegría, y no quejándose, porque esto no os es provechoso" (Hebreos 13:17).

Todos debemos estar alerta. Las atracciones mundanas continuamente nos tientan. Sometámonos a Dios. "Someteos, pues, a Dios; resistid al diablo, y huirá de vosotros" (Santiago 4:7). Satanás trata de hacer que el pecado parezca atractivo. Quiere que echemos la segunda y la tercera mirada a la inmundicia. Es padre de toda mentira, y usará el engaño para hacernos pecar. Probemos los espíritus para ver si son de Dios (1 Juan 4:1). Velemos y guardémonos del enemigo de nuestra alma.

Samuel Beachy, Belvidere, Tennessee

Y lo que a vosotros digo, a todos lo digo: Velad. Marcos 13:37

26 de mayo

Lectura bíblica: 1 Timoteo 6:6-19

Plan para leer la Biblia en un año: Juan 10:1-21; 1 Crónicas 17-19

Porque no tenemos aquí ciudad permanente, sino que buscamos la por venir.
HEBREOS 13:14

PRONTO ME VOY

Pronto me voy. Cuando recuerdo esta verdad, veo todo de una perspectiva distinta. Todo lo que tengo aquí es solamente un arreglo temporal ya que estaré aquí sólo un corto tiempo. Aunque no sé el momento exacto de mi partida, sé que no falta mucho porque los que ya están cerca de partir me informan que su estancia ha sido breve. Mi Maestro también dijo que la vida es corta. A veces me hallo pensando en mi partida, especialmente al acercarme más a ese momento. Aquí soy un peregrino nada más. Los mundanos no reconocen mis valores, ni comprenden.

Ya que me iré pronto, una mansión es innecesaria y ni me atrae mucho. Mis ojos están puestos en otra mansión más allá. ¿Cómo compara una mansión de ladrillo o de piedra con una mansión en el cielo?

No importa que mi automóvil no sea nuevo, ya que solamente es un medio de transporte mientras viva aquí. Es como un automóvil alquilado. No importa que mis muebles y mi ropa no sean de los más finos, con tal de que suplan mis necesidades. Mi Maestro ni siquiera tenía dónde recostar la cabeza.

Nada de lo que tengo realmente me pertenece. Mi Rey solamente me lo prestó para usarlo durante mi jornada aquí. ¿Por qué no invertir en las necesidades de mis hermanos espirituales?

Ya que sirvo a este Rey, no tengo lealtad a ningún reino terrenal, sino estimo a todos los hombres como iguales y como teniendo un alma preciosa que necesita salvación. Así los vio mi Maestro. Él se relacionaba especialmente con los pobres y los humildes. Debo vivir así también.

Pronto me voy. Tú también te vas pronto. ¿Estás listo?

David Keeney, White Hall, Illinois

En vez de abandonar nuestra alma por amor a las riquezas, abandonemos a las riquezas por amor a nuestra alma. –Tertuliano

27 de mayo

Lectura bíblica: Isaías 1:1-18; 2 Timoteo 3:1-9

Plan para leer la Biblia en un año: Juan 10:22-42; 1 Crónicas 20-22

También debes saber esto:
que en los postreros días vendrán tiempos peligrosos.
2 TIMOTEO 3:1

TOTALMENTE CORROMPIDO

Nuestro mundo está totalmente corrompido. Durante el viaje al pueblo esta tarde, vi por lo menos cinco rótulos que demuestran el corazón de la humanidad. "Porque del corazón salen los malos pensamientos, los homicidios, los adulterios, las fornicaciones, los hurtos, los falsos testimonios, las blasfemias" (Mateo 15:19). Yo agregaría a la lista los rótulos inmorales.

Al pasar por el estadio, vi a muchas personas indecentemente vestidas entrando por las puertas. El mundo va en avalancha hacia el infierno, arrastrando a muchos.

La razón por la decadencia moral en el mundo es la naturaleza pecaminosa del hombre. Sin dirección moral, el hombre llega a ser muy corrupto, hasta el punto de disfrutar su injusticia. Otra razón por la decadencia moral es la atracción que ejerce el pecado en la vida de otros. La influencia de otros ha destruido a muchas almas inocentes. Todavía otra razón por la decadencia moral es la falta de disciplina moral en la iglesia. Demasiadas veces la iglesia lucha para no ahogarse, cuando debe ser un faro a la orilla del mar. Jesús dijo que somos la luz del mundo.

La limpieza espiritual viene solamente por medio de Jesucristo. "Venid luego, dice Jehová, y estemos a cuenta: si vuestros pecados fueren como la grana, como la nieve serán emblanquecidos; si fueren rojos como el carmesí, vendrán a ser como blanca lana" (Isaías 1:18).

Harold R. Troyer, Belleville, Pensilvania

Guárdate de los pensamientos del mundo,
y te guardarás de los caminos del mundo.

28 de mayo

Lectura bíblica: 2 Corintios 5

Plan para leer la Biblia en un año: Juan 11:1-16; 1 Crónicas 23-25

De modo que si alguno está en Cristo, nueva criatura es;
las cosas viejas pasaron; he aquí todas son hechas nuevas.

2 CORINTIOS 5:17

LA MARIPOSA

La mariposa es un insecto hermoso. Pero no siempre fue un insecto hermoso. Antes de pasar por la metamorfosis, fue solamente una oruga y una plaga para los humanos. Pero al comenzar la metamorfosis, comenzaron los cambios. La oruga hizo una crisálida alrededor de sí, y comenzó su transformación. La oruga fea se desarrolló en una mariposa hermosa y útil. Además de ser atractiva, la mariposa poliniza las flores.

Antes de convertirnos, fuimos como la oruga. Fuimos un atraso a la obra de Dios. Cuando entregamos nuestro corazón a Dios, él nos transformó y nos dio un corazón nuevo. Ahora podemos ser criaturas útiles para él. Podemos esparcir la Palabra de Dios a los demás y ser un ánimo a los que encontramos.

Cuando son atacadas, algunas mariposas echan un mal olor para protegerse. También hay un enemigo de nuestra alma que nos busca devorar. Lo podemos vencer por la sangre del Cordero. Cristo nos da la gracia y la fuerza para vivir una vida victoriosa.

Las mariposas migran. Son criaturas frágiles, y para sobrevivir necesitan la seguridad que hay al viajar en grupos grandes. Como cristianos también nos necesitamos los unos a los otros. Todos a veces nos desanimamos y necesitamos el ánimo del hermano. También migraremos algún día. Por la gracia de Dios, podemos migrar a nuestro hogar celestial. "Y el que quiera, tome del agua de la vida gratuitamente" (Apocalipsis 22:17).

Samuel Beachy, Belvidere, Tennessee

¿Eres oruga de Satanás, o mariposa de Dios?

29 de mayo

Lectura bíblica: 2 Corintios 6:14-18; 7:1-12

Plan para leer la Biblia en un año: Juan 11:17-46; 1 Crónicas 26, 27

Así que, somos embajadores en nombre de Cristo, como si Dios rogase por medio de nosotros; os rogamos en nombre de Cristo: Reconciliaos con Dios.

2 CORINTIOS 5:20

EMBAJADORES PARA CRISTO

Un embajador americano explicaba en qué consiste ser embajador. Dijo:

—Echemos una mirada dentro de la embajada. Hay un retrato de George Washington y uno de Abraham Lincoln. La bandera americana cuelga de la pared. Dentro de la embajada, practicamos todas las leyes de nuestra patria. Cuando por unos años en los Estados Unidos fue prohibido el licor, observamos la misma ley en la embajada.

Como embajadores de un país celestial, practicamos las leyes del cielo. Cristo nos enseñó a orar: "Hágase tu voluntad, como en el cielo, así también en la tierra" (Mateo 6:10). La iglesia es una embajada del cielo. Cuando nos unimos al mundo en sus placeres y metas terrenales, traicionamos nuestro deber como embajadores para Cristo.

No estamos aquí para ver quién puede ganar más dinero, batear más duro la pelota o ganar más puntos. Estamos aquí para rogar al mundo que se reconcilie con Cristo.

La lectura bíblica nos recuerda a no unirnos en yugo desigual con el mundo, sino salir de en medio de él y apartarnos.

En 2 Corintios 7:11 Pablo explica cómo los creyentes se vindicaron. Mostraron temor, solicitud y celo. Explica además que no les escribió por causa del que cometió el agravio, ni por causa del que lo sufrió, sino para que vieran su solicitud por ellos.

Purifiquémonos hoy y reconozcamos a los que Dios ha puesto sobre nosotros para cuidar de nuestra alma. Que Dios le ayude a su iglesia para que en verdad viva según las leyes celestiales.

Melvin L. Yoder, Gambier, Ohio

¿Puede ver el mundo que somos embajadores del país celestial, o nos avergonzamos de que se den cuenta?

30 de mayo

Lectura bíblica: Salmo 121, 123

Plan para leer la Biblia en un año: Juan 11:47-57; 1 Crónicas 28, 29

He aquí que no se ha acortado la mano de Jehová para salvar,
ni se ha agravado su oído para oír.

ISAÍAS 59:1

AL CUIDADO DE DIOS

A veces oímos decir: "Necesito unas vacaciones", o "Ella no está porque anda de vacaciones", o "En esta temporada los niños no estudian porque están de vacaciones".

Si Dios saliera de vacaciones, ¿quién nos ayudaría? ¿Quién nos secaría las lágrimas? Cuando le clamamos, ¿quién nos oiría? ¿Quién contestaría nuestras oraciones? ¿Quién nos levantaría cuando nos caemos?

Gracias a Dios por el versículo que dice que Jehová nunca duerme. Imagínate que Dios se echara un sueñito. En ese momento Satanás haría desastres en la iglesia y en el mundo. ¡Cuánto agradezco a mi Dios por su amor sin fin, su ojo vigilante, su oído atento y sus brazos estrechados!

Él dijo: "Clama a mí, y yo te responderé" (Jeremías 33:3); no solamente a cierta hora del día, sino en cualquier momento. Dijo que "como había amado a los suyos que estaban en el mundo, los amó hasta el fin" (Juan 13:1).

Su mano no se ha acortado para sacarme del pozo de la desesperación y del lodo cenagoso. Con su gran fuerza me puso sobre la piedra. También puso en mi corazón un cántico nuevo.

¡Qué Dios más asombroso! Podemos dormir tranquilos sabiendo que estamos bajo su mirada protectora.

Mark G. Meighn, Ciudad de Belice, Belice

Nuestro Dios nunca anda de vacaciones.

31 de mayo

Lectura bíblica: Romanos 6:1-13; Colosenses 3:1-17

Plan para leer la Biblia en un año: Juan 12:1-19; 2 Crónicas 1-3

Así también vosotros consideraos muertos al pecado,
pero vivos para Dios en Cristo Jesús, Señor nuestro.
ROMANOS 6:11

NUEVA CRIATURA

Hace poco vi a un perro muerto al lado de la carretera, seguramente atropellado por un vehículo. Si me hubiera detenido para darle una patada, él no habría reaccionado. Estaba muerto al mundo alrededor de él. Pero si le hubiera quedado vida, seguramente me habría gruñido o por lo menos lloriqueado.

¿Qué tal nosotros como cristianos? Decimos que hemos muerto con Cristo a nuestros propios deseos, al pecado y al mundo. Si alguien nos da una "patada", nos escarnece o se burla de nuestra fe o de nuestro vestuario sencillo, ¿realmente estamos muertos? ¿O gruñimos y mordemos? Tal vez solamente lloriqueamos. ¿Hacemos alguna defensa débil o ponemos algún pretexto? Si el pecado o los deseos del mundo nos invitan, debemos estar completamente muertos con Cristo. No nos atrevamos a levantar débilmente la cabeza para mirar con deseo a las pasiones que nos intentan despertar.

Si en verdad hemos sido crucificados con Cristo, también hemos resucitado con él. Ya no somos un perro muerto. Somos una criatura nueva, vivos por medio de Jesucristo. Por medio del Espíritu Santo nos dará el poder para estar muertos al pecado y a los deseos que el mundo nos pone delante. También nos dará la gracia para presentar defensa a las personas que demandan razón de la esperanza que hay en nosotros.

Busquemos a Dios con sinceridad para que podamos decir en verdad: "Con Cristo estoy juntamente crucificado" (Gálatas 2:20).

Edward Martin, Alta Vista, Iowa

Los sabios no siempre guardan silencio, pero saben cuándo guardarlo.

1 de junio

Pero sed hacedores de la palabra, y no tan solamente oidores, engañándoos a vosotros mismos.

SANTIAGO 1:22

SIGUE LAS INSTRUCCIONES

Muchos aparatos que compramos traen instrucciones que explican cómo instalarlos, armarlos u operarlos. Las instrucciones nos ayudan a aprovechar al máximo el producto. En nuestras ganas de utilizar aquel artículo nuevo, muchas veces dejamos a un lado las instrucciones y procedemos a como nos parezca.

Si no les prestamos atención a las instrucciones, es posible que pasemos por alto algo importante en el uso del nuevo producto. Cuando enfrentamos dificultades y frustraciones, debemos leer con cuidado las instrucciones. Generalmente nos pueden ayudar a solucionar el problema.

Al meditar en esto, me pregunto si no seremos culpables del mismo error en la vida espiritual. Tenemos un libro de instrucciones para guiarnos por la vida: la Biblia. Si cuidadosamente seguimos las instrucciones en este libro, podemos proceder por la vida con menos problemas que si seguimos nuestra propia inclinación egoísta. Aunque no podemos esperar una vida suave y sin problemas, nos será de gran beneficio conocer bien la Biblia. Si leemos detenidamente el manual que recibimos con un producto comprado, después tendremos mejor idea dónde buscar ayuda si tenemos problemas o preguntas en cuanto al producto. El mismo principio se aplica a la vida espiritual. Si estamos familiarizados con el "Manual de la vida", sabremos dónde buscar ayuda y ánimo en momentos de necesidad.

La Biblia nos dará dirección en las cosas de la vida, pero también nos guiará al conocimiento y a la fe en Jesucristo. Al lograr eso, tendremos esperanza y una promesa de lograr entrar en la eternidad con Dios y nuestro Salvador Jesucristo.

Darrell Frey, Drayton, Ontario

Si todo lo demás falla, ¡lee las instrucciones!

2 de junio

Lectura bíblica: 1 Corintios 11:1-16; Efesios 5:22-33

Plan para leer la Biblia en un año: Juan 13:1-17; 2 Crónicas 7-9

Por lo cual la mujer debe tener señal de autoridad sobre su cabeza, por causa de los ángeles.

1 CORINTIOS 11:10

EL VELO DE LA MUJER CRISTIANA

Desde el comienzo de la iglesia, las mujeres cristianas han cubierto el cabello con un velo. Pero en nuestro tiempo, se ha perdido la costumbre en todas menos unas pocas iglesias. Hace unos años viajé por Europa y visité a varias iglesias en Rumania, Ucrania y Polonia. En las iglesias que visité, casi todas las mujeres usaban velo, sin importar de qué denominación fueran. Aunque las costumbres cambien, los significados bíblicos no cambian; y el uso del velo trae abundantes bendiciones.

El velo de la mujer simboliza el orden divino de autoridad. No es solamente una sugerencia, sino un mandamiento de autoridad. Observar este mandamiento de la manera en que Dios manda, resulta en harmonía, bendición y paz. A pesar de lo que creen algunos, no es solamente una creencia menonita. Es la Palabra de Dios. "Lo que os escribo son mandamientos del Señor" (1 Corintios 14:37).

Hay una protección especial para las mujeres que de corazón sincero llevan este símbolo de autoridad en la cabeza. Ninguna mujer está segura en la sociedad corrupta de hoy sin someterse al orden de autoridad que Dios ha puesto. Debe llevar la señal visible de su sumisión a esa autoridad.

Esto es un llamado a las mujeres cristianas en todas partes que vuelvan a esta costumbre bíblica. También animo a las que ya la observan, a fortalecerse en sus convicciones y enseñarlas a la siguiente generación.

Eli A. Yoder, Stuarts Draft, Virginia

---

*Frecuentemos los lugares donde hay más grave necesidad,
cumpliendo de corazón el mandamiento del Maestro.*

3 de junio

Y ser hallado en él, no teniendo mi propia justicia, que es por la ley, sino la que es por la fe de Cristo, la justicia que es de Dios por la fe.

FILIPENSES 3:9

Y SER HALLADO EN ÉL

Yo tenía doce años y asistía la boda de mi hermana mayor. Quería mostrarme una persona de categoría ante mis amigos, así que pedí a mi hermano que me comprara un paquete de cigarrillos. Creí que mis padres no se darían cuenta, pero se me olvidó sacarlo del bolsillo el lunes en la mañana. Mi mamá lavaba ropa los lunes, y siempre revisaba todos los bolsillos. Pero no me dijo nada del asunto, y al llegar el fin de semana comenzaba a creer que tal vez me había librado.

Una tarde como familia estábamos sentados en el corredor detrás de la casa, y Papá me mandó que fuera a apagar la bomba del agua. Corrí a hacer el mandado y pronto regresé. Cuando volví al corredor, Papá me preguntó:

—Allan, ¿dónde conseguiste esos cigarrillos? —Me cogió desprevenido, y no pude pensar en ningún pretexto. Así que le tuve que decir la verdad. Mientras tenga la mente sana, nunca olvidaré aquel momento. Fui descubierto. Fui hallado como no quería.

Mi madre siempre preguntaba: "Cuando venga Jesús, ¿te gustaría que te hallara haciendo lo que estás haciendo?" ¿Cómo será cuando nos hallemos ante la presencia de Dios? Si solamente tenemos nuestras propias justicias, serán como trapos de inmundicia. La justicia en la cual queremos ser hallados es la que tenemos de Dios por medio de la fe. No puedo pensar en una experiencia peor que comparecer ante Dios y ser hallado como fui hallado aquel día por mi papá. ¡Me quedé sin palabras! ¿Cuánto más me quedaré sin palabras en el día del juicio, si no soy hallado en él?

Allan A. Miller, Sarcoxie, Misuri

¿Cómo seré hallado en el día del juicio?

4 de junio

Lectura bíblica: Génesis 18

Plan para leer la Biblia en un año: Juan 14; 2 Crónicas 13-16

Porque yo sé que mandará a sus hijos y a su casa después de sí,
que guarden el camino de Jehová, haciendo justicia y juicio,
para que haga venir Jehová sobre Abraham lo que ha hablado acerca de él.

GÉNESIS 18:19

AMIGO DE DIOS

Abraham. El nombre mismo nos trae a la mente a un hombre de fidelidad. En su carácter se observan la generosidad y la integridad. Los primeros ocho versículos de la lectura bíblica demuestran que fue hospedador. En Santiago 2:23 se refiere a él como "amigo de Dios". En la vida de Abraham vemos características que desesperadamente necesitamos hoy.

Abraham se responsabilizó de promover la vida piadosa en su familia. La enseñó a guardar "el camino de Jehová, haciendo justicia y juicio". Fueron sinceros y devotos en su adoración a Dios, y honrados en todos sus tratos.

Abraham también consideraba a su descendencia. No solamente se preocupaba por su familia actual, sino también por los que vendrían después, "que guarden el camino de Jehová". Se daba cuenta de que no siempre estaría aquí él.

Eso es lo que Dios busca todavía hoy: hombres que como Abraham estén dispuestos a enfrentar los retos de la vida, siendo fieles en palabra y hecho. Necesita hombres dispuestos a tomar responsabilidad y poner mano a la obra. Siempre se puede depender de Dios, y él también busca a personas que sean fieles, confiables y estables.

¿Puede Dios decir de nosotros que estamos mandando a nuestros hijos y a nuestra casa después de nosotros, que guarden el camino de Jehová? ¡Sea ésa nuestra meta!

Robert Burkholder, Brooksville, Kentucky

Levantaos, hombres de Dios.

5 de junio

Permaneced en mí, y yo en vosotros. Como el pámpano no puede llevar fruto por sí mismo, si no permanece en la vid, así tampoco vosotros, si no permanecéis en mí.

JUAN 15:4

INJERTADOS EN CRISTO

Cuando era pequeño, mi padre injertaba árboles. Me gustaba observarlo cómo hacía el corte cuidadoso en el arbolito. Después cuidadosamente abría la cáscara, insertaba el brotecito frágil y suavemente la cerraba y la envolvía, con solamente el brotecito salido.

Permanecer en el Señor es constantemente amarlo, servirlo, y obedecer su Palabra. Él permanece en nosotros por medio de su Palabra en el corazón y la mente: "Si permanecéis en mí, y mis palabras permanecen en vosotros" (Juan 15:7). "Este es el pacto que haré con ellos después de aquellos días, dice el Señor: pondré mis leyes en sus corazones, y en sus mentes las escribiré" (Hebreos 10:16).

El versículo clave dice que el pámpano no puede dar fruto sin estar conectado a la vid. También nos da una descripción clara de nuestra condición si no permanecemos en él.

Los pámpanos que llevan fruto son limpiados para que produzcan más fruto. Limpiar un pámpano es podarlo, quitando las partes inútiles. Quizás nosotros tengamos ideas o pasiones que deben ser podadas para que llevemos más fruto. Tal vez Dios quiere quitarnos la autosuficiencia y enseñarnos a depender totalmente de él. "Echando toda vuestra ansiedad sobre él, porque él tiene cuidado de vosotros" (1 Pedro 5:7).

Permanezcamos en la vid, y dejemos que Dios nos limpie; y llevaremos mucho fruto.

Johnny Miller, Loudonville, Ohio

Permaneced en mí, y yo en vosotros. Juan 15:4

6 de junio

Lectura bíblica: Lucas 18:9-14; Filipenses 2:1-11

Plan para leer la Biblia en un año: Juan 16:1-15; 2 Crónicas 20-22

Humillaos, pues, bajo la poderosa mano de Dios,
para que él os exalte cuando fuere tiempo.

1 PEDRO 5:6

LA HUMILDAD

En 1 Pedro 5:5 nos dice que debemos revestirnos de humildad. Podría referirse al vestuario, pero probablemente se refiere a la actitud que se observa en nuestra vida diaria. Hagámonos las siguientes preguntas: ¿Cómo respondo a la autoridad en casa, en la iglesia y en la sociedad? ¿Cómo respondo cuando el pastor u otro hermano me corrige? Cuando hay divisiones en mi congregación, ¿me esfuerzo por buscar la paz aun si creo que otros no me comprenden o que me han tratado mal? En las situaciones diarias con mis hermanos o consocios, ¿soy cortés y amable, o egoísta? ¿Soy pronto a ofrecer mis opiniones y consejos? ¿Soy considerado de los horarios y de las costumbres de los demás? ¿Soy hospedador aun cuando no estoy preparado? ¿Cómo respondo a las alabanzas o a las críticas? ¿Estoy dispuesto a arriesgar mi reputación para el beneficio de otros?

El orgullo es abominación al Señor. Es completamente contrario a la humildad. En esta vida, aunque deseemos esta virtud, aunque la sigamos, aunque la pidamos a Dios, siempre enfrentaremos el conflicto con el viejo "yo". Es tan natural servirse a uno mismo. El "yo" necesita ser crucificado.

Oremos fervientemente por una actitud mansa y humilde.

Eli A. Yoder, Stuarts Draft, Virginia

La humildad es la primera característica del gran hombre.

7 de junio

Lectura bíblica: Éxodo 14:9-31

Plan para leer la Biblia en un año: Juan 16:16-33; 2 Crónicas 23-25

No temas, porque yo estoy contigo; no desmayes,
porque yo soy tu Dios que te esfuerzo; siempre te ayudaré,
siempre te sustentaré con la diestra de mi justicia.

ISAÍAS 41:10

NUESTRO MAR ROJO

Después de que los hijos de Israel dejaron a Egipto, pronto llegaron al Mar Rojo. Les parecía que no había salida, y tenían miedo. Delante de ellos estaba el gran mar y detrás venían los egipcios. Comenzaron a quejarse y a culpar a Moisés de haberlos llevado a morir en el desierto. Deseaban estar de nuevo en Egipto, sirviendo como esclavos.

¿Qué hizo Moisés? ¿También se desanimó? ¡No! Él sabía que Dios les daría la salida. Con todos los milagros que Dios había hecho para sacarlos de Egipto, Moisés sabía que Dios abriría algún camino. Exhortó al pueblo a estar firmes; dijo que vieran la salvación de Jehová.

Dios sí les dio una salida. Partió las aguas, y todo el pueblo pasó en tierra seca. Los egipcios intentaron cruzar detrás de los israelitas, pero fueron ahogados en el mar. Ya no tenían que preocuparse los israelitas por los egipcios.

¿Alguna vez nosotros también enfrentamos un Mar Rojo que parece imposible de cruzar, y tenemos al enemigo detrás? ¿También nos asustamos? Estemos firmes, y veremos la salvación de Jehová. Así como Dios no falló a los israelitas, tampoco nos fallará a nosotros. No destruirá al enemigo de forma que nunca seremos tentados de nuevo, pero siempre hará camino por en medio de nuestro Mar Rojo si confiamos en él.

Daniel Miller, Dunnegan, Misuri

La oración eficaz del justo puede mucho. Santiago 5:16

8 de junio

Cantad a Jehová cántico nuevo; cantad a Jehová, toda la tierra.

SALMO 96:1

CANTAD A JEHOVÁ

Muchas veces en las Escrituras se nos manda cantar a Jehová, especialmente en los Salmos y en Isaías. Hoy el enfoque ha cambiado de expresar nuestro corazón por medio de cantar a Dios, a ser entretenido con grabaciones profesionales.

¿Qué música más dulce puede haber que la voz tierna de una madre cantando mientras atienda los trabajos domésticos? Este canto es la expresión de paz y satisfacción interior que prevalecen en su hogar. Ella está en paz con su esposo, y los niños están en paz como resultado de la disciplina amorosa y controlada. Por eso las alabanzas fluyen de sus labios al Padre celestial.

Hoy en día muchos pierden su canto porque su mente está llena de otras cosas. El negocio, las deudas, los afanes, las riquezas, las responsabilidades y los deseos les ligan la lengua para que no expresen alabanza a Dios.

Algunos tratarán de apagar esa lucha interior subiendo el volumen a la música. Hasta puede ser música sana, pero ¿qué pasó con el corazón que cantaba lleno de alabanza a Dios?

Los cantos no solamente expresan nuestra adoración a Dios, sino que también sirven para enseñarnos y amonestarnos. "Enseñándoos y exhortándoos unos a otros en toda sabiduría, cantando con gracia en vuestros corazones al Señor con salmos e himnos y cánticos espirituales" (Colosenses 3:16). Claro que es bueno escuchar los cantos, pero también es importante disponernos a cantar alabanzas a Dios.

Si has perdido tu canto, busca ser restaurado a la paz interior y a la tranquilidad de corazón que te inspirarán a cantar alabanzas de nuevo al Señor. Muchos lo oirán y temerán a Jehová.

James Yoder, Lewisburg, Pensilvania

¡Cantad los cánticos de Sion en la tierra de los libertados!

9 de junio

Pero yo estoy como olivo verde en la casa de Dios;
en la misericordia de Dios confío eternamente y para siempre.
SALMO 52:8

UN ÁRBOL PARA DIOS

Todo árbol tiene raíces. Si uno quiere deshacerse completamente de un árbol malo, tiene que arrancarlo de las raíces, o puede retoñar. Juan el Bautista dijo, en Lucas 3, que los árboles malos serán destruidos cortándoles las raíces. Ésa es la destrucción completa.

Dios quiere que su pueblo sea como un buen árbol, llevando buen fruto para él.

En Salmo 52, después de hablar de los malos, el salmista dice: "Estoy como olivo verde en la casa de Dios". Ser como olivo da la idea de hermosura. El olivo crece lentamente pero vive muchos años. Su fruto sirve para alimento, aceite y sanidad.

Oseas 14:8 habla de la haya: un árbol hermoso; un árbol para Dios.

En Salmo 92:12, los justos son comparados a la palmera. Aquí en Belice muchas veces se siembran palmeras a ambos lados de la entrada a una casa. Son árboles majestuosos y hermosos, con las grandes hojas brotando de la punta más alta, en alabanza a su Creador. Según la enciclopedia, la palmera tiene por lo menos 360 diferentes usos. Cordaje, madera, bolsas, canastas y fruta, todos son productos derivados de la palmera.

¿Qué clase de árbol soy yo? ¿Soy alto y firme para Dios? ¿Produzco buen fruto? ¿Hay hermosura que brilla de mi interior, dando alabanza a Dios?

Hay tres cosas más en Salmo 92:13-15 que me sirven de bendición. Los que son plantados en la casa de Jehová florecerán. Producirán fruto aun en la vejez. Testificarán a los demás que Jehová es recto.

Sé árbol fructífero para el reino de Dios. Solamente así tendrás derecho al árbol de vida en el cielo.

David Good, Punta Gorda, Belice

Sé un árbol para la gloria de Dios.

10 de junio

Lectura bíblica: Deuteronomio 5:29-33; 6

Plan para leer la Biblia en un año: Juan 18:24-40; 2 Crónicas 32, 33

Escogeos hoy a quién sirváis (. . .) pero yo y mi casa serviremos a Jehová.
JOSUÉ 24:15

EL HERMOSO HOGAR

Un artista quería pintar un cuadro de lo más hermoso del mundo.
Le preguntó a un pastor:

—¿Cuál es la cosa más hermosa del mundo?

—La fe —contestó el pastor—. Se siente en cada iglesia verdadera
y se halla en cada altar.

El artista halló a una joven recién casada. Al hacerle la misma
pregunta, ella respondió:

—El amor. El amor cambia la pobreza en riqueza, endulza las
lágrimas y de poco hace mucho. Sin el amor no hay hermosura.

El artista le hizo la misma pregunta a un soldado que contestó:

—La paz es la cosa más hermosa del mundo. La guerra es lo más
feo. Dondequiera que hallas la paz, hallarás hermosura.

"Tengo tres cosas: la fe, el amor, y la paz", pensó el artista. "¿Cómo
las puedo pintar?" Entró en su casa y encontró la fe en los ojos de sus
hijos y el amor en los ojos de su esposa. En su hogar reinaba la paz
y el amor que provienen de la fe. Así que pintó la cosa más hermosa
del mundo y lo llamó "El hogar".

En el hogar cada uno gozosamente vive para el bien de los demás,
y todos viven para Cristo. El marido es la cabeza del hogar, puesto
por Dios. Si él falla en dirigir a su familia en oración y lectura bíblica,
le falla a su esposa y a sus hijos.

Eli A. Yoder, Stuarts Draft, Virginia

La casa se construye con las manos, pero el hogar con el corazón.

11 de junio

Lectura bíblica: Filipenses 2:1-18

Plan para leer la Biblia en un año: Juan 19:1-22; 2 Crónicas 34-36

Hijos de Dios sin mancha en medio de una generación maligna y perversa, en medio de la cual resplandecéis como luminares en el mundo.
Filipenses 2:15

LUCIÉRNAGAS

Andaba en la oscuridad de la madrugada. Fue una noche cálida y la tierra estaba húmeda. De repente vi unas lucecitas que alumbraban suavemente de la tierra. No sabía qué eran, pero les tenía cierto cariño. Alumbré con mi lámpara pero no pude ver nada. Recogí un puñado de tierra y lo inspeccioné de cerca. Entonces sí vi el gusanito retorciéndose en la tierra suelta. Lo volví a poner en el suelo, y al seguir mi camino, vi muchas luciérnagas más.

Un versículo me vino a la mente: "Porque los ojos de Jehová contemplan toda la tierra, para mostrar su poder a favor de los que tienen corazón perfecto para con él" (2 Crónicas 16:9).

¿Qué ve Dios cuando mira esta tierra tan oscura y pecaminosa? ¿Verá muchas lucecitas suaves que le alegran el corazón, o serán muy escasas esas luces? Tal vez yo no pueda ser una gran luz que el mundo entero vea, pero sí puedo ser una pequeña luciérnaga que emite luz donde él me ha puesto. Si yo alumbro en mi lugar, y tú alumbras en tu lugar, junto con millones más que también irradian el amor de Dios, podemos hacer una diferencia.

Luchemos juntos para ser luciérnagas para Dios.

Wilmer S. Beachy, Liberty, Kentucky

La juventud y la belleza se pierden,
pero la integridad permanece para siempre.

12 de junio

Lectura bíblica: Lucas 21:34-38: Mateo 24:36-51

Plan para leer la Biblia en un año: Juan 19:23-42; Esdras 1, 2

¡Señor, señor, ábrenos!

MATEO 25:11

LA VENIDA DE CRISTO

En vez de estar aterrorizados por lo que sucede en el mundo, debemos esperar con confianza la venida de Cristo, que traerá justicia y restaurará todas las cosas. Cristo vendrá de nuevo, y debemos velar y estar preparados espiritualmente. Tenemos que ocuparnos fielmente en los trabajos que Dios nos ha dado. No dejes que la mente y el espíritu se te emboten por una vida descuidada. No dejes que te detengan los problemas de la vida. Esté listo para actuar cuando Dios manda.

El momento de la venida de Cristo es el secreto de Dios el Padre para ser revelado cuando él quiera. Nadie puede predecir, por las Escrituras ni por la ciencia, el día exacto de la venida de Cristo. Necesitamos preparación más que suposición. Pasamos meses planeando para una boda, el nacimiento de un bebé o la compra de una casa. ¿Debemos poner menos importancia en prepararnos para la venida de Cristo? Su venida será el evento más importante en nuestra vida. No nos atrevamos a posponer los preparativos porque no sabemos cuándo será ese evento.

La segunda venida de Cristo llegará de repente. No habrá oportunidad para arrepentirnos al último momento. Las decisiones que habremos tomado decidirán nuestro destino final. Cristo nos manda usar el tiempo que nos queda para trabajar en su reino. Ésa es la mejor forma de prepararnos para la venida de Cristo.

Marvin C. Hochstetler, Nappanee, Indiana

No debemos temer el futuro mientras vamos de la mano con el que conoce el futuro.

13 de junio

Lectura bíblica: Jonás 4

Plan para leer la Biblia en un año: Juan 20; Esdras 3-5

Porque la ira del hombre no obra la justicia de Dios.

SANTIAGO 1:20

LA OBRA DE DIOS EN NOSOTROS

Jonás acababa de experimentar una demostración milagrosa de la misericordia de Dios, habiendo sido librado del vientre del pez. Sin embargo, se enojó mucho al ver esa misericordia extendida a la ciudad entera de Nínive. ¡Qué ingrato! Pero ¿no tenía razón Jonás de enojarse? Los ninivitas no eran el pueblo escogido de Dios como lo eran los israelitas. Tampoco merecían tal misericordia después de tanta maldad. Además, la situación dejó a Jonás en una posición incómoda. ¡Después que él había profetizado la destrucción eminente, ya no iba a suceder!

El que enfoca a sí mismo:

Se enojará (versículo 1) cuando las cosas no le salen a su manera. Pero si estamos en la obra de Dios, somos sus siervos. Haremos lo que él nos manda y le dejaremos a él los resultados.

Culpará a Dios (versículo 2) por no cumplir con su parte del trato. Jonás, enojado, señaló a Dios. Pero si somos siervos de Dios, nos regocijaremos al ver prosperar la obra, aun si nosotros parecemos tontos.

Se desanimará (versículo 3) aun hasta el punto de desear morir, sintiéndose completamente inútil. Cuando luchamos contra Dios, siempre perdemos. El verdadero gozo se halla en la sumisión y el servicio a Dios.

Será muy inestable (versículos 6-8): enojado cuando las cosas le van mal y eufórico cuando las cosas le salen bien. La paz y la estabilidad verdadera se encuentran cuando uno se pone de acuerdo con los propósitos eternos de Dios en vez de enfocar lo negativo del presente.

Ese gusanito o ese recio viento solano fue preparado con amor y enviado con un propósito eterno. ¿Nos enojaremos con Dios? ¿O haremos una pausa y veremos que Dios perfecciona su obra eterna de maneras ocultas?

Nathan Kreider, Squaw Valley, California

El egoísmo hace un eclipse en la verdad de Dios
que alumbra el corazón.

14 de junio

Por lo cual dice: despiértate, tú que duermes, y levántate de los muertos, y te alumbrará Cristo.

EFESIOS 5:14

CRISTIANOS CON SUEÑO

Un día, al regresar del pueblo en mi vehículo, me comenzaba a dar sueño. De repente vi un automóvil parado delante de mí. Otro automóvil más adelante se había detenido para girar a la izquierda. Supongo que mis ojos se habían cerrado por solamente segundos, pero ese ratito fue demasiado. Frené y giré a un lado, tratando de no chocar con el automóvil, pero era demasiado tarde. No pude parar a tiempo, y choqué con el otro vehículo.

Podemos comparar este accidente con nuestra vida cristiana. ¿No es cierto que en ocasiones nos llega el sueño espiritual, y antes de darnos cuenta ya hemos hecho algo que no debíamos? O tal vez dejamos sin hacer algo que debíamos hacer. Fallamos porque estamos con sueño espiritual. Si seguimos dormitando, es seguro que seguiremos chocando. Cuando tenemos un "accidente" espiritual y hacemos algo malo, debemos despertarnos y arreglar el mal que hicimos, y Jesús nos perdonará.

Unos días después llevé la camioneta dañada a un taller para que la repararan. Ahora está como nueva. Estoy agradecido de que nadie resultara lastimado. ¿No es maravilloso que cuando tenemos un "accidente" espiritual, también podemos reparar y restaurar el alma?

Me gustan las palabras de Romanos 5:1: "Justificados, pues, por la fe, tenemos paz para con Dios por medio de nuestro Señor Jesucristo." Es tan maravillosa la justificación de Cristo. Si arreglamos nuestros errores, pedimos perdón y seguimos viviendo para Cristo, será como si nunca hubiéramos pecado. ¡Qué promesa más maravillosa para el pecador que ha decidido seguir a Jesús!

Eli A. Yoder, Stuarts Draft, Virginia

---

*El diablo nunca está demasiado ocupado para mecer
la cuna del santo dormido.*

15 de junio

Lectura bíblica: Salmo 1

Plan para leer la Biblia en un año: Hechos 1; Esdras 9, 10

Porque Jehová conoce el camino de los justos;
mas la senda de los malos perecerá.

SALMO 1:6

LA SENDA PERECERÁ

—Papá, ¿está seguro de que éste es el camino correcto? — comencé a tener dudas cuando en medio del camino angosto apareció la hierba. Después entramos en un bosque. Las mujeres estaban seguras de que nos quedaríamos atascados en el charco por delante, pero logramos pasarlo. Cuando salimos del bosque, el camino desapareció y quedamos sin dirección. Nos encontramos en un campo de heno.

Estábamos en el noroeste del estado de Kansas, el lugar donde mi papá se había criado. Dichosamente, había un agricultor allí recogiendo unas grandes pacas de heno.

—¿Dónde queda Glenlock? —le pregunté.

—Ah, estás un kilómetro al este de Glenlock. —El agricultor nos quedó mirando curiosamente mientras dimos la vuelta para salir. Seguramente notó las placas que le informaron que éramos de otro estado.

Salimos por el mismo camino por el cual habíamos entrado, y pronto encontramos los puntos de referencia que nos dirigían hacia Glenlock. Esta vez fue fácil porque alguien nos había dado las indicaciones.

Me hizo pensar en el camino de los malos que perece. Llega a nada y desaparece, y se quedan sin rumbo fijo. Vagan inseguros, siguiendo a los demás. Éstos necesitan a alguien que los dirija hacia el camino correcto. ¿Podemos ser luces que guían a los perdidos, ayudándoles a hallar el rumbo correcto y la vida? El mundo nos necesita.

Wilmer S. Beachy, Liberty, Kentucky

El que escoge el camino equivocado tiene un viaje largo por delante.

16 de junio

Lectura bíblica: Proverbios 1:10-33

Plan para leer la Biblia en un año: Hechos 2:1-13; Nehemías 1-3

Por lo cual, como dice el Espíritu Santo: si oyereis hoy su voz,
no endurezcáis vuestros corazones, como en la provocación,
en el día de la tentación en el desierto.

HEBREOS 3:7-8

NO ENDUREZCAS EL CORAZÓN

Como niño, Jim tuvo la oportunidad de asistir a la escuela dominical de unos misioneros en un pueblo cercano. No tuvo padres cristianos, pero en esas clases bíblicas oyó las historias de la creación, de Noé y el diluvio, de José y su ejemplo de perdón, de Daniel en el foso de los leones y de Jesús: su nacimiento, su muerte y su resurrección. Jim disfrutaba las historias y esperaba que lo llevaran cada domingo a la capilla.

Jim estudió la Biblia fielmente, pero al llegar a la adolescencia, comenzó a cerrar las puertas de oportunidad espiritual.

En los primeros años de nuestro matrimonio conocí a Jim en mi lugar de trabajo. Tuve varias oportunidades de hablar con él sobre temas espirituales. Él tenía una actitud cada vez más burlona para con la Biblia y el cristianismo.

Cuando le conté a mi esposa acerca de Jim, lo reconoció como el mismo niño de la escuela dominical. ¡Cuánto anhelábamos poder ayudarle! Muchas veces oramos por él.

Por mucho tiempo no escuchamos nada de Jim. Al tiempo nos llegó la triste noticia: Jim había muerto mientras andaba borracho. ¡Qué trágico! Nuestro corazón lloraba por él. Ya no tendría más oportunidad de arreglar cuentas con Dios.

Si oyes la voz de Dios hoy, no endurezcas el corazón. ¡Ahora es tu oportunidad de estar bien con Dios!

David E. Huber, Vanessa, Ontario

Sólo una vida, que pronto pasará;
sólo lo que hicimos por Cristo durará.

17 de junio

Lectura bíblica: Lucas 12:22-31

Plan para leer la Biblia en un año: Hechos 2:14-47; Nehemías 4-6

Así que, teniendo sustento y abrigo, estemos contentos con esto.
1 TIMOTEO 6:8

DIOS PROVEE

A veces me he preguntado si serán realistas las palabras de Jesús en Lucas 12:22. ¿Será que no nos debemos preocupar por mañana? ¿Qué tal nos despidan del trabajo? ¿Qué tal nos enfermemos? ¿Qué tal haya alguna pérdida grande, como un incendio o un accidente? ¿No estará entre los afanes más graves el temor de la falta de comida o el vestido? No hay palabras que causen más ansiedad que la pregunta: "¿Qué tal . . . ?"

Al pensar en esto, comenzamos a imaginar una posibilidad grave tras otra. Miremos el versículo clave. Debemos estar contentos con tener solamente el sustento y el abrigo. ¿Por qué nos inquietamos, creyendo que mañana se nos puede secar el pozo? Aunque es sabio planear para el futuro, también debemos decir: "Si el Señor quiere" (Santiago 4:15). Jesús enseñó que el afanarnos del futuro es vano. La necesidad imaginada de mañana es una necesidad que Dios no puede suplir.

Como cristianos, entreguemos todo en las manos de Dios y no nos afanemos de mañana. Nuestro Padre celestial sabe que tenemos necesidad de estas cosas. Si buscamos primeramente el reino de Dios, todas estas cosas nos serán añadidas. "Joven fui, y he envejecido, y no he visto justo desamparado, ni su descendencia que mendigue pan" (Salmo 37:25).

Daniel Miller, Dunnegan, Misuri

Las ansiedades son los intereses de los problemas que se pagan antes de su caducidad.

18 de junio

Lectura bíblica: Mateo 25:31-46

Plan para leer la Biblia en un año: Hechos 3; Nehemías 7, 8

Hijitos míos, no amemos de palabra ni de lengua, sino de hecho y en verdad.
1 JUAN 3:18

¿HAS CONTESTADO LA LLAMADA?

La llamada llega todos los días y de muchas formas. Puede ser un clamor desesperado de alguien en angustia. O un avión o un barco que tiene serios problemas y manda un S.O.S. por radio a cualquiera que pueda oír. Una casa está incendiada, o un enfermo está por morir, y un familiar preocupado llama al número de emergencia. La policía se apresura a la escena de un posible suicidio donde una madre consternada les informa que su hijo está por pegarse un tiro.

Nuestro gobierno se preocupa por la vida de los ciudadanos. Hay varias agencias del gobierno como la policía, los bomberos y la guardia costera, que se establecieron para preservar la vida humana. Obviamente, hay personas que se interesan tanto por la vida de otros que están dispuestos a arriesgar su propia vida. ¿Tendremos nosotros los cristianos tal preocupación por otros?

Imaginemos que una persona desesperada llama al 911 pero no recibe respuesta, o se le dice que espere mientras el operador termina su almuerzo. Imaginemos la consternación y la indignación pública. Sin embargo, esto sucede todos los días. No con el gobierno, sino con la iglesia.

Una de las razones principales que los cristianos estamos aquí en esta tierra es para que les ayudemos a otros. En Mateo 25 Jesús dijo que nuestro destino eterno puede depender de la ayuda que prestamos a los necesitados. Hay tragedias a nuestro alrededor, sin embargo, muchas veces nos hacemos los sordos. No nos metemos porque nos incomodaría demasiado, o porque no tenemos tiempo. Hay tanto que queda sin hacer en un mundo donde tanto se podría hacer para Cristo. La llamada llega todos los días. Si estás atento, la oirás. ¡Responde hoy!

Craig Eicher, Butler, Indiana

Si Dios es amor, ¿qué son sus hijos?

19 de junio

Lectura bíblica: Hechos 9:32-43

Plan para leer la Biblia en un año: Hechos 4:1-22; Nehemías 9-11

Estuve desnudo, y me cubristeis; enfermo, y me visitasteis;
en la cárcel, y vinisteis a mí.

MATEO 25:36

MUJERES DE BENDICIÓN

Cuando seguimos la enseñanza bíblica de que los hombres deben dirigir, nos puede parecer que a las mujeres les queda poco que hacer. Tal vez creemos que los hombres tienen más privilegios o que su lugar es más importante. Algunas mujeres deciden salirse de los parámetros que Dios ha puesto para ellas, creyendo que si no lo hacen, muchas de sus capacidades y sus talentos se perderán.

Dorcas sobresale en su resolución de aceptar con gozo el lugar que Dios le dio, sabiendo que Dios es omnisciente y que su diseño no limitaría su utilidad, sino que más bien la aumentaría. En vez de rebelarse, quejarse o ser perezosa, se ocupó en las buenas obras, ayudándoles a las viudas. Las viudas fueron bendecidas, la obra de Cristo prosperó y Dios fue glorificado.

Las mujeres como Dorcas cumplen un propósito importante en la iglesia. El servicio que rinden lo pueden hacer en su capacidad como mujeres piadosas que se adornan con las buenas obras (1 Timoteo 2:10). Enseñan a las jóvenes a ser cuidadosas de su casa y ser buenas esposas. Ayudan a las viudas y los huérfanos. Ministran a los necesitados y sirven a los que predican el evangelio. Sus hijos son bendecidos por la influencia de una madre piadosa. Cuando las mujeres sirven así, conservan su gracia femenina tan especial. Así la sociedad es bendecida por su vida. Por el otro lado, cuando no seguimos el plan de Dios para los hombres y las mujeres, perdemos su dirección y bendición.

Roger Rangai, Lott, Texas

---

*Si hubiera más madres como María,
habría más hombres con el espíritu de Cristo.*

20 de junio

Lectura bíblica: Santiago 1

Plan para leer la Biblia en un año: Hechos 4:23-37; Nehemías 12, 13

Mas el fruto del Espíritu es amor, gozo, paz, paciencia, benignidad, bondad, fe, mansedumbre, templanza; contra tales cosas no hay ley.
GÁLATAS 5:22-23

EL DIOS DE TODA CONSOLACIÓN

Un día un cristiano evangelizaba a un agnóstico muy inteligente. Quería convencerlo de que también fuera cristiano. Después de escucharle cortésmente por un tiempo, el agnóstico le dijo:

—Bueno, si ustedes los cristianos quieren que nosotros los agnósticos nos interesemos en su religión, deben tratar de mostrarse más satisfechos con ella ustedes mismos. Los cristianos que conozco parecen ser las personas más insatisfechas que existen. Parecen tener su religión como un dolor de cabeza. No quieren deshacerse de la cabeza, pero a la vez les incomoda bastante. Yo no deseo tal religión.

¿Será que damos este cuadro a los incrédulos que nos observan? ¿Tenemos la vida cristiana como una carga pesada?

Una religión cuyo fruto es amor, gozo y paz debe tener el efecto contrario: debe producir cristianos gozosos. Debe producir una vida que refleja que vale la pena. El fruto del Espíritu debe echar fuera la duda, el temor, la inquietud, el conflicto y toda clase de desconsuelo. Debe producir confianza en nuestros amigos terrenales.

¿Por qué, pues, no podemos confiar en nuestro Padre celestial y estar cómodos y contentos? Jesús dijo: "Mi yugo es fácil, y ligera mi carga" (Mateo 11:30).

Daniel Miller, Dunnegan, Misuri

Sea nuestro compañero el Dios de consolación.

21 de junio

Lectura bíblica: 2 Tesalonicenses 2

Plan para leer la Biblia en un año: Hechos 5:1-16; Ester 1-3

Y el mismo Jesucristo Señor nuestro, y Dios nuestro Padre,
el cual nos amó y nos dio consolación eterna.

2 TESALONICENSES 2:16

¡PELIGRO!

Me causa gran gozo la consolación eterna de Dios. Sin esa consolación, sería movido de mi manera de pensar (versículo 2) o turbado por el misterio de la iniquidad (versículo 7). ¿Cómo sería posible resistir al enemigo?

Este enemigo tiene una amplia selección de herramientas para obrar en nosotros. La lectura bíblica de hoy revela algunas de sus herramientas y sus nombres: hombre de pecado, hijo de perdición, se opone a Dios, se levanta a sí mismo, demuestra gran poder y señales y prodigios mentirosos, usa el engaño de iniquidad.

Una primavera mi vecino me pidió examinar su árbol de arce. Era un árbol joven, recto y alto, pero no echaba hojas.

—¿Qué será lo que le pasa? —preguntó. No había seña de corteza dañada, ni de lesión por el frío. Quedé perplejo. Mi vecino podó el árbol y lo abonó. El arce echó unas pocas hojas, pero se notaba que se estaba secando.

A finales de septiembre el vecino otra vez me habló del árbol. Me preguntó si tal vez la causa fuera unas grandes avispas que permanecían alrededor del árbol. Allí estaba la respuesta al misterio. Esos insectos taladraban la base del árbol para depositar allí sus huevos. Las larvas, cuando nacían, escarbaban debajo de la cáscara y estaban matando al árbol. Los insectos aun inyectaban esporas de hongo para descomponer la madera para que fuera más suave para las larvas.

Satanás también tiene sus herramientas especiales. Intenta inyectarnos con esporas de amargura, odio, impureza, rebeldía u otros pecados. En el versículo 15 de la lectura se nos exhorta: "Hermanos, estad firmes."

Si no fuera por la consolación de Dios, muchas de esas semillas nacerían y el misterio de la iniquidad haría estragos en nosotros.

James M. Beachy, Sugarcreek, Ohio

Bendito sea el Dios (. . .) de toda consolación. 2 Corintios 1:3

22 de junio

Por esto, mis amados hermanos, todo hombre sea pronto para oír, tardo para hablar, tardo para airarse.

SANTIAGO 1:19

¿UNA DEBILIDAD INOFENSIVA?

¿Consideramos al enojo como una debilidad inofensiva? Quizás decimos: "Mi papá (o mi mamá) también era así."

La Biblia condena el enojo como uno de los elementos más destructivos de la naturaleza humana. Algunas personas rápidamente pierden los estribos y dicen y hacen cosas que no convienen al cristiano. La historia del hijo pródigo es un buen ejemplo. El hermano del hijo pródigo estaba enojado, envidioso y orgulloso, creyéndose mejor que su hermano. Tales actitudes no tienen lugar en el reino de los cielos. Lo haría un lugar muy desagradable para los demás. Todos somos tentados a enojarnos a veces, pero con el espíritu renovado debemos dominar el enojo.

Cuando Moisés bajó de la montaña y vio al pueblo adorando al becerro de oro en Éxodo 32:19, su ira ardió. Cuando Jesús vio a los vendedores en el templo, hizo un látigo de cuerdas, echó fuera los animales y volcó las mesas de los cambistas. A veces es correcto el enojo contra el pecado. El enojo puede impulsar a una persona a poner orden a una situación. En Efesios 4:26 dice: "Airaos", pero después dice: "No pequéis". Debemos tener cuidado, si nos enojamos contra el pecado, de no cometer más pecado por el enojo.

Algunos pueden intentar justificarse diciendo: "El enojo rápido pasa." Un tornado pasa rápido también, pero puede hacer mucho daño. Controlemos el enojo para que podamos ser luz al mundo.

Eli A. Yoder, Stuarts Draft, Virginia

Las acciones impulsadas por el enojo pueden causar una destrucción terrible.

23 de junio

Lectura bíblica: Mateo 6:5-15, Juan 4:20-24

Plan para leer la Biblia en un año: Hechos 6; Ester 7-10

Mas tú, cuando ores, entra en tu aposento, y cerrada la puerta,
ora a tu Padre que está en secreto.

MATEO 6:6

CONEXIONES INSTANTÁNEAS

"Aló . . . pregunt . . . traía . . . ayer . . . cuando . . . ino."

Es difícil comunicarse por celular cuando solamente entiendes unas partes de las palabras y la conexión es muy interrumpida. Dices: "¡No entiendo!" y el que te llama intenta de nuevo con los mismos resultados. Al fin tienes que cortar la llamada sin haber podido entender lo que te quería decir.

O tal vez estamos viajando y hablando por celular. La carretera pasa en medio de dos cerros y la señal comienza a entrecortarse en medio de una conversación importante.

Pensé en esas malas conexiones al ver que comenzaban a construir una torre nueva en el área. Sin torres y cables, los teléfonos no pueden funcionar. Pensemos en todo el tiempo y dinero que se invierten para enterrar los cables y construir las torres para tener una mejor comunicación.

Hay otra línea de comunicación disponible. Si somos sinceros, esta conexión nunca falla como la señal de los teléfonos celulares. No tenemos que preocuparnos de la posibilidad de perder la conexión al pasar por un valle. Esta línea nunca está ocupada cuando queremos hablar con Dios. Se llama la oración. Podemos orar a Dios en cualquier momento. Siempre está atento para oírnos y contestarnos.

Mateo 7:7 dice: "Pedid, y se os dará; buscad, y hallaréis; llamad, y se os abrirá." No se necesitan ni cables ni torres de comunicación para establecer la conexión con Dios. Al entregar nuestra vida a él para su servicio, la conexión está establecida.

Titus D. Coblentz, Cincinnati, Iowa

La oración es el aliento vital del cristiano, su conexión con Dios.

24 de junio

Lectura bíblica: Salmo 31:1-14; 73:23-26

Plan para leer la Biblia en un año: Hechos 7:1-19; Job 1-3

Fíate de Jehová de todo tu corazón, y no te apoyes en tu propia prudencia.
Reconócelo en todos tus caminos, y él enderezará tus veredas.

PROVERBIOS 3:5-6

¿ES CONFIABLE NUESTRO GUÍA?

Muchos alpinistas sueñan con escalar la cumbre más alta del mundo, la del Monte Everest. En mayo de 2004, un médico americano de sesenta y nueve años se preparaba para intentar el ascenso. Si lo lograba, sería el americano de más edad en hacerlo. Había contratado a un guía de otro país que le dijo que ya había escalado la cumbre hacía varios años (aunque después lo negó). El médico necesitaba un guía en que podría confiar, y creyó que este hombre lo sería.

El ascenso fue una lucha para el médico anciano, y pronto comenzó a dudar de su joven guía, que muchas veces lo dejaba atrás. Después de un proceso largo y difícil, al fin alcanzaron la "cima del mundo".

El médico estaba muy débil por el mal de altura. Pronto emprendieron el descenso, pero el médico se debilitaba rápidamente, y la noche se acercaba. El guía, temiendo que ambos perecerían si iba al paso del anciano, lo abandonó en el cerro helado.

Más tarde el guía llegó a un campamento donde se pudo refugiar en una tienda. No hizo mención del anciano médico que había abandonado en medio de la nieve y del hielo. El médico murió allí esa noche.

¿No obra así Satanás? Él con gusto nos ayuda a lograr el honor y la fama en el mundo, pero cuando más necesitamos ayuda, no tiene nada que ofrecer. Nos abandona en la desesperación.

Al escalar las montañas de la vida, escojamos a Dios por nuestro guía. Podemos confiar en que él nos guiará seguros hasta el fin.

Michael Hershberger, Millersburg, Ohio

---

*Porque este Dios es Dios nuestro eternamente y para siempre;
él nos guiará aun más allá de la muerte. Salmo 48:14*

25 de junio

Mirad bien, no sea que alguno deje de alcanzar la gracia de Dios; que brotando alguna raíz de amargura, os estorbe, y por ella muchos sean contaminados.
HEBREOS 12:15

MALA HIERBA EN LA IGLESIA

Mientras deshierbaba los floreros donde trabajo, meditaba en la similitud entre los floreros y la iglesia. Muchos floreros tenían matas de diente de león, hasta dos o tres en una sola maceta. Muchas veces la raíz alcazaba el fondo del florero, pero, por lo general, no era difícil arrancarlas. Tienen una sola raíz recta.

El otro día encontré una mala hierba que fue casi imposible arrancar. Creo que fue ambrosía. Las raíces no solamente eran profundas, sino que también se regaban por toda la maceta. Al sacar esa mala hierba, se dañaron algunas de las de flores también.

A veces hay pequeños problemas en la iglesia. Cuando se resuelven correctamente y a tiempo, muchas veces no es difícil sacar la mala hierba del florero (la iglesia). Sin embargo, a veces no notamos el problema de una vez, o se pasa por alto por algún tiempo. Después se puede hacer como la ambrosía y regarse por toda la iglesia. Si en esa etapa ya se trata el problema, toda la iglesia es afectada. Hasta algunas de las flores (miembros) de la iglesia pueden ser dañadas o arrancadas junto con la mala hierba.

Tengamos cuidado de no ser como la ambrosía, ni aun como el diente de león, en la iglesia. Seamos como las flores.

Eli A. Yoder, Stuarts Draft, Virginia

¿Eres flor o maleza?

26 de junio

Lectura bíblica: Lucas 10:25-37

Plan para leer la Biblia en un año: Hechos 7:44-60; Job 7-9

El dijo: El que usó de misericordia con él. Entonces Jesús le dijo:
Ve, y haz tú lo mismo.

LUCAS 10:37

EL BUEN SAMARITANO

Un intérprete de la ley llegó a Jesús esperando atraparlo. Estos abogados del tiempo de Jesús estudiaban la ley y procuraban guardarla al pie de la letra, pocas veces mostrando compasión o misericordia para la gente pobre. Este abogado traía una pregunta legítima:

—¿Haciendo qué cosa heredaré la vida eterna?

Jesús le ayudó a contestar su pregunta:

—Ama al Señor con todo . . .

. . . tu corazón. El corazón es el órgano central del cuerpo. Late aproximadamente setenta veces por minuto. Con cada latido, debemos amar y servir a nuestro Señor.

. . . tu alma. Dios sopló en Adán el aliento de vida, y él fue un ser viviente. Con cada aliento que respiramos, debemos amar y servir a nuestro Dios.

. . . tus fuerzas. Tenemos que estar dispuestos a usar las capacidades que Dios nos ha dado para la gloria de él.

. . . tu mente. Que nuestro cerebro, el centro de control del cuerpo, sea controlado por el Espíritu.

. . . y ama a tu prójimo como a ti mismo.

—¿Quién es mi prójimo?

El sacerdote y el levita estaban más interesados en sí mismos que en atender al hombre golpeado. El samaritano mostró amor, compasión y misericordia. Vendó las heridas del hombre, lo llevó al mesón y hasta pagó su cuenta.

El abogado se quedó humillado. No fue un judío el que ayudó al herido. Fue un samaritano. El samaritano demostró amor a un hombre que seguramente le odiaba. Podemos imaginar que cuando Jesús terminó su historia, el abogado estaba agachado con vergüenza. Jesús le dijo:

—Ve, y haz tú lo mismo.

La respuesta de Jesús también es para nosotros hoy. Debemos ayudar a los demás de cualquier forma posible.

Jason Schlabach, Sugarcreek, Ohio

Ama a tu prójimo como a ti mismo.

27 de junio

Lectura bíblica: Salmo 34

Plan para leer la Biblia en un año: Hechos 8:1-25; Job 10-12

No nos cansemos, pues, de hacer bien;
porque a su tiempo segaremos, si no desmayamos.

GÁLATAS 6:9

¿SE CANSA DIOS?

Me canso de que se me pida dinero. La semana pasada el albañil que compuso el drenaje en el baño quería su pago adelantado. Anteayer la vecina envió a su hijo a pedirme prestados cien lempiras para comprar medicina. Hoy mi amigo quería que le prestara dinero para pagar su cuenta de agua. No me sorprendería si alguien viniera mañana pidiendo que le ayude a comprar azúcar para endulzar el café.

No es que no me guste ayudar a las personas. Me gusta cuando mi vecino me dice: "Dios le pague" después que le haya suplido su necesidad. (Si descifras eso, quiere decir que mi vecino no piensa pagarme.) Disfruto las bendiciones abundantes de un Dios generoso. ¿Por qué me deberé poner impaciente cuando mis vecinos me piden ayuda?

¿Qué tal Dios se cansara de mis peticiones? Todos los días le pido alimento, salud, ánimo, fuerza, compasión y gozo. Le ruego que proteja a mis hijos, que anime a mis hermanos y que rescate a mis vecinos inconversos. Le ruego que bendiga a su iglesia y que envíe más misioneros a la mies. ¿No crees que se siente abrumado?

Alabo a Dios por su paciencia y amor. Le agradezco porque nunca está demasiado ocupado para escuchar mis peticiones. Oro: "Señor, perdona mi resentimiento y egoísmo. Ayúdame a amar a mi prójimo como a mí mismo."

Joel Showalter, Choluteca, Honduras

Pedid, y se os dará. Mateo 7:7

28 de junio

Lectura bíblica: Salmo 46; 47:1-2

Plan para leer la Biblia en un año: Hechos 8:26-40; Job 13-15

Dios es nuestro amparo y fortaleza, nuestro pronto auxilio en las tribulaciones.
SALMO 46:1

AUXILIO EN LAS TRIBULACIONES

El 15 de noviembre de 2004 tuvimos un accidente serio de automóvil. Ocho adultos y siete niños viajaban a Masaya, Nicaragua, después de asistir una ordenación en Costa Rica. Para nuestra tristeza, el hijo de cuatro años de Myron Diller murió en el lugar del accidente, de lesiones en la cabeza. Mi esposa se quebró las dos piernas, y una pierna mía también resultó quebrada. El hermano Myron fue gravemente herido. Pero quiero escribir del auxilio que Dios nos dio durante esos momentos.

Estuve sentado en el pavimento, sin poder ponerme de pie para ayudar a sacar a mi esposa de la buseta chocada. Mi corazón se dirigió hacia Dios y hacia mi Salvador, Jesús. Oré al que sabía que podía ayudar mejor que yo. La paz y el consuelo que me llegaron al corazón fueron incomprensibles. Dios sí era mi amparo. Fue él que proveyó la protección y me dio la fuerza en esos momentos. Me dio el ánimo de cantar varios cantos mientras mi esposa gemía y decía, medio inconsciente, que iba a morir.

¡Qué gozo me daba saber que nuestros pecados fueron lavados por la sangre de Jesús! Si nos tocaba partir de esta vida, teníamos la seguridad de estar en paz con Dios. En verdad podemos decir: "Dios es nuestro amparo y fortaleza, nuestro pronto auxilio en las tribulaciones."

Allan A. Miller, Sarcoxie, Misuri

Se aprecia más el ancla cuando uno está en medio de la tormenta.

29 de junio

Me has hecho más sabio que mis enemigos con tus mandamientos,
porque siempre están conmigo.

SALMO 119:98

¿ESTARÉ PENSANDO BIEN?

—No sé qué pensar.

—Cuesta saber qué debo hacer.

—Ojalá supiera.

—¡Si tan sólo Dios me hablara con una voz audible y me dijera qué debo hacer!

Seguramente todos hemos hecho comentarios parecidos al enfrentar las presiones, los problemas y las preguntas de la vida. A veces no sabemos qué hacer o qué pensar de ciertos asuntos.

La vida a veces parece compleja con muchas situaciones difíciles. Somos bombardeados por la sabiduría secular, los deseos de la carne y los poderes de Satanás. A veces deseamos una entrevista personal con Dios para hallar las respuestas. Anhelamos saber exactamente cómo son las cosas y cómo deben ser.

¿Podremos saber cuál es la verdad? ¿Habrá algo que contiene todas las respuestas? ¿Cómo podemos estar seguros de que lo que creemos realmente es cierto?

Los cristianos somos los más privilegiados del mundo porque servimos al Creador, Dios, y a su Hijo, Jesucristo. Dios nos ha dejado su Palabra como un manual para todas nuestras preguntas. Cuando basamos nuestras creencias en la Palabra de Dios, podemos tener la confianza de que estamos en lo correcto.

En vez de "No sé qué pensar", podemos decir: "La Biblia me indica qué pensar". "Ojalá supiera", se puede cambiar en: "Dios sabe, y si necesito saber, Dios me lo enseñará". Cuando la vida se pone difícil, preguntemos: "¿Qué dice la Biblia?"

La Biblia contiene las soluciones de los problemas de la vida. El mensaje muchas veces es muy sencillo, y las soluciones siempre son eficaces. Nuestro Dios de amor no deja a sus hijos sin respuestas. Tampoco nos revela todo, porque no lo soportaríamos.

Marcus Troyer, Belle Center, Ohio

Escudriña las Escrituras, diaria y seriamente.

30 de junio

Os digo que así habrá más gozo en el cielo por un pecador que se arrepiente, que por noventa y nueve justos que no necesitan de arrepentimiento.

LUCAS 15:7

EL DESIERTO DESPIERTA

No hemos recibido ni una gota de lluvia durante dos meses. La temperatura en las noches baja a menos de cero grados centígrado durante la segunda semana en mayo, y en el día sube hasta treinta. Antes del fin de agosto ya se esperan temperaturas bajo cero de nuevo. Ésos son los extremos que experimentamos aquí en las montañas de Arizona. Con razón el suelo es pelado y rocoso.

Después llega una llovizna, demasiado poquito para medir, que inmediatamente es absorbida por la tierra agrietada y sedienta. Pero es el comienzo de un milagro. Pronto unas plantitas nacen a través de la tierra dura, y dentro de pocas semanas el desierto florece. Centenares, miles y después millones de flores brillantes cubren el paisaje, atrayendo avispas y mariposas. Solamente alrededor de nuestra propiedad puedo contar más de cien variedades de flores: lirios silvestres, girasoles, rosas y muchas más, de muchos diferentes colores. El desierto seco se despierta a una belleza impresionante.

Dios puede hacer lo mismo en nuestra vida. Nada se compara en hermosura al alma libertada que antes estaba atrapada en el pecado. Hay un derramamiento del Espíritu y un nuevo crecimiento que es una bendición a los demás. Pero muchos se quedan en la tierra seca y sedienta, engañados por Satanás y creyendo que ése es su destino.

¿Has aceptado a Cristo como tu Salvador? "He aquí ahora el tiempo aceptable; he aquí ahora el día de salvación" (2 Corintios 6:2). ¿Escondes pecado en tu vida? "Si confesamos nuestros pecados, él es fiel y justo para perdonar nuestros pecados, y limpiarnos de toda maldad" (1 Juan 1:9). ¿Luchas con algún área en tu vida? "Confesaos vuestras ofensas unos a otros" (Santiago 5:16). ¿Conoces a algún hermano que necesita ánimo? Quizás puedes ayudar a traer esa lluvia refrescante a su vida.

Joseph Jones, Ash Fork, Arizona

Considera la flores: la hermosura
verdadera se ve solamente cuando se abren.

186

1 de julio

Lectura bíblica: 1 Tesalonicenses 5:1-23

Plan para leer la Biblia en un año: Hechos 10:1-23; Job 21, 22

Mirad, velad y orad; porque no sabéis cuándo será el tiempo.
MARCOS 13:33

TAMBIÉN VOSOTROS ESTAD PREPARADOS

Después de un sermón conmovedor, el pastor dio la invitación para cualquiera que quisiera pasar adelante para recibir ayuda espiritual. Uno de los que respondieron fue un joven llamado Daniel. Tuve la oportunidad de aconsejarlo. El Espíritu Santo lo había convencido de su necesidad. Todavía recuerdo esos ojos llenos de lágrimas al confesar los pecados que no podía vencer. Él creyó la Palabra de Dios: "Si alguno hubiere pecado, abogado tenemos para con el Padre, a Jesucristo el justo" (1 Juan 2:1). ¡Qué consuelo recibió ese día! Entregó de nuevo su vida a Aquel que le había llamado por su gracia, y nuevamente prometió fidelidad al Dios de su salvación. Después de un rato de oración, su sonrisa regresó y se secaron las lágrimas.

Unos meses después, Daniel fue uno de varios jóvenes que donaron su tiempo y fuerza en una misión en Honduras. Después de un tiempo de trabajo, el grupo decidió ir al mar a bañarse. Todos se divirtieron en las olas refrescantes después del calor sofocante.

De repente Daniel estaba en angustia, llamando desesperadamente y pidiendo ayuda. Los otros nadadores rápidamente se acercaron, preparados para rescatarlo cuando saliera a la superficie. Para su consternación, solamente un brazo salió del agua por un momento. Después, desapareció. Nadie volvió a ver a Daniel, ni siquiera un jirón de su ropa. Se supone que una criatura marina fue responsable por la tragedia.

¿Qué tal tú fueras llamado tan repentinamente a dar cuentas a tu Creador? ¿Estarías preparado para encontrar al Señor en un momento tan inesperado? ¿Lo estaría yo? Tenemos suficientes advertencias en las Escrituras para recordarnos que no estaremos mucho aquí.

El hermano Daniel dejó un buen testimonio antes de salir de este mundo. ¿Haremos lo mismo nosotros?

Willis Halterman, Carlisle, Pensilvania

Vivamos cada día como si fuera el último.

2 de julio

Lectura bíblica: Mateo 7:21-29; 25:1-13
Plan para leer la Biblia en un año: Hechos 10:24-48; Job 23-25

Después que el padre de familia se haya levantado y cerrado la puerta, y estando fuera empecéis a llamar a la puerta, diciendo: Señor, Señor, ábrenos, él respondiendo os dirá: No sé de dónde sois.

LUCAS 13:25

"SEÑOR, SEÑOR"

Hace poco una madre murió y dejó a su familia. Antes de morir, la madre estaba muy débil en su cama en el hospital, demasiado débil para tener a su niño de un año en los brazos. No se permitió que el niño entrara en el cuarto de su madre agonizante. Alguien levantó al niño para que viera a su madre por la ventana. El pobre niño puso las manos en el vidrio, llorando:

—¡Mami, Mami! —Por la ventana, la madre y el hijo se pudieron ver, pero no se pudieron tocar. ¡Qué triste! El corazón del niñito anhelaba estar con su madre. El corazón de la madre anhelaba abrazar a su hijo.

Un día volverá el Señor, y habrá una gran multitud clamando: "¡Señor, Señor, ábrenos!" Pero la puerta estará cerrada, y los que están afuera nunca podrán entrar. Hoy tenemos la oportunidad de conocer al Señor y ayudar a que otros también lo conozcan. ¿Estaremos colaborando?

Aunque la madre anhelaba abrazar a su pequeño, el Señor tiene un anhelo aun mayor de tener a sus hijos en los brazos. Él no quiere que ninguno perezca (2 Pedro 3:9).

No seamos como las cinco vírgenes insensatas que clamaron: "Señor, Señor, ábrenos". No queremos tardarnos cuando llegue el esposo.

Menno H. Eicher, Miami, Oklahoma

La única prueba segura de la religión verdadera es que se cumpla la voluntad revelada de Dios.

3 de julio

Pues, ¿busco ahora el favor de los hombres, o el de Dios? ¿O trato de agradar a los hombres? Pues si todavía agradara a los hombres, no sería siervo de Cristo.

GÁLATAS 1:10

EL MOMENTO DE PELIGRO

Limpiábamos la finca un día de verano y quemamos basura a una buena distancia del establo. De repente se levantó un viento, y dentro de pocos minutos mi hijo gritó:

—¡Fuego! —y señaló al viejo establo. Sí, las tejas de madera del techo habían prendido fuego, y el techo ardía en cinco partes. Corrimos a toda velocidad hacia el establo. Con gran esfuerzo logramos salvarlo de la destrucción.

Dimos todas las fuerzas que teníamos para salvar una posesión terrenal. ¿Cuánto dio Dios de sus riquezas para salvarnos del fuego eterno? Dio lo mejor que tenía. Hizo el sacrificio más grande que jamás fue hecho para salvar a su iglesia de la destrucción.

Jesús dice: "Sígueme." ¿Qué pide él de nosotros? ¿Qué estoy haciendo yo para el mundo perdido? Hay doctrinas falsas, y muchas personas se apartan de la verdad. Examinémonos bien. ¿Ofrecemos algo firme y verdadero, tan incambiable como las Escrituras? Nuestra vida debe concordar con todas las Escrituras. ¿Estás buscando la verdad ardientemente? ¿O está encendida la iglesia solamente cuando alguien prende fuego a la capilla?

¿Estarán manchadas de sangre nuestras manos cuando veamos al Señor Jesús parado a la diestra del Padre? ¡Cuán felices y gozosos estaremos al oírle decir: "Buen siervo y fiel, entra en mi gozo eterno"! ¿Estás preparado para recibirle hoy? Si no, alistarte es lo más importante que puedes hacer hoy.

Ben Penner, Polonia, Manitoba

Naciste en el mundo; no dejes que el mundo nazca en ti.

4 de julio

Vosotros pensasteis mal contra mí, mas Dios lo encaminó a bien, para hacer lo que vemos hoy, para mantener en vida a mucho pueblo.

GÉNESIS 50:20

HE ROGADO POR TI

La historia de la vida de José nos enseña y nos advierte de muchas cosas. Los hermanos de José, a causa de la envidia, eliminaron la presencia incómoda de José en su vida, vendiéndolo a la esclavitud y al sufrimiento. Después de la muerte de Jacob (Génesis 50), la consciencia culpable de los hermanos, junto con el temor de las consecuencias de sus pecados pasados, les motivó a enviar a un mensajero a José con una confesión. Al fin se postraron ante él, diciendo:

—Seremos tus siervos. —José lloró y reveló su corazón lleno de amor y perdón, como el de Cristo, que trae a los pecadores al arrepentimiento. Dijo:

—Os sustentaré a vosotros y a vuestros hijos. —Los consoló y les habló al corazón.

A través del tiempo, Satanás trabaja en nuestra mente para tratar de disminuir la seriedad de nuestras ofensas cometidas hacia otros, o de la necesidad de perdonar a los que nos han ofendido. Con el tiempo la vida vuelve a lo "normal". Logramos cierta medida de satisfacción, confesamos a Cristo y esperamos su venida. Como Agag, decimos: "Ciertamente ya pasó la amargura de la muerte" (1 Samuel 15:32). De repente enfrentamos la muerte. Entonces nos acordamos de las cosas de la vida que no hemos resuelto: falta de perdón, enojo, amargura u otro pecado sin confesar. Esto es la bondad de Dios hablándonos. Jesús dijo: "Yo he rogado por ti" (Lucas 22:32). Dios en su fidelidad no deja de recordarnos del juicio venidero.

Dejemos que Dios nos examine la vida. Hoy podría ser el último día. ¿Habremos permitido la luz de Cristo penetrar en cada área del corazón? Debemos perdonar, pedir perdón y hacer restitución. Aprovechémonos de la gracia de Dios. "Los pecados de algunos hombres se hacen patentes antes que ellos vengan a juicio, mas a otros se les descubren después. Asimismo se hacen manifiestas las buenas obras; y las que son de otra manera, no pueden permanecer ocultas" (1 Timoteo 5:24-25).

Leonard N. Jantzi, Brunner, Ontario

El tiempo y la distancia nunca nos absuelven del pecado.

5 de julio

Lectura bíblica: Santiago 3:13-18; Proverbios 9:1-12

Plan para leer la Biblia en un año: Hechos 13:1-24; Job 31, 32

El temor de Jehová es el principio de la sabiduría,
y el conocimiento del Santísimo es la inteligencia.

PROVERBIOS 9:10

LA SABIDURÍA, EL CONOCIMIENTO Y LA INTELIGENCIA

El hombre es pronto en buscar el conocimiento, pero pocas veces lo usa de tal manera que le bendice espiritualmente. La mente sana y racional es un don de Dios.

El salmista dice en Salmo 139:14: "Te alabaré; porque formidables, maravillosas son tus obras; estoy maravillado, y mi alma lo sabe muy bien." La sabiduría, el conocimiento y la inteligencia son sinónimos. Job dice: "He aquí que el temor del Señor es la sabiduría, y el apartarse del mal, la inteligencia" (Job 28:28). Acerquémonos a Dios para que él nos imparta la sabiduría divina. Necesitamos esa sabiduría para poder discernir entre el bien y el mal, especialmente en nuestro día al luchar contra los ataques de Satanás. Él siempre trata de engañarnos.

Apartémonos de lo que pertenece al reino de Satanás, como en Santiago 3:14-16, y aferrémonos a lo que es de Dios, como en Santiago 3:17-18. Seamos fervientes y fieles, ejerciendo estas virtudes piadosas, y animémonos unos a otros a perseverar hasta el fin.

Amos Garber, Rosebush, Míchigan

La verdadera sabiduría comienza con el corazón lleno de fe, no con la cabeza llena de conocimiento.

6 de julio

Lectura bíblica: 1 Timoteo 4

Plan para leer la Biblia en un año: Hechos 13:25-52; Job 33, 34

Ninguno tenga en poco tu juventud, sino sé ejemplo de los creyentes en palabra, conducta, amor, espíritu, fe y pureza.

1 TIMOTEO 4:12

LO QUE MÁS AMAMOS

¿Qué clase de lectura nos gusta? ¿Disfrutamos las novelas románticas y las que enfocan la violencia y la muerte? ¿Nos gusta leer la sección de deportes en el periódico para ver quién ganó el último juego de béisbol, futbol o baloncesto? Debemos tener cuidado de no dejar entrar nada en la mente que la Palabra de Dios condena.

Hay iglesias hoy día que se interesan tanto en los deportes que llegan a morir espiritualmente. Cuando los deportes son más importantes para nosotros que estudiar la Palabra de Dios, llegan a ser un ídolo. "No tendrás dioses ajenos delante de mí" (Éxodo 20:3). "Mas vosotros sois linaje escogido, real sacerdocio, nación santa, pueblo adquirido por Dios, para que anunciéis las virtudes de aquel que os llamó de las tinieblas a su luz admirable" (1 Pedro 2:9).

¿Con qué llenamos la mente? ¿Nos ayuda a crecer en la vida cristiana lo que cantamos, hablamos y leemos, o estamos construyendo sobre la arena de la mundanalidad y del materialismo? ¿Estaremos construyendo sobre Jesucristo que murió por nosotros y resucitó para que tengamos vida en él? Jesús ahora intercede por nosotros. Quiere ayudarnos a vivir victoriosamente. Sirvamos a Dios fielmente en cada aspecto de nuestra vida.

Samuel Beachy, Belvidere, Tennessee

Lo que lees es lo que eres.

7 de julio

Serán luego vueltos atrás mis enemigos, el día en que yo clamare;
esto sé, que Dios está por mí.

SALMO 56:9

SI DIOS ES POR NOSOTROS . . .

¡Con qué elogios y alabanzas David describe a Dios! Su amor parece sin límites al escribir de la persona que más ama. Utiliza por lo menos diez palabras distintas para nombrar al gran Dios que adora.

David describe a Dios como sólido, seguro y fuerte. Él libra, protege y guarda. David halló su refugio en Dios.

¿Qué inspiró este arrebato de alabanza tan abundante? Parece que David se había sentido abrumado por sus enemigos. Llegó cara a cara con la muerte. El miedo lo seguía. La angustia lo llevó al punto de la desesperación. ¿Qué podía hacer? Hizo lo que saben hacer los santos al enfrentar la angustia y la desesperación: clamó a su Dios. ¿Nos parece muy sencillo e insignificante eso? Los resultados no eran nada insignificantes.

Los versículos que siguen son divinamente impresionantes. Todas las fuerzas del cielo fueron dirigidas en contra de los enemigos de David y de Dios. Hasta los recursos de la tierra se les opusieron.

Nos debe humillar el hecho de que este Dios es nuestro todo. Eso se podría entender de dos maneras distintas: que todo el poder de Dios está disponible para ayudarnos, o que él está muy dedicado a nuestra salvación. Dios nunca da una promesa sin cumplirla. No nos invita a clamar a él para después quedarse a brazos cruzados. Las peticiones humildes que le llegan nunca tienen que esperar por falta de inventario, aunque quizás a veces nos parece así.

¿Por qué se preocupa Dios por nosotros? ¿Por qué responde con tanta fuerza en contra del enemigo? El versículo diecinueve dice sencilla, pero profundamente: "Me libró, porque se agradó de mí."

Nuestra parte es vivir una vida santa y piadosa, y clamar a Dios. Él dispone las defensas del cielo y de la tierra para darnos la victoria. ¡Gloria a su santo nombre!

Delmar R. Eby, London, Kentucky

---

*Debemos amar y vivir como si todo dependiera de nosotros, después orar
y confiar como si todo dependiera de Dios.*

8 de julio

Lectura bíblica: Salmo 18:24-50

Plan para leer la Biblia en un año: Hechos 15:1-21; Job 38, 39

Me has guiado según tu consejo, y después me recibirás en gloria.

SALMO 73:24

. . . ¿QUIÉN CONTRA NOSOTROS?

¿Qué hace Dios por nosotros para inmovilizar las fuerzas que se nos oponen? Ayer notamos que Dios dirige todas las fuerzas del cielo en contra del enemigo. Hoy notemos como Dios nos protege de Satanás.

Satanás le preguntó a Dios: "¿Acaso teme Job a Dios de balde?" La respuesta a eso sería, "No". Sin embargo, el temor de Job no se basaba en las bendiciones materiales, como Satanás acusaba, sino en la recompensa de una buena conciencia y en la bendición de Dios sobre su vida. Una paz inmovible impide que el enemigo gane lugar en nuestra vida.

Los versículos 25 y 26 explican otra razón por la cual el enemigo fracasará en la vida del justo. Dios se muestra a cada persona a como esa persona se muestra a los demás. Mientras hay tres declaraciones pertenecientes al justo, la única declaración en contra de los malos es casi escalofriante. ¿Quieres que Dios sea severo contigo? ¡No! ¡Cuánto ánimo sentimos al oír que Dios recompensa a los misericordiosos, los íntegros y los limpios con misericordia, rectitud y limpieza! Llegamos a ser inmunes a los esfuerzos de Satanás en contra de nosotros.

¡Qué bella es la luz al caminar por una senda oscura! Dios provee la luz de la verdad para su pueblo. Sus pies llegan a ser como los de las ciervas al pasar por las partes pedregosas de la vida. Los malos, por otro lado, tropiezan en la oscuridad. La misma roca que es nuestra defensa hace tropezar a los malos.

En Salmo 73:18 vemos que Dios pone a los malos en deslizaderos. Pero el versículo 36 dice que Dios ensancha nuestros pasos. En amor nos guía con su diestra al mismo tiempo que es severo con los perversos.

Al final de la vida, los malos no tienen de dónde buscar ayuda. Cuando claman, cualquier respuesta que reciban es vana e inútil. En el Salmo 18:46-47 vemos la razón por qué nadie puede prevalecer en contra de nosotros.

Delmar R. Eby, London, Kentucky

Jesús dijo: "Confiad, yo he vencido al mundo" (Juan 16:33).

9 de julio

Lectura bíblica: Filipenses 3

Plan para leer la Biblia en un año: Hechos 15:22-41; Job 40-42

Prosigo a la meta, al premio del supremo
llamamiento de Dios en Cristo Jesús.
FILIPENSES 3:14

NO TE DES POR VENCIDO

Delante y detrás de mí, hasta donde alcanzaba la vista, había una fila de vehículos. Era la hora pico y muchas veces se atascaba de tráfico esta carretera a esta hora de la mañana.

No le puse mente hasta que vi dos automóviles de policía que se adelantaban por el carril contrario. Era un tramo de treinta kilómetros de solamente dos carriles, y la carretera estaba un poco resbaladiza aquella mañana. Por esto supuse que hubo algún accidente.

Al pasar el tiempo, noté que las personas se aburrían de esperar y daban la vuelta, regresándose. Algunos tomaban carreteras secundarias, buscando otro camino hacia su destino. Cuando llegué donde podía ver las luces de los automóviles de la policía adelante, todavía había vehículos que daban la vuelta y se regresaban. Cuando al fin estaba a menos de un kilómetro del accidente, todavía había personas que se regresaban.

Fue entonces cuando me vino el siguiente pensamiento. "Los cristianos que se desaniman y se vuelven atrás o buscan otro camino a su destino (el cielo) son como los que pasaron casi una hora para llegar hasta donde estaban, sólo para regresarse en el último tramo."

Menos de diez minutos después que vi regresar el último automóvil, pasé el lugar del accidente y el tráfico volvió a correr casi a la velocidad normal. Esto también me recordó que el premio no nos es prometido al comienzo, ni a medio camino, sino solamente al final.

Joe Miller, Hartville, Ohio

Prosigo a la meta. Filipenses 3:14

10 de julio

Lectura bíblica: Romanos 6:12-23

Plan para leer la Biblia en un año: Hechos 16:1-15; Salmos 1-3

Porque las armas de nuestra milicia no son carnales,
sino poderosas en Dios para la destrucción de fortalezas.
2 CORINTIOS 10:4

LA VICTORIA EN JESÚS

¿Qué podrá ser más irritante que aquel molesto zumbido cuando uno quiere descansar? Tal fue mi experiencia hace poco cuando mis pensamientos soñolientos fueron interrumpidos, primero por una sensación cosquillosa en la nariz. Aparté la mosca con la mano y regresé a la somnolencia. Pero después de una segunda y tercera aterrizada, sabía que esto no era un problema tan pasajero. Mis golpes llegaron a ser más frecuentes y más frenéticos. Me dominó un fuerte impulso de seguir aquella mosca tan impertinente hasta matarla. En vez de obedecer el impulso, me aferré por otro rato a la esperanza de que pronto pasara la molestia y mi sueño podría continuar. Pero solamente después de darle el golpe mortal a la desdichada mosca pude descansar tranquilamente.

Hallada en todo el mundo, la mosca doméstica es una plaga y portadora de gérmenes y enfermedades. Muchos hogares tienen los matamoscas colgados en lugares estratégicos de fácil alcance. Aun así, la mosca invade al gusto tanto la gran mansión como la choza en el barrio más pobre.

Pero existe en este mundo una amenaza mucho mayor. Piénsalo. La pequeña mosca puede ser una irritación global, pero la maldición universal de la humanidad es el pecado. ¿Por qué se toleran los efectos del orgullo, del odio, del amor al dinero y de la vida inmoral, cuando lo único que ofrece el pecado es la condenación eterna? Dios ha provisto una solución permanente por medio de su Hijo amado. Trágicamente, muchas personas han desarrollado una insensibilidad a ciertos pecados. Su conciencia queda cauterizada.

La lucha contra el pecado tendrá que continuar. Tenemos el arma de la Palabra de Dios para luchar contra el pecado que nos asedia, y vencerlo. De lo contrario, nuestra vida terminará en miseria y fracaso. Pero a los fieles Jesucristo ha prometido un descanso eterno, donde por siempre estaremos libres del poder y de las consecuencias del pecado.

Raymond Fisher, Nakuru, Kenia

Los cristianos luchamos, no para la victoria, sino en victoria.

11 de julio

Lectura bíblica: Proverbios 6:1-25

Plan para leer la Biblia en un año: Hechos 16:16-40; Salmos 4-6

Seis cosas aborrece Jehová, y aun siete abomina su alma.

PROVERBIOS 6:16

LAS ABOMINACIONES

En la lectura bíblica de hoy leemos de siete cosas que Dios aborrece. La Biblia hasta las llama abominación para Dios. Si estamos haciendo algo que Dios abomina, debemos arrepentirnos. Fijémonos de cerca en la lista.

1. Los ojos altivos. Las expresiones faciales pueden engañar, pero la expresión altiva por lo general es fácil de reconocer. Dios siempre la reconoce, y la aborrece. Es abominación para él.

2. La lengua mentirosa. Todo lo que no es la verdad es una mentira.

3. Las manos derramadoras de sangre inocente. Al leer esto, podemos pensar en la guerra, pero Jesús nos enseña que el que odia a su hermano es homicida.

4. El corazón que maquina pensamientos inicuos. Sabemos que el corazón es engañoso más que todas las cosas, y perverso. También sabemos que Dios puede cambiar el corazón si nos entregamos a su perfecta voluntad.

5. Los pies presurosos para correr al mal. ¿Tenemos control sobre dónde nos llevan nuestros pies, o cedemos a Satanás, yendo donde sabemos que no debiéramos?

6. El testigo falso que habla mentiras. Decir algo falso de otra persona, a sabiendas, es abominación a Jehová.

7. El que siembra discordia entre hermanos. Esto es un problema serio de actitud; debemos siempre recordar la regla de oro y vivir por ella.

Emanuel Erb, Conneautville, Pensilvania

El futuro por el cual estudiamos y planeamos comienza hoy.

12 de julio

Lectura bíblica: Mateo 6:19-34

Plan para leer la Biblia en un año: Hechos 17:1-15; Salmos 7-9

Porque donde esté vuestro tesoro, allí estará también vuestro corazón.

MATEO 6:21

EL INTERÉS EN LAS COSAS CELESTIALES

La Biblia explica que en lugar de hacernos tesoros en la tierra, debemos hacernos tesoros en el cielo. La polilla y el orín corromperán los tesoros que almacenamos aquí en la tierra, y los ladrones los robarán. La energía que gastamos amontonando tesoros para disfrutar después, es malgastada, y algún día todo esto se acabará. Demasiados cristianos son mundanos en su forma de pensar. Es triste observar como la vida materialista, que tanto se halla en el cristianismo moderno, roba a la iglesia su visión celestial. Ese estilo de vida es de vista corta. Obviamente Abraham tuvo otro estilo de vida cuando buscó la cuidad cuyo arquitecto y constructor es Dios (Hebreos 11:10).

Los cristianos verdaderos se interesan en su bienestar celestial. Naturalmente enfocamos nuestra atención y energía en las cosas que más nos interesan en la vida. Ya que el interés principal de cada hijo de Dios debe ser las cosas espirituales, nuestra atención debe enfocar esas cosas. ¿Será por nuestra falta de interés en las cosas espirituales que no hay más avivamiento en nuestras congregaciones? Sería sabio que cada cristiano se detuviera a considerar exactamente dónde están sus tesoros. ¡Que Dios nos ayude!

Simon Peter Asafo, Accra, Ghana

Hágase tesoro en el cielo, y tu corazón lo seguirá.

13 de julio

Lectura bíblica: Hebreos 10:19-39

Plan para leer la Biblia en un año: Hechos 17:16-34; Salmos 10-12

Y considerémonos unos a otros
para estimularnos al amor y a las buenas obras.
HEBREOS 10:24

EXHORTAOS LOS UNOS A LOS OTROS

Una de las maravillas de Kansas es el gran cielo abierto. Otra de las maravillas es las muchas bandadas de gansos volando en la típica formación de la "V".

Observando los gansos un día, un ganso en especial me intrigó. Mientras la mayoría volaba en la formación de la "V", él viajaba solo como a treinta metros de la bandada.

No he estudiado la filosofía de los gansos. Tal vez en el modo de pensar de los gansos, tenía una buena razón para volar solo. Sin embargo, su posición me trajo a la mente a muchos supuestos cristianos que al parecer han tenido dificultades con asociarse con un grupo local de creyentes.

Pensé en todas las bendiciones que perdía por no ser parte de la bandada:

Los más fuertes y más maduros van adelante, guiando a la bandada. Observé un ganso líder que fue casi el doble del tamaño del que lo seguía.

Los más fuertes que van al frente rompen el viento para que los menores y más débiles puedan más fácilmente mantener la velocidad.

La bandada se anima por los graznidos de todos.

La bandada disfruta el compañerismo cuando aterrizan para alimentarse y descansar.

Hay más seguridad en una bandada de gansos.

Quizás el ganso solitario pueda sobrevivir. Sin embargo, al evaluar todas las bendiciones que sacrificó, no solamente para sí mismo, sino también para su hembra, su familia y su descendencia, me hace dudar de su filosofía.

La razón bíblica por el compañerismo de un grupo se encuentra en Hebreos 10:25: "No dejando de congregarnos, como algunos tienen por costumbre, sino exhortándonos; y tanto más, cuanto veis que aquel día se acerca."

Rudy Overholt, Melvern, Kansas

El cristiano sin iglesia es como la abeja sin colmena.

14 de julio

Y dijo: He aquí, veo los cielos abiertos,
y al Hijo del Hombre que está a la diestra de Dios.
HECHOS 7:56

VISTA PERFECTA

Hace poco fui al optometrista para un examen de la vista, con el fin de conseguir unos lentes de contacto nuevos. Sin los lentes de contacto puestos, y con la vista muy borrosa, el médico me pidió leer unas letras en su gráfico. No pude. Después de que el médico hizo unos ajustes en su aparato, fácilmente pude leer las letras.

Esto me hizo pensar en la manera en que el Espíritu Santo corrige nuestra vista. El Señor Jesús cambia radicalmente nuestra visión, o la forma en que vemos al mundo alrededor nuestro, cuando le aceptamos en el corazón y nos familiarizamos con sus enseñanzas. Satanás, el gran engañador, ciega la vista con los pecados y los supuestos placeres de este mundo. Podemos hasta llegar a ver como aceptables la fornicación, el divorcio y las segundas nupcias, el aborto, el homosexualismo y otros males de la sociedad. Podemos hallar placer en los deportes, las películas y la música mundana. Después de que Dios corrige nuestra vista, comprendemos que realmente son pecados que desagradan al Señor.

En la lectura bíblica, Dios cambió radicalmente la visión de Saulo por medio de quitarle su vista física. Cuando Dios le devolvió la vista, sus ojos se abrieron a la verdad espiritual. Había aceptado a Jesús y desde entonces cambió de vida.

Luchemos por mantener clara nuestra vista espiritual. Comuniquémonos con Jesús, el gran Médico, por medio de la oración y por meditar en su Palabra. Así seremos agradables a la vista de Dios.

Neil Smith, Decker, Míchigan

Si tu ojo es bueno, todo tu cuerpo estará lleno de luz. Mateo 6:22

15 de julio

Respondió Jesús y le dijo: De cierto, de cierto te digo,
que el que no naciere de nuevo, no puede ver el reino de Dios.
JUAN 3:3

¿CÓMO LLEGASTE ALLÍ?

Se cuenta de un anciano que intentaba cruzar una calle muy transitada en la ciudad de Nueva York. Parecía imposible. En desesperación gritó a un hombre al otro lado:

—¿Cómo cruzaste la calle?

Le llegó la respuesta:

—Nací a este lado.

Muchos que andan por el camino ancho a la destrucción intentan cruzar al camino angosto, pero no hallan la forma de alcanzarlo. En la lectura bíblica, Jesús nos advirtió de los falsos profetas. Estos falsos profetas prescriben muchas soluciones fáciles. Algunos hasta te dicen que no tienes que andar por el camino angosto, y que lo único importante es que tu corazón esté bien con Dios.

Hay dos caminos y dos reinos. Si en verdad estás en el camino angosto, entonces sí naciste allí. No podemos llegar allí por cambiarnos la ropa, portarnos bien u ofrendar más. Jesús dijo a Nicodemo: "El que no naciere de nuevo, no puede ver el reino de Dios."

A muchos les parece imposible. Sólo pensar en entregar su voluntad, los deportes, el encanto de las modas y el atractivo de los placeres mundanos . . . es para ellos un sacrificio demasiado grande. Tomar la cruz y seguir a Cristo parece demasiado difícil.

Acordémonos que estamos en el camino angosto por medio del nacimiento de nuevo, no por nuestros propios méritos. Solamente naciendo de nuevo tenemos el poder de vencer los obstáculos que Satanás nos pone. Solamente después de nacer de nuevo podemos oír los mandatos de Dios y cumplirlos. ¡Gracias a Dios por una vida nueva en Cristo!

Si estás luchando, recuerda que hay solamente una manera de alcanzar el camino angosto. Como el hombre al otro lado de la calle, tenemos que nacer allí.

Melvin L. Yoder, Gambier, Ohio

---

*Si estás al lado correcto,
naciste allí por medio del nacimiento de nuevo.*

16 de julio

Lectura bíblica: Éxodo 3:1-15

Plan para leer la Biblia en un año: Hechos 19:21-41; Salmos 19-21

Viendo Jehová que él iba a ver, lo llamó Dios.

ÉXODO 3:4

¿ESTÁS OCUPADO?

¿Alguna vez has oído esa pregunta? Parece que tenemos la idea de que es bueno mantenernos ocupados porque sabemos que al diablo le gusta jugar con la mente y las manos desocupadas. Sin embargo, creo que muchas veces estamos demasiado ocupados como para oír si Dios tiene otros planes o prioridades para nosotros.

En la lectura bíblica de hoy, hallamos a Moisés ocupado atendiendo las ovejas. Así mantenía él a su familia. Sin embargo, tomó el tiempo de apartarse para ver algo curioso, sin saber que Dios estaba tratando de llamarle la atención. Dios tenía un mensaje grande para él, y Moisés tomó el tiempo para escuchar todo lo que Dios le quería decir. No dijo: "Me tengo que ir. Si dejo que las ovejas se alejen mucho, tendré que pasar todo el día recogiéndolas."

Después de rápidamente pedir que Dios bendiga los planes para el día, limitamos la comunicación con Dios al decir: "Tengo que irme. El trabajo me espera." ¿Tendrá Dios la oportunidad de cambiar nuestros planes? Quizás no queremos escucharle, temiendo nos pida hacer algo fuera del plan.

Detengámonos. Quitemos nuestros zapatos, no solamente porque pisamos tierra santa, sino porque Dios puede tener algo que comunicarnos. Preparémonos para escucharle.

Lamar Hochstetler, Madison, Virginia

En el día del juicio, Dios no tendrá tiempo de escuchar las excusas
de los que hoy no tienen tiempo de escucharlo a él.

Lectura bíblica: Lucas 4:13-32

Plan para leer la Biblia en un año: Hechos 20:1-16; Salmos 22-24

Y todos daban buen testimonio de él, y estaban maravillados de las palabras de gracia que salían de su boca.
LUCAS 4:22

JESÚS ERA DIFERENTE

Cuando Jesús predicó su primer mensaje en Nazaret, el pueblo donde se había criado, la audiencia se maravilló de las palabras de gracia que salían de su boca. En la ciudad de Capernaúm, la gente se admiraba de su doctrina, porque su palabra era con autoridad. Su forma de enseñar era diferente de la enseñanza de los escribas. Los oficiales enviados para arrestar a Jesús testificaron de él que: "¡Jamás hombre alguno ha hablado como este hombre!" (Juan 7:46). De todos los discursos que habían oído, nunca habían oído a un hombre hablar como Jesús. Dondequiera que iba Jesús y cuando quiera que hablaba, era en el poder del Espíritu (Lucas 4:14). Jesús era diferente de los demás.

Creo que para los que sinceramente buscaban la verdad, fue evidente que Jesús era Hijo de Dios. Cuando tenía apenas doce años, los doctores de la ley se maravillaban de su inteligencia y de sus respuestas (Lucas 2:47). Jesús sobresalía por su entendimiento de las Escrituras, por su forma de enseñar y por su capacidad de percibir los pensamientos de las personas y de obrar muchos milagros.

Los seguidores de Jesús también eran diferentes de los demás. Los líderes judíos reconocieron que Pedro y Juan habían estado con Jesús (Hechos 4:13). Cuando los ancianos judíos falsamente acusaron a Esteban, su rostro se pareció al rostro de un ángel. No podían resistir a la sabiduría y al Espíritu con que hablaba por su compañerismo íntimo con Jesús (Hechos 6:10-15).

Hoy también, las otras personas deben poder reconocer que hemos estado con Jesús. Si sacamos el rato para escucharle, nos pareceremos más y más a él.

Raymond Martin, Lewistown, Pensilvania

Que exprese nuestra vida lo que profesan nuestros labios.

18 de julio

El que hurtaba, no hurte más, sino trabaje, haciendo con sus manos lo que es bueno, para que tenga qué compartir con el que padece necesidad.
EFESIOS 4:28

INSTRUMENTOS SOLAMENTE

Las lágrimas cayeron y se revolvieron con mi comida, pero no me importaba. Había orado, y de alguna manera estaba seguro de que Dios contestaría. Al mirar la comida delante de mí, pensé en el amor de los que habían compartido conmigo, y me pregunté cómo podría comer.

Pensé en toda la gente alrededor del mundo que tienen hambre y frío, que no tienen ropa ni casa, que están solos. He estado en algunas de esas situaciones, aunque no al extremo que algunos. Oro por esas personas y deseo poder hacer más.

Sabemos que si ayudamos a otros, Dios nos bendecirá ricamente. Demos de todo corazón, para que los que tienen frío sean vestidos, los que tienen hambre sean alimentados, los que están sin casa tengan refugio y los que están solos obtengan algún amigo. Especialmente a Jesús, el mejor Amigo.

Primeramente, debemos mantener a nuestra familia, y cuando ellos tengan lo suficiente, compartir con otros. Espero que demos para que Dios sea glorificado, y no para exaltarnos a nosotros mismos. Aun cuando hayamos dado todo lo que podamos, somos siervos inútiles, habiendo cumplido con nuestro deber, nada más.

A veces Dios nos pide sacrificar nuestros propios planes y sueños para dar a otros. Se ha dicho: "Da hasta que te duela, y después sigue dando hasta que deje de doler".

Entreguemos nuestro tiempo, dinero, talentos y nuestro mismo ser a Dios para ayudar a todos los necesitados. Dios se agrada de los que dan en el nombre de Jesús.

Harold R. Troyer, Belleville, Pensilvania

Se puede dar sin amor, pero no se puede amar y no dar.
– Braunstein

19 de julio

Lectura bíblica: Salmo 90

Plan para leer la Biblia en un año: Hechos 21:1-14; Salmos 28-30

Acuérdate de tu Creador en los días de tu juventud,
antes que vengan los días malos, y lleguen los años de los cuales digas:
No tengo en ellos contentamiento.

ECLESIASTÉS 12:1

ENSÉÑANOS A CONTAR NUESTROS DÍAS

Se cuenta de un hombre que le dijo a Dios:

—Dios, quiero ponerme a cuentas contigo antes de morirme. Dame un aviso cuando ya esté cerca la muerte.

La vida continuó, y como siempre, traía cambios. Algunos eran drásticos y otros más sutiles. Las articulaciones le comenzaban a doler cuando hacía frío. Las caderas le dolían después de un día arduo de trabajo. Un día el optometrista le recetó lentes bifocales para que pudiera leer mejor. Años después, el dentista le examinó la boca y recomendó extraer los dientes decadentes que le quedaban y reemplazarlos con postizos.

Al seguir envejeciendo, el hombre a veces se desmayaba de repente. Un amigo preocupado le recomendó consultar un cardiólogo.

—Tu corazón está en mal estado. Necesitas una cirugía de bypass coronario —fue la conclusión solemne del médico. Después de la cirugía, un bastón llegó a ser su compañero constante. Su repetido: "¿Cómo dijiste?" al fin convenció a su familia de que necesitaba aparatos auditivos.

Después, una caída en una acera resbaladiza lo mandó a la cama. Tuvo que depender de otros que le llevaran la comida. Por último, por el artritis en las manos, no podía alimentarse solo. Poco a poco, la vida se le acababa.

Una noche la vida abandonó al anciano. Su alma no estaba preparada para encontrarse con Dios. Al comparecer ante Dios, dijo:

—Señor, no me avisaste de que iba a morir.

Dios respondió:

—Amigo, te he estado enviando avisos a través de la vida y no hiciste caso: las articulaciones adoloridas, los ojos y oídos fallados, la mala condición del corazón, la reclusión a la cama y las manos inútiles. ¿No te dabas cuenta de que te ibas a morir?

David J. Stoltzfus, Clymer, PA

Hoy es el primer día del resto de tu vida.

20 de julio

Bienaventurados los que guardan sus testimonios,
y con todo el corazón le buscan.

SALMO 119:2

LA BIBLIA PRIMERO

Cuando Matías Baldwin, ingeniero, levantó el periódico de la mañana y comenzó a leerlo, su hijito se subió a la rodilla y dijo:

—La Biblia primero, Papi, la Biblia primero.

El padre ocupado no le prestó mucha atención a las palabras de su hijito. Creía no tener tiempo para leer la Biblia y orar todas las mañanas. Pero siempre acostumbraba sacar el tiempo para leer el periódico.

Unos días después, falleció el niño. Quedó muda la voz infantil, y ya no había quién se subiera a la rodilla del padre. Pero Dios hizo que las palabras del niño resonaran en el corazón afligido del padre. Repetidamente parecía oír esas palabras penetrantes: "La Biblia primero, Papi, la Biblia primero." Al fin el padre destrozado ya no aguantó más. Allí en el dormitorio silencioso donde yacía el cuerpo de su hijito, Matías Baldwin cayó de rodillas y le entregó el corazón a Dios. Las palabras de su hijito llegaron a ser el lema de su vida. Puso la Biblia primero en el corazón, en el hogar y en el negocio. Fue bendecido de Dios en gran manera, y halló gran gozo al usar su dinero para la obra del Señor. Cuando murió, dejó cinco iglesias que había ayudado a establecer en los barrios pobres.

¿Nos interesamos más en el periódico que en la Biblia? Si pasamos más tiempo leyendo el periódico que leyendo la Biblia, nos estamos ocupando de la carne. "Porque el ocuparse de la carne es muerte, pero el ocuparse del Espíritu es vida y paz (. . .) y los que viven según la carne no pueden agradar a Dios" (Romanos 8:6-8).

Eli A. Yoder, Stuarts Draft, Virginia

---

*Si solamente pruebas la Palabra de Dios de vez en cuando, nunca
la conocerás de verdad.*

21 de julio

Lectura bíblica: Filipenses 4:4-23

Plan para leer la Biblia en un año: Hechos 22; Salmos 34, 35

Y la paz de Dios, que sobrepasa todo entendimiento,
guardará vuestros corazones y vuestros pensamientos en Cristo Jesús.

FILIPENSES 4:7

PERFECTA PAZ

Mi vehículo patinó en la autopista y perdí el control. Dio siete vueltas y media antes que se detuvo. Mientras sentí el vehículo aplastándome, el único pensamiento que me pasó por la mente fue: "Señor, voy a casa." No tenía miedo, solamente un sentimiento de paz total; una paz que solamente Dios puede dar. ¡Qué maravilloso es conocer la paz de Dios!

La misma paz que experimentaron los mártires en los siglos pasados todavía está disponible. Podemos tener paz en medio de los problemas, el dolor y aun la muerte. "La paz os dejo, mi paz os doy; yo no os la doy como el mundo la da. No se turbe vuestro corazón, ni tenga miedo" (Juan 14:27).

No tenemos que estar en una situación de peligro mortal para conocer la paz de Dios. Siempre está disponible para los que invocan el nombre de Dios y están dispuestos a descansar en él. Pero ¿cuántas veces nos aferramos a los problemas, los dolores y las desilusiones? Solamente tenemos que soltar todo y dejar que Dios tome control.

Al quitar el enfoque de nosotros mismos y al fijar la mente y el corazón en Cristo podemos verdaderamente gozar de la promesa de Isaías 26:3: "Tú guardarás en completa paz a aquel cuyo pensamiento en ti persevera; porque en ti ha confiado."

Joseph Jones, Ash Fork, Arizona

Para conocer la paz de Dios, hay que conocer el Dios de paz.

22 de julio

Y me ha dicho: Bástate mi gracia;
porque mi poder se perfecciona en la debilidad.

2 CORINTIOS 12:9

EL CANTO DE LOS REDIMIDOS

Miré de nuevo. No podía discernir nada en medio de los árboles frondosos. El canto del pájaro era tan extraño que estaba resuelto a encontrarlo. Lo oí de nuevo. "Casi ni se puede llamar un canto", pensé. Solamente eran unas pocas notas repetidas. Cuando al fin logré ver el pájaro, quedé aun más decepcionado. El copetón viajero no era ni muy guapo ni tan buen músico. En ese momento volvió a "cantar". La falta de aplauso y mi crítica no lo detuvieron de hacer lo que fue diseñado a hacer.

Después reflexioné. Me di cuenta de que Dios había hecho el pájaro justo a como era, con todo y canto. Dios se agrada que el copetón cante el canto que él le dio, aun si no es muy musical. El pájaro es especial para Dios porque él lo hizo así. No podría ser más feliz haciendo otra cosa que cantando el canto que fue diseñado para él. No le importa que a otros no les parezca.

Dios también nos hizo a nosotros a como somos. A algunos nos hizo con pecas, con la cabeza calva, con el pelo crespo o con la voz muy fuerte. Tal vez no nos dio las capacidades que deseamos. Él le dio a la voz tuya el sonido que tiene, aun si prefieres la mía. A veces tenemos ganas de dejar de cantar porque oímos una voz que nos parece más bonita que la nuestra. Seguramente todos alguna vez hemos intentado cantar imitando la voz de otra persona. Ya sabemos que no funciona.

Aprendamos una lección del pájaro. No hagas caso a los críticos, olvídate de como suenas para los demás, y canta el canto que se te dio. Harás sonreír a Dios y a ti mismo también.

Delbert Yoder, Millersburg, Ohio

El contentamiento enriquece a los pobres.
El descontentamiento empobrece a los ricos.

23 de julio

Toda la Escritura es inspirada por Dios, y útil para enseñar, para redargüir, para corregir, para instruir en justicia, a fin de que el hombre de Dios sea perfecto, enteramente preparado para toda buena obra.

2 TIMOTEO 3:16-17

¡PIENSA!

Hace años hubo un accidente fatal cerca de nuestra casa, el resultado de conducir bajo los efectos del licor. Fue una verdadera tragedia. Más tarde, en el punto del accidente fue erigido un letrero con letras grandes que decía: "¡Piensa!"

Este letrero sirvió de recuerdo solemne a todos los que pasaban. "Aquí sucedió una tragedia. No repitas el error cometido. Eres responsable de tu vida y la de los demás. ¡Ten cuidado!"

En la Biblia encontramos muchos ejemplos de tragedias que resultaron de malas decisiones. Son letreros espirituales que nos dicen: "¡Piensa!" En Lucas 16 Jesús contó la historia del rico que vivió de forma suntuosa y egoísta, sin tener compasión del pobre Lázaro, tan necesitado. Cuando después él mismo se halló necesitado al hallarse en el infierno, sí pensó, pero ya era muy tarde. ¡Qué trágico!

En los días antes del diluvio, "estaban comiendo y bebiendo, casándose y dando en casamiento, hasta el día en que Noé entró en el arca, y no entendieron hasta que vino el diluvio y se los llevó a todos" (Mateo 24:38-39). Fue una tragedia que nos debe hacer pensar.

Pensar es entender y responder a la voluntad de Dios para nuestra vida. Es estar preparados. "Velad, pues, porque no sabéis a qué hora ha de venir vuestro Señor" (Mateo 24:42). ¡Piensa!

David Bender, Aylmer, Ontario

Piensa en el futuro.
No estaba lloviendo cuando Noé construyó el arca.

24 de julio

Lectura bíblica: 1 Reyes 11:1-13, 26-40

Plan para leer la Biblia en un año: Hechos 24; Salmos 41-43

Examinaos a vosotros mismos si estáis en la fe; probaos a vosotros mismos.

2 CORINTIOS 13:5

EXAMÍNATE A TI MISMO

Cuando leía el libro de 1 Reyes, una oración corta me llamó la atención: "Por esto Salomón procuró matar a Jeroboam" (1 Reyes 11:40). ¿Por qué un hombre tan bendecido de riquezas, conocido como el más sabio de su tiempo y que exhortaba a la gente a dedicarse completamente a Jehová, ahora quería matar a Jeroboam?

Algo de importancia había sucedido. El corazón de Salomón se apartó de Dios para amar a mujeres extranjeras y prohibidas. "Y se enojó Jehová contra Salomón, por cuanto su corazón se había apartado de Jehová Dios de Israel" (1 Reyes 11:9).

La desobediencia de Salomón hizo que Dios levantara enemigos en su contra. Dios dijo que le daría diez tribus a Jeroboam. ¿Cuál fue la reacción de Salomón? Procuró matar a Jeroboam. El problema verdadero de Salomón no era Jeroboam, sino su propia desobediencia. Sus propias acciones produjeron al enemigo. Matar a Jeroboam no habría resuelto el problema.

¿Qué aprendemos de este relato histórico? Si Salomón hubiera reconocido su error y se hubiera arrepentido ante Jehová, seguramente Dios no habría levantado un adversario contra él. Así Salomón no habría tenido ninguna razón para vengarse con Jeroboam.

El comportamiento como el de Salomón todavía se observa hoy. Los que no andan con Dios en obediencia y sinceridad muchas veces ven sus propios errores en otros. El versículo clave nos amonesta a examinarnos a nosotros mismos. Muchos problemas en la iglesia se evitarían si cada hermano, antes de culpar a otro, se examinara a sí mismo.

La envidia, la amargura y el enojo son algunos de los pecados escondidos que causan las actitudes críticas los unos para con los otros. La autoexaminación cuidadosa, junto con la oración y el arrepentimiento, nos ayudarán a no caer en la misma trampa en que cayó Salomón.

Simon Schrock, Fairfax, Virginia

Evitarás muchos problemas si alineas tu vida con las normas de Dios.

25 de julio

Lectura bíblica: Juan 3:1-21

Plan para leer la Biblia en un año: Hechos 25; Salmos 44-46

Porque el Hijo del Hombre vino a buscar y a salvar lo que se había perdido.
LUCAS 19:10

LA BÚSQUEDA INCANSABLE DE DIOS

Nicodemo estaba indeciso en cuanto a aceptar al don de Dios y tomar el paso de fe que lo podía salvar. Tenía que aceptar a un Mesías que sufre, a un Mesías crucificado. La cruz es el símbolo más vívido del amor de Dios para el mundo.

Dios, el fiel, siempre busca al hombre. "Cual león tú me cazas", clama Job de su lecho de dolor (Job 10:16). A Dios no le gusta estar solo, y ha escogido al hombre para ayudarle. Cuando Adán intentó esconderse después de haber pecado, Dios lo llamó:

—Adán, ¿dónde estás? —Hoy todavía Dios sigue llamando a toda la humanidad.

El Espíritu sigue llamando: "Ven. Y el que oye, diga: Ven. Y el que tiene sed, venga; y el que quiera, tome del agua de la vida gratuitamente" (Apocalipsis 22:17). Dios siempre es fiel, buscándonos porque nos ama.

El problema es que el hombre se esconde de Dios. Dios quiere que todos vivamos con él en el cielo algún día. El amor de Dios muestra que para él, valemos la pena. A pesar de todo nuestro pecado, él es constante en su amor y perdón. Obedezcamos siempre su voz, hagamos caso a su Espíritu y andemos de acuerdo con su cuerpo (la iglesia). Así podemos ayudarle a Dios en su búsqueda incansable de traer a las almas perdidas a su luz admirable.

Samuel Okoth Oliech, Nakuru, Kenia

¿Has sentido el llamado de Dios últimamente?

26 de julio

Lectura bíblica: Génesis 13:10-13; 19:1-26

Plan para leer la Biblia en un año: Hechos 26; Salmos 47-49

Entonces Lot escogió para sí toda la llanura del Jordán;
y se fue Lot hacia el oriente (. . .) y fue poniendo sus tiendas hasta Sodoma.

GÉNESIS 13:11-12

LAS CONSECUENCIAS DE LAS MALAS DECISIONES

Lot escogió la llanura bien regada del Jordán y fue poniendo sus tiendas hacia Sodoma. Después se mudó dentro de Sodoma. "Mas los hombres de Sodoma eran malos y pecadores contra Jehová en gran manera" (Génesis 13:13). Lot debiera haber considerado el efecto de esa maldad sobre su familia antes de mudarse allí. Fue una mudanza desastrosa que resultó en la pérdida de su familia, aunque Lot mismo no se involucró en la maldad de Sodoma.

Sodoma simboliza el mundo. "El mundo entero está bajo el maligno" (1 Juan 5:19). Debemos aprender de la decisión imprudente de Lot. Las decisiones que tomamos al escoger al cónyuge, a la iglesia o al empleo tendrán consecuencias de muy largo alcance. Afectarán de manera espiritual a nuestros hijos y a las generaciones que siguen, para bien o para mal.

¿Hacia cuál lado vamos poniendo nuestra tienda: hacia el mundo o hacia el cielo? La ponemos hacia el mundo cuando amamos el dinero, cuando nuestra vida consiste en la abundancia de los bienes que poseemos, cuando aceptamos cualquier tecnología nueva sin tomar en cuenta los peligros que pueda traer y cuando seguimos los placeres, los deportes y las modas del mundo.

Escojamos, como Abraham, ser extranjeros y peregrinos sobre la tierra y criar a nuestros hijos en la fe que fue una vez dada a los apóstoles y santos.

Lehman Martin, Worthington, Indiana

Satanás está dispuesto a esperar a nuestros nietos, si solamente puede lograr que tomemos una decisión imprudente que llevará a la apostasía de ellos.

27 de julio

Lectura bíblica: Génesis 13:14-18; Hebreos 11:8-19
Plan para leer la Biblia en un año: Hechos 27:1-26; Salmos 50-52

Abram, pues, removiendo su tienda, vino y moró en el encinar de Mamre, que está en Hebrón, y edificó allí altar a Jehová.

GÉNESIS 13:18

LAS DECISIONES SABIAS DE ABRAHAM

Abraham tomó buenas decisiones. Obedeció la voz de Dios. Por fe aceptó el llamado y la dirección de Dios. "Tampoco dudó, por incredulidad, de la promesa de Dios, sino que se fortaleció en fe, dando gloria a Dios" (Romanos 4:20). Su fe fue tan sobresaliente que es llamado el padre de los fieles. Todos los que son de fe son hijos de Abraham (Gálatas 3:7).

El primer llamado de Abraham fue a separarse él y su familia de la idolatría. Nuestro primer llamado es al arrepentimiento y a la fe en el evangelio del Señor Jesucristo. Eso incluye separarnos del pecado y del mundo, y negarnos a nosotros mismos. En el bautismo confesamos que estamos arrepentidos de los pecados pasados y que estamos dispuestos a renunciar a Satanás y al mundo junto con todas las obras de las tinieblas y nuestros propios deseos pecaminosos. Prometemos entregarnos completamente a Jesucristo. Si somos fieles a ese compromiso, seremos extranjeros y peregrinos en este mundo dominado por Satanás.

Dios mandó a Abraham ofrecer a Isaac, el hijo de la promesa, como sacrificio a él. Esto fue un llamado a una entrega suprema, a la fe y a la negación de sí mismo. ¿Será menor el llamado nuestro? Somos llamados a presentar nuestros cuerpos en sacrificio vivo, santo, agradable a Dios, que es nuestro culto racional. No debemos conformarnos a este siglo (Romanos 12:1-2).

Con la ayuda de Dios, entendamos lo que cuesta la fe verdadera, y como Abraham, encontremos la bendición que trae la verdadera obediencia.

Lehman Martin, Worthington, Indiana

No hay harmonía en el corazón
sin las notas jubilosas de la obediencia.

28 de julio

Lectura bíblica: Mateo 5:43-48; Romanos 5:1-12

Plan para leer la Biblia en un año: Hechos 27:27-44; Salmos 53-55

Pero yo os digo: Amad a vuestros enemigos,
bendecid a los que os maldicen, haced bien a los que os aborrecen,
y orad por los que os ultrajan y os persiguen.

MATEO 5:44

AMAD A VUESTROS ENEMIGOS

Juan Staneser estaba en un campamento rumano de trabajo forzado. Una mañana el coronel Albon, un hombre cruel, llegó muy enojado a la celda de Staneser. Dijo:

—¡He oído que alguien en esta celda se atrevió a predicar acerca de Jesús! —Mirando alrededor con furia, rugió—: ¿Quién fue? —Nadie contestó.

»Bien —dijo Albon ásperamente—, entonces todos serán azotados. —Pronto la celda se llenó de clamores de dolor mientras el látigo pesado cayó vez tras vez.

Cuando llegó a Juan Staneser, Juan dijo con calma:

—Amigo, hay un Dios en el cielo a quien tendrás que dar cuenta algún día. —Todos sabían que Juan ahora moriría azotado.

Pero en ese instante, un guardia llegó con un mensaje urgente para Albon: había llegado un grupo de oficiales de alto rango y lo querían ver inmediatamente. Albon se volvió para salir, miró a Juan y gruñó:

—No olvides; pronto terminaremos este asunto.

Dios intervino. Los generales habían llamado a Albon para arrestarlo. Pronto regresó a la celda, pero esta vez como reo. Había llegado la hora de venganza para los presos. Lo atacaron y pronto lo habrían matado a golpes, si no hubiera sido por Juan Staneser que se tiró corporalmente encima de Albon para protegerlo de los golpes feroces. Se detuvieron los golpes cuando los hombres se dieron cuenta de lo que Juan hacía.

¿Qué clase de amor fue éste? Albon solamente recibía lo que merecía. Pero Juan Staneser poseía el amor de Dios. La maravilla de Jesucristo es que murió por nosotros cuando aún éramos pecadores. El amor verdadero no puede más que eso. Dios envió a su Hijo a morir por nosotros, siendo nosotros aún enemigos, traidores y rebeldes. Eso es el amor verdadero.

Daniel Miller, Dunnegan, Misuri

Es fácil amar a nuestros prójimos amables, pero amar al enemigo solamente nos nace si tenemos el amor de Dios en nosotros.

29 de julio

Si permanecéis en mí, y mis palabras permanecen en vosotros,
pedid todo lo que queréis, y os será hecho.
JUAN 15:7

VENTANAS ABIERTAS

Daniel es uno de los personajes sobresalientes de la Biblia. Era un hebreo que se encontró en un imperio desconocido. Fue admirado y promovido por el rey Darío "porque había en él un espíritu superior" (Daniel 6:3). Daniel no vacilaba de su fe en Dios, aunque vivía en medio de la maldad de la cuidad pagana de Babilonia. Mantuvo firme su integridad.

Daniel les caía mal a sus colegas, que le tenían envidia. Ellos redactaron una ley y lograron convencer al rey que la firmara. Según esta ley, nadie debía hacer ninguna petición a ningún dios ni hombre dentro de treinta días, o sería echado en el foso de los leones. Daniel no vaciló, sino que mantuvo su fe en Dios como lo había hecho antes. Sus ventanas estaban abiertas hacia Jerusalén mientras él se arrodillaba y oraba, dando gracias a su Dios en el cielo.

Las ventanas abiertas hacia Jerusalén simbolizan las ventanas abiertas hacia el cielo. Daniel tenía paz y comunión con Dios, una conexión que traía el poder de Dios a su vida. Cuando Daniel fue echado en el foso de los leones hambrientos, una piedra fue puesta sobre la puerta del foso, sellada con el anillo del rey y con el anillo de sus príncipes. ¡Pero no cerró las ventanas del cielo! Dios escuchó las oraciones de Daniel.

Necesitamos mantener abiertas las ventanas del cielo. Escogemos tener esa comunión con Dios por medio de Jesucristo. Podemos tener su bendición y poder al llegar a él en verdadero arrepentimiento y obediencia a su voluntad. Pero "Si en mi corazón hubiese yo mirado a la iniquidad, el Señor no me habría escuchado" (Salmo 66:18).

Después que Daniel fue milagrosamente protegido de los leones, Darío hizo otro decreto. Dijo: "De parte mía es puesta esta ordenanza: Que en todo el dominio de mi reino todos teman y tiemblen ante la presencia del Dios de Daniel; porque él es el Dios viviente y permanece por todos los siglos, y su reino no será jamás destruido, y su dominio perdurará hasta el fin" (Daniel 6:26).

Edward Hochstetler, Hicksville, Ohio

Me acordaré de las obras de JAH. Salmo 77:11

30 de julio

Y acabó Dios en el día séptimo la obra que hizo; y reposó el día séptimo de toda la obra que hizo.

GÉNESIS 2:2

DE AQUÍ PARA ALLÁ

En el mundo actual de paso tan acelerado, muchas personas con sus agendas, computadoras portátiles y teléfonos celulares tratan de ser lo más productivos posibles. Agitados, corren del trabajo a una reunión escolar, y de allí a una reunión con un cliente, comiendo algún bocado a la carrera. Caen agotados sobre la cama en la noche, demasiado agitados para poder relajarse y dormir.

¿Será posible que los seguidores de Jesús somos iguales? Muchas veces nos ponemos bajo demasiada presión, intentando lograr más de lo que podemos. Cuando no alcanzamos nuestras expectativas, nos cuesta perdonarnos a nosotros mismos. ¿Será así que Dios quiere que viva su pueblo?

Al estudiar la creación en Génesis 1, observamos un orden sencillo. Primero fue el trabajo de crear el universo: todo desde los átomos hasta los animales y por último el hombre. Después de su trabajo, Dios se quedó satisfecho con lo que había hecho. Vio que era bueno en gran manera. Después descansó. Dios descansó, no porque estuviera cansado, sino porque estaba satisfecho con un trabajo bien hecho.

Tal vez nuestro horario frenético y estilo de vida intenso nos han robado el gozo, la paz y la satisfacción en la vida. Si es así, sigamos el ejemplo de Dios, trabajando, sintiendo satisfacción en un trabajo bien hecho y después descansando. Nos asombraremos de lo satisfactorio que puede ser la vida.

Cuando sacamos tiempo para el gozo y el juego,
Y para el descanso junto al camino de esta vida agitada,
Cuando hacemos una pausa para arrodillarnos y orar,
Somos renovados de día en día. – D. Dehean

Daniel Miller, Dunnegan, Misuri

Evita el vacío del día demasiado lleno.

31 de julio

Lectura Bíblica: Mateo 6:1-15

Plan para leer la Biblia en un año: Romanos 1; Salmos 62-64

Vosotros, pues, oraréis así: Padre nuestro que estás en los cielos, santificado sea tu nombre.

MATEO 6:9

PADRE NUESTRO

Al decir "Padre nuestro", tenemos la confianza de ser sus hijos. Si somos sus hijos en esta vida, seremos suyos en la eternidad. Así como somos herederos de nuestros padres naturales, así también seremos herederos de nuestro Padre celestial.

¿Cómo reaccionamos a las palabras "Padre nuestro" en la oración del Señor? ¿Podemos decir "Padre nuestro" de corazón? ¿Pensamos en Dios el Padre de la misma forma en que pensamos en nuestros padres terrenales? Cuando somos pequeños, muchas veces es ése el caso. Pero ya siendo adultos, nos damos cuenta de que nuestros padres terrenales son humanos. Nuestro Padre celestial no es humano. Es un Padre perfectamente sabio.

Nuestro Padre celestial es el dador de la vida. Cada latido del corazón depende de su cuidado amoroso. Él nos ayuda en nuestros problemas y dolores, si en verdad le podemos decir de corazón: "Padre nuestro que estás en los cielos . . ."

Un padre fiel y amante es más que un amigo. Dios no nos puso en esta vida para después olvidarnos. No dijo: "Ahora tienes que jugártela solo. Ojalá que salgas bien. Nos vemos." Nuestro Padre celestial no es así. Es dador de vida, cuidador, compasivo y perdonador, a quien podemos buscar con confianza. Después de la muerte, podemos estar con él durante toda la eternidad.

Levi Miller, Millersburg, Ohio

Rehusar levantar la vista a Dios y confiar en él es el error más grande de la vida.

1 de agosto

Pilato les dijo: ¿Qué, pues, haré de Jesús, llamado el Cristo?

MATEO 27:22

¿QUÉ HARÉ DE JESÚS?

Cuando Jesús estaba en juicio delante de Pilato, Pilato le dio al pueblo la opción de soltarlo. Pero el pueblo escogió a Barrabás, homicida, para ser liberado. Después Pilato hizo esta pregunta al pueblo: "¿Qué, pues, haré de Jesús, llamado el Cristo?"

Cada persona enfrenta la misma pregunta que enfrentó Pilato. Cada uno tiene que aceptarlo o rechazarlo. Pilato intentó tomar una posición neutral cuando dijo: "Inocente soy yo de la sangre de este justo." Sin embargo, al fin, presionado de la gente, consintió que Jesús fuera crucificado.

Si ya hemos aceptado a Jesús como nuestro Salvador, hemos comenzado bien. Pero cada día debemos hacernos estas preguntas: "¿Qué estoy haciendo para Jesús? ¿Le estaré dando su lugar merecido como Señor de mi vida, o lo estaré deshonrando en algún área de mi vida?"

Muchas personas estaban alrededor de la cruz en que Jesús fue crucificado. Algunas se burlaban de él (Lucas 23:35). Algunas lloraban y hacían lamentación por él (Lucas 23:27). Probablemente algunas sólo observaban y se consideraban neutrales. ¿Dónde hubiéramos estado en ese grupo? Sin duda, mi relación con Cristo ahora muestra dónde habría estado entonces. ¿Le estoy honrando y glorificando? ¿O me avergüenzo de identificarme con él?

"Tú, ¿qué harás con Cristo? Tienes que escoger. Un día harás la pregunta: Conmigo ¿qué va a hacer?"

Benuel Glick, New Ringgold, Pensilvania

Lo que decido en cuanto a Jesús ahora determinará lo que él decidirá en cuanto a mí después.

2 de agosto

Jehová, roca mía y castillo mío, y mi libertador;
Dios mío, fortaleza mía, en él confiaré.

SALMO 18:2

¿ARENA MOVEDIZA O ROCA SÓLIDA?

Cualquier constructor sabe que un fundamento sólido es de suma importancia en la construcción de un edificio. Hasta la estructura más hermosa puede agrietarse y desmoronarse si el fundamento es inestable.

En Mateo 7:24-27 tenemos la historia de dos constructores. Quizás por un tiempo nada se veía mal en la casa construida sobre la arena. Pero después llegaron las tormentas y los torrentes de lluvia, llevando esta casa vulnerable a su colapso.

Espiritualmente, muchas personas intentan construir su vida sobre la arena inestable. En vez de construir sobre el fundamento de la obediencia y del compromiso con Jesucristo, construyen sobre la arena inestable de una profesión vana. La fuerza propia, la justicia propia y la seguridad en sí mismo son fundamentos defectuosos.

Los conceptos falsos basados sobre la arena inestable incluyen:

1. El humanismo. Los intentos débiles del hombre de vivir la vida y resolver sus problemas sin reconocer a Dios, y la oposición al control de Dios en la vida.

2. La ética basada en las circunstancias. La doctrina que no hay normas fijas que definen el bien y el mal, sino que todo depende de las circunstancias, la cultura y las opiniones prevalecientes.

3. El razonamiento humano, en lugar de la fe sencilla que confía en Dios y su Palabra.

Asegurémonos de construir sobre la roca sólida, la roca de nuestra salvación. Esta roca de los siglos es el único refugio donde podemos estar seguros. Basémonos siempre sobre el fundamento sólido de una fe viva en Cristo que se demuestra en una obediencia amorosa a su voluntad y una vida que refleje su amor.

Mark Kropf, Cataldo, Idaho

En Cristo la roca permanezco; todo lo demás es arena movediza.

3 de agosto

Y todo el pueblo aclamaba con gran júbilo, alabando a Jehová porque se echaban los cimientos de la casa de Jehová.

ESDRAS 3:11

PIEDRAS FUNDAMENTALES

En la lectura de ayer consideramos algunas de las arenas inestables sobre las cuales se construye en el esfuerzo vano de manejar la vida sin Dios. Hoy consideremos algunas piedras fundamentales sobre las cuales el creyente puede construir la vida.

1. Dios. "Mas buscad primeramente el reino de Dios" (Mateo 6:33). "Reconócelo en todos tus caminos" (Proverbios 3:6).

2. La Palabra de Dios. "Para siempre, oh Jehová, permanece tu palabra en los cielos" (Salmo 119:89). "Mas la palabra del Señor permanece para siempre" (1 Pedro 1:25). El hombre puede desconfiar de ella, desobedecerla, descartarla y distorsionarla. Sin embargo, a través de los siglos, siempre permanece la Palabra inmutable y eterna de nuestro Dios inmutable y eterno.

3. La iglesia. "Pero el fundamento de Dios está firme" (2 Timoteo 2:19). Aunque la iglesia esté bajo ataque, las puertas del Hades no prevalecerán contra ella. Los reinos terrenales se levantan y luego caen, pero la iglesia de Jesucristo está firme de siglo en siglo, una columna eterna y un arca de seguridad para el pueblo de Dios.

4. El hogar cristiano. Un hogar piadoso es un refugio sano y seguro en medio de una sociedad corrupta y pecaminosa. Es un baluarte seguro, una fuerza poderosa y piadosa. Tiene una influencia estabilizadora en la nación aunque el mundo no lo reconozca. Es un refugio y una pequeña muestra del cielo aquí en la tierra.

5. Una esperanza viva. Esperamos la venida de Cristo y disfrutamos de antemano el gozo del hogar eterno. Tenemos esta bendita esperanza por la fe, basada en la resurrección de Cristo y en las promesas de Dios. "La cual tenemos como segura y firme ancla del alma" (Hebreos 6:19). Al construir en estas bases sólidas sobre Cristo, podemos permanecer en pie con seguridad y confianza en medio de todas las tormentas de la vida.

Mark Kropf, Cataldo, Idaho

Jesús, bendita roca de los siglos, en ti me esconderé.

4 de agosto

Lectura bíblica: 1 Timoteo 6

Plan para leer la Biblia en un año: Romanos 5; Salmos 73, 74

El hombre de verdad tendrá muchas bendiciones;
mas el que se apresura a enriquecerse no será sin culpa.

PROVERBIOS 28:20

NO OS ENGAÑÉIS

Cuando tenía dieciséis años, me practicaron una cirugía para quitarme las amígdalas. Papá me llevó a la oficina del médico. Éste me indicó acostarme en una camilla y luego me puso un trapo blanco en la cara, al que le aplicó éter, y me dijo:

—Si sientes demasiado fuerte el éter, solamente expúlsalo.

Cuando sentí el olor al éter, soplé para expulsarlo, pero solamente se hacía más fuerte el olor. Soplé más y más duro. El médico seguía diciendo:

—Sólo expúlsalo —hasta que al fin me parecía que él estaba lejos en un cerro y yo abajo en el valle. Apenas lo podía oía decir: "Expúlsalo". No sabía que entre más intentaba expulsar el éter, más lo respiraba. Eso fue lo que el médico quería.

¿No es así que obra Satanás en nuestra vida? Quiere hacernos creer que si nos esforzamos, trabajamos lo suficiente y ganamos suficiente dinero, seremos ricamente bendecidos. Entre más intentaba expulsar el éter, más sueño me daba. En la vida cristiana, entre más afanosamente trabajamos para comprar otra finca o hacer otro viaje de vacaciones, más sueño nos da y menos tiempo tenemos para hacer la obra del Señor.

No es incorrecto trabajar arduamente si lo hacemos para mantener a la familia o para ayudar a los necesitados. Pero si nos apresuramos a enriquecernos, no seremos sin culpa.

Eli A. Yoder, Stuarts Draft, Virginia

No es pecado trabajar para el pan de cada día, pero es pecado trabajar solamente para eso.

5 de agosto

Lectura bíblica: Mateo 25:14-46

Plan para leer la Biblia en un año: Romanos 6; Salmos 75-77

Y todo lo que hagáis, hacedlo de corazón,
como para el Señor y no para los hombres.

COLOSENSES 3:23

SIERVOS FIELES

La historia de los tres siervos y los talentos que les fueron entregados parece triste y hasta un poco injusto.

El primer siervo recibió cinco talentos. Seguramente sintió que tenía bastante con qué trabajar, así que se aplicó en serio. Hizo lo mejor posible y ganó otros cinco talentos.

El segundo siervo recibió dos talentos y, según el pasaje bíblico, éste hizo lo mismo. Debe haber sentido que también debía trabajar y ganar más talentos con lo que tenía.

El tercer siervo salió y de una vez enterró su talento. No leemos que intentó trabajar o negociar con su talento de ninguna manera. Sencillamente estaba convencido de que no lograría nada con tan poquito. La Biblia dice: "Después de mucho tiempo vino el señor de aquellos siervos, y arregló cuentas con ellos" (Mateo 25:19). No fue solamente un poco de tiempo. El siervo tuvo bastante tiempo para haber ganado por lo menos un talento más (o por lo menos los intereses, dijo el señor).

El Señor todavía exige que usemos nuestro talento de la mejor forma posible. Tal vez sintamos que ni vale la pena intentar nada. Dios conoce nuestras capacidades, nuestros dones y nuestros talentos. Él nos los dio, y exige que los utilicemos y los ejercitemos sin importar dónde o en cuáles circunstancias nos encontremos.

No nos atrevamos a enterrar ningún talento, no sea que seamos echados a las tinieblas de afuera. Ocupémonos con los talentos que tenemos para que avancemos la obra del Señor.

Sanford Nissley, Catlett, Virginia

Trabajemos con todas nuestras fuerzas,
o nuestro destino será triste.

6 de agosto

Lectura bíblica: Deuteronomio 5:29-33; 6

Plan para leer la Biblia en un año: Romanos 7; Salmo 78

Procura con diligencia presentarte a Dios aprobado, como obrero que no tiene de qué avergonzarse, que usa bien la palabra de verdad.

2 TIMOTEO 2:15

TESOROS DESCONOCIDOS

Se cuenta de una pobre viuda anciana que vivía sola en el campo. Fue a su pastor y le contó de su pobreza. Le dijo que si no quería llegar a la ruina completa, tendría que buscar un trabajo. El pastor la preguntó si no tenía algún amigo o familiar que la mantuviera. Ella dijo que tenía un hijo que servía como misionero en la India.

—¿No te escribe? —preguntó el pastor.

—Cómo no, sí escribe muchas veces —contestó—. Envía unas cartas tan cariñosas, y casi siempre adjunta unos papelitos elegantes con diseños en la esquina. Los mantengo todos en la Biblia. Pero soy demasiado orgullosa como para decirle de lo necesitada que estoy, y no puedo esperar que me mande dinero.

—¿Me podría enseñar algunos de esos papeles elegantes? —le preguntó el pastor.

La viuda trajo su Biblia y sacó de en medio de las páginas algunos de aquellos papelitos, enseñándolos al pastor. Eran cheques de banco, cada uno girado por una cantidad considerable.

—Tienes cantidades de dinero —dijo el pastor—. Tienes una Biblia llena de tesoro, y no lo sabías.

¡Cómo se regocijó la pobre viuda al darse cuenta de cuánto se preocupaba su hijo por ella!

Hay muchas personas hoy en día que tienen una Biblia en su hogar con riquezas incontables entre sus páginas, pero no lo saben. La Biblia nos dice en Juan 5:39: "Escudriñad las Escrituras; porque a vosotros os parece que en ellas tenéis la vida eterna; y ellas son las que dan testimonio de mí". No hay nada de más valor que la vida eterna que se encuentra en Jesús, de quien hablan las Escrituras.

Eli A. Yoder, Stuarts Draft, Virginia

Si uno no conoce bien la Biblia, ha perdido un gran tesoro.

7 de agosto

Lectura bíblica: Salmo 32:1-4; 1 Pedro 3:9-22
Plan para leer la Biblia en un año: Romanos 8:1-18; Salmos 79-81

Así alumbre vuestra luz delante de los hombres.

MATEO 5:16

¿ESTÁ ENCENDIDA TU LINTERNA?

Cerca del comienzo del siglo veinte, cuando la operación ferrocarrilera no era automatizada como la es hoy en día, un hombre murió en un accidente en un cruce de ferrocarriles. Sus familiares demandaron a la compañía ferrocarrilera, alegando negligencia de parte del vigilante.

Durante el juicio, llamaron a testificar al señor Armstrong, que estaba de vigilante esa noche en aquel cruce. El fiscal le hizo varias preguntas:

—¿Estaba de servicio cuando sucedió el accidente?

»¿Tenía una linterna cuando sucedió el accidente?

»¿Agitó la linterna para avisar del peligro?

A todas estas preguntas Armstrong contestó positivamente. Su testimonio ayudó a la compañía ferrocarrilera a ganar el juicio. Más tarde un oficial del ferrocarril agradeció a Armstrong por haber dado buena evidencia a favor de la compañía. Después le preguntó:

—Dime, señor Armstrong, ¿estabas nervioso durante la interrogación en el juicio?

Armstrong respondió:

—Sí, señor. A cada momento temía que el fiscal preguntara si estaba encendida la linterna.

El aceite en la linterna del vigilante se había terminado. Por eso, el que murió no pudo ver las señas.

Muchas personas hoy en día son como el vigilante. Agitan sus linternas, una fórmula de cristianismo, pero no tienen aceite genuino para iluminar la vida. Los que los observan continúan rumbo a la destrucción porque las linternas que se agitan no tienen luz.

Seamos siempre sinceros aunque la verdad nos lastime. Tenemos un Dios perdonador. Lavemos nuestros pecados en la sangre de Cristo y serán más blancos que la nieve. Así nuestras linternas alumbrarán, advirtiendo a los demás.

Daniel Weaver, Holmesville, Ohio

No escondas tu linterna bajo un almud de engaño.
Deje que la verdad alumbre.

8 de agosto

Lectura bíblica: Deuteronomio 34; Hechos 7:54-60
Plan para leer la Biblia en un año: Romanos 8:19-39; Salmos 82-84

Estimada es a los ojos de Jehová la muerte de sus santos.
SALMO 116:15

LÁPIDAS SEPULCRALES

Hoy en la tarde al pasar por un cementerio, pensé en la certeza de la muerte. Tan cierto como el hecho que naciste es el hecho de que morirás, a no ser que Jesús vuelva primero. No es asunto por el cual debatir.

Me acuerdo cuando murió mi abuela y viajamos 1,500 kilómetros para asistir al funeral. Dios la llevó cuando era su tiempo, y nada lo hubiera podido cambiar aparte de un milagro. Ella era anciana, y es perfectamente normal que los ancianos pasen a su hogar eterno. Es lo que se espera. Pero los jóvenes también pueden morir.

Es Dios que determina los días de nuestra vida. En Lucas 12 un rico, cuando amontonó bastante, dijo para sí mismo: "Derribaré mis graneros, y los edificaré mayores, y allí guardaré todos mis frutos y mis bienes; y diré a mi alma: Alma, muchos bienes tienes guardados para muchos años; repósate, come, bebe, regocíjate." Pero Dios le dijo: "Necio, esta noche vienen a pedirte tu alma."

El niño inocente está seguro por la sangre de Jesús y estará en el cielo con los inocentes. Procuremos tener la sencillez de un niño y la inocencia que garantiza la entrada en el cielo después de la muerte.

Harold R. Troyer, Belleville, Pensilvania

La muerte no separará lo que la cruz ha unido.

9 de agosto

Lectura bíblica: 1 Samuel 15:10-31

Plan para leer la Biblia en un año: Romanos 9; Salmos 85-87

Ciertamente el obedecer es mejor que los sacrificios,
y el prestar atención que la grosura de los carneros.

1 SAMUEL 15:22

COMO PECADO DE ADIVINACIÓN

Estábamos congregados para nuestro estudio bíblico semanal en la cárcel del pueblo. Ésta es una cárcel para los delincuentes juveniles. Sus delitos varían, desde crímenes serios hasta incumplimiento con la libertad condicional. A veces están presos solamente una semana, y a veces varios meses, esperando a que se hagan sentencias más claras sobre su caso.

Muchos de los detenidos vienen de hogares destrozados, con poca dirección parental, y así recurren a las drogas y al alcohol. Traban amistad con la gente de la calle. Su religión varía del cristianismo nominal al islam y hasta al satanismo. Algunos son algo familiarizados con la Biblia, profesando haber sido convertidos alguna vez, mientras otros apenas han visto una Biblia y no saben nada de lo que contiene.

En esta ocasión un joven de diecisiete años, hijo de un pastor presbiteriano, profesaba ser seguidor del satanismo. Le preguntamos qué le atrajo al satanismo.

Su respuesta fue:

—El satanismo es rebelde, y yo soy rebelde. En el satanismo uno puede ser rebelde sin sentirse culpable.

¿Cuántas personas siguen la rebelión, deseando escapar de la culpa, y terminan en el camino que lleva hacia abajo, descrito en Romanos 1:21-28? Su necio corazón es entenebrecido. Cambian la verdad de Dios por la mentira. Dios les entrega a una mente reprobada, y al fin van a su destino, el lago de fuego. No escogen ese destino deliberadamente, pero las decisiones que toman hoy, en la era de la gracia, los llevan hacia allí.

Willis H. Martin, Wellsboro, Pensilvania

La rebelión es el camino ancho que lleva a la destrucción.
La obediencia es el camino angosto que lleva a la vida eterna.

10 de agosto

Lectura bíblica: Hebreos 12

Plan para leer la Biblia en un año: Romanos 10; Salmos 88-89

Puestos los ojos en Jesús, el autor y consumador de la fe.

HEBREOS 12:2

MANTÉN TUS OJOS EN JESÚS

Una misionera en África tenía que cruzar un río. El río se había llevado el puente, dejando solamente dos palos que cruzaban muy alto arriba de las aguas turbulentas. La mujer dijo:

—Es imposible que logre cruzar sobre esos palos.

Su guía le dijo:

—Le ayudaré a cruzar, pero tendrá que confiar completamente en mí.

Comenzaron a cruzar; el guía caminaba hacia atrás sosteniendo a la misionera temerosa de las manos. Todo iba bien hasta que llegaron a medio camino, y la mujer miró abajo a las aguas turbulentas. Inmediatamente se mareó. En desesperación clamó:

—¡No puedo dar ni un paso más!

El guía la asió firmemente, y dijo:

—Míreme a mí. Solamente si mira mi rostro podré salvarla. —Ella no volvió a quitar los ojos de su rostro hasta que llegaron seguros al otro lado.

Ésa es la única manera en que podremos alcanzar nuestro destino celestial. Tendremos que mantener los ojos en nuestro guía, Jesús. Si quitamos los ojos de Jesús y miramos alrededor a la maldad, la inmoralidad y las guerras, también nos marearemos en la vida cristiana. A veces el camino es rocoso y peligroso, y casi nos desesperamos. Pero nosotros también tenemos que mirar el rostro de Jesús para recibir su ayuda y poder seguir adelante. No nos atrevamos a enfocar las cosas de este mundo.

Daniel Miller, Dunnegan, Misuri

Cuando te mareas por mirar hacia abajo, mira hacia arriba.

11 de agosto

Y ahora, hermanos, os encomiendo a Dios, y a la palabra de su gracia, que tiene poder para sobreedificaros y daros herencia con todos los santificados.
HECHOS 20:32

EL VALOR DEL TESORO

Dios tiene un tesoro para nosotros. Tiene gran valor para los que lo buscan de todo corazón. Aquí en América es abundante, pero muchos lo descuidan. En partes del mundo hay personas que con gusto sacrificarían de su tiempo y bienes materiales para poder poseer una copia de este tesoro, o aun alguna parte de una copia.

¿Es preciosa para mí la Palabra eterna de Dios? Me enseña que necesito a Jesús, el Verbo vivo. Él es nuestra única esperanza. El versículo clave habla del valor que tiene este tesoro para los creyentes ahora y en el porvenir.

Parece que no somos capaces de comprender el gran valor de la Palabra que Dios nos ha dado. Apartemos unos momentos para considerar algunos hechos en cuanto a ella:

Cuando se recibe con mansedumbre y es implantada, salva el alma (Santiago 1:21).

Trae bendición a los que perseveran en ella (Santiago 1:25).

Es viva, poderosa y tiene suficiente filo para ser usada por Dios en cirugías del corazón (Hebreos 4:12).

Fue escrito para nuestra enseñanza, para que tengamos consolación y esperanza (Romanos 15:4).

Es perfecta; es fiel; es recta; es pura; es verdad y toda justa. Es más deseable que el oro y más dulce que la miel (Salmo 19:7-10).

O Señor, ayúdanos a vivir conforme a la Biblia, y así el mundo verá que conocerte a ti es la clave a la vida abundante.

Calvin King, Harrison, Arizona

La Biblia es una perla cuyo valor no se puede calcular.

12 de agosto

Lectura bíblica: Juan 3:15-21; Salmo 119:105-112

Plan para leer la Biblia en un año: Romanos 11:22-36; Salmos 93-95

Porque en otro tiempo erais tinieblas, mas ahora sois luz en el Señor; andad como hijos de luz.

EFESIOS 5:8

LÁMPARA Y LUMBRERA ES TU PALABRA

En un depósito de madera perpetraron varios robos. Después de intentar impedir los robos con cercas y con sistemas de seguridad que fracasaron, al fin instalaron focos que iluminaban la propiedad entera. De lo que sé, eso frenó los robos.

Estos ladrones operaban sin miedo, escondidos por la oscuridad, pero cuando alumbró la luz, tuvieron que evitar el área para que la luz no revelara sus obras malas. Juan 3:19-21 habla de los malos que evitan la Palabra de Dios porque les revela sus obras malas y se avergüenzan. Aman las tinieblas más que la luz. No toman en cuenta los versículos 15-18, que explican el propósito de Dios en mandar a su Hijo a la tierra: no para condenar, sino para salvar. Negar la verdad para evitar los sentimientos de culpa no cambiará la pena del castigo por el pecado.

Satanás opera en un corazón lleno de tinieblas y mora allí, escondido por la indiferencia y por la ignorancia de la Palabra de Dios (Efesios 4:18). Por medio de la Palabra de Dios, Satanás se reconoce y se identifica. Llega a ser derrotado por medio del arrepentimiento.

La oscuridad solamente es la ausencia de la luz. Un cuarto quedará oscuro hasta que se trae una luz, y entonces las tinieblas se tendrán que ir. La oscuridad no tiene poder sobre la luz, ni puede resistir su fuerza. Esto ejemplifica el poder infinito de Dios sobre Satanás. Cuando alguien recibe la verdadera luz en el corazón, Satanás tendrá que huir. Llamamos esta experiencia la conversión. El pecado es el fruto de la influencia de Satanás en nuestra carne. Crucificar y negar esa carne y andar en el camino iluminado por la lámpara de la Palabra de Dios produce el fruto del Espíritu. La Palabra de Dios puede hacer que nuestra luz personal alumbre brillantemente.

Melvin Schwartz, New Haven, Indiana

Un rayo de luz, aunque busque las tinieblas, nunca las hallará.

13 de agosto

Lectura bíblica: Isaías 55

Plan para leer la Biblia en un año: Romanos 12; Salmos 96-98

Pero yo a ti oraba, oh Jehová, al tiempo de tu buena voluntad;
oh Dios, por la abundancia de tu misericordia,
por la verdad de tu salvación, escúchame.

SALMO 69:13

LA OPORTUNIDAD PERDIDA

Otieno anhelaba ir a Mombasa, aquella gran ciudad en la zona costera de Kenia. Oía historias de la ciudad. Oyó del gran océano que sale en la mañana y regresa en la tarde, y del Fortín Jesús que fue construido por los portugueses en el siglo quince.

Cuando un miembro del clan de Otieno murió en Mombasa, su cuerpo fue traído a casa para enterrarlo. Los familiares del difunto decidieron no regresar a Mombasa de una vez, dejando lugar para otros que quisieran viajar a la ciudad. Otieno pidió que lo llevaran, y se lo concedieron.

Fue informado que el autobús salía inmediatamente después del entierro. Otieno fue a su casa para hacer preparativos para el viaje. Como no sabía la hora exacta en que salía el autobús, no tenía prisa. Empacó su maletín con todas las cosas necesarias para el viaje. Al fin regresó al lugar del entierro solamente para darse cuenta de que ya era muy tarde. ¡El autobús había salido dos horas antes! Estaba muy desilusionado. Había perdido la mejor oportunidad que tendría. ¿Qué podría hacer ahora? No tenía dinero para el pasaje en otro autobús. Regresó a casa triste, sabiendo que ya no podría viajar a Mombasa.

Al Otieno contarme la historia, recordé la segunda venida de Cristo para llevar a los santos con él a la nueva Jerusalén. Solamente los que se hayan preparado lo acompañarán. Los que no están preparados, perecerán.

Erick Ouma Ogwe, Kasongo, Kenia

---

*Lo más importante en esta vida es prepararnos
para la vida venidera.*

14 de agosto

Lectura bíblica: Salmo 23; 2 Corintios 5:1-10

Plan para leer la Biblia en un año: Romanos 13; Salmos 99-102

Y de la manera que está establecido para los hombres que mueran una sola vez, y después de esto el juicio.
HEBREOS 9:27

A ÚLTIMA HORA

Un hermano de la iglesia me llamó tarde una noche y me preguntó si lo acompañara al hospital para orar por un hombre que estaba agonizando. La esposa del hombre quería que alguien llegara a "bendecir" a su esposo. Era la primera vez que enfrentaba tal situación, y estaba agradecido de que el hermano a quien acompañaba tuviera más experiencia.

Después de hablar del evangelio y animar al agonizante a entregarse a Jesús, oramos. La oración no fue una "bendición" como posiblemente esperaba la esposa. Nos quedamos sentados allí en el hospital por varias horas con el agonizante y con sus familiares y amigos.

Es triste ver a personas enfrentar la muerte sin haber vivido para Dios. Sí, Dios está dispuesto a salvar a cualquiera que llegue a él, aun en sus últimas horas. Muchas personas no le hacen caso a Dios en su vida, sin embargo, en la muerte quieren su bendición. Dios ha dado todo lo necesario para que vivamos de tal manera que a la hora de morir gocemos de su bendición. ¿Tenemos cuidado de seguir a Cristo de corazón cada día? ¿O vivimos descuidadamente, esperando que por suerte lleguemos a la meta?

No vale la pena ser tacaños con nosotros mismos. Entreguemos todo a Jesús ahora y tendremos su bendición ahora y en la eternidad.

Tim Burkholder, Burns Lake, Columbia Británica

En el lugar que el árbol cayere, allí quedará. Eclesiastés 11:3

15 de agosto

Lectura bíblica: Romanos 14:13-23; 15:1-14

Plan para leer la Biblia en un año: Romanos 14; Salmos 103, 104

Y por el conocimiento tuyo, se perderá el hermano débil por quien Cristo murió. De esta manera, pues, pecando contra los hermanos e hiriendo su débil conciencia, contra Cristo pecáis.

1 CORINTIOS 8:11-12

¿ESTÁS ESCUCHANDO?

Había sido un día húmedo y caloroso de verano. Hiciera uno lo que hiciera, el sudor siempre corría por el cuerpo. Algunos de los muchachos de la comunidad, que habían pasado el día empacando heno, sentían especialmente fuerte el calor. Ahora se aprovechaban de las aguas frescas de una poza cercana. Obviamente se divertían mucho.

Después de un rato comenzaron a salir de aquella refrescante poza. De repente alguien preguntó:

—¿Dónde está Fred (no es su nombre verdadero)?

¡Fred no aparecía! Rápidamente buscaron en el bosque cercano mientras uno de ellos corrió a buscar ayuda. ¡Todavía nada de Fred! Frenéticamente los muchachos se tiraron de nuevo al agua y comenzaron a buscar. Pronto llegaron profesionales y tomaron cargo de la búsqueda. Entre poco tiempo encontraron el cuerpo de Fred. Su vida en la tierra se había terminado.

Un grupo solemne se retiró de la poza esa tarde. Muchas preguntas pasaban por la mente. ¿Qué había pasado? La mayoría de los muchachos eran nadadores excelentes, y Fred había sido uno de los mejores. ¿Habría gritado Fred, pidiendo ayuda, sin que lo oyeran los otros? Nunca lo sabremos en esta vida.

¿Estamos escuchando los clamores de socorro? ¿Tenemos una relación lo suficiente cercana con nuestros hermanos como para sentir cuando tienen una necesidad? Dios nos guarde de pasar por alto esos clamores de ayuda. Debemos animar, no solamente al hermano más débil, sino también al que todo le parece ir bien. Tal vez en este mismo momento esté enfrentando una lucha. Solamente Dios ve el corazón. Si permitimos que él nos dirija, nos ayudará a suplir la necesidad en la vida de nuestro hermano.

Philip Cross, Leitchfield, Kentucky

Sobrellevad los unos las cargas de los otros,
y cumplid así la ley de Cristo. Gálatas 6:2

16 de agosto

Lectura bíblica: Josué 2

Plan para leer la Biblia en un año: Romanos 15:1-21; Salmos 105, 106

Luego los despidió, y se fueron; y ella ató el cordón de grana a la ventana.

JOSUÉ 2:21

EL CORDÓN DE GRANA

En alguna parte en medio de la aglomeración de gente miedosa y afanada en Jericó, una ramera llamada Rahab refugió a los dos espías enviados por Josué. Rahab y los espías llegaron a un acuerdo. Ella bajó a los hombres por la ventana de su casa con un cordón de grana, después lo ató en la ventana. Este cordón ejemplifica la sangre de Jesús. Como éste fue medio de escape de Jericó, así la sangre de Jesús es el medio de escape de las trampas de Satanás.

Rahab no esperó para atar el cordón de grana en la ventana. Para ella era la vida. Demorar era peligroso. No demores en aplicar la sangre de Jesús hoy. El mismo cordón que dio libertad a los espías también fue instrumento para la liberación de Rahab. La sangre de Jesús ahora beneficia tanto a los gentiles como a los judíos.

El cordón de grana demostró la fe de Rahab en el Dios de Israel. Sirvió de confirmación de su compromiso de guardar su parte de la promesa. Además, demostró que esperaba que los espías cumplieran con su compromiso de liberarla. La sangre de Jesús testifica ante Dios de nuestro compromiso con él y de nuestra esperanza de su venida.

El cordón de grana colgada de la ventana de Rahab llegó a ser una identificación. La identificó a ella y a toda su casa con el pueblo de Dios. Así también la sangre de Jesús identifica a los hijos del reino.

Mientras el enemigo avanzaba hacia Jericó, Rahab esperaba confiada con el cordón de grana. Así estaba segura.

Cuando regresa el Señor, ¿hallará el cordón de grana colgado en la ventana de tu corazón?

David J. Stoltzfus, Clymer, Pensilvania

La fe asciende, pero la duda desciende.

17 de agosto

Lectura bíblica: Génesis 5:18-27; Hebreos 11:1-6

Plan para leer la Biblia en un año: Romanos 15:22-33; Salmos 107, 108

Caminó, pues, Enoc con Dios.

GÉNESIS 5:24

EL CAMINAR DEL CREYENTE

La genealogía en Génesis 5 menciona que Enoc caminó con Dios. De los demás está escrito que vivieron, pero dice de Enoc que caminó con Dios. El caminar de Enoc agradó tanto a Dios que Dios lo traspuso, y desapareció. No murió ni fue enterrado. Hebreos 11:5 dice: "Por la fe Enoc fue traspuesto para no ver muerte."

"Caminar" usado de esta forma en las Escrituras significa "una decisión categóricamente voluntaria de seguir cierto curso en la vida". Enoc no solamente vivió una vida justa, sino que también vivió por la fe.

Esta fe está disponible a los creyentes todavía hoy para ayudarles a caminar en justicia. Debemos caminar en vida nueva porque estamos bajo la gracia (Romanos 6:14). "Porque por fe andamos, no por vista" (2 Corintios 5:7). Creemos en Dios aunque no lo vemos.

Los creyentes andan en el Espíritu, y por ese poder rehúsan satisfacer los deseos de la carne (Gálatas 5:16). Andan con fidelidad, dignos de la vida santa a la cual son llamados. Andan en amor, como también Cristo los amó. Miran con diligencia cómo andan, considerando bien las decisiones que toman (Efesios 4:1; 5:2, 15). Los creyentes andan en luz, como él está en luz, y tienen comunión unos con otros (1 Juan 1:7).

¿Cómo caminó Cristo? ¿Soy manso y humilde de corazón? Esto es el llamado supremo de los creyentes. Es un camino del cual no debemos avergonzarnos.

Wilmer S. Beachy, Liberty, Kentucky

Ninguno que poniendo su mano en el arado mira hacia atrás, es apto para el reino de Dios. Lucas 9:62

18 de agosto

Lectura bíblica: Colosenses 3

Plan para leer la Biblia en un año: Romanos 16; Salmos 109-111

Y vi salir de la boca del dragón, y de la boca de la bestia,
y de la boca del falso profeta, tres espíritus inmundos a manera de ranas.

APOCALIPSIS 16:13

EL VENENO MÁS MORTÍFERO

Pudiéramos creer que uno de los venenos más mortíferos en un animal se hallara en alguna gran serpiente. Pero en realidad procede de una pequeña rana: la rana dorada venenosa, hallada en el país de Colombia. El veneno de la rana dorada se produce en forma de una secreción de la piel. Más o menos la cienmilésima parte de un gramo del veneno es suficiente para matar a un adulto, si le entra al flujo sanguíneo. La mayoría de personas les tienen miedo a las culebras, pero nunca pensarían eso de una pequeña rana.

Como el veneno de la rana dorada, el pecado más pequeño puede llevar (y casi siempre lleva) a pecados más grandes. Demasiadas veces los pecados tales como una mentirita "blanca" son considerados solamente pecadillos. Desde el pecado en el huerto de Edén, la naturaleza humana ha sido tal que nos es fácil permitir que el pecado gobierne nuestra vida. Nos hace querer vivir según nuestros deseos en vez de seguir la voluntad de Dios. El pecado nos separa de Dios.

Cuando caemos en pecado, siempre debemos pedirle a Dios que nos perdone, ya que se necesita reconocer todo pecado ante él. Esto llevará al arrepentimiento verdadero. Jesús murió por toda la humanidad. Ahora los beneficios de aquella muerte, la salvación y el compañerismo restaurado con Dios están disponibles a todos los que responden en fe.

"Porque por gracia sois salvos por medio de la fe; y esto no de vosotros, pues es don de Dios; no por obras, para que nadie se gloríe" (Efesios 2:8-9).

Andrew Miller, Apple Creek, Ohio

El pecado es pecado, sin importar quién lo cometa.

Lectura bíblica: Hebreos 10:19-39

Plan para leer la Biblia en un año: 1 Corintios 1; Salmos 112-115

Con vuestra paciencia ganaréis vuestras almas.

LUCAS 21:19

UNA LECCIÓN SOBRE LA PACIENCIA

Un día hermoso de primavera planeábamos preparar el heno, pero Dios tenía planeado algo de valor eterno.

En los días de la primavera pasamos bien ocupados con preparar el heno y sembrar los granos. Una tarde entre otros trabajos revisé un campo de heno y me di cuenta de que ya estaba lo suficiente seco para embalar. Estaba listo un día más temprano de lo que esperaba. Pero a esa hora ya había rocío, así que tenía que dejarlo para el siguiente día. La siguiente mañana, en el culto familiar, específicamente le pedí al Señor que nos ayudara con el empaque y el almacenaje del heno. Me enorgullecía en producir heno de alta calidad, y éste ya había pasado del momento más favorable.

Después del desayuno hubo otra cosa que exigía atención inmediata, y todo el día parecía que no progresábamos. Esa tarde al ponerse el sol, al fin estábamos listos para iniciar la rastrillada y empezar a empacar, pero ya estaba comenzando a haber rocío otra vez.

Al darme cuenta de cómo el Señor había contestado mi oración egoísta, sentí un dolor en el corazón. Más de lo que necesitábamos el heno, yo necesitaba una buena lección de esperar pacientemente a Jehová. Necesitaba una lección profunda en cuanto a negarme a mí mismo, esperar a Dios y poner la mira en las cosas celestiales.

Como dice la lectura bíblica: "Porque os es necesaria la paciencia, para que habiendo hecho la voluntad de Dios, obtengáis la promesa" (Hebreos 10:36).

Que sea nuestra meta el buscar primeramente el reino de Dios y su justicia, y así él suplirá todas nuestras necesidades espirituales y físicas. Dios sabe lo que es mejor para nosotros. "Y sabemos que a los que aman a Dios, todas las cosas les ayudan a bien, esto es, a los que conforme a su propósito son llamados" (Romanos 8:28).

Enos R. Martin, Harrodsburg, Kentucky

Podemos tener victoria sobre
la impaciencia cuando la carne está crucificada.

20 de agosto

Antes sed benignos unos con otros, misericordiosos, perdonándoos unos a otros, como Dios también os perdonó a vosotros en Cristo.
EFESIOS 4:32

"PERDÓNANOS NUESTRAS DEUDAS . . .

. . . como también nosotros perdonamos a nuestros deudores." Alguien notó esta petición en la oración del Señor y la llamó "la oración más peligrosa". ¿Puedo sugerir que la consideremos de manera positiva?

El corazón perdonador es el terreno fértil en el cual crece el fruto de la misericordia sin los estorbos de la mala voluntad, la animosidad, la arrogancia ni el menor engreimiento. Un autor destacado dice del perdón: "Debemos comprenderlo. Las relaciones no prosperan porque los culpables sean castigados, sino porque los inocentes son misericordiosos."

Cuando alguien nos hace algún daño, podemos responder de tres formas: con enojo, venganza o perdón. Los primeros dos, como ya sabemos por experiencia, son autodestructivos, así que solamente nos queda el perdón.

Para que no vacilemos en perdonar, consideremos esto: "Hay algo parecido a lo divino cuando se decide perdonar. El perdón es un regalo; es misericordia. Es un regalo que he recibido y que también he dado. En ambos casos ha sido completamente satisfactorio." (Tomado de *Why Forgive?* por Christoph Arnold).

En ninguna relación es más importante el perdón como en el matrimonio. Hubo un marido que fue infiel a la esposa. Ella se dio cuenta y se sintió destrozada. Con intención de hallar sanidad para sus heridas, hicieron un viaje juntos. En la décima noche del viaje, el esposo halló una nota sobre su almohada. La nota decía: "Siempre quiero seguirte acompañando. Te amo. Te perdono. Sigamos adelante."

¿Por qué no perdonar? No tenemos absolutamente nada que perder.

Jerry Yoder, Auburn, Kentucky

Te has enriquecido hoy, si has perdonado.

21 de agosto

Lectura bíblica: Judas

Plan para leer la Biblia en un año: 1 Corintios 3; Salmo 119:1-48

Conociendo, pues, el temor del Señor, persuadimos a los hombres;
pero a Dios le es manifiesto lo que somos;
y espero que también lo sea a vuestras conciencias.
2 CORINTIOS 5:11

¿ESTAMOS PREOCUPADOS?

Hace poco un policía me dio la orden de detenerme por conducir sin tener el cinturón de seguridad abrochado. Reconocí al oficial como uno con quien antes había hablado sobre el tema, y esperaba una multa.

No me opongo a usar el cinturón; más bien creo que es una buena precaución. Sin embargo, a pesar de lo que crea en cuanto al cinturón, a veces se me olvida abrochármelo. En nuestra plática esa mañana, le aseguré al oficial que el hecho de que no tenía puesto el cinturón fue resultado del olvido y no de la rebeldía. Estaba muy agradecido de que me diera solamente una advertencia verbal.

En nuestra plática, el oficial me dijo:

—Tim, te paré porque estoy preocupado por tu seguridad. —Sé que es su oficio exigir que se cumpla la ley, pero sentí que en ese momento no solamente estaba cumpliendo con su deber, sino que sinceramente se preocupaba por mi seguridad en los caminos resbaladizos por la nieve.

Si vemos que alguien está en una posición peligrosa y no se da cuenta, tratamos desesperadamente de avisarle. Esto es un reto para mí, espiritualmente. ¿Estoy dispuesto a parar a las personas en la autopista de la vida y mostrar una preocupación sincera por sus almas? ¿Estoy dispuesto a arriesgarme aunque me tengan por fanático? ¿Estoy dispuesto a sacar el rato para advertir a otros del peligro eminente? Las advertencias físicas ni se pueden comparar con las advertencias espirituales. El peligro de la condenación eterna es real y cercano para muchos a nuestro alrededor. Persuadamos a los hombres. Adelantémonos para Dios.

Tim Burkholder, Burns Lake, Columbia Británica

No dejes para mañana lo que puedes hacer hoy.

22 de agosto

Tú has probado mi corazón, me has visitado de noche;
me has puesto a prueba, y nada inicuo hallaste;
he resuelto que mi boca no haga transgresión.

SALMO 17:3

LA INTEGRIDAD

Recientemente he sido nuevamente impresionado con la integridad del rey David. En el versículo dos de la lectura bíblica, su vindicación viene de la presencia de Dios, juez justo. Después en el versículo tres, declara que Dios no halló nada inicuo en su corazón porque ha resuelto que en su boca no haya transgresión. En el contexto de este versículo está clamando a Dios y rogando su atención en el versículo uno, porque su oración es sincera y sin fingimiento.

David tiene el testimonio dado por Dios mismo de ser un varón conforme a su corazón (Hechos 13:22). Vemos evidencia clara de la devoción y del amor de David para con Dios en la forma en que fue conmovido a actuar cuando oyó a Goliat desafiar a los ejércitos del Dios vivo. David sabía que la fuerza y las armas de Goliat eran inútiles en su contra. En la integridad del corazón, sabía que Jehová no dependía de la fuerza humana para vencer al gigante, porque de Jehová era la batalla.

En estos días, la guerra no es física, sino espiritual. Estamos en guerra espiritual en contra de las acechanzas del diablo. No podemos ganar la victoria por nuestra propia fuerza, como tampoco la pudo ganar Goliat por su fuerza y sus armas.

Debemos entregar nuestra voluntad a Dios diariamente, teniendo la vida escondida en Cristo por la sangre que él derramó en la cruz. Debemos poner la mira en las cosas de arriba, donde está Cristo sentado a la diestra de Dios. Así podemos tener la esperanza viva como la tenía el rey David: "En cuanto a mí, veré tu rostro en justicia; estaré satisfecho cuando despierte a tu semejanza" (Salmo 17:15).

Enos R. Martin, Harrodsburg, Kentucky

El hombre de integridad es un hombre conforme al corazón de Dios.

23 de agosto

Lectura bíblica: Lucas 15:1-10

Plan para leer la Biblia en un año: 1 Corintios 5; Salmo 119:105-176

Anduvieron perdidas mis ovejas por todos los montes, y en todo collado alto (. . .) y no hubo quien las buscase, ni quien preguntase por ellas.

EZEQUIEL 34:6

LOS HIJOS PERDIDOS

Mientras servía en una misión en Ghana, África Occidental, fui llamado a una casa vecina para ayudarles. Mi hijo mayor andaba conmigo, pero dejé al menor en la casa. Para llegar a la otra casa, tuvimos que pasar por un taller mecánico al aire libre, un lote abandonado, una pequeña cantina y un taller de pintura donde muchas veces se congregaban los vagabundos.

Hice lo que me habían llamado a hacer y estaba platicando con los de la casa cuando alguien abrió la puerta y entró. ¡Era mi hijito de dos años! Imagínate el susto. Muchas cosas me pasaron por la mente. ¿Cómo sabía él adónde había ido yo? Vivimos contiguo a un barrio, y bien se hubiera podido perder en la oscuridad. Cuando regresábamos a casa, un borracho me detuvo para preguntarme:

—¿Por qué dejas que tus hijos salgan de noche?

Si tienes hijos pequeños, puedes imaginar el horror que sentí al imaginarme lo que le hubiera podido suceder a mi querido hijo. ¿Por qué permitió el Señor que sucediera esto? Creo que fue para que sintiera su poder protector, pero aun más para enseñarme cómo se siente él al ver a sus queridos hijos vagando perdidos por los barrios pobres del pecado.

Elvin Fox, Shiloh, Ohio

También tengo otras ovejas que no son de este redil;
aquéllas también debo traer. Juan 10:16

24 de agosto

Lectura bíblica: Juan 1:1-12

Plan para leer la Biblia en un año: 1 Corintios 6; Salmos 120-123

Mas la senda de los justos es como la luz de la aurora,
que va en aumento hasta que el día es perfecto.

PROVERBIOS 4:18

UNA LUZ QUE BRILLA

No debemos esperar momentos espectaculares para compartir la Palabra de Dios. Si no aprovechamos momentos sencillos, podríamos perder muchas oportunidades. Tal vez quisiéramos ser como Natán el profeta, y decir: "Tú eres aquel hombre"; o como Juan el Bautista que dijo: "Ella no es tu esposa". Jesús dijo que Juan el Bautista daba testimonio verdadero y que era "antorcha que ardía y alumbraba".

Debe ser nuestra meta ser antorcha que arde y alumbra, pero notemos Isaías 42:3: "Ni apagará el pábilo que humeare". Esto habla de un deseo con el cual Dios puede trabajar. Es un fuego que se está por apagar. Es una chispa que Dios puede atizar hasta que sea antorcha que arde y alumbra.

Cuando el Señor mandó a Ananías que fuera a poner las manos sobre Pablo, Ananías fue. En este relato Ananías se menciona por primera vez en la Biblia, y solamente se menciona una vez más después. ¿Será que no estaba sirviendo a Dios eficazmente antes de este incidente? Claro que le servía, o el Señor no lo hubiera utilizado en esta ocasión. Ananías fue obediente. Estaba preocupado por su propia seguridad, pero fue de buena gana cuando Dios le aseguró de que todo estaría bien. Dios lo usó para ayudar a Pablo, y después usó a Pablo para satisfacer otras necesidades.

El Señor no siempre nos da una posición sobresaliente, pero siempre nos da alguna responsabilidad. Él pide que tengamos un corazón dispuesto que dice: "Señor, ¿qué quieres que yo haga?" (Hechos 9:6). El Señor puede hacer de esa chispa una antorcha que arde y alumbra.

Elvin Fox, Shiloh, Ohio

Una pequeña candela es mejor que ninguna.

25 de agosto

Lectura bíblica: 1 Pedro 4

Plan para leer la Biblia en un año: 1 Corintios 7:1-24; Salmos 124-127

Hermanos, no os quejéis unos contra otros, para que no seáis condenados; he aquí, el juez está delante de la puerta.

SANTIAGO 5:9

¿YO, GUARDAR RENCOR?

El gran pastor metodista, Charles Allen, escribió que cuando estudiaba en cuarto grado, el director de la escuela lo maltrató. No cabía lugar de duda. El hombre deliberadamente le trató injustamente porque no se llevaba con el padre de Charles. La familia Allen después se mudó a otro pueblo y pasaron los años.

Un día cuando Charles pastoreaba su primera congregación, oyó que su viejo antagonista buscaba trabajo en las escuelas de la zona. Charles sabía que si él les pondría alguna queja referente a aquel hombre a sus amigos de la junta escolar, no lo emplearían.

"Salí para ir a hablar con los de la junta, y de repente me percaté de lo que hacía. ¡Intentaba representar a Aquel que fue clavado a una cruz, y yo guardaba rencor! Darme cuenta de eso fue una experiencia humillante. Volví a entrar en la casa, me arrodillé al lado de la cama, y dije:

»—Señor, perdóname este pecado; nunca más seré culpable del mismo error. —Aquella experiencia y aquella promesa que hice son entre las mejores cosas que han sucedido en mi vida."

Conocemos a una familia que ha tenido muchas luchas. Hubo problemas entre el marido y su esposa. La hija mayor se fue de la casa a los dieciséis años. Nunca regresaba a casa sin asegurarse primero de que su padre no estuviera. En el transcurso de los años, todos los hijos se fueron del hogar y de la comunidad.

Los padres todavía no eran tan ancianos cuando la madre falleció de repente. Ninguno de los hijos estaba, y el esposo estaba ausente por asuntos de negocio. Los vecinos la encontraron y reportaron su muerte. No hubo oportunidad para ninguna reconciliación, ningún adiós, ningún abrazo, ningunos planes, ningún tiempo para expresar remordimientos.

Hermano, si tienes desacuerdos, cualquier cosa que debes confesar, cualquier cosa que debes poner en orden o cualquier rencor que debes perdonar, no esperes hasta mañana. Mañana puede ser demasiado tarde.

Melvin L. Yoder, Gambier, Ohio

No vale la pena guardar ningún rencor.

26 de agosto

Pero si os mordéis y os coméis unos a otros,
mirad que también no os consumáis unos a otros.

GÁLATAS 5:15

PELEEMOS LA BUENA BATALLA

Oí el relato de un hombre que tenía dos gallos que inscribir en una pelea de gallos. Estaba ocupado el día de la pelea, así que trabajó hasta que fuera tiempo de salir. Apresuradamente metió los dos gallos en el portaequipaje del automóvil y salió para su destino, a dos horas de distancia. Cuando llegó y abrió el portaequipaje, encontró muchas plumas y sangre, y dos gallos muertos. Me impresionó el comentario que hizo aquel hombre: "Ay, se me olvidó informarles que eran del mismo equipo".

Así también nosotros tenemos que entender que todos somos del mismo equipo. Es Satanás que causa el conflicto, no es el hermano con quien tienes problemas. La siguiente vez que tengas algún conflicto con alguien, acuérdate que son del mismo equipo.

No hagas volar las plumas ni utilices las herramientas que Satanás te ofrece: el odio, la envidia y la contienda. No trates de arruinar la reputación del hermano contando el incidente a todos los demás. No nos mordamos ni nos consumamos los unos a los otros, sino unámonos en contra de los dardos de Satanás. No dejemos que él se meta en medio de nosotros.

Mel Wenger, Denver, Pensilvania

Pasemos por alto las toperas y movamos las montañas.

27 de agosto

El fin de todo el discurso oído es este: Teme a Dios, y guarda sus mandamientos; porque esto es el todo del hombre.

ECLESIASTÉS 12:13

LA VERDADERA CONSAGRACIÓN

Desde el principio de nuestra vida cristiana, debemos recordar quiénes somos. Somos indignos de llevar el nombre "cristiano", con excepción de lo que Cristo hizo por nosotros. Dios nos limpió de toda nuestra impureza. Ahora quiere ver una entrega completa y un compromiso voluntario para él. Eso hace imposible que seamos cristianos secretos y pone en nosotros un deseo fuerte de cumplir la voluntad de Dios.

Debemos creer con certeza que Dios se agrada cuando nos sacrificamos a nosotros mismos por el bien de los demás. En el sacrificio verdadero usamos nuestra fuerza, nuestro tiempo y nuestros recursos para glorificar a Dios y dirigir a los demás a Cristo. Recordemos que el cristiano es la Biblia del impío. Nuestra vida debe mostrar una consagración verdadera. Nuestro corazón debe estar de acuerdo con la santa Palabra de Dios para reflejar la imagen verdadera de nuestro Maestro, Jesucristo. Sin esta sumisión completa y voluntaria a la voluntad de Dios, él no puede obrar en nosotros para perfeccionarnos.

El diablo hace guerra continua y feroz contra nuestra alma. La consagración nos pondrá en la zona activa. Aunque esta consagración completa se oponga a la naturaleza humana, a Dios le agrada mucho.

Nuestro mejor ejemplo es el Hijo de Dios. Cansado, rendido, hambriento y torturado, nunca vaciló en su resolución. Entregó su vida a cumplir la voluntad del Padre hasta el fin (Juan 4:34).

Samuel Okoth Oliech, Nakuru, Kenia

Si no te sacrificas, eres artificial.

28 de agosto

Lectura bíblica: Salmo 77

Plan para leer la Biblia en un año: 1 Corintios 9; Salmos 136-138

No nos cansemos, pues, de hacer bien;
porque a su tiempo segaremos, si no desmayamos.

GÁLATAS 6:9

NUNCA TE DES POR VENCIDO

Hace poco nuestra familia hizo un viaje a Canadá occidental. Todo iba bien hasta acercarnos al final del viaje, cuando nos dimos cuenta de que habíamos perdido un rollo de fotografías sin revelar.

Esto nos causó algo de ansiedad esa mañana, y comencé a hacer llamadas telefónicas, tratando de encontrar el rollo perdido. Después de una búsqueda fútil, abandonamos la esperanza de encontrar aquellas fotografías. Les pedimos a nuestros amigos que tomaran algunas fotografías para ayudar a llenar el espacio en blanco en nuestro álbum.

Tres o cuatro meses después del viaje, ¡recibimos un paquete por correo que contenía nuestras fotografías ya reveladas! ¿Quién habría podido esperar que esto aconteciera? Nos habíamos detenido al lado de la carretera para tomar unas fotografías, y de alguna manera este rollo se nos había caído del vehículo. Como un mes después, un hombre lo halló y se lo llevó a la casa. Después de unos días lo reveló y llevó las fotografías a la RCMP (Real Policía Montada del Canadá), que al investigar descubrió el número de placa de la camioneta de nuestro amigo en una de las fotografías. La RCMP envió las fotografías a mi amigo, que luego nos las envió a nosotros.

Si eres padre, profesor, predicador o te sientes un don nadie, por favor no te des por vencido. A veces te sentirás confundido, como el escritor del Salmo 77, pero ¡no te des por vencido! Dios te está preparando para algo.

Es difícil, pero tratemos de enfocar lo que Dios ha hecho en el pasado (versículos 10-20) y recordemos que después de la tormenta, alumbrará el sol.

Richard Martin, Bancroft, Ontario

Nunca eres perdedor hasta que te des por vencido.

29 de agosto

Los elementos ardiendo serán deshechos,
y la tierra y las obras que en ella hay serán quemadas.

2 PEDRO 3:10

¡QUÉ PIEDRAS!

La lectura bíblica de hoy demuestra que el templo todavía era una atracción impresionante en aquella época. Los discípulos le mostraron esto a Jesús, pero no recibieron la reacción que esperaban. Jesús no se interesaba en ese edificio magnificente porque sabía que ya había cumplido su función. Después de su resurrección, el Espíritu Santo vendría a vivir en el corazón de las personas en vez de en una estructura hecha por el hombre. Jesús les informó a los discípulos que, lo que ahora consideraban tan glorioso, un día sería reducido a un montón de escombros. Además, les informó de las pruebas que los futuros cristianos enfrentarían.

Hoy en día hay muchos logros impresionantes, cuando se miden por las normas humanas; pero aun los proyectos más complejos son despreciables comparados con la sabiduría de Dios. Como cristianos, también podemos asombrarnos de la magnificencia de las maravillas de la ingeniería, pero debemos considerar que toda cosa terrenal está sujeta a la destrucción. Todo será destruido al final por desastres naturales, a manos del hombre, o en la venida de Cristo. Los ataques contra las torres gemelas en la ciudad de Nueva York mostraron lo rápido que esto puede ocurrir.

¿Qué podemos aprender de esto? Nos debe recordar a no dedicar demasiado tiempo, esfuerzo y dinero en nuestras casas, fincas o negocios. ¿Estamos apegados a las cosas de este mundo? ¿Tenemos a Jesús por nuestro fundamento, de manera que cuando sean derribadas las cosas de este mundo, aún tendremos en qué sostenernos?

Tal vez la próxima vez que veamos con asombro algún objeto hecho por el hombre, nos recuerde de lo rápido que una cosa puede ser destruida. También nos debe recordar cuáles cosas son en verdad importantes.

Darrell Frey, Drayton, Ontario

No mire las cosas que se ven, sino las que no se ven.

30 de agosto

Por nada estéis afanosos, sino sean conocidas vuestras peticiones delante de Dios en toda oración y ruego, con acción de gracias.
FILIPENSES 4:6

HURACÁN ISABEL

El huracán Isabel, de categoría tres, se acercaba a la costa oriental de los Estados Unidos con vientos de 170 kilómetros por hora. Esperaban que fuera a golpear a Pamlico Sound, Carolina del Norte. Por la tecnología moderna, los residentes del área tuvieron varios días de aviso. Casi todos hicieron caso a las advertencias e hicieron preparaciones. Los negocios sellaron las ventanas y la gente acaparó provisiones.

Unos días antes que llegara el huracán, entré en el pueblo para hacer un mandado y casi fui arrastrado por el frenesí en un gran comercio que visité. Llamé a mi esposa por el celular para asegurarme de que no ocupara ningunas provisiones. Calmadamente me dijo que no necesitaba nada, y salí del negocio sin nada más que un corazón lleno de aprecio por Dios.

El día antes del huracán no se podían hallar dinamos. Muchos supermercados tenían secciones vacías. La mercadería que sí había se vendía a un precio exagerado. Sí, decidimos ser prudentes, y sacamos las linternas de mano para revisarles las baterías. También almacenamos agua embotellada y mi esposa horneó pan.

Tuve que recordar la amonestación de Jesús en el Sermón del Monte. Él les dijo a los oyentes que no se preocuparan por su vida y que confiaran en que él supliría sus necesidades. Explicó que debían buscar primeramente el reino de Dios y su justicia.

Hubo muchos daños, pero nuestra zona no fue tan afectada como otras. Hubo muchos árboles caídos y muchos bienes fueron destruidos. En nuestra casa no hubo energía eléctrica por casi una semana.

En medio de la tormenta, reflexioné en que Dios es el dador de la vida. Muchos corren de aquí para allá, preocupados, pero él suplirá las necesidades básicas para los que le buscan. Jesús dice que él es el pan, el agua, y la fuente de vida.

H. Nelson Hinds, Knotts Island, Carolina de Norte

Podemos tener paz en medio de la tormenta.

31 de agosto

Lectura bíblica: Isaías 59

Plan para leer la Biblia en un año: 1 Corintios 11:1-16; Salmos 144, 145

Muy limpio eres de ojos para ver el mal, ni puedes ver el agravio.

HABACUC 1:13

LA MURALLA MÁS GRANDE

Déjenme contarles acerca de la muralla más grande del mundo. Seguramente ya han oído hablar de la gran muralla de China. Su gran tamaño y la tremenda cantidad de mano de obra involucrada en su construcción casi sobrepasan la imaginación. Se extiende por 8,850 kilómetros de largo; se construyó como defensa contra los invasores del norte. Esta muralla tiene una altura de aproximadamente ocho metros y un grosor de seis metros.

Pero ¿se dan cuenta que ésta no es la muralla más grande del mundo? ¿Puedes creer que hay una más grande? Sí, es cierto; hay una más grande.

Muchos libros de historia no cuentan esta triste historia. La muralla más grande se construyó mucho antes que la gran muralla de China. Debemos regresar al mundo perfecto recién creado por Dios. En sus instrucciones a Adán y Eva, Dios incluyó solamente una prohibición: "No coman del árbol de la ciencia del bien y del mal". Tristemente, Adán y Eva desobedecieron y comieron de él. Al momento de la desobediencia, se erigió una terrible muralla que alcanzaba hasta el cielo. El pecado la construyó.

Donde una vez había comunicación perfecta entre Dios y el hombre, ahora hay una creación empañada. Satanás se deleitó al ver la construcción de la muralla más grande. Pero aun mientras las tinieblas caían sobre esta muralla, una chispa brillante de esperanza se podía ver en el corazón amante de Dios: la promesa de un Salvador (Génesis 3:15).

Joshua Yoder, Clarkson, Kentucky

Ningún pecado es pequeño porque todo pecado se opone a Dios.

1 de septiembre

Y Jesús le dijo: Ninguno que poniendo su mano en el arado mira hacia atrás, es apto para el reino de Dios.

LUCAS 9:62

EL COMPROMISO

Hace poco nuestra familia visitó la cueva Mammoth. Antes de comenzar, el guía nos advirtió que el paseo sería algo agotador, y que había unas partes estrechas por las cuales habría que pasar. Aconsejó que cualquier persona con limitaciones físicas o miedo de los lugares estrechos debiera reconsiderar.

Nos llevaron a la entrada de la cueva en autobús. Allí el guía repitió su advertencia, diciéndonos que una vez comenzado el viaje, no había regreso. Después iniciamos el paseo. Muy pronto entendimos sus advertencias. El paso era posible, pero para algunas personas podría haber sido agotador y estresante.

Iniciamos la caminata de más de tres kilómetros con este guía. No había como regresar. Tuvimos que confiar en el liderazgo de este joven desconocido. Su uniforme y su manera autoritaria nos infundían seguridad. Procedimos y no fuimos decepcionados. Vimos la cueva y salimos sin problema por otra salida.

Dios nos llama a esa misma clase de compromiso, y aun más. Nuestro compromiso afecta nuestro destino eterno. Cristo es nuestro guía. Nosotros tomamos la decisión. Pero una decisión sin compromiso no logra nada. Noemí le rogó a Rut a considerar el costo antes de comprometerse al pueblo de Dios. Si queremos tener éxito en la vida cristiana, debemos estar comprometidos. Lo debemos escoger como un camino de una vía que es el único que lleva a la victoria.

Algunas personas inician la vida cristiana con una mentalidad de "Lo voy a probar". Pero no es ésa la manera de Dios. El compromiso es entregarse al que conoce el camino que tenemos por delante. El compromiso es el único camino seguro a la salvación.

Delmar R. Eby, London, Kentucky

Comprométete con Dios, pues él ya se ha comprometido contigo.

2 de septiembre

Lectura bíblica: Josué 6:1-20

Plan para leer la Biblia en un año: 1 Corintios 12:1-19; Salmos 148-150

El respondió: No; mas como Príncipe del ejército de Jehová he venido ahora. Entonces Josué, postrándose sobre su rostro en tierra, le adoró; y le dijo: ¿Qué dice mi Señor a su siervo?

JOSUÉ 5:14

LA ILUSIÓN DEL CONTROL

Para la mayoría, la vida diaria puede ser bastante previsible. Planeamos la agenda y muchas veces logramos lo que planeamos. Después tendemos a sentirnos orgullosos y atribuir el éxito a la buena administración. Pero todo es una ilusión.

Consideremos el cuadro total. Nuestra vida es un vapor. Somos un puntito microscópico en un terroncito llamado tierra, en un mar de estrellas llamado la Vía Láctea, que a su vez es sólo un puntito entre miles de millones de galaxias. Pero todavía nos aferramos al timón y deseamos estar en control.

De repente enfrentamos algo que está completamente fuera de nuestro control. Dios nos llama a un momento de entrega personal, no para que perdamos, sino para que ganemos.

Considera a Josué, un líder poderoso enfrentando un desafío mucho más grande que los recursos que tenía. ¿Cómo venció el desafío? ¡Por medio de entregarse a la voluntad de Dios!

Dios nos pone cara a cara con cosas mucho más grandes que nosotros mismos, para llevarnos cara a cara consigo mismo. Si nos postramos ante él en completa sumisión, entregando el control de la vida, seremos más eficaces de lo que fuimos antes. ¡Dejemos de atrasar y permitamos que el poder de Dios tome control!

Parecemos creer que estamos en control de nuestro pequeño mundo. Intentamos alcanzar el éxito por controlar nuestra vida. Pero si soltamos ese control y lo entregamos a las manos de Dios, él nos dará respuestas y soluciones que nunca hubiéramos podido imaginar. Lo único que en verdad estaremos soltando es una ilusión de control.

Lester K. Burkholder, Fredericksburg, Pensilvania

Si permites que Dios te guíe,
también te proveerá de lo que necesitas.

3 de septiembre

Lectura bíblica: Éxodo 10:21-29; Mateo 6:19-23

Plan para leer la Biblia en un año: 1 Corintios 12:20-31; Proverbios 1-2

La luz en las tinieblas resplandece,
y las tinieblas no prevalecieron contra ella.

JUAN 1:5

¿CUÁN OSCURAS SON ESAS TINIEBLAS?

La madrugada era tan oscura, cuando salí con mi primera carga del día, que aun con los faros en alto, casi no parecían penetrar la oscuridad. Me acordé de la plaga de tinieblas que Dios mandó sobre Egipto. Aun con esta oscuridad tan densa, me costaba imaginar unas tinieblas tan densas que se podían palpar.

También leemos en la Biblia de otras tinieblas. Son las tinieblas que moran en nosotros si no seguimos las enseñanzas de Dios. En Mateo 6:22-23 leemos que nuestros ojos dejan entrar la luz al cuerpo. No solamente dan entrada a la luz natural, sino que también dejan entrar cosas buenas o malas en la mente y en el corazón. Si entrenamos los ojos a buscar solamente lo que es bueno, entonces el cuerpo (o corazón) estará lleno de luz. Pero si dejamos que los ojos se alimenten de cosas malas, entonces el cuerpo (o corazón) estará lleno de tinieblas. Esas tinieblas son más oscuras que las que experimenté aquella madrugada.

El versículo clave también indica que la luz (Jesucristo) resplandeció en las tinieblas (el mundo), y que las tinieblas no prevalecieron contra ella. La luz siempre tiene más poder que las tinieblas. Cuando la luz de Cristo alumbra el corazón, ¡las tinieblas tendrán que huir!

Los ojos son una parte vital del cuerpo. Graban en la mente lo que vemos. Tengamos cuidado dónde miramos para que la luz de Jesús alumbre nuestro corazón.

Joe Miller, Hartville, Ohio

Más se aprende por la observación que por la enseñanza.

4 de septiembre

Lectura bíblica: 1 Corintios 8

Plan para leer la Biblia en un año: 1 Corintios 13; Proverbios 3, 4

Y Jesús decía: Padre, perdónalos, porque no saben lo que hacen. Y repartieron entre sí sus vestidos, echando suertes.

LUCAS 23:34

"NO HAY PARA ELLOS TROPIEZO"

¿Alguna vez has dejado que alguien te hiciera tropezar? ¿Alguna vez has lamido aquellas heridas que creíste ser muy profundas, o has alimentado la compasión de ti mismo? Tal vez fue algo que se dijo en una plática casual, alguna broma de ti o alguna exhortación de un hermano.

Si alguna vez te sientes tentado a ofenderte con tu hermano, considere el daño que te harás a ti mismo. "El hermano ofendido es más tenaz que una ciudad fuerte, y las contiendas de los hermanos son como cerrojos de alcázar" (Proverbios 18:19). Si le permites a tu carne el lujo de ser ofendido, la carne será como una ciudad fuerte y cerrojos de un castillo en contra la salvación de tu alma.

Hay una ley de la que habla el salmista que haríamos bien en recordar. "Mucha paz tienen los que aman tu ley, y no hay para ellos tropiezo" (Salmo 119:165). Dice que "no hay para ellos tropiezo." Si tenemos la paz que viene de la Palabra de Dios, nada nos podrá hacer tropezar. Si pasamos el tiempo suficiente con Dios, y si permitimos que su Palabra y su Espíritu llenen nuestra vida, será imposible que nos ofendamos, sin importar qué se nos haga o qué se diga de nosotros. La Palabra de Dios es eficaz y puede ayudarnos a tener una relación con él que causará que nunca tropecemos. Entonces podemos animar a los que caen en la trampa de ser ofendidos.

Tim Burkholder, Burns Lake, Columbia Británica

Primero guarda la paz dentro de ti,
así también podrás llevar paz a los demás. – Kempis

5 de septiembre

Lectura bíblica: Hechos 2:22-36

Plan para leer la Biblia en un año: 1 Corintios 14:1-20; Proverbios 5, 6

La esperanza que se demora es tormento del corazón;
pero árbol de vida es el deseo cumplido.
PROVERBIOS 13:12

¿DESANIMADO?

¿Alguna vez has estado desanimado? Yo sí. De hecho, estuve desanimado esta misma semana. Ni me di cuenta hasta que fue muy tarde. A Satanás le encanta atacarnos con el desánimo.

Oí la historia de un hombre que soñó que hablaba con Satanás. Satanás lo llevó a su arsenal para darle un paseo. Primero le enseñó los carros de ataque y la artillería pesada. Después fueron a ver los fusiles pequeños y las espadas. Tenía muchas clases de maquinaria y armas para cada situación. Las usaba contra toda clase de personas. Al salir, el hombre notó un pequeño bate de cabo corto en una esquina. Curioso, el hombre le preguntó a Satanás para qué usaba el bate.

—Ah —dijo Satanás—. Ésa es mi arma más eficaz. La llamo el garrote del desánimo.

Satanás entiende la eficacia del desánimo. Lo utiliza para desarmar al cristiano. Cuando el cristiano pierde el ánimo, también pierde el poder que necesita para la victoria, resultando en fracaso espiritual. Después Satanás lo acusará de que ya no es cristiano.

Dios aborrece el desánimo y ha provisto el remedio. Yo lo encontré. ¡Es la Biblia! Después que estudié el segundo capítulo de Hechos, me sentí como un nuevo hombre: un hombre con una meta, una visión y un corazón nuevo. ¡Gracias a Dios por su Palabra que se puede usar eficazmente contra el garrote del desánimo!

Harold R. Troyer, Belleville, Pensilvania

---

*Piensa menos en el poder que las circunstancias tienen sobre ti,
y más en el poder de Cristo que está en ti.*

6 de septiembre

Lectura bíblica: Proverbios 22:1-6; 4

Plan para leer la Biblia en un año: 1 Corintios 14:21-40; Proverbios 7, 8

De más estima es el buen nombre que las muchas riquezas,
y la buena fama más que la plata y el oro.

PROVERBIOS 22:1

LOS PIES EXTRAVIADOS

Hubo un muchacho rudo que asistía a una clase de escuela dominical y causaba muchos problemas. Al fin, después de consultar con los maestros, el supervisor lo llevó a la puerta un domingo con esta despedida severa:

—Allí está la calle; vete, y nunca regreses a esta escuela dominical.

—Nunca regresó, pero sí volvieron a oír de él. Comenzó una carrera de crimen y derramamiento de sangre que quizás nunca ha sido igualado en los tiempos modernos.

La policía de Chicago dio órdenes a sus oficiales de que lo apresaran vivo o muerto. Una tarde al acercarse él a la puerta de un teatro, sonó una ráfaga de tiros. John Dillinger no volvería a cometer ningún crimen.

Un periódico publicó una fotografía un tanto inusual. Mostró solamente los pies del malhechor. El comentario editorial hizo pensar al pueblo: "¿Quién sabe dónde podrían haber ido estos pies si alguien los hubiera dirigido al bien?"

¿Cuántos pies se desvían hoy porque no tenemos tiempo para los extraviados? ¿Cuántos se desvían al ver irregularidades entre nosotros? ¿Dudan de nosotros, o atraemos a las personas a Dios y a su iglesia?

Debemos comenzar a entrenar a la persona cuando es apenas un niño, para que sus pies no se desvíen. Hay que enseñarle el valor del buen nombre, que vale más que el oro y la plata.

Luchemos por una reputación piadosa que ayudará a dirigir a otros al camino correcto y que traerá gloria a Dios.

Melvin L. Yoder, Gambier, Ohio

La gracia de Dios alcanza a los perdidos, los últimos y los perdedores.

7 de septiembre

Lectura bíblica: Isaías 6

Plan para leer la Biblia en un año: 1 Corintios 15:1-32; Proverbios 9, 10

Las misericordias de Jehová cantaré perpetuamente;
de generación en generación haré notoria tu fidelidad con mi boca.

SALMO 89:1

LA VOZ DEL SEÑOR

Jehová mandó a Jonás que fuera a Nínive a pregonar en contra de ella. No sé si Jonás no entendía que Dios todo lo sabe y todo lo ve, o por qué intentó escapar de Dios huyendo a Tarsis. Dios trató severamente con él por no obedecer su mandato. Solamente después de aguantar la disciplina de Jehová estuvo Jonás dispuesto a ir a predicar a Nínive. Él no quiso cumplir con la obligación de predicar la Palabra de Dios.

La Palabra de Dios llegó a Elías en una cueva y le habló por medio de un silbo apacible y delicado, diciéndole que fuera a Damasco a ungir a Hazael rey sobre Siria. Dios también llamó a Samuel, y Samuel respondió: "Habla, porque tu siervo oye." Éstos fueron llamados a cumplir el mandato de Dios.

¿Qué tal nosotros? Quizás Dios no nos llame con una voz audible, pero como hijos de Dios, hay muchas oportunidades para hacer su voluntad. Debemos mostrar compasión para con los que todavía andan en pecado. Si Dios nos habla, respondamos de forma positiva. Hagamos lo que Dios nos manda, y no sigamos el ejemplo de Jonás. Cuando Jehová habla, queremos escuchar, sea que nos hable por medio de las Escrituras, por el Espíritu o aun con una voz audible. Dios tiene trabajo para nosotros.

Amos Garber, Rosebush, Míchigan

Señor, danos una visión del trabajo que hacer.
Renueva la visión perdida de las almas que ganar.

8 de septiembre

Lectura bíblica: Isaías 53

Plan para leer la Biblia en un año: 1 Corintios 15:33-58; Proverbios 11, 12

Porque de tal manera amó Dios al mundo, que ha dado a su Hijo unigénito, para que todo aquel que en él cree, no se pierda, mas tenga vida eterna.
JUAN 3:16

¿QUÉ HARÁS CON EL HIJO?

Un rico de Inglaterra tenía una colección de pinturas muy costosas. Tenía solamente un hijo y lo amaba mucho. Pero el mundo estaba en guerra, y el hijo fue llamado a la guerra.

Pasaron unos meses, y al padre le hacía mucha falta su hijo. Un día le llegó la noticia: "Tu hijo fue muerto en batalla." El padre se desconsoló. Su único hijo estaba muerto.

Unos meses después un joven, que había sido compañero del hijo en la guerra, llegó a la casa del padre y le ofreció una pintura que él había hecho del hijo. La pintura no fue muy bien pintada, pero pronto llegó a ser la favorita del padre.

Pasó el tiempo, y el hombre envejeció y murió. Se anunció una subasta para vender sus posesiones. Vino gente de todo el mundo para comprar las pinturas excepcionales.

La primera pintura subastada fue la del hijo del difunto.

—¿Quién dará $1,000 para comenzar?" —Nadie ofreció—. ¿Quién da $100? —Nada. El subastador bajó a $50, después a $20, después a $10 y al fin hasta $5. La gente se estaba impacientando, pero el subastador insistía en vender esta pintura primero. Al fin, desde un rincón muy al fondo, un hombre ofreció los $5. Era un pobre que había sido vecino del difunto.

El gentío ahora instaba al subastador a seguir con las otras pinturas, pero él dijo:

—He vendido la pintura del hijo al hombre allá en el rincón, y la subasta se terminó. El testamento del difunto reza que el que compre la pintura del hijo recibirá todas las demás posesiones también. —El pobre en pocos minutos llegó a ser el más rico en aquel lugar, simplemente porque compró la pintura del hijo.

¿Qué estás haciendo con el único Hijo de Dios? ¿Lo rechazas como lo hace la mayoría? ¿O lo sirves fielmente, dedicándole toda tu vida a él? Tú también puedes cambiar los harapos del pecado por las riquezas de Cristo.

Jason Schlabach, Sugarcreek, Ohio

Hoy es el día de la salvación.

9 de septiembre

Lectura bíblica: Mateo 21:17-22; Lucas 13:6-9

Plan para leer la Biblia en un año: 1 Corintios 16; Proverbios 13, 14

Porque los caminos de Jehová son rectos, y los justos andarán por ellos.

OSEAS 14:9

LECCIONES DE LA HIGUERA

Un día Jesús y los discípulos andaban en el campo y Jesús vio una higuera. Tenía hojas, pero al buscar fruto, no halló ninguno.

Cristo busca fruto de sus hijos. Y tiene razón. Sin embargo, a veces tenemos apariencia de piedad, pero negamos la eficacia de ella. Cuando una persona comienza la vida cristiana, Cristo le da su mayor mandato: "Fructificad." ¡Qué triste cuando no se ve fruto y él después tiene que pronunciar su mayor maldición: "Nunca jamás nazca de ti fruto"!

Una profesión falsa e hipócrita pronto llega a la nada, al igual que la higuera que se secó. Los hipócritas pueden parecer tener vida por algún tiempo, pero sin fruto, su profesión pronto se marchitará.

La falta de fruto es resultado de una falta de fe en el plan de la salvación, una falta de compromiso por la causa de Cristo y un mal concepto del juicio de Dios. Solamente al poner nuestra confianza en el Señor Jesús traeremos fruto para la gloria de Dios. "De mí será hallado tu fruto" (Oseas 14:8).

Elvin Fox, Accra, Ghana

Padre, enséñame a dar prioridad a los valores eternos
que hacen que la vida valga la pena.

Lectura bíblica: Lucas 10:25-37

Plan para leer la Biblia en un año: 2 Corintios 1; Proverbios 15, 16

Él dijo: El que usó de misericordia con él. Entonces Jesús le dijo: Ve, y haz tú lo mismo.

LUCAS 10:37

EL HOMBRE DE CATEGORÍA

Se cuenta de un hombre que andaba en una zona de construcción. Vio a los trabajadores empujando y ejerciendo toda su fuerza para levantar una pared pesada mientras el supervisor corría de un lado para otro, dando órdenes.

El transeúnte se detuvo, se unió a los trabajadores, y con su ayuda la pared fue puesta en su lugar. Después el supervisor le agradeció al hombre por su ayuda.

—¿Pero, tú? —preguntó el transeúnte—. ¿Por qué no ayudabas?

—¿Yo? —preguntó el supervisor atónito—. ¿Yo? Pues yo soy director del proyecto.

El transeúnte sacó del bolsillo una tarjeta y la mostró al supervisor. Era el dueño de la compañía.

Al pasar por la vida, nos encontramos con personas de antecedentes, capacitaciones, personalidades y preferencias muy diferentes de lo que nos hemos acostumbrado. Si somos tentados a negar una palabra de ánimo o no ofrecer un servicio o una sonrisa a alguien, porque no alcanza nuestro nivel de aceptación, acordémonos que Cristo estima a todos. Jesús especializa en justificar a personas de todos los rangos sociales. Si rehusamos dar ánimo a alguien porque no encaja en nuestro molde, somos parecidos al supervisor que se sonrojó al ver que alguien de más rango que él hiciera lo que él consideraba muy humillante hacer.

Gracias a Dios que todavía hoy tenemos la oportunidad de arrepentirnos de nuestro egoísmo y extender la mano a los que están alrededor nuestro con bondad y amor.

Josh Eicher, Rosebush, Míchigan

El discípulo no es más que su maestro,
ni el siervo más que su señor. Mateo 10:24

11 de septiembre

Lectura bíblica: Marcos 13:24-37; Romanos 13:11-14

Plan para leer la Biblia en un año: 2 Corintios 2; Proverbios 17, 18

Mirad, velad y orad; porque no sabéis cuándo será el tiempo.
MARCOS 13:33

¿QUÉ HORA ES?

La frase: "¿Qué hora es?" se oye dondequiera que haya gente. Deseamos estar informados de la hora. Si no andamos reloj, dependemos de otros que sepan la hora.

Edward Gibbon dijo en su libro *La historia de la decadencia y caída del imperio romano*, que la caída de Roma se destacó por cinco atributos. El primero fue un amor creciente para la ostentación y el lujo (la opulencia). El segundo fue una diferencia creciente entre los muy pobres y los muy ricos. El tercero fue una indulgencia en extremo en las artes tales como la literatura y la música exótica. El cuarto fue una obsesión con el sexo. Y el quinto fue un cada vez mayor deseo de vivir a costa del estado.

Todo esto se parece a la sociedad que nos rodea hoy día. Hemos recorrido un largo camino desde 1453 a.C., pero estamos de vuelta en Roma. Somos expuestos a formas de manipulación que el mundo jamás ha conocido antes, tales como las técnicas psicológicas, las técnicas asociadas con las ciencias biológicas, y las maneras en que los medios de comunicación influyen en el comportamiento.

¿Cómo encontraremos el camino para estar a salvo cuando comiencen a caer del cielo las estrellas? Debemos estar familiarizados con la Palabra escrita de Dios. Debemos andar por fe y no por vista. Debemos recibir nuestra influencia de una congregación bíblica que a veces refrena nuestras emociones y dice: "Este es el camino; andad por él." No debemos estar demasiado familiarizados con los medios noticieros, pero sí debemos inundarnos en lo que vive y permanece para siempre. El mensaje nos llega: "Despiértate, tú que duermes (. . .) y te alumbrará Cristo" (Efesios 5:14).

Issac K. Sensenig, Ephrata, Pensilvania

Hacer recuento del tiempo no es tan importante
como hacer contar el tiempo.

259

12 de septiembre

Hablando entre vosotros con salmos, con himnos y cánticos espirituales, cantando y alabando al Señor en vuestros corazones.

EFESIOS 5:19

EL VALOR DEL CANTO

¿Te gusta cantar? A mí sí me gusta. El canto es una parte vital de la vida cristiana. Te puede ayudar a hallar la victoria. A Dios le encanta cuando las personas se reúnen y cantan de corazón.

Hay varios fines de cantar: honrar y glorificar a Dios, acercarnos los unos a los otros, acercarnos a Dios, inspirarnos, convencer a otros, y dar gozo y sanidad a los angustiados.

A veces en mi adoración personal, hojeo un himnario y canto una estrofa aquí y otra allá. Cuando estoy cansado y desanimado, sencillamente cantar me levanta el espíritu. Hay algo en el canto que me da un levantón en la vida cristiana. Sin embargo, si Jesucristo no está en el corazón y la mente, el canto no hace más que levantar las emociones.

¿Cuántas veces cantamos para los vecinos? ¿No es una experiencia de bendición cantar para los necesitados? No hay razón por qué avergonzarnos de permitir que se oiga nuestro canto en público.

Hace varios meses los jóvenes de nuestra iglesia tuvieron el privilegio de dar un programa en una de las cárceles de la cuidad. Disfruté mucho el cantar para los encarcelados.

Al cantar bendecimos no solamente a las personas para las cuales cantamos, sino que también a nosotros. Temo que muchas veces cantemos solamente por costumbre, y perdamos la bendición de cantar del corazón.

El mundo subraya la música. No nos dejemos atrapar por las normas mundanas. La música es un don de Dios. Mi oración es que Dios sea honrado y glorificado por medio de los cantos que nosotros los cristianos cantamos.

Mark Overholt, Whiteville, Tennessee

La emoción sin devoción es nada más que conmoción.

13 de septiembre

Lectura bíblica: Proverbios 12:1-23

Plan para leer la Biblia en un año: 2 Corintios 4; Proverbios 21, 22

No andarás chismeando entre tu pueblo.
No atentarás contra la vida de tu prójimo. Yo Jehová.

LEVÍTICO 19:16

LOS MALOS RUMORES

Una vez un predicador famoso asistió a una conferencia, pero su esposa no tenía deseo de asistirla. Así que la dejó con unos amigos. Muchas personas de diferentes localidades estaban en la conferencia.

Durante la conferencia un amigo lo llamó aparte y le preguntó:

—¿Qué es esto que oigo de que dejaste a la esposa?

El predicador respondió:

—No sé a qué te refieres.

—Bueno —dijo el amigo—, se ha regado el rumor de que dejaste a la esposa. Ya varias veces lo he oído.

Al principio el predicador no se podía imaginar de dónde originara tal rumor. Después se acordó. Durante un receso, él había estado rodeado de gente y todos parecían hablar a la misma vez. Alguien le había preguntado si su esposa estaba presente en la conferencia. Había querido explicar que la había dejado con unos amigos, pero solamente había alcanzado a decir: —La dejé —cuando fue interrumpido y nunca terminó lo que comenzó a decir. Alguien llegó a la conclusión de que él había abandonado a la esposa, y por respeto cambió de tema para que él no tuviera que hablar de eso. Así se comenzó el rumor, y ya que él era muy conocido, se esparció rápidamente.

La siguiente vez que predicó, aclaró el asunto públicamente. Pero ni así se terminó el asunto. Dos años después todavía persistían rumores de que él y su esposa no se llevaban.

Podemos creer que esto es un caso extremo que nunca nos sucedería. Pero aquellas semillas vienen sembradas en la naturaleza pecaminosa, y si no nos cuidamos, nacerán.

John Eicher, Fredericksburg, Ohio

Un rumor es algo que cuanto más se riega, más se tupe.

14 de septiembre

Lectura bíblica: Génesis 3:12-13; Éxodo 4:1-14

Plan para leer la Biblia en un año: 2 Corintios 5; Proverbios 23, 24

Cuando tenga oportunidad te llamaré.

HECHOS 24:25

LAS EXCUSAS

—¿Por qué lo hiciste a sabiendas?

—Bueno, Mamá —contestó el niño de cinco años—, sólo es que así sucedió. Vivimos en un mundo malo. El diablo me tentó y lo hice.

Nos extrañamos que un niño de cinco años salga con eso. La madre del niño hacía poco le había contado la historia de cómo Adán y Eva pecaron. Esa historia se ha repetido por muchos siglos. Se oyen muchas versiones de la excusa: "No tengo la culpa", tales como: "Podría ser buen profesor si mis alumnos tan sólo se portaran bien." "Podría ser buen esposo y buen padre si no fuera por mi esposa e hijos." "Podría ser buen pastor si la congregación fuera distinta." "Si él dejara de hacer eso, yo lo podría amar." "Si tan sólo reconociera su error, le podría perdonar." "Si él pensara como yo, podríamos llegar a un acuerdo."

Solamente al ver las excusas por lo que realmente son, nos damos cuenta de lo ridículas que son. Las excusas comenzaron cuando Adán y Eva pecaron. Son parte de la naturaleza pecaminosa que todos tenemos. Para muchos, buscar excusas es una alternativa al arrepentimiento. "Al fin de cuentas", decimos, "no fue culpa mía, así que, ¿por qué debo arrepentirme?" Las excusas impedirán a muchos entrar en el cielo. Las excusas no le convienen al cristiano.

Dejemos de poner excusas y de culpar a otros por nuestros problemas. Un sabio dijo que cuando todos los demás son los culpables, es hora de examinarse a uno mismo. Jesús se dispuso a morir para que no tuviéramos que buscar excusas, sino que podríamos ser perdonados. Aceptemos su perdón, porque las excusas no nos ayudarán cuando estemos ante Dios en el juicio.

Benjamin Christner, Cochranton, Pensilvania

Es imposible arrepentirte mientras buscas excusas.

15 de septiembre

Lectura bíblica: 1 Reyes 19:1-18

Plan para leer la Biblia en un año: 2 Corintios 6; Proverbios 25-27

Hermanos míos, tened por sumo gozo cuando os halléis en diversas pruebas.
SANTIAGO 1:2

LA MONTAÑA RUSA

Al examinar la vida de Elías, observamos que Dios lo usó grandemente en su obra. En 1 Reyes 18 leemos de cómo Dios le dio una gran victoria sobre los siervos de Baal. ¡Qué gozo sintió al triunfar sobre el reino de las tinieblas! En verdad Dios estaba a su lado.

El gozo de Elías rápidamente cambió en desánimo cuando Jezabel, la reina malvada, amenazó su vida. Mientras Elías rogaba a Jehová que le quitara la vida, su enfoque estaba en sí mismo. ¿No habría sido mejor preguntarle a Jehová qué debía hacer, en vez de pedirle que le quitara la vida?

Nosotros, como Elías, a veces dejamos que los sentimientos controlen nuestras reacciones a las cosas que Dios permite en la vida. Si cedemos a tales sentimientos, nos serán un estorbo en el servicio a Dios. Los sentimientos suelen subir y bajar según las circunstancias. Como una montaña rusa que lleva a los pasajeros en un paseo de muchos subibajas, así tienden a llevarnos nuestros sentimientos. Tal vez no tengamos control sobre dónde nos lleven en un momento desprevenido, pero, por la gracia de Dios, podemos decidir si nos quedaremos allí.

Como cristianos, tenemos mucho que agradecer. En momentos de desánimo, contemos las bendiciones que gozamos y cantemos algún canto que nos anime. Busquemos al Señor, el dador del gozo verdadero, y él nos estabilizará.

Robert Mast, Melvern, Kansas

Olvidemos los problemas y recordemos las bendiciones.

Lectura bíblica: Filipenses 4:4-13; Salmo 107:1-15

Plan para leer la Biblia en un año: 2 Corintios 7; Proverbios 28, 29

No lo digo porque tenga escasez, pues he aprendido a contentarme, cualquiera que sea mi situación.

FILIPENSES 4:11

EL MUCHACHO RICO Y EL HUÉRFANO

Habíase una vez un huérfano pobre a quien llamaremos Juancito. Juancito hacía mandados para ganar un poco de dinero, pero aun así muchas veces solamente comía pan seco. Un día estaba sentado al lado de la calle cuando un carruaje fino se detuvo justo donde él estaba sentado. Adentro vio a un caballero bien vestido y a un muchacho de su misma edad. Juancito miró su propia ropa remendada, y después de un momento dijo en voz alta:

—Ojalá pudiera cambiar de lugar con ese muchacho.

El muchacho en el carruaje oyó lo que dijo Juancito y le preguntó:

—¿De verdad te gustaría cambiar de lugar conmigo?

—Discúlpame —dijo Juancito—. No quería hacer que te sintieras mal.

—No importa —dijo el muchacho en el carruaje—. Solamente quería saber si en verdad quisieras cambiar de lugar conmigo.

Juancito vaciló un momento, y después dijo:

—Está bien; cambiemos.

Cuando el muchacho salió del carruaje, Juancito vio que era cojo y usaba muletas. Juancito pensó: "La salud vale más que el carruaje más fino."

El muchacho volvió a preguntarle a Juancito:

—¿Todavía quieres cambiar conmigo? Yo daría todo lo que tengo para poder ser fuerte como tú.

Entonces Juancito respondió:

—Ay, no, ni por todo el mundo.

El cojo dijo:

—Con gusto aceptaría ser pobre si tan solamente pudiera correr y jugar como tú. Pero ya que es la voluntad de Dios que sea cojo, trato de ser alegre y agradecido.

¿Cuánto agradecemos las bendiciones que tenemos de Dios?

Eli A. Yoder, Stuarts Draft, Virginia

La persona contenta no es una persona con ciertas circunstancias, sino una persona con ciertas actitudes.

17 de septiembre

Lectura bíblica: Efesios 3

Plan para leer la Biblia en un año: 2 Corintios 8; Proverbios 30, 31

Desde entonces comenzó Jesús a predicar, y a decir:
Arrepentíos, porque el reino de los cielos se ha acercado.

MATEO 4:17

LA ENTREGA

Antes de ser cristiano, trabajaba en un proyecto de construcción de carretera. Un día cerca del área donde trabajaba, volaba un helicóptero de policía y había automóviles de policía en una carretera cercana. Un hombre se había metido en problemas con la ley la noche antes y huía de las autoridades y les oponía resistencia. Ahora estaba desesperado y a punto de darse por vencido. Sabía que ya no tenía esperanza. Fue inútil seguir en su rebeldía. Tenía que tomar una decisión: ¿Se quitaría la vida, o se entregaría a las autoridades?

Decidió entregarse a las autoridades y dejar de resistirles.

Al observar este acontecimiento, no sabía que un año después yo entregaría mi vida a Jesucristo. Le doy gracias a Dios que hubo quién orara por mí.

La vida no me iba como yo quería. Sucedían cosas que al fin me desmoralizaron. Después alguien me dijo que Dios me amaba. Me acordé del tiempo cuando asistía a la escuela dominical como niño. El Espíritu Santo me convenció, y reconocí que iba en mal rumbo. Con lágrimas entregué mi vida a Jesucristo.

El momento en que decidí entregarme, dejé de resistir a Dios y comencé a hacer guerra contra la carne. Ahora tenga una esperanza viva. Tengo amor, gozo, paz, y vida eterna. Soy un preso gozoso del Señor.

Barry Brown, Melvern, Kansas

Entrega tu corazón al Señor hoy.

18 de septiembre

Lectura bíblica: Lucas 12:22-34

Plan para leer la Biblia en un año: 2 Corintios 9; Eclesiastés 1-3

Mas buscad primeramente el reino de Dios y su justicia.

MATEO 6:33

BUSCAD PRIMERAMENTE EL REINO DE DIOS . . .

Esta vida tiene muchas actividades. Para la generación joven, hay preparaciones por medio de la vida educacional y vocacional, y todas las actividades comunes juveniles que la mantienen ocupada.

Los más avanzados en edad que han asumido las responsabilidades más serias de la familia, del negocio y del mundo de oficios, pueden estar tan acosados con los asuntos de esta vida que les queda muy poco tiempo para buscar lo eterno.

La Biblia nos manda trabajar con nuestras manos para mantener a la familia y para ayudar a los necesitados. Pero debemos recordar que las cosas terrenales también son temporales. Lo eterno debe tomar prioridad sobre lo temporal. Dios nos ha dado no solamente un cuerpo para lo cual hay que proveer, sino también un alma y un espíritu.

Las Escrituras nos mandan que nos acordemos de nuestro Creador y que llevemos el yugo desde la juventud. Buscar primeramente el reino indicaría que la primera ocupación y la más importante es preparar el alma para la eternidad. Los imperios que los hombres construyen para su propio honor son de poca duración y pronto pasan al olvido. Lo que construimos para la eternidad durará para siempre.

Buscar primeramente el reino tiene una aplicación diaria también. Debemos dedicar los primeros momentos cuando nos despertamos en la mañana a nuestro Padre celestial. Es bueno caer de rodillas directamente cuando nos levantamos, dando gracias y adorando a Dios que nos da una oportunidad más de servirlo.

James Yoder, Lewisburg, Pensilvania

Buscar a Dios es nuestra primera meta.

19 de septiembre

Lectura bíblica: Mateo 19:16-30

Plan para leer la Biblia en un año: 2 Corintios 10; Eclesiastés 4-6

. . . y todas estas cosas os serán añadidas.

MATEO 6:33

. . . Y TODAS ESTAS COSAS OS SERÁN AÑADIDAS

Ésta es una promesa maravillosa de nuestro Señor, pero depende del mandato "Buscad primeramente el reino de Dios."

¿Qué incluye "todas estas cosas"? Jesús habla de las aves del cielo y de los lirios del campo. Dice que nuestro Padre celestial nos proporcionará ropa y comida si buscamos primeramente su reino.

Quizás hayamos pensado algo así: "Si busco primeramente el reino, podré tener aquella casa nueva, aquella maquinaria nueva, aquel vehículo extra, aquel aparato moderno o podré ir de vacaciones". Algunas de esas cosas quizás no sean malas, pero no necesariamente se incluyen en la promesa de las cosas "añadidas" a nosotros.

Tenemos mucho que agradecer. Pablo exhorta a Timoteo: "Gran ganancia es la piedad acompañada de contentamiento; porque nada hemos traído a este mundo, y sin duda nada podremos sacar. Así que, teniendo sustento y abrigo, estemos contentos con esto" (1 Timoteo 6:6-8).

¿Qué tenemos que Dios no nos haya dado? Aun si hemos trabajado duro para obtenerlo, Dios nos dio la fuerza para hacerlo. Eso quiere decir que todo lo que tenemos se lo debemos a él. Si nuestro corazón está en estos tesoros terrenales, tenemos tesoros que tendremos que dejar atrás.

Luchemos para hacernos tesoros eternos en el cielo, y el Señor nos sostendrá mientras peregrinemos aquí.

James Yoder, Lewisburg, Pensilvania

Busquemos primeramente su reino; él suple nuestras necesidades.

20 de septiembre

Lectura bíblica: Juan 3:1-21; Hebreos 12:11-17

Plan para leer la Biblia en un año: 2 Corintios 11:1-15; Eclesiastés 7-9

Si confesamos nuestros pecados, él es fiel y justo para perdonar nuestros pecados, y limpiarnos de toda maldad.

1 JUAN 1:9

LA RAÍZ DEL PROBLEMA

En el baño tenemos un botiquín con puertas corredizas. Una de las puertas se pegó. La lubriqué, pero todavía no se movía fácilmente. No sabía qué pudiera hacer para que funcionara de nuevo.

El botiquín tenía estantes de vidrio. Un día noté un objeto medio caído detrás de uno de los estantes. Lo saqué y metí el estante de nuevo en su lugar. Después de eso, la puerta corría perfectamente. Hasta ese momento, había intentado otras soluciones para hacer funcionar la puerta, pero no había alcanzado la raíz del problema.

¿No es así a veces en la iglesia? Tal vez un hermano no quiere someterse a la hermandad, o quizás tenga una mala costumbre de quejarse y criticar a los demás. No se puede hacer nada que le agrade. Podemos trabajar con el problema y ayudarle a hacer restitución o aun una confesión pública.

Al fin llegamos a conocer que hay problemas más profundos que los externos que hemos estado observando. Es una condición del corazón, y a menos que haya un cambio en él, los cambios externos ayudarán muy poco. Es posible que esta persona tenga un pecado escondido desde hace muchos años por el cual nunca ha hecho restitución. Al fin le ayudamos a ver su problema y él está dispuesto a sacrificar todo. Entonces podrá vivir en paz con Dios y con los hermanos.

Eli A. Yoder, Stuarts Draft, Virginia

El momento en que comenzamos a descargarnos,
el Señor comienza a llenarnos.

21 de septiembre

Lectura bíblica: Mateo 10:16-42

Plan para leer la Biblia en un año: 2 Corintios 11:16-33; Eclesiastés 10-12

Y cualquiera que dé a uno de estos pequeñitos un vaso de agua fría solamente, por cuanto es discípulo, de cierto os digo que no perderá su recompensa.

MATEO 10:42

UN VASO DE AGUA FRÍA

Si buscas galardón, dé un vaso de agua fría. ¿Qué valdría un vaso de agua fría? Su valor depende mucho de la necesidad. Quizás al ofrecer agua a una persona, ésta vacila un momento antes de contestar:

—Sí, gracias. —En ese caso, no hará mucha diferencia entre recibir agua o no. Sin embargo, para la persona que ha estado perdida en el desierto varios días sin agua, el agua llega a ser asunto de vida y muerte. El que ofrece agua a la persona con poca sed puede recibir un "gracias", pero el que le da agua al desesperado recibirá la recompensa de un héroe.

La mayoría nunca seremos llamados a ganar la recompensa de un héroe. Sin embargo, habrá muchas oportunidades para ofrecer algún servicio humilde en el camino de la vida. Puede ser un acto insignificante de que nadie se dará cuenta. Tal vez nuestro galardón no sea evidente, o tal vez lo recibiremos hasta en la resurrección. Lo seguro es que no lo perderemos.

Jesús dijo: "En cuanto lo hicisteis a uno de estos mis hermanos más pequeños, a mí lo hicisteis" (Mateo 25:40). También dijo que debemos dar limosna en secreto, y el que ve en secreto nos recompensará en público. Si hacemos nuestras buenas obras para ser vistos de los hombres, ya tenemos nuestra recompensa (Mateo 6:1-4).

¿Alguna vez has recibido una nota o una llamada de un amigo que se preocupaba por ti cuando estabas desanimado? ¿Verdad que fue como un vaso de agua fría y refrescante? En cualquier oportunidad que se nos ofrezca, demos el "vaso de agua fría".

James Yoder, Lewisburg, Pensilvania

El acto servicial tendrá recompensa celestial.

22 de septiembre

Lectura bíblica: Eclesiastés 2

Plan para leer la Biblia en un año: 2 Corintios 12; Cantares 1-3

Sino haceos tesoros en el cielo, donde ni la polilla ni el orín corrompen, y donde ladrones no minan ni hurtan.
MATEO 6:20

TESOROS EN EL CIELO

El versículo clave de hoy me llegó a la mente mientras ayudaba a disponer de algunas de las posesiones de nuestros vecinos después de que fallecieron. Hallamos muchas cosas que habían recogido y guardado. Fue evidente que tenían una capacidad muy desarrollada de imaginar algún propósito útil para artículos que la mayoría habríamos botado.

Algún día, si Jesús no regresa antes, alguien examinará mis posesiones. En la lectura bíblica, leemos de una persona que recogió muchas posesiones, y además fue muy sabio, pero al envejecer no le dieron la alegría que esperaba.

Al examinar las pertenencias de una persona, llega a ser claro en qué se interesaba. A veces oímos comentarios tales como: "¿Qué querría con toda esta chatarra?" Lo más importante que debemos tener en mente es lo que dirá Cristo en cuanto a la acumulación que tenemos en los armarios y desvanes. Será que él también menearía la cabeza y nos preguntaría: "¿Qué querías con toda esa basura? ¿No sabías que no te daría ninguna paz ni ningún gozo al corazón?"

Ojalá Jesús confiese al Padre que este hijo dedicó su vida a él. Que le diga que las cosas que más disfrutaba eran leer la Palabra de Dios, practicarla y tomar tiempo de disfrutar la belleza de la creación de Dios. Cuando llenamos el corazón de lo que Dios ha hecho por nosotros y cuando consideramos a las personas a nuestro alrededor, nos queda muy poco tiempo para pensar en nosotros mismos.

Allen Byler, Albany, Kentucky

Porque donde esté vuestro tesoro,
allí estará también vuestro corazón. Mateo 6:21

23 de septiembre

Lectura bíblica: Isaías 2

Plan para leer la Biblia en un año: 2 Corintios 13; Cantares 4, 5

Así que, recibiendo nosotros un reino inconmovible, tengamos gratitud, y mediante ella sirvamos a Dios agradándole con temor y reverencia.
HEBREOS 12:28

DIOS ESTÁ EN CONTROL

El terremoto y el tsunami en el sureste de Asia, el 26 de diciembre, 2004, causaron una de las mayores pérdidas de vida humana desde el diluvio del tiempo de Noé. Más que 200,000 personas murieron, y miles más nunca se hallaron.

No siempre entendemos los planes de Dios, pero sí sabemos que él está en control. Nos cuesta comprender que tantas personas entren en la eternidad en tan corto rato. Tenemos la confianza que todos los niños que murieron fueron a estar con el Señor, pero sin duda miles murieron sin estar preparados.

Creemos que ésta es una señal clara de la cercanía de la venida de Jesús. "Porque se levantará nación contra nación, y reino contra reino; y habrá pestes, y hambres, y terremotos en diferentes lugares" (Mateo 24:7). Dios ha hablado con una voz poderosa a los que todavía estamos vivos. Según Isaías 2 y otras Escrituras, la situación no mejorará, sino que se empeorará mucho para los moradores de la tierra.

Este mundo no solamente se estremecerá, sino que también pasará con grande estruendo. Gracias a Dios que, como sus hijos, formamos parte de un reino que permanecerá para siempre. "Puesto que todas estas cosas han de ser deshechas, ¡cómo no debéis vosotros andar en santa y piadosa manera de vivir!" (2 Pedro 3:11). Buscamos cielos nuevos y tierra nueva, en la cual mora la justicia. Confiemos en Dios; él está en control.

Benuel Glick, Indiana, Pensilvania

"El mundo no es mi hogar, soy peregrino aquí."

24 de septiembre

Lectura bíblica: Lucas 18:18-30

Plan para leer la Biblia en un año: Gálatas 1; Cantares 6-8

Porque todo el que quiera salvar su vida, la perderá;
y todo el que pierda su vida por causa de mí y del evangelio, la salvará.

MARCOS 8:35

UNA BÚSQUEDA SABIA

El joven rico estaba cerca del reino. Tenía muchas características admirables. Supongo que asistía a la sinagoga cada día de reposo, tuvo padres piadosos e hizo casi todo bien. Jesús dijo que eso no era suficiente. Dijo: "Aún te falta una cosa. Vende todo lo que tienes y dalo a los pobres."

Este joven rico era ignorante. Muchos se creen inocentes porque son ignorantes. Si el joven rico hubiera conocido la verdadera naturaleza de la ley divina y las maquinaciones de su propio corazón, y si hubiera sido discípulo de Jesús por un tiempo, no habría estado tan seguro de sí mismo.

Solamente "una cosa"; ¿será que en realidad eso nos impedirá la entrada en el cielo? La Biblia enseña que si no entregamos toda nuestra vida a Cristo, sin condiciones, no llegaremos. Entregaremos a Cristo todo o nada.

"Los pecados de algunos hombres se hacen patentes antes que ellos vengan a juicio, mas a otros se les descubren después" (1 Timoteo 5:24). Si hay una cosa en nuestra vida que no podemos soltar, una cosa que no podemos vencer, una cosa que no hemos entregado por completo a Cristo, aquella "una cosa" nos seguirá hasta el día del juicio, y nos excluirá eternamente del cielo.

"Pero sólo una cosa es necesaria; y María ha escogido la buena parte, la cual no le será quitada" (Lucas 10:42). ¡Sentémonos a los pies de Jesús en completa sumisión y dejemos que él sea Señor de nuestra vida!

Lewis Overholt, Scranton, Kansas

Jesús será Señor absoluto, o absolutamente no será Señor.

25 de septiembre

Respondió Jesús y le dijo: El que me ama, mi palabra guardará; y mi Padre le amará, y vendremos a él, y haremos morada con él.

JUAN 14:23

AMA A TU HERMANO

En este pasaje Dios nos enseña que debemos amar al hermano. En el versículo 11 dice: "Amados, si Dios nos ha amado así, debemos también nosotros amarnos unos a otros." A veces nos cuesta amar a nuestra familia natural o espiritual. Muchas veces los amigos llegan a ser enemigos, y los hermanos llegan a ser adversarios, en vez de sernos de ayuda en nuestra relación con Dios. Según la lectura bíblica, si uno dice que ama a Dios pero aborrece a su hermano, es mentiroso. Si no amamos al hermano a quien hemos visto, no podemos amar a Dios a quien no hemos visto.

Un amigo cercano y yo estábamos pasando por dificultades en nuestra relación. Él sentía que yo lo descuidaba y que no quería que estuviera conmigo, pero yo sentía que le estaba dando todo lo que podía. Lo hablamos, y resolvimos el asunto.

Dios usó esta experiencia para enseñarme una lección. Quería que aprendiera que mi relación con él no era lo que debía ser. Tenía amargura, odio y enojo en el corazón para con este hermano. No podía amar a Dios de corazón mientras no amaba a mi hermano.

Si estás bien en tu relación con Dios, él pondrá amor en tu corazón y no te será difícil amar a otros. Sí, siempre serás probado, pero la gracia de Dios está para ayudarte, y el amor siempre prevalecerá.

Joseph Shell, Burnsville, Virginia

El amor es una tela que nunca se destiñe, por más que se lave en las aguas de la adversidad y del dolor.

26 de septiembre

Lectura bíblica: Efesios 1

Plan para leer la Biblia en un año: Gálatas 3; Isaías 4-6

Habiendo creído en él, fuisteis sellados con el Espíritu Santo de la promesa.
EFESIOS 1:13

SEÑALES DIVINAS

Después del diluvio Dios puso un arco iris en el cielo y le dijo a Noé: "Esta es la señal del pacto (. . .) por siglos perpetuos" (Génesis 9:12). Dios no volverá a destruir al mundo con un diluvio. Hoy en día todavía vemos esta señal divina.

La circuncisión fue una señal divina entre Dios y los descendientes de Abraham. Mostraba que eran su pueblo escogido entre todas las demás naciones (Génesis 17:11).

La sangre en los postes y los dinteles de las puertas fue "por señal en las casas donde vosotros estéis; y veré la sangre y pasaré de vosotros, y no habrá en vosotros plaga de mortandad cuando hiera la tierra de Egipto" (Éxodo 12:13).

Sacrificar los primogénitos de sus animales fue una señal para recordar a los hijos de Israel de su liberación divina de Egipto (Éxodo 13:15-16).

La vara floreciente de Aarón fue llevada delante del testimonio, para mantenerlo por señal divina contra los rebeldes. La casa de Aarón fue el sacerdocio escogido de Dios (Números 17:10).

En el bautismo de Jesús, el Espíritu Santo descendió en forma de paloma por señal de quién era Jesús (Mateo 3:16).

Hoy también tenemos una señal divina de ser la posesión escogida de Dios: somos sellados con el Espíritu Santo de la promesa. Las arras del Espíritu es nuestra expectativa de la plena redención y de adquirir completa posesión de la vida eterna para alabanza de su gloria (Efesios 1:13-14).

¿Estás sellado con esa señal divina, las arras del Espíritu? Si no, todavía hay tiempo. Estamos en la era de la gracia redentora de Dios. No la desaproveches.

Wilmer S. Beachy, Liberty, Kentucky

Si no tenemos el sello de Dios en la vida,
pronto cederemos a las presiones del mundo.

27 de septiembre

Lectura bíblica: Hechos 18

Plan para leer la Biblia en un año: Gálatas 4; Isaías 7-9

Este persuade a los hombres a honrar a Dios contra la ley.

HECHOS 18:13

¡HABLA! ¡NO TEMAS!

Se cuenta del joven que, regresando de las clases, se bañó y se puso la mejor ropa. Su madre le preguntó para dónde iba. Dijo que iba a hablar del Señor a Deke Mullins. Deke era un impío por el cual la iglesia había estado orando hacía ya mucho tiempo. Era robusto y bravo y siempre andaba en las cantinas. Este joven dijo que hay un momento para orar y un momento para actuar. Invitó a Deke al culto y le habló del Señor. Para la sorpresa de todos, Deke asistió al culto y aceptó a Cristo como su Salvador.

Pablo enfrentó mucha oposición en Corinto. Corinto fue una ciudad malvada e inmoral. No era fácil para Pablo predicar a la gente allí. El Señor alentó a Pablo, diciéndole que él le acompañaría. Pablo obedeció, y muchos llegaron a conocer al Señor. La Biblia dice que "persuadía a judíos y a griegos" (Hechos 18:4).

Al fin los judíos tomaron acción. Lo llevaron a juicio. Galión, el procónsul, vio que lo culpaban de cuestiones de su ley y echó a los judíos del tribunal. Los griegos después se volvieron en contra de Sóstenes, que sin duda había comenzado todo, y lo golpearon.

¿Qué tal nosotros? ¿Estamos dispuestos a dejar a un lado nuestros temores, y hablar a la gente que vemos a nuestro alrededor? ¿O estamos orando que Dios provea a otro para testificarles? Hay muertes todos los días. Quizás seamos los únicos que podamos guiar a cierta persona a Jesús.

Derek Overholt, Whiteville, Tennessee

El cristiano puede ser la única Biblia que el mundo jamás leerá.

28 de septiembre

Lectura bíblica: 2 Corintios 6

Plan para leer la Biblia en un año: Gálatas 5; Isaías 10-12

Pero el que se une al Señor, un espíritu es con él.
1 CORINTIOS 6:17

LA SEPARACIÓN DEL MUNDO

Antes que Constantino fuera emperador de Roma, los cristianos fueron perseguidos. Eran acusados de ser los más insociables. La sociedad los consideraba raros, los odiaba y les tenía por enemigos, porque eran sencillos y modestos en el vestuario. Eran estrictos en su conducta y no asistían a los juegos ni a las fiestas, sino que reprendían a la gente por sus formas de entretenimiento.

Después, Constantino llegó a ser emperador. La tarde antes de la batalla del puente Milvio, justo fuera de Roma, Constantino vio en el cielo una visión de la cruz, arriba de la puesta del sol. Arriba de la cruz vio las palabras: "Con este signo vencerás". Decidió luchar bajo la bandera de Cristo, y ganó la batalla. Después de eso, Constantino favoreció a los cristianos de cualquier forma posible. Puso en posiciones altas del gobierno a cristianos. Eximió a los ministros cristianos de impuestos y del servicio militar, y ayudó a construir iglesias.

Constantino acercó la iglesia al estado. Influyó mucho en los asuntos de la iglesia. Ésta inmediatamente llegó a ser una institución de gran importancia en el mundo político.

Vemos lo que sucede cuando la iglesia trabaja junto con el estado. Se saca a Dios de la adoración la cual llega a ser nada más una reunión. Debemos seguir practicando la separación del mundo, o seremos vencidos del reino del mundo.

Paul Miller, Melvern, Kansas

No podemos ser santos mientras vivimos para el mundo.

Lectura bíblica: 2 Pedro 3

Plan para leer la Biblia en un año: Gálatas 6; Isaías 13-15

Pero cuando venga el Espíritu de verdad, él os guiará a toda la verdad; porque no hablará por su propia cuenta, sino que hablará todo lo que oyere, y os hará saber las cosas que habrán de venir.

JUAN 16:13

CUANDO EL MUNDO ARDA

En 1961, después del huracán Hattie, trabajé en un aserradero donde era responsable de conseguir la madera. Allí me di cuenta de que alguien del centro de socorro daba comida a las víctimas del huracán. Encontré a una pareja menonita que me dio un folleto titulado "Cuando el mundo arda". Después de leer el folleto varias veces, me sobrevino algo que no puedo explicar. Me hizo pensar profundamente. Cuando el mundo arda, ¿cómo podré escapar? Aunque no lo sabía, fue el Espíritu Santo que tocaba mi corazón.

Algunos de los refugiados pedimos a los menonitas que celebraran cultos. En ese tiempo no estaba casado con mi compañera. El hermano misionero me aconsejó que el cristiano no convive así. El 27 de abril, 1963, contrajimos matrimonio y fuimos bautizados, todo en un día. En un sentido, no ha sido un camino fácil. Jesús dijo: "En el mundo tendréis aflicción; pero confiad, yo he vencido al mundo" (Juan 16:33).

Una vez casi me maté por accidente. En otra ocasión casi me atropelló un camión. Pero los días más oscuros de mi vida fueron los que viví sin Dios. Es la mejor y más sabia decisión de reconocer y confesar a Jesucristo como Salvador. Por la gracia de Dios, he recorrido largo camino y todavía estoy bajo el cuidado de Dios. Gracias a Dios por el huracán Hattie y por los misioneros. Si no hubiera sido por ellos, sin duda aún estaría perdido hoy. Sembremos la buena semilla para la eternidad. "Porque no me avergüenzo del evangelio, porque es poder de Dios para salvación a todo aquel que cree" (Romanos 1:16).

Bob Foreman, Scotland Halfmoon, Belice

"En Jehová confiando nada temeré."

30 de septiembre

Si confesamos nuestros pecados, él es fiel y justo para perdonar nuestros pecados, y limpiarnos de toda maldad.

1 JUAN 1:9

LA CONFESIÓN: EL REMEDIO DEL ALMA

"Hijo mío, si los pecadores te quisieren engañar, no consientas" (Proverbios 1:10).

El plan parecía perfecto. Nadie tendría que saber quién lo hizo. Un tubo de gas natural tenía una fuga. Unos muchachos traviesos se reunieron y decidieron prender fuego a la fuga. Encendieron la llama. Por un rato disfrutaron su travesura. Después seguía el siguiente paso: apagar el fuego. Para su consternación, la presión del gas no dejaba que se apagara la llama, sin importar lo que intentaran. Asustados, después de un tiempo le informaron a alguien de lo que habían hecho, y se le avisó a la compañía de gas. Después de toda la culpa y consternación que sufrieron los muchachos a causa de lo que habían hecho, la compañía de gas tenía una solución que apagó la llama fácilmente.

Quizás por los engaños de Satanás has probado algo pecaminoso. La diversión solamente duró un poco, y después llegó la culpa. En vano has dado vueltas en la cama toda la noche. Has sufrido remordimiento día tras día, quizás semana tras semana, mes tras mes o año tras año. ¿No será tiempo de deshacerte de esa carga de culpa, confesándola? ¡Puedes ser libre!

La vanidad del pecado es tan horrible, y la aspiración de una buena conciencia es tan deseable y tan sencilla, que Jesús dice: "Venid a mí todos los que estáis trabajados y cargados, y yo os haré descansar. Llevad mi yugo sobre vosotros, y aprended de mí, que soy manso y humilde de corazón; y hallaréis descanso para vuestras almas; porque mi yugo es fácil, y ligera mi carga" (Mateo 11:28-30).

Wayne E. Miller, Rushsylvania, Ohio

El que pospone el arrepentimiento empeña su alma al diablo.

1 de octubre

Tenía mi amado una viña en una ladera fértil.
La había cercado y despedregado y plantado de vides escogidas;
había edificado en medio de ella una torre, y hecho también en ella un lagar.

ISAÍAS 5:1-2

LA VIÑA FRUCTÍFERA

Saquemos un rato para meditar sobre estos versículos. El amado sembró una viña en buena tierra. Una de las primeras cosas que hizo fue construir una buena cerca para que Satanás no pudiera impedir su buen trabajo. La cerca impediría la entrada de las personas y de los animales dañinos. Después recogió las piedras para que las vides tuvieran lugar de desarrollarse bien.

Escogió las mejores vides para sembrar en esta viña. Construyó una torre en medio de la viña de donde podía ver lo que sucedía. No esperó para construir el lagar hasta ver si iba a haber fruto. Esperaba nada menos que buena fruta de un lugar tan ideal, así que, alistó el lagar. Después esperó, pero la viña dio uvas silvestres. Él había hecho todo lo posible, pero ya que no dio ningún fruto bueno, decidió abandonarla. Se llenaría de cardos y espinos.

Ahora consideremos lo que Cristo ha hecho para nosotros. Dejó su hogar en la gloria; eso en sí fue un gran sacrificio. Pero además, para cumplir el plan de la salvación, sufrió y murió aquí en la tierra. Él también plantó una viña y la llenó de todo lo que necesitaba. Hizo posible la salvación por medio de la fe en él.

Ahora pues, ¿producimos buena uvas? ¿Nos sirvió de algo su sacrificio?

Moses Kinsinger, Dunnegan, Misuri

---

*La salvación produce un cambio por dentro
que rompe las cadenas del pecado.*

2 de octubre

Lectura bíblica: Mateo 25:1-30

Plan para leer la Biblia en un año: Efesios 3; Isaías 22, 23

Pasó la siega, terminó el verano, y nosotros no hemos sido salvos.
JEREMÍAS 8:20

OPORTUNIDADES PERDIDAS

Sucedió hace muchos años en Kwoi, Nigeria. Madaki era el anciano principal de la iglesia y también uno de los agricultores más prósperos. Un domingo se hizo el siguiente anuncio: "Madaki quiere que todas las mujeres de la aldea se congreguen en su casa el miércoles en la mañana. Propaguen la noticia."

Aquel miércoles, 104 mujeres se congregaron en la casa de Madaki. Madaki les pidió que caminaran cinco kilómetros y medio para ayudarle a cosechar el maíz de su finca. Recogieron canastas de varios tamaños y caminaron hasta los campos sembrados. Algunas regresaron a la casa de Madaki con una carga grande, todo lo que aguantaban. Una trajo una carga tan grande que sus fuerzas le faltaron antes de llegar. Otras trajeron cargas pequeñas, y algunas hasta traían solamente unas pocas mazorcas. Cuando todas regresaron de cosechar, Madaki las llamó y les dijo que cada una podía quedarse con el maíz que había traído.

Hubo gritos de gozo y gratitud, pero también suspiros profundos de remordimiento. "Si tan solamente hubiera sabido, habría llevado una canasta más grande", fue la queja de algunas. También había algunas que habían rehusado ir, diciendo: "Tengo suficiente trabajo que hacer." Éstas fueron a Madaki la mañana siguiente (sus trabajos propios ahora parecían tener menos importancia) y le rogaron que las dejara ayudarle con la cosecha. Pero él les respondió calladamente:

—La oportunidad ya pasó. El maíz se cosechó ayer.

Por medio de este hecho bondadoso, Madaki no solamente ayudó a muchas familias necesitadas, sino que también ilustró una verdad impresionante. Los cristianos contaban la historia por todo el pueblo, añadiendo siempre:

—Así mismo es con Jesús. —Hoy es el día de la oportunidad. La cosecha de almas espera para ser recogida. ¿Cuán grande es la canasta que llevas?

Wilmer S. Beachy, Liberty, Kentucky

La manera más segura de perder el éxito
es perder la oportunidad.

3 de octubre

Lectura bíblica: Jeremías 17:5-8

Plan para leer la Biblia en un año: Efesios 4; Isaías 24-26

¡Oh Jehová, cuánto se han multiplicado mis adversarios!
Muchos son los que se levantan contra mí.

SALMO 3:1

EL ROCÍO PASAJERO

Era una época muy calurosa y seca. Cualquier humedad expuesta a los elementos pronto se evaporaba. Pasaron los días, todos iguales. Seguí mirando al maíz y preguntándome, "¿Qué mantendrá vivo este maíz?" En la mañana las hojas parecían refrescadas, pero en la tarde el calor del día y la falta de humedad hacían que se marchitaran. Al fin llegué a la conclusión de que era el rocío fuerte que mantenía el maíz.

Al meditar en esto, percaté que mi propia vida espiritual reciente se parecía a la experiencia con el maíz. Cuando abría la Palabra de Dios, las páginas parecían secas. Si me arrodillaba a orar, Dios parecía estar lejos. Cuando enfrentaba alguna tentación, había poco poder para resistir.

Sabía que el problema estaba en mí. No estaba gozando del rocío de la mañana. El afán del verano, los días largos y el estrés me hicieron poner en segundo lugar mi tiempo a solas con Dios. Cuando arreciaba el sol del estrés, y cuando ardía el calor de la tentación, no había humedad espiritual para sostenerme.

Muchas veces ponemos nuestro enfoque en las cosas que esperamos lograr: el trabajo, las vacaciones que queremos tomar y las reuniones familiares que queremos asistir. O quizás nos agotan los días largos, el calor o las responsabilidades. ¿Sentimos la importancia de beber de las aguas de la Palabra de Dios diariamente? Sin ella, nos secamos y morimos espiritualmente. Con la ayuda de Dios, seamos como árboles plantados junto a las aguas: no solamente sobreviviendo, sino prosperando y dando fruto.

Jonathan Stutzman, Albany, Kentucky

Riega temprano para combatir el calor tardío.

4 de octubre

Lectura bíblica: Apocalipsis 22

Plan para leer la Biblia en un año: Efesios 5; Isaías 27, 28

En mi corazón he guardado tus dichos, para no pecar contra ti.

SALMO 119:11

LA REVERENCIA PARA LA PALABRA DE DIOS

La Biblia es la Palabra personal del Dios del cielo a los humanos en la tierra. ¿Podremos comprender el significado asombroso de esta verdad maravillosa? La Biblia es el mapa de Dios para nuestra vida. Nos instruye en cómo vivir y en cómo prepararnos para morir.

Un conocido que tiene muchos contactos en el Medio Oriente era amigo personal del antiguo rey Husein de Jordania. Me contó que una vez le regaló una Biblia al rey durante una de sus visitas al palacio en Amán. El rey Husein, un musulmán, tomó la Biblia en las dos manos y la besó reverentemente. Los musulmanes devotos expresan reverencia para lo que ellos consideran los libros sagrados, incluso la Biblia. Nunca pondrían al Corán, su libro sagrado, en el piso, ni pondrían otro libro encima del Corán.

¿Qué tal nosotros los cristianos, que tenemos la Biblia, el verdadero libro de libros, el mensaje de Dios desde el cielo? ¿Apreciamos la Biblia? ¿Pasamos tiempo estudiándola y aplicando sus enseñanzas a nuestra vida? ¿O la descuidamos, dejándola caer al piso, tirando el periódico encima de ella y tomando livianamente sus enseñanzas?

La prueba verdadera de nuestra reverencia para la Biblia es nuestra obediencia a sus preceptos y principios.

David N. Troyer, Millersburg, Ohio

Digamos con el salmista: "¡Oh, cuánto amo yo tu ley! Todo el día es ella mi meditación." Salmo 119:97

5 de octubre

Lectura bíblica: 2 Corintios 9

Plan para leer la Biblia en un año: Efesios 6; Isaías 29, 30

Pues conozco vuestra buena voluntad, de la cual yo me glorío entre los de Macedonia, que Acaya está preparada desde el año pasado; y vuestro celo ha estimulado a la mayoría.

2 CORINTIOS 9:2

SEMILLAS DE INFLUENCIA

En el otoño vemos muchas semillas. A veces miles de semillas caen de las muchas piñas del árbol de hoja perenne. En un árbol de fruta, no hay semillas visibles, pero bien formadas, están dentro de las frutas.

Las semillas no siempre se quedan junto a la planta madre. Muchas veces el viento es el factor principal que determina hasta dónde llega una semilla. Un viento fuerte puede llevar varias manzanas más allá de la cerca del huerto, o puede llevar semillas livianas una gran distancia.

¿Qué tal nuestra influencia? ¿Cuán lejos llega? Como una semilla llevada por el viento, nuestra influencia se extiende. ¿Qué influencia dejamos para los que están en contacto con nosotros?

Es interesante, y a la vez aterrador, el poder que tiene la influencia, tanto la positiva como la negativa. Por ejemplo, si a una persona en un grupo le gusta atraer la atención hacia sí misma, sin duda esa influencia se esparcirá, y todo el grupo inconscientemente intentará ponerle en su lugar usando la misma táctica.

Por otro lado, a veces vemos a una persona que consideramos "menos afortunada". Tal vez es de un hogar destruido o de una iglesia pequeña, pero se esfuerza todo lo que puede para servirle al Señor. Puede ser amable, dispuesto a ayudar y un desafío para todos. ¡Bienaventurada la congregación con esta clase de influencia!

Al igual que las semillas, nuestra influencia crecerá y dará fruto. ¿Estaremos influenciando a otros para bien o para mal? ¿Será nuestra influencia una maleza en la vida de otro? ¿O será nuestra influencia fruto: un fruto bueno que tiene la aprobación del Maestro? ¿Estará alguien, en alguna parte, dándole gracias a Dios por nuestra influencia? ¿O estará apartándose de Dios por causa de ella?

Tobias M. Hoover, Corinth, Ontario

La buena influencia es como la buena salud:
pocas veces se aprecia su valor hasta que se pierde.

6 de octubre

Lectura bíblica: Juan 10:1-16

Plan para leer la Biblia en un año: Filipenses 1; Isaías 31-33

Porque el Cordero que está en medio del trono los pastoreará, y los guiará a fuentes de aguas de vida; y Dios enjugará toda lágrima de los ojos de ellos.
APOCALIPSIS 7:17

LA FUERZA DEL AMOR

Corrió otra vez, abriendo camino a través de los portones cuidadosamente puestos como si fueran juguetes. Ésa era ya la tercera vez que encerrábamos al toro en el establo para cargarlo en un tráiler y llevarlo a potreros verdes donde le esperaba su hato de vacas. Cada vez, él decidió que no quería ser cargado, y bien halló un hoyo en el encierro, o hizo uno.

¿Qué debía hacer ahora? Decidí que era hora de cambiar de táctica. Sabía que podía dirigir a ese toro, aunque no lo pudiera empujar.

Parqueé el tráiler, con las puertas abiertas, frente al establo. Puse un montón de concentrado tentador en el tráiler, y regresé a la casa para observar. No tuve que esperar mucho hasta que el toro subiera al tráiler solo. De una vez lo llevé al hato y al pasto verde. Parecía muy contento cuando todo hubo terminado, pero de ninguna manera lo fue en el establo.

¿No seremos como este toro cuando enfrentamos algo en la vida que debe cambiar? Quizás un hermano ha experimentado algo que le permite ver más claramente el futuro. Escuchemos su consejo. O tal vez estemos al otro lado de la cerca, tratando de encerrar a alguien dentro de nuestro hato. Si no está funcionando, consideremos la posibilidad de cambiar de táctica. Derramémosle nuestro amor y dejemos que Dios le dirija a entrar.

Wesley Yoder, Monticello, Kentucky

Cuando te das cuenta de que no puedes agarrar al toro por los cuernos, entrégalo a Dios que sí puede.

7 de octubre

Lectura bíblica: Ezequiel 33:1-15

Plan para leer la Biblia en un año: Filipenses 2; Isaías 34-36

Pero si el atalaya (. . .) no tocare la trompeta . . .

EZEQUIEL 33:6

EL TESTIGO QUE NO TUVO VERGÜENZA

Se cuenta de un joven recién convertido que se levantó para testificar de Cristo. No estaba acostumbrado a hablar en público, y tartamudeó casi sin saber qué decir. Un incrédulo que pasaba por ahí le gritó:

—¡Joven, te debería dar vergüenza pararte ahí y hablar así!

—Es cierto —respondió el joven—, me avergüenzo de mí mismo, pero no de Cristo.

Me gusta la respuesta de ese joven. También debemos hablar para Cristo a todo costo, aun cuando sería más fácil guardar silencio.

¿Por qué este joven tenía tanto deseo de testificar de Cristo? Creo que fue simplemente porque se dio cuenta de lo mucho que había hecho Cristo por él. Es igual para nosotros hoy. A no ser que diariamente nos demos cuenta de lo mucho que ha hecho Cristo para nosotros, nos será difícil testificar a otros.

Hoy, al andar en tu trabajo, busca oportunidades de hablar con otros del evangelio. Por lo general, no es necesario un sermón de treinta minutos. Hay veces en que es mejor decir solamente unas pocas palabras. Cuando compartimos el evangelio, creo que es importante hacerlo con una sonrisa para que otros vean que nos gusta vivir para Dios.

James A. Mast, Caneyville, Kentucky

¿Ganarás un alma para Cristo, o perderás un alma al diablo?

8 de octubre

Lectura bíblica: Mateo 25:31-46

Plan para leer la Biblia en un año: Filipenses 3; Isaías 37, 38

Y por todos murió, para que los que viven, ya no vivan para sí,
sino para aquel que murió y resucitó por ellos.
2 CORINTIOS 5:15

EL ENFOQUE CORRECTO

Se cuenta de un abuelo que pidió a su nieta, muy deprimida y egocéntrica, prometer servir como voluntaria en un hogar de ancianos un día por semana durante un mes. La nieta no se podía imaginar por qué su abuelo le pidiera esto, pero prometió lo que le pidió, y lo cumplió. Cuando empezó a enfocar las necesidades de otros, aprendió que los momentos de más satisfacción son los momentos dedicados a otros. Su personalidad y su perspectiva de la vida mejoraron dramáticamente.

Estoy seguro de que todos hemos conocido a alguien de cara larga y con una historia triste. Ésta es una de las razones que las personas se desaniman y llegan a ser deprimidos. Demasiadas veces mi vida solamente se centra en mis necesidades, mis problemas, mi agenda, mis sentimientos y mi trabajo. La tendencia a pensar en mí mismo todo el tiempo es parte de la naturaleza adámica. Una vida centrada en mí mismo no es el plan de Dios.

Podemos experimentar una satisfacción profunda y verdadera si nos sacrificamos para servir a los que nos necesitan. Jesús pensó en otros camino hacia la crucifixión, y aun cuando colgaba de la cruz. Si él en verdad es nuestro Señor, nuestro enfoque debe ser igual. Al vivir pensando en otros, podemos escapar al fin del monstruo del "yo."

Lester K. Burkholder, Fredericksburg, Pensilvania

*Los momentos dorados de la vida vienen cuando
enfocamos el ayudar a otros.*

9 de octubre

Lectura bíblica: Salmo 32:1-2; 51:1-14

Plan para leer la Biblia en un año: Filipenses 4; Isaías 39, 40

Examíname, oh Dios, y conoce mi corazón; pruébame y conoce mis
pensamientos; y ve si hay en mí camino de perversidad,
y guíame en el camino eterno.

SALMO 139:23-24

ARREPENTÍOS

—Bueno días. ¿Cómo estás?

—Muy bien.

—No, quiero decir, ¿cómo estás?

—Ah, sí, estoy muy bien.

—No, no, yo quiero decir, en lo profundo del corazón, ¿cómo estás?

Así comenzó una plática que tuve con un cliente en la oficina donde
trabajo. Ésta solamente fue una parte de la conversación que le hizo
detenerse y prestarme atención. Con lágrimas en los ojos, dijo:

—Sí, me crié en la iglesia, pero nunca he recibido a Cristo como mi
Salvador. —Después me hizo la pregunta que tantas personas hacen—:
¿Cómo puedo ponerme a cuentas con Dios? —Para acortar la historia,
salió de la oficina regocijándose en su nueva fe en Dios por medio de
Jesucristo, y con un gozo nuevo en el corazón.

En Hechos 2:37-38 la multitud preguntó a Pedro: "¿Qué haremos?"
La primera palabra de la respuesta de Pedro fue "Arrepentíos". El
arrepentimiento es sentir remordimiento en cuanto al pecado, y abandonarlo.
No podemos renunciar el pecado hasta que veamos lo malo que es. Hasta
que lo abandonemos de corazón, no habrá cambio verdadero en nuestra
vida. 2 Corintios 7:10 dice: "Porque la tristeza que es según Dios produce
arrepentimiento para salvación, de que no hay que arrepentirse; pero la
tristeza del mundo produce muerte."

La oración de David ejemplifica la naturaleza de la verdadera tristeza por
el pecado. Su arrepentimiento fue sincero y de corazón. David vio lo horrible
que era su pecado. Vio la corrupción de su alma. Aborreció su pecado. Oró
pidiendo, no solamente perdón, sino también pureza de corazón.

¡Ojalá que experimentáramos esta misma sanidad del alma, para poder
también, por la gracia y el poder de Dios, ayudar a las almas hambrientas
a nuestro alrededor!

Mervin Hochstetler, Auburn, Kentucky

Gracias, Jesús, por la experiencia del Calvario.

10 de octubre

Lectura bíblica: Lucas 17:26-37; 2 Pedro 2:20-22

Plan para leer la Biblia en un año: Colosenses 1; Isaías 41, 42

Dijo entonces Jesús a los judíos que habían creído en él: Si vosotros permaneciereis en mi palabra, seréis verdaderamente mis discípulos; y conoceréis la verdad, y la verdad os hará libres.

JUAN 8:31-32

ACORDAOS DE LA MUJER DE LOT

No sabemos su nombre. La Biblia solamente la llama "la mujer de Lot". Se conoce por su fracaso. En esta lectura Jesús hablaba de las condiciones futuras del mundo antes de su venida.

Notamos que Jesús dijo: "Acordaos". La Biblia nos da muchos ejemplos y comparaciones de advertencias para nuestro beneficio espiritual y eterno. Las palabras "acordar" y "recordar" se encuentran más que cien veces en el Antiguo Testamento, y más que treinta veces en el Nuevo. Dios sabe que somos olvidadizos. En Juan 15:20 Jesús dijo: "Acordaos de la palabra que yo os he dicho."

2 Pedro 2:5-7 menciona al justo Lot. Él se abrumaba por la nefanda conducta de los malvados. La Biblia no dice que tuvo comunión con ellos. Pero su justicia no parece haber afectado a su familia ni a otros. ¿Será que fue creyente en secreto?

En 2 Timoteo 4:3-10; Hebreos 12:1-2; Tito 2:11-12 y muchas otras partes, vemos que Cristo quiere que nos separemos de la vida del pecador y que lo sigamos fielmente. En Filipenses 3:13 Pablo escribió: "Pero una cosa hago: olvidando ciertamente lo que queda atrás, y extendiéndome a lo que está delante." La esposa de Lot no siguió adelante. No huyó de Sodoma olvidando las cosas que quedaban atrás. Hay personas hoy día que en verdad se arrepienten y viven para el Señor, pero después se enfrían en su obediencia a Dios y poco a poco regresan a la vida de antes.

Lot, que una vez había querido tener todo lo mejor, ahora había perdido prácticamente todo, hasta su esposa. Debemos tener cuidado de nunca ir poniendo nuestras tiendas hasta Sodoma.

Eli A. Yoder, Stuarts Draft, Virginia

Las ovejas de Dios no tienen por qué buscar compañerismo con las cabras de Satanás.

11 de octubre

Lectura bíblica: Romanos 8:1-17

Plan para leer la Biblia en un año: Colosenses 2; Isaías 43, 44

Y hubo una voz de los cielos, que decía: Este es mi Hijo amado, en quien tengo complacencia.

MATEO 3:17

¿SE COMPLACE DIOS DE MÍ?

Imaginemos por un momento que estamos sentados en la oficina de Dios con permiso de hojear sus archivos. Nos llaman la atención las tarjetas que indican si Dios se agrada de nuestra vida. Al ver las tarjetas, nuestras propias faltas, debilidades e inmadureces nos llegan claramente a la mente. Nos detenemos. ¿Nos atrevemos a ver nuestra tarjeta? ¿Nos es importante saber si Dios se complace de nosotros?

Si Dios no se agrada con nuestra vida, debe ser porque hay pecado en ella. Si Dios quiere que sepamos cuándo no está satisfecho con nuestra vida, también nos hará saber cuándo se complace de nosotros.

Satanás está siempre ocupado. Le encanta confundir al creyente sincero. Si no puede enredarte en algún pecado obvio, tratará de llenarte la vida de una falsa culpa. Anhela destruir el fruto de la paz, que es la seguridad que trae la salvación.

Gracias a Dios que podemos ser "aceptos en el Amado" (Efesios 1:6). Somos limpios mientras permanecemos en la vid (Juan 15:3-4), y ya no hay condenación para nosotros si andamos conforme al Espíritu (Romanos 8:1). Confiemos en el Señor que nos mostrará cuando erramos. Dios trabaja por medio de la mente que está en paz.

Marcus Troyer, Belle Center, Ohio

La "luz del mundo" claramente nos muestra nuestro pecado y nos enseña el remedio.

12 de octubre

Sed sobrios, y velad; porque vuestro adversario el diablo, como león rugiente, anda alrededor buscando a quien devorar.

1 PEDRO 5:8

LA TRAMPA DE SATANÁS

Hace muchos años, en los días coloniales en el estado de Georgia, hubo un río que tenía una gran vuelta en forma de herradura. Adentro de esa vuelta vivía un hato de cerdos salvajes. Eran cerdos peligrosos que mataban a los perros cazadores. Hasta el hombre que se atreviera a tratar de cazarlos debía considerarse dichoso si se escapaba de ellos. Abundaban las historias en cuanto a ese hato de cerdos salvajes. La gente se mantenía alejada.

Pero un anciano cargó su carretón de maíz y se propuso atrapar a los cerdos, a pesar de las advertencias de los lugareños. Al principio los cerdos más viejos no tocaban el maíz, pero los más jóvenes comenzaron a probarlo. Cuando los cerdos más viejos observaban que no les hizo daño a los más jóvenes, también comenzaron a comer. Cada día el anciano rajaba unos troncos y los colocaba en forma de cerco. Tuvo cuidado de no hacer un cambio grande de una vez. Poco a poco construyó su corral hasta dejar solamente una abertura. Siguió alimentando a los cerdos en el corral hasta que un día, cuando los cerdos ya estaban acostumbrados a la presencia del anciano y estaban ocupándose en consumir el maíz, puso las últimas tucas en la abertura y los apresó.

Así obra Satanás. Trata de hacer que los jóvenes no vean el peligro y la seriedad del pecado y así se metan un poquito en un área dudoso. Cuánto más se meten, menos peligroso les parece. Los mayores también se acostumbran y luego ya no ven el peligro. Así, poco a poco, Satanás construye su cerca. Si no nos despertamos, nos encontraremos encerrados en el corral de Satanás.

Daniel Miller, Dunnegan, Misuri

Por lo general, la caída en el pecado no llega como una llanta que se estalla, sino como una que tiene una lenta fuga.

13 de octubre

Abre mis ojos, y miraré las maravillas de tu ley.
SALMO 119:18

JESÚS OBRA MILAGROS

En la Biblia tenemos registrados treinta y cinco milagros que Jesús hizo cuando estaba aquí en la tierra. Estos milagros tenían tres propósitos. Primero, demostraron su relación con Dios. Nicodemo reconoció que solamente un hombre enviado de Dios pudiera hacer lo que Jesús hacía.

La segunda razón fue para hacer más fácil que la gente creyera su mensaje. En Juan 20:30-31, Juan nos informa que la razón principal de incluir los milagros de Jesús en su evangelio fue para que creyéramos que Jesús en verdad es Hijo de Dios.

La tercera razón para sus milagros fue su compasión y cuidado de nosotros, los humanos. Al sanar a los enfermos y levantar a los muertos, demostró su cuidado por nosotros. Mostró que se preocupaba por nuestras enfermedades. En Marcos 8 nos muestra sus sentimientos por las necesidades físicas de la humanidad.

Al acercarse el tiempo en que Jesús dejaría a sus discípulos, ellos se preocupaban en cuanto a lo que harían si Jesús los dejara. En Juan 14:26 Jesús prometió a sus discípulos que les enviaría al Espíritu Santo, que les enseñaría todas las cosas. En el versículo 17 nos dice que el mundo no puede recibir al Espíritu, porque no le conoce; según versículo 21, la promesa del Espíritu Santo es solamente para aquellos que tienen sus mandamientos y los practican. No solamente leamos la Biblia; estudiémosla y seamos hacedores de la Palabra. Entonces su promesa también será para nosotros.

Eli A. Yoder, Stuarts Draft, Virginia

Mas el Consolador, el Espíritu Santo, a quien el Padre enviará
en mi nombre, él os enseñará todas las cosas,
y os recordará todo lo que yo os he dicho. Juan 14:26

14 de octubre

Lectura bíblica: Mateo 17:14-27

Plan para leer la Biblia en un año: 1 Tesalonicenses 1; Isaías 50-52

Porque todo lo que es nacido de Dios vence al mundo;
y esta es la victoria que ha vencido al mundo, nuestra fe.

1 JUAN 5:4

TENED FE

La fe en Dios es la confianza en la absoluta veracidad de cada declaración de Dios.

La fe no es una emoción, una confianza jactanciosa que Dios me dará lo que yo quiero. Es una convicción; es ser convencido de que Dios siempre tiene la razón. La fe es depender del testimonio divino de la obra redentora de su Hijo Jesucristo. Es una lealtad firme a la gracia que recibimos al aceptar esta obra redentora.

Jesús prometió: "Si tuviereis fe como un grano de mostaza, diréis a este monte: Pásate de aquí allá, y se pasará; y nada os será imposible" (Mateo 17:20). Necesitamos entender este versículo como lo hacían los discípulos, con ojos de fe y no con ojos carnales o inmaduros. La montaña a que se refiere podría ser una montaña de carnalidad, orgullo o el estado de santurrón.

Jesús también dijo que sus discípulos harían obras mayores que las de él. Con esto se refería a esparcir el evangelio y llevar a personas al nacimiento espiritual. No pensaba que sus discípulos harían más sanidades, levantarían más muertos o echarían fuera más demonios que lo que él hizo. La obra del evangelio transformando la vida de las personas es una obra mayor que los milagros físicos.

Para tener gran fe, necesitamos gran humildad y obediencia. Los tres hebreos dijeron: "No serviremos a tus dioses, ni tampoco adoraremos la estatua que has levantado" (Daniel 3:18). Estaban completamente entregados a la voluntad de Dios. Estaban dispuestos a aceptar la liberación que Dios les mandara, fuera por la vida o por la muerte. Eso es tener gran fe.

Daniel N. Miller, Kalona, Iowa

La fe permite que Cristo haga con nosotros y para nosotros lo que nunca podríamos hacer solos.

15 de octubre

Lectura bíblica: 1 Corintios 3

Plan para leer la Biblia en un año: 1 Tesalonicenses 2; Isaías 53-55

La obra de cada uno se hará manifiesta; porque el día la declarará, pues por el fuego será revelada.

1 CORINTIOS 3:13

PROBADO POR EL FUEGO

En el lugar donde trabajo, a veces trabajamos con el acero inoxidable. Para quitar el residuo que queda después de soldar el acero inoxidable, lo limpiamos con una sustancia muy corrosiva llamada pasta curtidora. Después de aplicar la pasta, se le deja secar un ratito, después se lava, y todo el residuo negro y sucio sale, dejando una soldadura limpia y brillante. Una vez aplicamos la pasta y poco después notamos que una de las piezas se estaba oxidando rápidamente. Habíamos usado una pieza de acero que parecía ser inoxidable pero no lo era. Esta pieza había pasado por todo el proceso de fabricación sin ser detectado, pero cuando le aplicamos la prueba final, reveló la verdadera sustancia del material.

De la misma manera, las personas pueden aparentar estar bien por fuera, pero al ser probados por el fuego, se revela lo que son por dentro. Es posible que alguien sea hipócrita y que no demuestre a los demás como es en realidad. Algunas personas logran esconder sus pecados durante muchos años. Aunque parezcan ser iguales a los demás cristianos, cuando se levantan pruebas, sus pecados se revelan. Supongo que también hay personas que logran esconder su hipocresía toda la vida, pero será revelada en el día del juicio.

Si construimos bien sobre el fundamento de Jesucristo, nuestra obra puede ser probada por el fuego y podemos salir victoriosos. Esto debe servir de ánimo para todo el que se propone vivir la vida cristiana.

Darrell Frey, Drayton, Ontario

La obra de cada uno cuál sea, el fuego la probará. 1 Corintios 3:13

16 de octubre

Lectura bíblica: Efesios 4:14-32

Plan para leer la Biblia en un año: 1 Tesalonicenses 3; Isaías 56-58

Tiempo de callar, y tiempo de hablar.

ECLESIASTÉS 3:7

PALABRAS SAZONADAS CON SAL

He leído que siempre que el evangelista D. L. Moody encontraba a una persona, le hablaba de la salvación y le preguntaba si tenía perfecta paz con Dios y si estaba preparada para el cielo. A veces le contestaban: —¿Eso qué te importa? —Moody les decía que sí le importaba mucho.

Leí de un barbero a quien también le gustaba hablar con sus clientes de la venida del Señor, y recordarles que se debían preparar para la muerte. Un día llegó un cliente nuevo para un corte de cabello y un afeitado. En ese tiempo se usaba una gran cuchilla para afeitar. El cliente nuevo esperaba en la silla mientras el barbero afilaba su cuchilla. De repente el barbero le preguntó:

—Dime, ¿estás listo para morir?

El cliente no sabía a qué se refería el barbero, pero se imaginó lo peor. Bajó de la silla de un brinco, salió corriendo por la acera y nunca regresó. Ese barbero debió tener más cuidado con lo que decía y cómo lo decía.

También leí de una mujer que estaba en una zapatería buscando un par a su medida. Al medirse un par, la asistente le dijo:

—Tus pies son demasiado grandes para estos zapatos.

La mujer salió de la zapatería y nunca regresó. Entró en otra zapatería y se midió otro par de zapatos. La asistente le dijo:

—Estos zapatos son demasiado pequeños para sus pies. Le traeré un par más grande. —La actitud bondadosa de la asistente la convenció a comprar los zapatos que deseaba.

Es muy importante que nuestras palabras sean sazonadas con sal. Siempre debemos tener una actitud de amor para poder hablar la verdad en amor.

Eli A. Yoder, Stuarts Draft, Virginia

Ten cuidado no solamente de lo que dices,
sino también de cómo lo dices.

17 de octubre

Lectura bíblica: Gálatas 5

Plan para leer la Biblia en un año: 1 Tesalonicenses 4; Isaías 59-61

Mas el fruto del Espíritu es amor, gozo, paz, paciencia, benignidad, bondad, fe, mansedumbre, templanza; contra tales cosas no hay ley.

GÁLATAS 5:22-23

LAS OBRAS DE LA CARNE Y EL FRUTO DEL ESPÍRITU

La carne es como basura podrida en contraste con el fruto fragante y hermoso del Espíritu de Dios. Las obras de la carne llevan el sello del diablo. El fruto del Espíritu lleva el sello de Dios. La carne es aquella naturaleza terrenal, humana del hombre, apartada de la influencia divina y así inclinada hacia el pecado y opuesta a Dios. Es el elemento pecaminoso de la naturaleza del hombre. Es la esencia del hombre sin Cristo.

La lista de pecados en la lectura de hoy incluye conducta externa e interna y excluirá del cielo a la persona si no hay arrepentimiento genuino.

¿De dónde aparecen las obras de la carne? Provienen de la naturaleza humana, porque la carne es aquella tendencia a actuar independientemente de Dios y a alcahuetear nuestros deseos egoístas y pecaminosos.

¿Cómo, pues, obtendremos el fruto del Espíritu? ¿Por medio de intentar portarnos como cristiano? ¿Por medio de trabajar más para desarrollar el fruto en nuestra vida? Nunca. No es por un trabajo reformatorio del esfuerzo humano. Comienza con una experiencia transformadora por el poder divino de Dios por el cual llegamos a ser nueva creación en Cristo Jesús. No podemos fabricar el fruto hermoso, verdadero y duradero del Espíritu. El Espíritu de Dios en nuestra vida lo produce.

El verdadero carácter cristiano demuestra el fruto del Espíritu. El fruto del Espíritu será evidente en el que vive y anda en el Espíritu. Así radian de su vida las virtudes de Cristo.

Mark Kropf, Cataldo, Idaho

El fruto del Espíritu se produce solamente en la vida llena del Espíritu, centrada en Cristo, y enfocada a Dios.

18 de octubre

Lectura bíblica: Salmo 39

Plan para leer la Biblia en un año: 1 Tesalonicenses 5; Isaías 62-64

Enséñanos de tal modo a contar nuestros días,
que traigamos al corazón sabiduría.

SALMO 90:12

LA MUERTE INESPERADA

Un familiar descarriado mío era vendedor de productos naturales a base de hierbas. Como sabemos, para ser un buen vendedor, se debe estar muy convencido de que el producto sea bueno. Este hombre estaba completamente convencido de que el producto que vendía era excepcionalmente beneficioso para la salud. Cuando tenía setenta años, dijo:

—Con los productos que uso, me siento mejor de lo que jamás me haya sentido. De hecho, me siento tan bien que no veo razón por qué no llegara hasta los cien años.

La persona con quien hablaba le respondió:

—No tienes ninguna promesa de la vida. Dios es el que decide cuándo se termina nuestro tiempo aquí.

Él contestó:

—Bueno, no digo que no puedo morir en un accidente de circulación o algo parecido, pero este producto no me dejará morir de ninguna causa natural.

Seis meses después, murió repentinamente de un ataque cardiaco.

La noticia de su muerte me golpeó. Me recordó que ninguno tiene segura la vida.

Me pregunté si Dios lo permitiría morir de una causa natural para demostrar que no podemos confiar en los productos naturales, en las medicinas ni en los médicos. No retemos a Dios diciendo que sabemos cuidarnos tan bien que difícilmente moriremos.

Acordémonos de la brevedad del tiempo. Todos algún día estaremos ante un Dios justo y sabio, que decidirá nuestro destino eterno. Posiblemente no tendremos oportunidad para arreglar cuentas en el lecho de muerte. ¿Estás preparado para morir hoy? ¿Estás preparado para morir en este momento?

Bruce Weaver, Orrville, Ohio

Ciertamente es completa vanidad todo hombre que vive. Salmo 39:5

19 de octubre

Lectura bíblica: Romanos 12

Plan para leer la Biblia en un año: 2 Tesalonicenses 1; Isaías 65, 66

Así que, si tu enemigo tuviere hambre, dale de comer;
si tuviere sed, dale de beber; pues haciendo esto,
ascuas de fuego amontonarás sobre su cabeza.

ROMANOS 12:20

ASCUAS DE FUEGO

Se cuenta de una mujer que tenía serios problemas con el esposo. Buscó ayuda del pastor. Él le aconsejó que hiciera cosas positivas para su esposo para crear amor. Le dijo que haciendo estas cosas ella le podría amontonar ascuas de fuego en la cabeza.

—Bueno —concluyó ella—, es seguro que no serviría de nada. Una vez le eché agua caliente y sólo se puso más enojado.

Esta historia nos puede parecer absurda, y obviamente esta mujer tenía un concepto equivocado en cuanto al significado de Romanos 12:20. Si alguien es antipático contigo, pero sigues tratándole con bondad, su enemigo puede ser conmovido. Si alguien nos hace algún mal, no debemos vengarnos. "Mía es la venganza, yo pagaré, dice el Señor" (Romanos 12:19). Si podemos dejarlo en las manos de Dios y seguir haciendo el bien y orando por la persona, tendremos recompensa.

No se puede vencer el mal con el mal. El mal solamente se puede vencer con el bien. "Si es posible, en cuanto dependa de vosotros, estad en paz con todos los hombres" (Romanos 12:18). Hagamos un esfuerzo por estar en paz con todos.

Daniel Miller, Dunnegan, Misuri

Deshonramos a Dios cuando nos vengamos nosotros mismos.

20 de octubre

Lectura bíblica: Mateo 6:1-18

Plan para leer la Biblia en un año: 2 Tesalonicenses 2; Jeremías 1-2

Hágase tu voluntad.

MATEO 6:10

CONFORME A LA VOLUNTAD DE DIOS

Recuerdo una experiencia que tuve mientras regresaba a casa desde Belice. Hacía varios meses que no había visto a mis familiares y amigos, y pensaba pasar unas semanas con ellos antes de regresar a la misión para continuar con mis responsabilidades allí. Cuando llegué a Houston, Texas, EE.UU., la fila de personas pasando por aduana era tan larga que temí que no pasara a tiempo para alcanzar el siguiente vuelo. Comencé a orar. ¡Pronto comencé a orar sin cesar! Me alenté con pensar en que Dios es todopoderoso y que no sería ningún problema para él hacer que pasara la fila a tiempo. Lastimosamente perdí el vuelo y no pude ver a mi familia hasta el día siguiente. Pareciera que Dios no contestó mi oración. "Pedís, y no recibís, porque pedís mal, para gastar en vuestros deleites" (Santiago 4:3). Debería haber orado: "Padre, hágase tu voluntad."

Demostramos la fe en nuestras oraciones cuando nos entregamos completamente a Dios para que él provea para nuestra necesidad de la manera en que él quiera, ya que él sabe lo que es mejor para nosotros. Esa manera puede ser distinta de la que deseara la carne. Sin embargo, si en nuestras oraciones limitamos a Dios a contestar de la forma en que nosotros creemos ser mejor, es posible que perdamos por completo la respuesta que nos provea nuestro Padre.

Al orar el padrenuestro, pedimos que la voluntad de Dios se haga en la tierra. Eso no deja lugar para que se cumpla nuestra voluntad. Cuanto más nos entregamos a la voluntad de Dios, tanto más Dios puede obrar en nosotros y por medio de nosotros. Nuestros deseos deben ser crucificados. Debemos confiar en Dios por el resultado, sabiendo que sus caminos son más altos que los nuestros.

Wendell Beachy, London, Ohio

La oración no es para conformar la voluntad de Dios a la nuestra,
sino para conformar nuestra voluntad a la de Dios. – Oldham

21 de octubre

Lectura bíblica: Hebreos 4

Plan para leer la Biblia en un año: 2 Tesalonicenses 3; Jeremías 3, 4

Sed, pues, vosotros perfectos,
como vuestro Padre que está en los cielos es perfecto.
MATEO 5:48

UN HOMBRE DESTACADO

Hace algún tiempo mi padre tuvo una operación de corazón. Fue una experiencia estresante y de profunda reflexión para la familia. Nuestros amigos y el personal del hospital trataban de asegurarnos que esta operación es muy común, y por lo general, exitosa.

"Sí, pero éste no es cualquier hombre. Éste es mi padre, un hombre a quien respeto y en quien confío más que en cualquier otro hombre", pensé.

Después tuve que pensar en Dios y en lo que él estuvo dispuesto a sacrificar por nuestra salvación. Jesús no era cualquier hombre. Era el Hijo unigénito de Dios. Nunca había hecho ningún mal. Dios dijo: "Este es mi Hijo amado, en quien tengo complacencia" (Mateo 3:17). Éste era el Hijo de Dios, que "fue tentado en todo según nuestra semejanza, pero sin pecado" (Hebreos 4:15). No era un hombre cualquiera.

Solamente podemos imaginar el dolor que Dios sintió al mandar a su Hijo perfecto al mundo para ver que le escupieran, lo golpearan y lo acusaran falsamente.

No es cualquier hombre que puede practicar una cirugía del corazón, en que el error más pequeño puede ser mortal. Aun así, los médicos son limitados. Si el corazón está en muy mal estado, no lo pueden arreglar.

Ningún corazón es demasiado negro ni está en tan mal estado como para que Dios no lo pueda sanar completamente. Dios dice en Ezequiel 36:26 que nos dará corazón nuevo y espíritu nuevo, uno que está en comunión con él mientras andamos en obediencia. ¿No es eso lo que queremos: un corazón extraordinario de un Dios extraordinario?

Tite Miller, Afton, Oklahoma

El amor de Dios en nuestra vida produce "un hombre destacado."

22 de octubre

Lectura bíblica: Filipenses 4

Plan para leer la Biblia en un año: 1 Timoteo 1; Jeremías 5, 6

¿Qué, pues, diremos a esto? Si Dios es por nosotros, ¿quién contra nosotros?
ROMANOS 8:31

CRISTO EN NOSOTROS

Cuando hay que hacer un trabajo, buscamos las herramientas adecuadas para poder hacerlo bien. Cuando hay que cortar madera, buscamos una sierra. Cuando hay que sacar un tornillo, buscamos un destornillador. También debemos armarnos con las armas necesarias para la guerra espiritual. ¿Qué debemos hacer para que el poder de Cristo obre en nosotros?

Nuestros anhelos y sentimientos deben alinearse a Cristo. Nuestros intereses y nuestras metas deben demostrar el espíritu de Cristo en nosotros. Él debe ser evidente en nuestro comportamiento y en nuestras preocupaciones. Debemos amarlo inexpresablemente, y su presencia debe ser evidente en nuestras actitudes. Entonces viviremos una vida apartada del mundo, y Dios será nuestro Padre y seremos sus hijos (2 Corintios 6:18).

Dios ha prometido no darnos más de lo que podamos resistir. Él es fiel y nos da una salida para que podamos soportar las tentaciones que enfrentamos (1 Corintios 10:13). Dios ha prometido que su gracia nos bastará en nuestras debilidades (2 Corintios 12:9). Podemos saber que "mayor es el que está en vosotros, que el que está en el mundo" (1 Juan 4:4). Estamos en el partido vencedor si estamos en el de Dios.

Echemos mano de Cristo y de su poder, siempre conscientes de su presencia.

Elvin Fox, Shiloh, Ohio

¡Oh, qué amigo nos es Cristo! Él llevó nuestro dolor.

23 de octubre

Y no hay cosa creada que no sea manifiesta en su presencia;
antes bien todas las cosas están desnudas y abiertas a los ojos
de aquel a quien tenemos que dar cuenta.

HEBREOS 4:13

LOS SECRETOS

Los secretos son divertidos. Nos gusta planear una sorpresa para un amigo. Planeamos una cena de cumpleaños en secreto, después sorprendemos a la víctima con risas y alegría. Creo que a todos nos gusta un buen secreto.

Pero no todos los secretos son buenos. Algunos secretos hacen gran daño. Considera por ejemplo a Ananías y Safira con su secreto. Este secreto les costó la vida. Alguien ha dicho: "Se puede engañar a todos una parte del tiempo, y a unos todo el tiempo, pero no se puede nunca engañar a todos todo el tiempo." Aun si se pudiera, no se podría engañar a Dios nunca, así que ¿por qué intentarlo?

Los escribas y los fariseos eran expertos en engañar a la gente, y Jesús dijo: "Porque os digo que si vuestra justicia no fuere mayor que la de los escribas y fariseos, no entraréis en el reino de los cielos" (Mateo 5:20). Aparentar no es suficiente.

Tu carácter es lo que piensas y haces cuando nadie te ve. La mayoría sabemos lo que somos en lo profundo de nuestro ser. Si te has engañado hasta a ti mismo, deja que Dios te examine el corazón.

Me gusta la poesía en la pared de la casa de mi abuela:

Aunque tu nombre se esparza lejos
Como semilla alada de costa a costa,
Lo que eres ante tu Dios,
Eso eres y nada más.

Harold R. Troyer, Belleville, Pensilvania

---

*Nadie se viste de harapos más malos
que el que usa su religión como manto. – David Young*

24 de octubre

Lectura bíblica: Salmo 24

Plan para leer la Biblia en un año: 1 Timoteo 3; Jeremías 9, 10

Ahora bien, se requiere de los administradores, que cada uno sea hallado fiel.
1 CORINTIOS 4:2

SOMOS MAYORDOMOS

¿Qué significa la mayordomía para ti: ahorrar dinero, vivir moderadamente, donar una parte de tus ganancias? Claro que esto es una parte importante, pero la mayordomía cristiana abarca mucho más y no es limitada a lo económico. Seguir a Cristo puede ser caro y a veces no parece tener sentido económicamente. Por ejemplo, el Señor nos puede llamar a dejar a nuestro hogar y nuestro estilo de vida cómodo. Nos puede llamar a servirle en un lugar que probará y fortalecerá nuestra fe en él.

La mayordomía cristiana alcanza cada aspecto de la vida, y afecta todo mi estilo de vida. La mayordomía es la convicción de que todo lo que tengo es un don de Dios, y que seré responsable ante Dios de la forma en que lo uso. Es ser administrador para otro, con la responsabilidad de todo lo que se me ha encomendado. Incluye administrar los dones de Dios que él me dio para la extensión de su reino. Incluye un compromiso total de otorgarle a Dios el primer lugar en mi vida, recordando que todo le pertenece a él, para ser usado para su gloria. Es el manejo cuidadoso del tiempo, de los talentos y de los tesoros que nos han sido dados.

La mayordomía es sencillamente hacer a Cristo Señor y Maestro en cada área de la vida.

Mark Kropf, Cataldo, Idaho

La vida egoísta y el discipulado cristiano son incompatibles.

25 de octubre

No reprendas al anciano, sino exhórtale como a padre;
a los más jóvenes, como a hermanos.

1 TIMOTEO 5:1

UNA NIETA ESPECIAL

A Lisa le encantaba ayudar a su abuela anciana, y a veces la llevaba a un restaurante para comer. Pero ya que tenía Alzheimer, había momentos difíciles y vergonzosos. Un día entraron en un restaurante pequeño de ambiente tranquilo, y Lisa se alegró al ver que había pocos clientes. Podían comer sin molestar a nadie. Las preguntas y los comentarios sin sentido que hacía la abuela a veces eran bochornosos. El mesero las dirigió a una mesa cerca de un hombre de negocios que disfrutaba su comida e intentaba leer el periódico. Apenas se habían sentado, la abuela comenzó a hacer un sinfín de preguntas.

—¿Cómo llegué aquí? ¿Quién pagará mi comida? ¿Por qué tenemos que comer en un lugar como éste? Yo no vivo aquí. ¿Me puedes llevar a casa?

Lisa trató de calmar a la abuela lo mejor que pudo, contestando las mismas preguntas vez tras vez. Deseaba que aquel hombre se fuera. Estaba segura de que no podía disfrutar su comida y que la abuela lo estaba volviendo loco.

Lisa se tranquilizó cuando al fin el hombre dobló el periódico y se preparó para salir. Para su sorpresa, se acercó a la mesa de ellas. Lisa se preparó para pedir disculpas por haber estorbado su almuerzo, pero el hombre solamente la miró con una sonrisa y dijo:

—Cuando sea anciano, ojalá que tenga una nieta como usted.

Lisa había comenzado el día con un solo propósito en mente: quería hacerlo un día agradable para la abuela. No había pensado en cómo sus acciones podrían afectar a otros.

Podemos sentir que lo que hacemos no es importante, pero acordémonos que el mundo nos está mirando.

Melvin L. Yoder, Gambier, Ohio

---

*Haz todo el bien posible, a todas las personas que sea posible,
de todas las formas posibles, lo más a menudo posible,
durante todo el tiempo posible.*

26 de octubre

Lectura bíblica: Lucas 10:30-37; 2 Timoteo 1:1-14
Plan para leer la Biblia en un año: 1 Timoteo 5; Jeremías 14-16

Y dará a luz un hijo, y llamarás su nombre JESÚS,
porque él salvará a su pueblo de sus pecados.
MATEO 1:21

SALVOS POR GRACIA

—¡Papá! ¡Los perros se están ahogando en la laguna! —Mis hijos entraron corriendo en la casa una mañana helada después de ordeñar, cuando ya casi íbamos a salir para ir al culto. Era cierto; el sabueso del vecino y nuestro cachorro pastor alemán habían caminado sobre la laguna congelada y se había quebrado el hielo. Estaban nadando, dando vueltas en su pequeño hoyo, tratando en vano de subir al hielo. Primero, creí que sería imprudente arriesgar mi propia salud y hasta la vida por dos perros, pero aun en los momentos que pasé vacilando, vi que estaban perdiendo fuerza. Apreté los dientes, salí caminando con cuidado sobre la superficie congelada, y saqué a ambos perros.

Me acordé del poder de Jesús para salvar. El versículo clave dice: "Él salvará a su pueblo de sus pecados." Muchos que profesan ser cristianos viven como si el ángel más bien hubiera dicho: "Salvará a su pueblo en sus pecados." Así como yo no habría podido salvar a los perros dejándolos en la laguna, tampoco Dios nos salva para que sigamos viviendo en el pecado. Los perros tuvieron que ser levantados para poder ser revividos.

Dios "nos salvó y llamó con llamamiento santo" (2 Timoteo 1:9). Eso incluye apartarnos de iniquidad (2 Timoteo 2:19) y no practicar el pecado (1 Juan 3:9). El nacimiento de nuevo no quita la posibilidad de pecar sino la esclavitud del pecado (Romanos 6:16-18).

El Espíritu Santo es las arras de nuestra herencia (Efesios 1:13-14). Solamente al ser llenos del Espíritu podremos vivir libres del pecado.

Kenton Martin, Carson City, Míchigan

Sin las arras de la salvación,
no podemos esperar recibir la herencia completa.

27 de octubre

Lectura bíblica: Hebreos 3

Plan para leer la Biblia en un año: 1 Timoteo 6; Jeremías 17-19

Por lo cual, hermanos, tanto más procurad hacer firme vuestra vocación y elección; porque haciendo estas cosas, no caeréis jamás.

2 PEDRO 1:10

QUE NO NOS DESLICEMOS

Una semana después regresó el mismo sabueso, jugueteando con nuestro cachorro. Pensé en la posible repetición de la situación de la semana pasada, así que mandé a los muchachos que ataran al sabueso hasta que llegara el vecino para llevárselo. Claro que al perro no le gustó. Saltó y gimió, tirando de la cadena.

Me hizo pensar en lo que hacemos a veces. Poco antes, este perro había sido rescatado de la muerte segura, y ahora parecía decir:

—Todo saldrá bien. Solamente quiero la libertad para hacer lo que yo quiero. —En contraste con Dios, que ama mucho a su pueblo, yo no soy tan amante de los perros y tal vez no habría estado muy dispuesto a sacarlo de la laguna la segunda vez. La cadena era una bendición para él, aunque él no lo sabía.

Quizás a veces los que me rodean notan que voy hacia la destrucción y me sujetan. Debemos exhortarnos diariamente. No somos enviados a dialogar los precios de los terrenos, los pedidos de muebles, ni siquiera el tiempo, pero sí debemos ayudarnos los unos a los otros a evitar ser endurecidos por el pecado. Dios no quiere que dudemos de nuestra salvación. Tampoco quiere que la descuidemos, porque la podemos perder. Hagamos caso cuando el Espíritu envía a un hermano con una preocupación en cuanto a nuestra vida. Nada es demasiado insignificante para no merecer nuestra atención, si nos ayudaría a buscar el camino angosto al cielo, o a quedarnos en él.

Kenton Martin, Carson City, Míchigan

La salvación produce un cambio interior que rompe las cadenas del pecado.

28 de octubre

Lectura bíblica: Efesios 6

Plan para leer la Biblia en un año: 2 Timoteo 1; Jeremías 20-22

Hijos, obedeced en el Señor a vuestros padres, porque esto es justo.
EFESIOS 6:1

¿AMONESTACIÓN O ABUSO?

—¿Crees que lograrás algo en la vida?

Como adolescente viviendo en una finca, siempre tenía muchos trabajos diferentes que hacer. Un día mi padre me pidió pintar uno de los pequeños edificios de la finca. Me quejé, diciendo que pintar no era mi trabajo favorito. Fue entonces que él me preguntó:

—¿Crees que lograrás algo en la vida?

Aunque han pasado treinta y siete años, es fácil recordar cómo sentí esa pregunta en ese momento. Sí, podría haber una forma más discreta para el padre abordar un problema con un adolescente. Pero ¿amonestó (expresar advertencia o desaprobación) o abusó (atacar con palabras)?

El resultado depende de mí. Mi papá tenía la razón, y sabemos que la verdad a veces duele. La respuesta se encuentra en Hebreos 12:11: "Es verdad que ninguna disciplina al presente parece ser causa de gozo, sino de tristeza; pero después da fruto apacible de justicia a los que en ella han sido ejercitados."

Demasiadas veces cuando tenemos problemas, buscamos echarles la culpa a otros. Podemos culpar a nuestro padre por abusar de nosotros con sus palabras. Pero tengamos cuidado de no usar lo que dijo como una excusa, en vez de aceptar la responsabilidad de nuestras acciones. Aunque los padres a veces fallan, es incorrecto enfocar esas fallas en vez de perdonar. Usemos las fallas de peldaño en nuestra vida espiritual.

El tiempo me ha ayudado a ver la respuesta a mi pregunta. Papá me estaba amonestando, no me estaba abusando. Mostremos respeto y agradezcamos a nuestros padres.

Emanuel Erb, Conneautville, Pensilvania

El padre piadoso: un ingrediente vital del hogar cristiano.

29 de octubre

Lectura bíblica: Colosenses 3:12-25

Plan para leer la Biblia en un año: 2 Timoteo 2; Jeremías 23, 24

Someteos unos a otros en el temor de Dios.

EFESIOS 5:21

HOGARES AMOROSOS

La Biblia claramente manda al esposo amar a su esposa, cuidarla y tratarla como su propio cuerpo. ¿Todavía amamos a nuestra esposa tanto como la amábamos el primer día o los primeros meses después de que nos casamos? Demasiadas veces damos por sentado que la amamos. Salimos al trabajo en la mañana y regresamos en la noche, esperando encontrar la comida preparada, la casa arreglada y los niños todos limpios y con su mejor comportamiento. ¿Alguna vez nos detenemos a pensar en cómo se siente la esposa? ¿Alguna vez la sacamos de en medio de los rigores de la vida y dejamos que nos cuente lo que siente? ¿Todavía la sustentamos y la cuidamos?

Esposa, ¿alguna vez te has preguntado por qué tu esposo no te demuestra más amor? ¿Has considerado que tal vez no le estás demostrando respeto? La Biblia dice que Sara llamó a Abraham "señor". Acuérdate que eres hija de Sara. Siempre valora a tu esposo. Él también es humano y tiene sentimientos. Cumple tus responsabilidades hogareñas con cariño. Hazlo como para el Señor.

Padres, ¿estaremos dirigiendo a nuestros hijos a la cruz que lleva al cielo? Si siguen nuestro ejemplo, ¿llegarán a aquel lugar bendito? Dejemos claro el camino para los que vienen atrás. Que Dios nos ayude a criar a nuestros hijos en el temor de Dios.

Hijos, deben respetar a sus padres. Agradezcan a sus padres y aprécienlos mientras están con ustedes. Denles las flores ahora mientras están vivos. De nada les servirán las flores que pongan en sus tumbas después que han partido de esta vida.

Marcos G. Meighn, Hattieville, Belice

Feliz el hogar donde está Dios.

30 de octubre

Lectura bíblica: Salmo 19; Génesis 1:14-19

Plan para leer la Biblia en un año: 2 Timoteo 3; Jeremías 25, 26

¿Qué es el hombre, para que tengas de él memoria,
y el hijo del hombre, para que lo visites?

SALMO 8:4

LOS CIELOS CUENTAN

Día tras día, el sol silenciosamente nos cuenta de un Ser incomparable. Noche tras noche, las estrellas marcan el curso para la humanidad. La duración del año se mide por las estrellas. El poder de la luna sobre la tierra todavía no se ha averiguado completamente. Observamos el cielo para tratar de averiguar las normas del tiempo. ¿Nos sentimos grandes al poder pronosticar una tormenta de lluvia, o nos sentimos pequeños porque no tenemos ninguna idea de cómo hacer que llueva? A veces, cuando comenzamos a tener orgullo, debemos mirar hacia arriba. ¿Qué ha hecho Jehová?

La tierra gira alrededor del sol a la velocidad de treinta kilómetros por segundo. Cada día viajamos 2,600,000 kilómetros alrededor del sol.

El sol es aproximadamente 1,000,000 veces más grande que la tierra. Se llevarían 109 tierras, colocadas lado a lado, para alcanzar el diámetro del sol.

Las erupciones solares ayudan a formar la aurora boreal, y a veces estas tormentas solares también estorban la tecnología más avanzada del hombre; frustrando, por ejemplo, la comunicación por radio.

No existe otro lugar en el universo que tenga la temperatura adecuada para mantener la vida. A los 150,000,000 de kilómetros de distancia del sol, la tierra está en la posición perfecta.

Cuando Dios usaba un número demasiado grande para escribir, decía: "Como las estrellas del cielo en multitud". El hombre todavía no ha terminado de contar las estrellas.

"Nuestro Dios está en los cielos; todo lo que quiso ha hecho" (Salmo 115:3).

Raymond Fox, Shiloh, Ohio

Vio Dios que era bueno.

31 de octubre

Lectura bíblica: Salmo 139

Plan para leer la Biblia en un año: 2 Timoteo 4; Jeremías 27, 28

¿Cómo escaparemos nosotros, si descuidamos una salvación tan grande?
HEBREOS 2:3

¿CÓMO ESCAPAREMOS?

Mientras conducía por la cuidad un día, observé un número extraordinario de policías en el área alrededor de la cárcel. Algunos iban en sus automóviles, y otros estaban de pie, deteniendo los vehículos que pasaban. Se despertó mi curiosidad. Di vuelta a la cuadra para buscar alguna razón por la seguridad reforzada. Después vi al hombre, boca abajo en el suelo, esposado, en su traje anaranjado de preso, y rodeado de policías con las armas en las manos. Parecía que su plan para salir más temprano de la cárcel no le había salido bien.

Al repasar esta escena en mi mente, pienso en el versículo clave. La comparación no es perfecta, porque este preso logró alejarse de la cárcel como dos cuadras antes de ser apresado de nuevo. Si descuidamos o rechazamos el don divino de salvación, no hay ningún escape. Según la lectura bíblica, Dios conoce todos nuestros pensamientos, nuestro andar y nuestro reposo. Conoce todos nuestros hábitos y nuestras ideas. Conoce cada palabra que hablamos y cada miembro de nuestro cuerpo.

Te animo a seguir el mandato que el apóstol Pablo nos da en 1 Corintios 15:58: "Así que, hermanos míos amados, estad firmes y constantes, creciendo en la obra del Señor siempre, sabiendo que vuestro trabajo en el Señor no es en vano."

Marcus Yoder, Grove City, Minnesota

El mundo quiere lo mejor que tienes,
pero Dios quiere todo lo que eres.

1 de noviembre

Lectura bíblica: Mateo 9:9-38

Plan para leer la Biblia en un año: Tito 1; Jeremías 29, 30

Por tanto, id, y haced discípulos a todas las naciones, bautizándolos en el nombre del Padre, y del Hijo, y del Espíritu Santo; enseñándoles que guarden todas las cosas que os he mandado.

MATEO 28:19-20

PESCADORES DE HOMBRES

¿Cuál es nuestra reacción cuando oímos la palabra "ven"? Todo depende en dónde estamos y por qué somos llamados a venir. Si oímos: "Vengan, la cena está lista", respondemos a la llamada. Cuando un niño grita: "¡Venga rápido! ¡Juancito se cayó en el pozo!" respondemos inmediatamente.

Jesús se encontró con unos pescadores y los llamó:

—Vengan, síganme. Los haré pescadores de hombres. —Comenzaron a seguirle, sin hacer preguntas. Jesús nos extiende la misma invitación. ¿Estamos pescando hombres?

No siempre es fácil permitir a los seres amados salir a pescar hombres. Recuerdo muy bien el día en que mi hijo casado y su familia recibieron una carta de una junta de misiones pidiéndoles que consideraran mudarse a un país lejano por unos años. La idea penetró hasta lo profundo de mi corazón, y mi mente dijo: "No, ustedes no."

Cuando mi hijo nos preguntó si podríamos darles nuestra bendición para ir, comencé a pensar seriamente. "¿Debo atrasarlo si es llamado a pescar hombres?" Pero, otra vez, mi egoísmo salió a la superficie y argumenté conmigo mismo: "Pero él es un agricultor exitoso. Tiene una familia en crecimiento y tiene muchas responsabilidades aquí en casa." Incluso pensé en mi esposa y yo mismo. ¿Qué haríamos cuando necesitáramos ayuda?

Pero entonces me acordé de las palabras de Jesús: "Venid, y os haré pescadores de hombres." ¿Cómo podemos pescar si no salimos a las aguas donde nos llama el Maestro? Algunos son llamados a ir y otros a quedarse, pero todos como hijos del Rey somos llamados a pescar hombres. Puedo decir con la autoridad de la Palabra de Dios: "¡Vayan a pescar!"

Amos B. Stoltzfus, Honey Brook, Pensilvania

Rescatemos a los que perecen.

Lectura bíblica: Juan 21

Plan para leer la Biblia en un año: Tito 2; Jeremías 31, 32

En esto conocemos que amamos a los hijos de Dios,
cuando amamos a Dios, y guardamos sus mandamientos.
1 JUAN 5:2

¿ME AMAS?

Tres veces, en el capítulo veintiuno de Juan, se le hizo esta pregunta a Simón Pedro. Después que Jesús le hizo esta pregunta, le dijo que apacentara sus corderos y ovejas. Quizás Jesús le hizo esta pregunta a Pedro tres veces porque Pedro le había negado tres veces. Cuando Jesús le preguntó por tercera vez, Pedro se entristeció. Creo que el Señor quería enseñarle a Pedro cómo es el amor verdadero. Después de la tercera vez, Pedro se dio cuenta de lo que significa el amor verdadero.

Tendría que preguntarnos Jesús tres veces o más: "¿Me amas?" ¿Amamos lo suficiente a Jesús para salir a apacentar sus corderos y ovejas? ¿O lo amamos solamente de palabra? Cuando le digo a la gente que amo al Señor Jesús, deben poder verlo en mi vida. El Señor quiere que amemos de corazón, así como quería que Pedro amara. Fue por eso que tres veces le preguntó: "¿Me amas?"

Es fácil decirle a alguien que lo amamos, pero solamente por nuestra actitud para con él y nuestras acciones hacia él podrá saber si nuestro amor es verdadero. Recuerda, el Señor conoce nuestros pensamientos. Él sabe si nuestro amor para con él y los hermanos es verdadero. La Palabra de Dios dice que no podemos amarle a él y aborrecer a nuestro hermano. 1 Juan 4:20 dice: "Si alguno dice: Yo amo a Dios, y aborrece a su hermano, es mentiroso. Pues el que no ama a su hermano a quien ha visto, ¿cómo puede amar a Dios a quien no ha visto?"

Menno H. Eicher, Fairland, Oklahoma

Pero si alguno ama a Dios, es conocido por él. 1 Corintios 8:3

3 de noviembre

Porque ya conocéis la gracia de nuestro Señor Jesucristo,
que por amor a vosotros se hizo pobre, siendo rico,
para que vosotros con su pobreza fueseis enriquecidos.

2 CORINTIOS 8:9

SACRIFICIOS ACEPTABLES

En Levítico 1-8 se les instruyó a los hijos de Israel en cuanto a las ofrendas y los sacrificios. Debían ofrecer holocaustos, oblaciones de harina, ofrendas de primicias y sacrificios de paz.

Pero a veces Dios no soportaba su "vana ofrenda". Dijo: "El incienso me es abominación; (. . .) vuestras fiestas solemnes las tiene aborrecidas mi alma" (Isaías 1:13-14). En el Nuevo Testamento dice: "Sacrificio y ofrenda y holocaustos y expiaciones por el pecado no quisiste, ni te agradaron" (Hebreos 10:8).

Sin embargo, hay sacrificios aceptables que nosotros podemos ofrecer. Dice: "Vosotros también, como piedras vivas, sed edificados como casa espiritual y sacerdocio santo, para ofrecer sacrificios espirituales aceptables a Dios por medio de Jesucristo" (1 Pedro 2:5).

David menciona uno de estos sacrificios en el Antiguo Testamento. "Los sacrificios de Dios son el espíritu quebrantado; al corazón contrito y humillado no despreciarás tú, oh Dios" (Salmo 51:17).

Dar puede ser "olor fragante, sacrificio acepto, agradable a Dios" (Filipenses 4:18). Debemos ofrecer siempre a Dios sacrificio de alabanza del corazón. "Y de hacer bien y de la ayuda mutua no os olvidéis; porque de tales sacrificios se agrada Dios" (Hebreos 13:15-16).

La oración puede ser como ofrecer incienso. Los ancianos en Apocalipsis tenían "copas de oro llenas de incienso, que son las oraciones de los santos" (Apocalipsis 5:8).

Por las misericordias de Dios, debemos presentar nuestros cuerpos en sacrificio vivo, santo, agradable a Dios, que es nuestro culto racional (Romanos 12:1).

Enos Schrock, Rochelle, Virginia

¡Gracias a Dios por su don inefable! 2 Corintios 9:15

4 de noviembre

Lectura bíblica: Efesios 6:10-20; 1 Pedro 5:8-11

Plan para leer la Biblia en un año: Filemón; Jeremías 36, 37

Y no es maravilla, porque el mismo Satanás se disfraza como ángel de luz.
2 CORINTIOS 11:14

LA LUCHA CONTRA SATANÁS

Muchos teólogos hoy enseñan: "La mejor manera de vencer a Satanás es hacer caso omiso de él."

Satanás prospera en esta desatención. Él es príncipe de las tinieblas, y necesita las tinieblas para trabajar. La luz de la verdad es su destrucción. Él intenta hacer que los cristianos no lo descubran ni lo enfrenten. Si es enfrentado por la victoria del Cristo crucificado, es derrotado. No estamos en una lucha general por la verdad, sino en un conflicto personal con un león rugiente, a quien debemos resistir, no hacerle caso omiso solamente. En ninguna parte del Nuevo Testamento se dice que debemos hacerle caso omiso a Satanás o a sus actividades.

Muchos desconocen al Satanás de las Escrituras. Debemos dejar que la Palabra de Dios nos limpie de esta neblina, para que podamos avanzar el reino de Dios y derrotar al adversario. Necesitamos levantar una oposición activa en contra de los poderes invisibles de las tinieblas encabezados por Satanás. Debemos poner toda la armadura de Dios que se ha provisto para vencer al enemigo.

Somos llamados por Cristo, nuestro Capitán, para luchar bajo su bandera. Sin importar qué conflicto enfrentamos, Cristo será nuestro líder y nos llevará de victoria en victoria. Pero debemos fijar los ojos en él. Él calma los temores de su pueblo y lo anima a confiar en él. Si luchamos la batalla sin una confianza completa en nuestro Señor, la batalla nos agotará el espíritu. Necesitamos aprender la disciplina bajo el liderazgo de nuestro Capitán, fijar los ojos en él y sencillamente esperar sus órdenes.

Daniel Miller, Dunnegan, Misuri

No temas, porque yo estoy contigo; no desmayes,
porque yo soy tu Dios. Isaías 41:10

5 de noviembre

Lectura bíblica: Juan 4:19-24; Apocalipsis 4

Plan para leer la Biblia en un año: Hebreos 1; Jeremías 38, 39

Este pueblo se acerca a mí con su boca, y con sus labios me honra,
pero su corazón está lejos de mí.

ISAÍAS 29:13

¿QUÉ ES LA ADORACIÓN?

¿Qué significa adorar en realidad? ¿Es algo que hago en la capilla
una vez por semana, o en casa durante mi tiempo personal diario con
Dios? ¿O es una manera de vivir?

Jesús dijo: "Dios es Espíritu; y los que le adoran, en espíritu y en
verdad es necesario que adoren" (Juan 4:24). En otras palabras, Dios
es vivo. Es real. No es algún objeto sin vida sobre el cual amontonamos
palabras bonitas. Es Creador y Sustentador del universo. Además, es
el amor personificado. Es completamente puro y sin mancha. No es
solamente un ser supremo, un Dios eterno y sobrenatural, sino que es
el ser más completo y perfecto que jamás podría existir.

Si lo pensamos de esta manera, la adoración cambia de perspectiva.
¿Será la adoración algo en que participo de vez en cuando porque
debo hacerlo, porque es lo correcto? ¿O adquiere un nuevo significado
la adoración? La adoración es algo que sucede a un nivel mucho
más profundo que mi sonrisa, las palabras y notas al cantar, mis
pensamientos en la oración o aun mis emociones durante aquellos
momentos maravillosos de alabanza y agradecimiento. La adoración
va aun más allá de lo que hago. Se extiende hasta los alcances más
profundos de quién soy en Cristo. Las palabras de Jesús insinúan que
la adoración abarca todo nuestro ser (cuerpo, espíritu, alma y mente)
e incluye nuestra vida entera. Menos que eso, no es adoración real.
Lo podemos llamar adoración, pero Dios lo llama servicio de labios.

Adora hoy, y nunca dejes de adorar. Dios merece nada menos.

Michael Webb, Woodburn, Indiana

Que sea mi vida un sacrificio vivo.

6 de noviembre

Lectura bíblica: 1 Samuel 24

Plan para leer la Biblia en un año: Hebreos 2; Jeremías 40-42

Jehová me guarde de hacer tal cosa contra mi señor.

1 SAMUEL 24:6

EL PERDÓN GENUINO

Se cuenta de dos cristianos que tenían un desacuerdo. Durante la vida cargaban amargura el uno en contra el otro. Al fin un día cuando el uno estaba en el lecho de muerte, mandó llamar al hermano con que tenía el pleito para que pudieran reconciliarse.

—Hermano Juan —dijo cuando llegó—, te perdono por lo que me hiciste.

Juan respondió con lágrimas en los ojos:

—Te quiero perdonar también.

Después añadió el hermano enfermo:

—Juan, quiero que sepas; si me recupero, esto no fue en serio.

Tenemos un ejemplo diferente en 1 Samuel 24. David tenía un enemigo amargado que se llamaba Saúl. Saúl logró incluir a otros en su ataque contra David. David tuvo que pasar mucho tiempo huyendo del ejército de Saúl. El resultado amargo fue que la vida familiar de David fue destruida, y por mucho tiempo tuvo que esconderse en cuevas.

Pensemos en el dolor emocional que esto le causó a David. Pero es bello el ejemplo de amor y perdón que nos dejó David. En 2 Samuel 1:12 cuando David recibió la noticia de que Saúl estaba muerto, lloró y ayunó en vez de regocijarse y hacer fiesta. Su amor por Jonatán, el hijo de Saúl, era permanente. También, en 2 Samuel 9 él quiso bendecir a Mefi-boset, el nieto de Saúl, y a Micaía, el bisnieto, restaurándoles toda la tierra de Saúl y dándoles el privilegio de comer en su propia mesa.

David es un ejemplo bello de un hombre que logró perdonar las ofensas pasadas, recibir sanidad de su dolor y encontrar completa paz y libertad.

Joseph Kuepfer, Newton, Ontario

El que es incapaz de perdonar es incapaz de amar.
– Martin Luther King

7 de noviembre

Lectura bíblica: 2 Corintios 11

Plan para leer la Biblia en un año: Hebreos 3; Jeremías 43-45

Pero temo que como la serpiente con su astucia engañó a Eva, vuestros sentidos sean de alguna manera extraviados de la sincera fidelidad a Cristo.
2 CORINTIOS 11:3

EN CONTACTO CON DIOS

En el año 2000, Derek Isaacs terminaba su tiempo de trabajo misionero en la Ciudad del Cabo, Sudáfrica. Subió la Montaña de la Mesa en su carro para tomar unas fotografías del lugar donde había servido en los últimos años. Se detuvo cerca de una catarata, y cuando estaba por salir del vehículo, el Espíritu de Dios le impresionó en la mente la imagen de una víbora. En el momento antes de que abriera la puerta, miró por la ventana. Allí en la hierba alta, justo donde habría pasado su puerta si la hubiera abierto, estaba una víbora venenosa.

Esta culebra peligrosa, la víbora bufadora, es responsable de más muertes que cualquier otra culebra de la zona. Su naturaleza es perezosa y quieta, pero inyecta grandes cantidades de veneno cuando muerde. Estar en contacto con Dios le salvó la vida a Derek.

Podemos usar esta comparación con los peligros de la naturaleza pecaminosa del hombre. Nosotros como cristianos debemos estar atentos con los peligros que quieren introducirse en la vida. Muchas veces llegan quieta y astutamente. Los malos sentimientos o la amargura pueden echar raíces detrás de una fachada exterior de justicia. Muchas veces no se observan hasta que alguien nos las señala.

Resolvamos mantener una relación vital y constante con Dios y andar en contacto con el Espíritu Santo para que comprendamos las advertencias de los peligros espirituales inminentes. "El ángel de Jehová acampa alrededor de los que le temen, y los defiende" (Salmo 34:7).

Chester Mullet, Belle Center, Ohio

El que más sufre por la amargura es el que la tiene adentro.

8 de noviembre

Lectura bíblica: Apocalipsis 2:1-7; Juan 14:15-24

Plan para leer la Biblia en un año: Hebreos 4; Jeremías 46-48

Has dejado tu primer amor.

APOCALIPSIS 2:4

EL AMOR VERDADERO

—¡Papi! —exclamó Tomasito—. Yo quisiera un vagoncito rojo.

—Bueno, Tomás —contestó su padre—, Creo que tienes suficiente edad para tener un vagoncito. ¿Qué opinas tú, Mamá?

—Supongo que sí. Lo puedes comprar hoy en la tarde cuando vas al pueblo —sugirió la madre.

Cuando Tomás obtuvo su nuevo vagoncito rojo, jugaba con él constantemente. Emocionado, les contó a sus compañeros de juego en cuanto al nuevo vagoncito. Lo cuidó bien. Pero con el tiempo la novedad se disipó. Comenzó a dejarlo afuera en las noches, le caía la lluvia, y Tomasito se interesó en otras cosas.

¿No nos pasa lo mismo como individuos o como iglesia? Al comienzo de la vida cristiana no nos cuesta amar al que dio a su único Hijo por nosotros. ¿Pero, con el tiempo, qué pasa? Durante la vida, al criar nuestra familia y al ganarnos la vida, perdemos nuestro primer amor.

El Espíritu le dijo a la iglesia de Éfeso: "Al que venciere, le daré a comer del árbol de la vida, el cual está en medio del paraíso de Dios." Meditemos en esto. ¿Qué dijo Dios que nos daría? Si vencemos, nos dará de comer del árbol de la vida.

No fue suficiente que la iglesia en Éfeso tuviera varias costumbres buenas. ¿Por qué no? Porque habían perdido su primer amor.

¿Amamos como Dios amó? El amor verdadero nos motivará a guardar los mandamientos de Dios.

Monroe Hochstetler, Worthington, Indiana

La manera en que amamos es un termómetro que muestra nuestra condición espiritual.

9 de noviembre

Lectura bíblica: Génesis 37:1-27

Plan para leer la Biblia en un año: Hebreos 5; Jeremías 49, 50

Venid, y vendámosle a los ismaelitas, y no sea nuestra mano sobre él;
porque él es nuestro hermano, nuestra propia carne.

GÉNESIS 37:27

EL CONTENTAMIENTO SIN PIEDAD

"Gran ganancia es la piedad acompañada de contentamiento" (1 Timoteo 6:6), pero el contentamiento sin la piedad es un monstruo salvaje. El contentamiento sin la piedad causa que las personas se queden satisfechas consigo mismas mientras viven en pecado.

En la lectura bíblica de hoy los hermanos decidieron vender a José. La idea de matarlo y manchar sus manos con su sangre no les agradaba. Cuando se ofreció la oportunidad de venderlo, convinieron en eso y se quedaron contentos. Creo que bien sabían que habían pecado y que traería dolor inexpresable a su padre anciano. Pero a pesar de eso, estaban dispuestos a hacerlo.

Al leer este relato, me trae a la mente la iglesia en Laodicea. Ellos estaban tibios y no les importaba. Se sentían seguros y no se daban cuenta de sus necesidades. Estaban contentos, pero Dios dijo: Si no se arrepienten, los vomitaré de mi boca (Apocalipsis 3:14-18).

El fariseo se quedó content al orar: "Dios, te doy gracias porque no soy como los otros hombres, ladrones, injustos, adúlteros, ni aun como este publicano" (Lucas 18:11). Era orgulloso y estaba perdido, pero estaba contento con su posición y daba gracias que no era como los demás.

Hay personas que saben que no están bien con Dios, pero están contentos así. Hay personas que saben que han pecado contra el hermano, el vecino o la iglesia, pero ya que no les llega rápidamente el castigo, están contentos de seguir viviendo en el pecado.

Se ha contado de dos mulas en prados colindantes. Los prados eran idénticos y con mucho pasto. Las mulas metían la cabeza por la cerca, contentamente comiendo cada una el pasto de la otra. Al considerar esto, me pregunto si a veces seremos culpables de alcanzar al otro lado de la cerca para disfrutar los manjares delicados y las atracciones del mundo.

Melvin L. Yoder, Gambier, Ohio

---

*La pérdida más grande que se puede sufrir es la de tener el
contentamiento pero no acompañado de piedad.*

318

10 de noviembre

Lectura bíblica: 2 Samuel 12:1-14

Plan para leer la Biblia en un año: Hebreos 6; Jeremías 51, 52

Porque con el juicio con que juzgáis, seréis juzgados,
y con la medida con que medís, os será medido.

MATEO 7:2

LA MEDIDA DE JUZGAR

Posiblemente alguna vez, enojados, pronunciamos un juicio sobre otro que consideraríamos injusto si fuéramos juzgados de la misma forma. Todos nuestros juicios deben ser examinados según la regla de oro.

Natán el profeta era un excelente narrador de historias. Explicó a David el escenario de un hombre que tenía mucha riqueza y muchos animales. Al progresar la historia, explicó que este rico fue a la casa de un pobre y cruelmente le quitó el único cordero que tenía. David fue pronto en declarar juicio. Una parte de su veredicto fue que el hombre culpable de tal crimen debía pagar cuadruplicado.

La ironía de este juicio fue que esto básicamente se le aplicó a David, ya que él era el rico de la historia. Había mandado a la muerte a Urías. El pago de David en realidad fue cuadruplicado.

1. El hijo de David con Betsabé murió.

2. Amnón, hijo de David, fue asesinado por su hermano Absalón.

3. Absalón, hijo de David, murió colgado del pelo en un árbol de roble.

4. Adonías, hijo de Davíd, fue muerto por su hermano Salomón.

David fue juzgado con su propio juicio. Pagó la condena cuadruplicada que había decretado para el hombre en la historia de Natán.

Joseph Kuepfer, Newton, Ontario

El juez injusto será juzgado con su propio juicio.

11 de noviembre

Lectura bíblica: Mateo 13:31-46

Plan para leer la Biblia en un año: Hebreos 7; Lamentaciones 1, 2

Porque donde esté vuestro tesoro, allí estará también vuestro corazón.

MATEO 6:21

¿DÓNDE ESTÁ MI TESORO?

Soñé que andaba paseando. Paseaba cerca de unas montañas cuando noté una grieta en el costado de una colina. Me acerqué, quité unas piedras y miré adentro. ¡Qué sorpresa! Había gran cantidad de artículos, posiblemente de la época de la Guerra Civil (1861-1865). En mi sueño, volví a colocar las piedras con cuidado, pero muy emocionado. Después fui a investigar quién fuera dueño de la tierra y cómo pudiera comprarla.

A la mañana ya se me había olvidado el sueño, hasta que en mi meditación personal leí Mateo 13. La parábola del tesoro escondido en el campo revivió mi memoria. Comencé a meditar en lo que Dios estaba tratando de enseñarme. ¿Realmente estaré dispuesto a vender todo para Dios y hacer tesoros en el cielo?

Después en esa misma mañana el predicador habló de algunos de los mismos puntos, tomados de Hebreos 11 y 12. Necesitamos la fe que ve más allá de esta vida. Necesitamos fijar los ojos en las promesas y riquezas eternas, estimándolas más que los tesoros de esta tierra.

¿Cuánto me controlan las cosas de este mundo? ¿Estaría dispuesto a vender todo y mudarme a un área remota para servirle a Dios? ¿Puedo vivir totalmente para Cristo en el lugar donde estoy ahora? ¿Estoy dispuesto a sufrir persecución por el gozo que veo por delante? ¿Dónde está mi tesoro?

Mark Webb, Aroda, Virginia

¿Cuán alta tengo la mira?

12 de noviembre

Lectura bíblica: Mateo 26:20-25; Marcos 14:43-52

Plan para leer la Biblia en un año: Hebreos 8; Lamentaciones 3-5

Pero dijo esto, no porque se cuidara de los pobres, sino porque era ladrón, y teniendo la bolsa, sustraía de lo que se echaba en ella.

JUAN 12:6

LA TRAICIÓN DE JUDAS

Es fácil olvidar el hecho de que Jesús escogió a Judas para ser su discípulo. También podemos olvidar que, aunque solamente Judas traicionó a Jesús, todos los discípulos lo abandonaron. Ni Judas, ni ningún otro discípulo, entendió la misión de Jesús. Cuando Jesús repetidamente habló de su muerte, todos sentían cierto temor, enojo y desilusión. No entendían por qué habían sido escogidos si la misión fallaría.

Judas permitió que sus deseos lo llevaran a una posición donde Satanás le podía manipular. Después de entregar a Jesús, intentó deshacer el mal, devolviendo el dinero a los sacerdotes; pero ya era muy tarde. ¡Qué triste que Judas le pusiera fin a su propia vida sin jamás experimentar el don de la reconciliación!

Judas traicionó a Jesús por su propia decisión (Lucas 22:48). Era ladrón (Juan 12:6). Jesús sabía que la vida pecaminosa de Judas no cambiaría (Juan 6:70). La traición de Judas era parte del plan soberano de Dios (Salmo 41:9, Hechos 1:16-20). El hecho de que Jesús sabía de antemano que Judas le traicionaría no significa que Judas era títere de la voluntad de Dios. Judas tomó la decisión. Dios sabía que sería ésa su decisión y por eso pudo predecirla.

Esta historia nos debe hacer pensar en cuanto a nuestro compromiso con Dios y la presencia de su Espíritu en nosotros. ¿Somos discípulos verdaderos o pretendientes indecisos? Podemos escoger la desesperación y la muerte, o el arrepentimiento, el perdón, la esperanza y la vida eterna. La traición de Judas mandó a Jesús a la cruz para darnos otra oportunidad. ¿Aceptaremos su don o lo traicionaremos también?

Marvin C. Hochstetler, Nappanee, Indiana

Haced, pues, frutos dignos de arrepentimiento. Mateo 3:8

13 de noviembre

Estas cosas os he hablado, para que mi gozo esté en vosotros, y vuestro gozo sea cumplido.

JUAN 15:11

FRUTO MARCHITO, GOZO EXTINGUIDO

Israel estaba en un estado lamentable en los días de Joel. Habían dejado de seguir al Señor y habían descendido a las tinieblas de la apostasía. Habían abandonado al Señor. Joel 1 describe el juicio de Dios sobre la tierra. Las siembras fracasaron, y no dieron cosecha. Capítulo dos profetiza más juicio con una plaga terrible de langostas que comerían lo poquito que crecía.

En medio del lamento del capítulo uno, Joel describe las vides y los árboles marchitos. Después hace esta declaración: "Se extinguió el gozo de los hijos de los hombres." Imaginemos una vid marchita con uvas que caen medio maduras. Ahora imaginemos al pueblo de Dios, cansado por el trabajo infructuoso, exhaustos de tratar de producir alimentos, encorvados por el trabajo, sin inspiración para seguir adelante.

Pero eso no era todo. Su espíritu estaba sin vida y no comunicaban con Dios. La adoración había cesado, la obediencia había fallado y el gozo del Señor se había extinguido a causa de la desobediencia. Daba lástima ver a un pueblo así.

La intención de Dios para la humanidad es que experimente el gozo verdadero. Pero viene con un precio: el de renunciar su propia vida. Dios nos ha hecho de manera que el gozo profundo, duradero y verdadero viene solamente como resultado de morar en Cristo y en obediencia a su Palabra. Cuando tenemos el gozo del Señor, cada día comienza con nueva inspiración. Podemos hallar algo en qué regocijarnos aun en los tiempos de prueba (véase Habacuc 3:17-18).

Delmar R. Eby, London, Kentucky

El gozo de Jehová es vuestra fuerza. Nehemías 8:10

14 de noviembre

Lectura bíblica: Lucas 18:1-14

Plan para leer la Biblia en un año: Hebreos 10:1-23; Ezequiel 4-6

Os digo que éste descendió a su casa justificado antes que el otro; porque cualquiera que se enaltece, será humillado; y el que se humilla será enaltecido.

LUCAS 18:14

EL FARISEO Y EL PUBLICANO

El publicano era cobrador de impuestos, comerciante y posiblemente estafador. Cometió muchos errores en su vida, pero reconoció su condición pecaminosa, sus errores y sus fallas. En verdadera humildad dijo: "Dios, sé propicio a mí, pecador" (Lucas 18:13). Este hombre recibió al Señor en su vida.

El fariseo era muy religioso y guardaba toda la ley. Se creyó mucho mejor que los demás, y despreciaba al publicano.

¿Cuál es mi actitud para con otras personas? ¿Actúo a veces como el fariseo?

Quizás yo crea que soy buena persona. Ayuno y doy limosnas de todo lo que tengo. Asisto a los cultos, observo los acuerdos de la hermandad y regularmente doy testimonio en la capilla. Hablo de Dios fielmente a los que me rodean. Siento que merezco la alabanza de los demás por todas mis buenas obras. Desprecio a los demás y les hago sentir que soy un tanto superior a ellos. Si tan sólo tomara inventario de mis actitudes, me daría cuenta de que estoy lleno de orgullo por el bien que hago.

Los cristianos debemos hacer cosas buenas, pero también es importante mantener actitudes correctas en cuanto a nuestras buenas obras. Si hacemos las cosas para agradar a los hombres, ¿qué recompensa tendremos? Si hacemos las cosas como para el Señor, nos recompensará abundantemente.

Samuel Beachy, Belvidere, Tennessee

La semana llena de egoísmo y el domingo lleno de ejercicios religiosos harán buen fariseo pero mal cristiano.

15 de noviembre

Lectura bíblica: Gálatas 6:1-2; Hebreos 3:1-13

Plan para leer la Biblia en un año: Hebreos 10:24-39; Ezequiel 7-9

También os rogamos, hermanos, que amonestéis a los ociosos,
que alentéis a los de poco ánimo, que sostengáis a los débiles,
que seáis pacientes para con todos.

1 TESALONICENSES 5:14

EXHORTAOS LOS UNOS A LOS OTROS

Hace unos años, tres muchachos fueron a nadar en una cantera vieja que se había llenado de agua. Tenía como sesenta metros de ancho y nueve metros de profundidad.

Decidieron cruzar a nado. Dos ya lo habían hecho antes, pero era la primera vez para el tercero, que no nadaba tan bien. Los dos que nadaban mejor pronto lo adelantaron. Cuando estaban a media laguna, el tercer muchacho entró en pánico y gritó, pidiendo ayuda. Uno de los muchachos siguió adelante para ir a buscar ayuda, pero el otro regresó donde estaba el tercero y se acercó para hablar con él.

Le habló con calma y le dijo que siguiera nadando. Le aseguró que podía lograrlo y le instruyó en relajarse y nadar lentamente, deteniéndose para respirar y después seguir adelante. También le aseguró que se iban acercando más y más a la orilla, y así llegaron seguros.

Cuando vemos a un hermano luchando en su vida espiritual, ¿sacamos el tiempo para acercarnos y animarlo, asegurándole que estamos juntos en la lucha? Podemos restaurar a un hermano abatido con espíritu de mansedumbre. Recordemos, no se requiere que camine sobre el agua, solamente que mantenga fuera la cabeza.

Willis H. Martin, Wellsboro, Pensilvania

El amigo en tiempo de necesidad es un amigo de verdad.

16 de noviembre

Y a vosotros (. . .) os dio vida (. . .) anulando el acta de los decretos
que había contra nosotros.
COLOSENSES 2:13-14

LA SALA DE JUSTICIA DE DIOS

Ven conmigo a la sala de justicia de Dios. Él está sentado como juez.
Sus leyes están escritas en las paredes. Yo soy el acusado, buscando
justificarme.

El juez me mira con severidad y demanda:

—¿Cuál es tu declaración? —Temo mirarlo, pero declaro:

—Inocente.

Se intensifica la severidad de su semblante. Se vuelve a la pared de
la ley, toma un libro en la mano y lee las actividades de mi vida en voz
alta. Mientras lee, compara cada fechoría con una de las leyes para ver si
corresponde, y después pronuncia con acentos graves:

—¡Culpable! ¡Culpable! ¡Culpable!

Se vuelve hacia mí y con mayor severidad dice:

»Has quebrantado todas mis leyes. Tu declaración de inocencia no vale
nada ante mi divino conocimiento y justicia. Cada ley quebrantada lleva la
pena de muerte. Te condeno al castigo eterno por quebrantar las leyes de
mi reino. —Volviéndose a los guardias, les manda: —Llévenlo y échenlo
en las tinieblas de afuera.

Tiemblo de terror, sabiendo que el juez tiene razón y que merezco la
sentencia. De repente se abre una puerta, y en vez de las tinieblas que yo
esperaba, entra una figura gloriosa envuelta en luz divina. Con misericordia
en los ojos, se dirige al juez:

—Su Señoría, aunque yo era perfectamente inocente, sufrí la pena de
muerte para él. Este hombre aceptó mi perdón y vivió una vida de servicio
para ti. Te ruego que lo declares perdonado e inocente.

Mientras habla, noto las huellas de los clavos en sus manos. El juez,
con una sonrisa de amor y aprobación, se vuelve hacia mí y dice:

—Tus pecados te son perdonados. Entra en el gozo de tu Señor. —No
puedo más que postrarme y adorar ante los pies de mi Salvador, Jesucristo.

Delmar R. Eby, London, Kentucky

*Cuando haya gozado del cielo durante diez mil años, será por causa
de su amor; Porque llamó la justicia y contestó la misericordia.*

17 de noviembre

Mas buscad primeramente el reino de Dios y su justicia,
y todas estas cosas os serán añadidas.

MATEO 6:33

DIOS QUIERE QUE LLEGUEMOS AL CIELO

¿Alguna vez te has desanimado por la rutina de la vida y los tantos desafíos que vienen con ella? A veces nos sentimos olvidados y solos, sin ninguno que se preocupe por nosotros. Es fácil amargarnos cuando la vida nos trae experiencias desagradables. A veces culpamos a los demás por nuestros problemas, o hasta podemos culparnos a nosotros mismos y vivir en nuestro propio mundo, lamentando nuestros fracasos.

Considera lo que hizo Dios para nosotros. Creó el universo aun sabiendo que el hombre fallaría; salvó a Noé y a su familia cuando eran los únicos justos; inspiró a hombres a escribir el Antiguo Testamento con profecías específicas sobre Cristo. Sacó a los israelitas de Egipto y aseguró que el éxodo fuera documentado. Grabó la ejecución sangrienta de Jesús, inspirando a los apóstoles que escribieran el Nuevo Testamento. Preservó su Palabra intacta y disponible para que la leyéramos 2,000 años después.

Dios hizo todo esto porque desea tenernos en el cielo con él algún día. Creó al hombre porque quería que lo adoráramos a él. Inspiró el Antiguo Testamento para que aprendiéramos de la historia. Documentó los viajes de los israelitas para demostrar su amor y cuidado de nosotros en nuestro viaje hacia la tierra prometida eterna. Quería que supiéramos cómo y por qué murió su Hijo para que su muerte tuviera significado para nosotros. Explicó la salvación para que la pudiéramos entender. Describió el cielo para que lo anheláramos.

¿Puedes pensar en una sola razón por qué debemos quejarnos, preocuparnos o afanarnos? ¿Cómo podremos quejarnos, con un Dios que nos ama lo suficiente para hacer todo esto? Dios nos quiere en el cielo y nos provee de todo lo que necesitamos para llegar allá.

Benjamin Christner, Cochranton, Pensilvania

Dios quiere que estés con él. ¿Quieres estar con Dios?

18 de noviembre

Lectura bíblica: Lucas 15:11-32

Plan para leer la Biblia en un año: Hebreos 12; Ezequiel 16

Venid a mí todos los que estáis trabajados y cargados, y yo os haré descansar.
MATEO 11:28

EL NIÑO PERDIDO

Leí de un niño y su padre que iban a pasear en un gran bosque cada día. Cada vez se internaban un poquito más al bosque. Un día el padre no pudo salir a la caminata, y le dijo al niño que tendrían que cancelarla para ese día.

El niño tenía mucho deseo de ir, así que, el padre al fin le dio permiso, pero le dijo que no pasara más allá del viejo roble.

—¿Entiendes? —le preguntó al niño.

—Sí, Papá —dijo el niño—. ¡Muchísimas gracias! Creo que puedo ir solo.

Cuando el niño llegó al roble, se detuvo un rato. Después le llegó una tentación. "Creo que conozco el camino más allá", pensó. "Papá no sabrá, y no se lo diré. Sólo voy hasta el otro lado de la colina, nada más." Pero antes de darse cuenta estaba perdido.

Éste es el problema con nosotros hoy día. No guardamos los mandamientos de Dios, y antes de darnos cuenta, nos metemos mucho más en el pecado de lo que habíamos pensado.

Este niño intentó encontrar el camino de regreso, pero en vez de acercarse a la casa, se alejaba más. Después se acordó de lo que le había dicho su papá: "Si alguna vez te pierdes, quédate donde estás, llama, pidiendo ayuda, y ora." Después que el niño había llamado largo rato, su padre al fin lo halló. El niño dijo:

—Papi, te desobedecí. ¿Me perdonarás?

El papá respondió:

—Claro que te perdono. Solamente me alegro de haberte hallado.

Eli A. Yoder, Stuarts Draft, Virginia

Si quieres tener la dirección de Dios,
tienes que hacer lo espiritual tu ocupación principal.

19 de noviembre

También vimos allí gigantes, hijos de Anac, raza de los gigantes, y éramos nosotros, a nuestro parecer, como langostas; y así les parecíamos a ellos.

NÚMEROS 13:33

GIGANTES EN LA TIERRA

Los espías regresaron con un informe bueno de la tierra. Dijeron que era cierto que fluía leche y miel, y trajeron de sus frutos para demostrar su calidad y tamaño. Nunca antes habían visto tales frutos. Pero hubo un problema: había gigantes en la tierra.

Hoy somos como esos espías. Dejamos atrás al mundo y nos comprometemos a vivir en el reino de paz que Dios ha provisto para nosotros. En este reino no hay odio, ni celos, ni orgullo, ni ninguna necesidad de competir con otros. Nuestros pecados son perdonados y la naturaleza vieja ya no está, así que no hay ningún deseo de los placeres terrenales. Tenemos la promesa que si buscamos primeramente el reino de Dios, él suplirá nuestras necesidades. Podríamos mencionar muchas otras cosas buenas en cuanto a este reino de paz. Pero muchos les dan la espalda por temor a los gigantes que tenemos que enfrentar.

El primer gigante y el más grande que hay que conquistar es el egoísmo. Algunos sienten que no pueden vencer los placeres y los deportes. Otros no tienen un deseo genuino de ser amables, amorosos, bondadosos y perdonadores. Otro gigante que atrasa es la mala imaginación. La mente piensa en cosas malas, y rápidamente llega a conclusiones incorrectas.

Los israelitas no tenían que temer a los gigantes. Dios iba a echar fuera a los gigantes y a los habitantes malvados de la tierra, y darla a su pueblo. Solamente debían confiar en él.

Hoy, si hay algunos gigantes entre tú y Dios, no te desesperes. Dios quiere destruir cualquier orgullo, odio, malicia o deseo mundano que te estorba. Será la fuerza de Dios, no la tuya, que ganará la batalla.

Melvin L. Yoder, Gambier, Ohio

A vuestro Padre le ha placido daros el reino. Lucas 12:32

20 de noviembre

Lectura bíblica: Isaías 12; Juan 7:37-39

Plan para leer la Biblia en un año: Santiago 1; Ezequiel 20, 21

Porque Jehová tu Dios te introduce en la buena tierra, tierra de arroyos, de aguas, de fuentes y de manantiales, que brotan en vegas y montes.

DEUTERONOMIO 8:7

ARROYOS DE AGUA VIVA

Aunque Moisés no tuvo el privilegio de introducir a los israelitas en la tierra prometida, les podía contar de una tierra que tenía arroyos, aguas, fuentes y manantiales, que brotaban en vegas y montes.

Se pueden comparar los arroyos y las fuentes de Canaán con la abundancia de ricas bendiciones que recibimos cuando llegamos a ser hijos de Dios y participamos de la fuente de agua viva. Un arroyo es un riachuelo pequeño, pero el versículo clave habla de arroyos. Bien me acuerdo de los muchos riachuelos de las montañas de Virginia. Nos encantaba mirar el agua correr por todos lados después de una fuerte lluvia. Los arroyos llenaban los ríos en el valle. Eran hermosos y nos recordaban de la salvación, como el agua que Jesús ofreció a la mujer en el pozo. "El agua que yo le daré será en él una fuente de agua que salte para vida eterna" (Juan 4:14). La mujer dejó su cántaro y en su lugar se llevó el Pozo. Brotando dentro de ella estaba el Pozo de agua viva.

¿Todavía brotan las aguas del Pozo en nuestra vida? Como dice el autor del himno: "He buscado por doquiera de salud el manantial, donde el Rey quitar pudiera de mi ser el negro mal."

Allan A. Miller, Sarcoxie, Misuri

Jesús me dio de beber del agua espiritual, y me satisfizo la sed.
Al mismo tiempo me dio más sed de él.

21 de noviembre

Lectura bíblica: Isaías 55

Plan para leer la Biblia en un año: Santiago 2; Ezequiel 22, 23

Buscad a Jehová mientras puede ser hallado,
llamadle en tanto que está cercano.

ISAÍAS 55:6

EL CAMINO MÁS ALTO

La comida que comemos todos los días nos cuesta dinero. Nos satisface por un corto rato, y solamente suple nuestras necesidades físicas.

A todos nos gustan las buenas ofertas y las gangas. Los primeros dos versículos en Isaías 55 nos ofrecen comida, agua, vino y leche. Estos alimentos espirituales son gratuitos. Somos invitados a acercarnos a Dios, a escuchar su mensaje para nosotros y a buscarlo de todo corazón.

Así como llegamos a morir físicamente si no comemos, así también llegamos a morir espiritualmente si rehusamos alimentarnos de la Palabra de Dios. Isaías nos exhorta a llamar a Dios en tanto que está cercano (versículo 6). Dios siempre está cercano, pero tendemos a alejarnos de él poco a poco. No esperemos regresar a Dios hasta que nos hayamos alejado mucho. Llegará el día en que será demasiado tarde tomar una decisión para Dios. Él es misericordioso y lleno de gracia. Perdonará abundantemente a los que buscan su rostro hoy.

Vemos que los caminos, los pensamientos y los planes de Dios son mucho más altos de lo que podemos imaginar (versículos 8-9). No debemos dudar de Dios por lo que él permite que suceda en el mundo, como los desastres naturales, las sequías y las guerras. Somos necios si intentamos hacer que Dios ajuste sus planes a los nuestros. Más bien debemos luchar por ajustar nuestros planes a los de él.

Marlin Schrock, Whiteville, Tennessee

Sacia tu sed con el agua de vida.

22 de noviembre

Porque el que se enaltece será humillado, y el que se humilla será enaltecido.

MATEO 23:12

TODO RENDIDO

"Así alumbre vuestra luz delante de los hombres, para que vean vuestras buenas obras, y glorifiquen a vuestro Padre que está en los cielos" (Mateo 5:16). ¿Podemos imaginar cómo sonaría este versículo si dijera "os glorifiquen a vosotros"? ¡Qué vacío!

Los constructores de la torre de Babel querían hacerse un nombre (Génesis 11:4), pero ni uno de ellos es nombrado en la Biblia. ¿Cuántas veces somos culpables de esto mismo? ¿Construimos cosas, aunque parezcan buenas, por razones incorrectas?

Cuando Dios llamó a Moisés y a David a su obra, cuidaban ovejas. Eliseo araba con sus bueyes. Pedro y Andrés pescaban. Jacobo y Juan remendaban sus redes. Es cierto que Dios escoge a algunos para un llamado más alto, dándoles más responsabilidad, pero para esas personas también es muy importante la humildad.

¿Qué tal el lugar donde Dios nos ha puesto nos parezca pequeño y de poca importancia? ¿Será el orgullo el que nos hace desear ser admirados? Si cumplimos con nuestros deberes de una manera humilde y contenta, Dios puede bendecir las obras aunque parezca que nadie las nota.

Podemos animar a otros con palabras de alabanza o con una mano amiga. Todos tienen el deseo de sentirse apreciados. Esto nos da el incentivo de hacer lo mejor que podamos para la gloria de Dios. Solamente cuando estamos completamente entregados a él, puede él obrar en nosotros y por medio de nosotros.

Henry Miller, Mio, Míchigan

Sea grande o pequeña la obra, Dios la puede bendecir;
dale todo lo que tienes.

23 de noviembre

Pero Jonás había bajado al interior de la nave, y se había echado a dormir.
JONÁS 1:5

SANTOS DORMIDOS, ¡DESPIÉRTENSE!

Jonás huía del llamado de Dios y estaba profundamente dormido en el interior de la nave. Su desobediencia resultó en una tormenta que puso en peligro la vida de todos los que estaban en el barco. Mientras Jonás dormía, los marineros luchaban frenéticamente contra la tormenta. Ellos tenían miedo.

Como Jonás, muchos cristianos hoy día están profundamente dormidos espiritualmente, haciendo caso omiso del llamado de Dios mientras el mundo está turbado y temeroso.

¿Cuál es la causa del sueño en la vida de los cristianos? Cuando ocultamos el pecado y rehusamos arrepentirnos, pronto nos dormimos y no podemos ver las necesidades a nuestro alrededor. El materialismo nos afana y nos duerme espiritualmente. Los cristianos llegamos a ser autocomplacientes y olvidamos la urgencia de la obra de Dios. Muchos problemas en la iglesia quitan nuestra atención de las necesidades de otros. Nuestra desobediencia al llamado de Dios no solamente nos causa sueño, sino que también causa una tormenta que afecta a otros a nuestro alrededor.

El mundo tiene miedo. Grandes vientos de problemas asaltan su vida, y sus naves están a punto de quebrarse. Los desastres naturales gigantescos quitan miles de vidas, destruyen hogares y dejan a muchos adoloridos y desanimados. Se preguntan por qué Dios permitiera tales catástrofes. Las guerras y la condición actual del mundo despiertan temor en muchos corazones. Otros son turbados por luchas financieras, relaciones destrozadas y miedo del futuro.

¿Dónde están las respuestas a los problemas del mundo? Dios tiene las respuestas. Ha dado a conocer sus respuestas por medio de la Biblia. Dios quiere que sus hijos mostremos sus respuestas al mundo turbado. No permitamos que el materialismo, los problemas en la iglesia y las relaciones problemáticas nos causen dormir profundamente. Santos dormidos, ¡despiértense! Enseñen las respuestas de Dios al mundo turbado.

Henry Yoder, Clarkson, Kentucky

La apatía es enemigo de la evangelización.

24 de noviembre

Lectura bíblica: Hebreos 10:19-31; Salmo 95

Plan para leer la Biblia en un año: Santiago 5; Ezequiel 29-31

No dejando de congregarnos, como algunos tienen por costumbre, sino exhortándonos; y tanto más, cuanto veis que aquel día se acerca.

HEBREOS 10:25

DIOS EDIFICARÁ A SU IGLESIA

Un doctor famoso dejó su profesión para ser ministro del evangelio. Alguien le preguntó:

—¿No te arrepientes a veces de haber dejado tu práctica de medicina y sanidad para volverse un ministro despreciado?

Su respuesta fue:

—Todos los pacientes que jamás traté físicamente o se han muerto o morirán tarde o temprano. Las personas que toman la medicina que ahora ofrezco nunca morirán. La cura es permanente y da vida eterna.

Jesús dijo: "Yo soy el buen pastor" (Juan 10:14). Como el pastor cuida las ovejas, así la iglesia está bajo el cuidado del pastor y obispo de nuestras almas.

La iglesia debe ser un refugio para el pueblo de Dios. Es el lugar donde practicamos los mandamientos divinos tales como el bautismo con agua, la santa cena, el lavamiento de los pies, el ósculo santo y todas las otras ordenanzas cristianas. Nadie puede poner en práctica todas las ordenanzas sin ser parte de la iglesia. En cada sermón debemos oír acerca de la esperanza del cielo y también el mensaje solemne del lugar terrible donde irán los que no obedecen al evangelio (2 Tesalonicenses 1:6-10).

En la iglesia recibimos alimento espiritual. Se nos advierte contra ladrones, salteadores y lobos que buscan entrar en cualquier momento y destruir a los miembros del rebaño.

Dios nos advierte que no dejemos de congregarnos. Los que pierden su comunión con los otros creyentes peligran perder su comunión con Dios también.

Eli A. Yoder, Stuarts Draft, Virginia

El cristiano descuidado en leer la Biblia y asistir a los cultos también será descuidado en su vida espiritual.

25 de noviembre

Porque esta leve tribulación momentánea produce en nosotros un cada vez más excelente y eterno peso de gloria.

2 CORINTIOS 4:17

EL KUDZÚ ESPIRITUAL

Como muchacho, vivía en Tennessee occidental. Muchas veces veía la enredadera kudzú. Es una enredadera prolífica que crece hasta treinta centímetros al día. La enredadera se trepa a los árboles, cubriéndolos por completo. Bloquea la luz del sol al árbol, ahogándolo y derribándolo hasta que el árbol se muere.

A la orilla de una milpa la enredadera parecía inocente e inofensiva a la hora de la siembra, pero a la hora de la cosecha era un completo enredo. Las enredaderas se extendían por el campo de maíz, derribando al maíz y enredándolo de forma que hacía inútil cualquier intento de cosecharlo.

El desánimo es como la enredadera kudzú. Crece sobre nosotros, se nos cuelga, nos derriba y nos tapa la luz del sol. El desánimo ahoga la vida espiritual, dejándonos infructíferos.

Fácilmente nos desanimamos cuando tratamos de cargar el peso del pecado y no aceptamos el perdón que Dios nos ofrece. Las pruebas nos pueden desanimar cuando el camino parece difícil y largo y no entendemos el porqué. Cuando sentimos que no hay propósito en la vida o cuando nos sentimos sobrecargados, somos tentados a desanimarnos.

El Salmo 37 ofrece cuatro pasos para vencer el desánimo:

1. Confía en Jehová (versículo 3). Los propósitos de Dios son eternos. Nuestra mente finita no ve todo el cuadro.

2. Deléitate en Jehová (versículo 4). ¿Alguna vez has notado cuánto más fácil llega a ser la tarea difícil cuando te encanta hacerla?

3. Encomienda tu camino a Jehová (versículo 5). Ayer ya pasó, y sus errores están perdonados. Hoy es una bendición y una oportunidad. El mañana está seguro en la voluntad de Dios para ti.

4. Descansa en Jehová y espera con paciencia (versículo 7). El descanso es un alivio muy necesitado cuando la labor es larga y difícil.

Robert Nissley, Alpha, Kentucky

Bienaventurado el que ve a Dios hasta en los sucesos más pequeños.

Lectura bíblica: Juan 17

Plan para leer la Biblia en un año: 1 Pedro 2; Ezequiel 34, 35

Yo ruego por ellos; no ruego por el mundo,
sino por los que me diste; porque tuyos son.

JUAN 17:9

EL SOLDADO DE ORACIÓN

¿Qué es un soldado de oración? Muchas veces nuestro hijito de cuatro años nos dice:

—Oré a Dios. —Él ora si su padre no puede hallar algo. Cuando el padre lo halla, dice:

»Oré que Dios le ayudara a encontrarlo, Papi. —Si la madre no se siente bien, dice:

»Mami, oré a Dios para que se sienta mejor pronto. —A veces desaparece un rato. Cuando le preguntamos dónde estaba, dice:

»Fui a orar.

Me da pena confesarlo, pero creo que mi hijito ora más que yo. El soldado de oración es una persona que no teme orar. A él no le importa lo grande o lo pequeño que sea el problema. Es un desafío para mí ser un mejor soldado de oración. Si nosotros los padres y los adultos oráramos como oran los niños, estaríamos en mejores condiciones. Creo que Dios quiere que seamos más prontos a orar.

La oración siempre debe ser fácil. ¿Por qué nos cuesta tanto? Decimos que Jesús es nuestro amigo más íntimo y querido. No debemos tener ninguna dificultad para orarle, porque él es el único que nos puede ayudar en la necesidad.

Cuando alguien te ofende o te hace daño, la manera mejor de tener paz es orar por la persona. "Pero yo os digo: Amad a vuestros enemigos, bendecid a los que os maldicen, haced bien a los que os aborrecen, y orad por los que os ultrajan y os persiguen" (Mateo 5:44).

Menno H. Eicher, Miami, Oklahoma

La oración es un vínculo directo con Dios.

27 de noviembre

Lectura bíblica: 1 Juan 4

Plan para leer la Biblia en un año: 1 Pedro 3; Ezequiel 36, 37

Nosotros le amamos a él, porque él nos amó primero.

1 JUAN 4:19

EL AMOR CRISTIANO

Una vez un hombre pidió a un anciano indígena demostrar su concepto del amor de Dios. El indígena pensó un rato, después puso un gusano dentro de un círculo de hojas. Prendió fuego a las hojas. El gusano dio vueltas y vueltas, desesperadamente buscando una salida. Al fin se dio por vencido y se enrolló en el centro, esperando morir. En ese momento el indígena lo cogió y lo puso a salvo. Dijo:

—Eso es lo que Cristo hizo para mí.

Jesús demostró el amor perfecto. Demostró su amor por nosotros muriendo en la cruz para salvarnos de nuestros pecados. Debemos amar a otros como Cristo nos amó a nosotros. Dios entregó a su único y querido Hijo. Debemos seguir el ejemplo de Dios y amar a nuestros hermanos de la misma forma.

El gran día de la carrera al fin había llegado. Juan estaba emocionado. Había estado entrenándose durante meses, corriendo y haciendo ejercicios en preparación para esta carrera. El día de la carrera, corrió lo más rápido que pudo. Al acercarse al final, su amigo Beto estaba justo al lado de él. De repente, Beto tropezó y se torció el tobillo. Juan quería ganarse el premio, pero se volvió para ayudarle a Beto a levantarse, y juntos terminaron la carrera. Eso fue un ejemplo legítimo del amor.

Ronald Overholt, Whiteville, Tennessee

El amor que demostramos para otros comprueba
nuestro amor para con Cristo.

28 de noviembre

Lectura bíblica: Job 37

Plan para leer la Biblia en un año: 1 Pedro 4; Ezequiel 38, 39

A Jacobo hijo de Zebedeo, y a Juan hermano de Jacobo,
a quienes apellidó Boanerges, esto es, Hijos del trueno.
MARCOS 3:17

BOANERGES

Como adolescente recuerdo de un hombre grande, fuerte y a veces brusco que hacía un trabajo de albañilería en nuestro establo. Cuando agarraba el martillo, el establo sonaba. Cuando levantaba el mazo, el cemento se quebraba. Alzaba fácilmente los grandes pedazos de cemento. ¡Me fascinaba ver su tremenda fuerza! Recuerdo tan bien la confesión que hizo una mañana después de una tormenta fuerte la noche anterior. Dijo que estaba tan asustado que se paró al lado de la cama y temblaba del miedo. Mucho me impresionó oír que este hombre tan fuerte se había asustado.

Según la filosofía hebrea, los truenos son la voz de Jehová y un símbolo del poder divino. ¡La fuerza de mi héroe es muy pequeña comparada con la fuerza de nuestro gran Dios!

En el versículo clave, Jesús llamó a Jacobo y Juan "Boanerges, Hijos del trueno", reconociendo que estos dos discípulos ahora se consideraban hijos de Dios. El poder y las acciones de Dios ahora serían transmitidos por medio de ellos. Ahora cuando hablaban, los que vivían en pecado temblarían porque era Dios que hablaba. La luz que ahora radiaban convencería a la gente de su pecado.

¿Serás hijo del trueno? ¿Permitirás que el poder y la gracia divina de Dios obren por medio de ti? ¿Serás un Boanerges?

Joseph Kuepfer, Newton, Ohio

Vive en mí, oh Cristo.

29 de noviembre

Lectura bíblica: 2 Crónicas 6:24-27; 7:13-16
Plan para leer la Biblia en un año: 1 Pedro 5; Ezequiel 40

Si se humillare mi pueblo, sobre el cual mi nombre es invocado, y oraren, y buscaren mi rostro, y se convirtieren de sus malos caminos; entonces yo oiré desde los cielos, y perdonaré sus pecados, y sanaré su tierra.

2 CRÓNICAS 7:14

EL PERDÓN

¿Qué es el perdón? Perdonar es soltar o librar. ¿Qué pasa cuando sueltas algo o alguien? Lo dejas salir libre. Dios hizo lo mismo para nosotros cuando en humildad confesamos nuestros pecados y buscamos su rostro.

Mientras haya en nuestro corazón orgullo, enojo o rebeldía, será difícil apartarnos de la maldad. Tenemos que orar a Dios con un espíritu humilde. Dios oirá nuestra oración de arrepentimiento solamente cuando nos sometemos a él. Nuestras oraciones sinceras serán contestadas. Dios nos santificará.

Dios cuidará de nosotros. Estará con nosotros cuando enfrentamos una dificultad, una lucha o una tentación. Nos ayudará a levantarnos y nos dará la fuerza que necesitamos para enfrentar cada día. No tenemos que temer nada mientras Dios camina a nuestro lado. Si nos mantenemos cerca de él, él nunca nos abandonará.

Debemos seguir el ejemplo de Jesús al perdonar. Las bendiciones de Dios sobrepasan mucho a cualquier bien terrenal. Una bendición de Dios es su perdón. Cada vez que caigo o entristezco a mi Señor, me levanta con ternura y compasión. Nos da su paz cuando libremente perdonamos.

Owen Witmer, Crossville, Tennessee

Mira a Jesús para aprender a perdonar libremente.

30 de noviembre

El es quien perdona todas tus iniquidades, el que sana todas tus dolencias; el que rescata del hoyo tu vida, el que te corona de favores y misericordias.

SALMO 103:3-4

ENTREGA TODO A CRISTO

La entrega completa a Cristo exige sumisión y fe. Debemos estar dispuestos a dejar todo pecado conocido y toda nuestra propia voluntad, entregándonos completamente a las manos de Dios. Debemos tener fe que Dios puede hacer lo que promete en su Palabra, y que lo hará.

La vida victoriosa es simplemente una vida completamente entregada a Dios, una vida en la cual nuestro deseo principal es dar gloria a Jesús. Es el único camino de verdadera felicidad, sin embargo, muchos lo rechazan porque temen que serían infelices. Pablo tenía felicidad interior. Aunque estaba en la cárcel, aún podía decir: "Estad siempre gozosos. Dad gracias en todo" (1 Tesalonicenses 5:16,18). Si amas a Dios y confías completamente en él, el lugar en el cual estás es el mejor, porque sabes que es ése el lugar en que Dios quiere que estés.

Una misionera que anhelaba la victoria estaba destrozada por causa de sus pecados pasados.

Alguien le dijo:

—Pero Dios te ha perdonado.

Ella contestó:

—No sabes los pecados terribles que cometí.

Tenemos una promesa maravillosa en Hebreos 8:12: "Porque seré propicio a sus injusticias, y nunca más me acordaré de sus pecados y de sus iniquidades." También en 1 Juan 1:9 dice: "Si confesamos nuestros pecados, él es fiel y justo para perdonar nuestros pecados, y limpiarnos de toda maldad."

Aunque hayamos pecado gravemente en el pasado, si lo hemos confesado en arrepentimiento y ahora estamos viviendo para Jesús, podemos tener la paz y el gozo del Señor en el corazón. ¡Gracias a Dios por su perdón!

Eli A. Yoder, Stuarts Draft, Virginia

El perdón es la sanidad que saca el veneno.

1 de diciembre

Porque la paga del pecado es muerte,
mas la dádiva de Dios es vida eterna en Cristo Jesús Señor nuestro.
ROMANOS 6:23

¿ATADO O LIBRE?

Somos pecaminosos por naturaleza, pero por la muerte de Cristo y su resurrección podemos ser libertados de la esclavitud del pecado. "Porque el que ha muerto, ha sido justificado del pecado" (Romanos 6:7). Cuando somos muertos al pecado, los deseos pecaminosos no pueden prevalecer. Pero Satanás volverá a probarnos en nuestros puntos débiles, así que debemos refrescar la mente con la Palabra de Dios. Meditemos en las Escrituras diariamente. Memoricemos capítulos enteros (no solamente versículos) para poder meditar en ellos durante los momentos en que no tenemos disponible la Biblia, como cuando estamos trabajando, en la noche cuando las luces están apagadas y durante la tentación.

Hace años había un esclavo que muchas veces fue azotado y golpeado para que trabajara. Tuvo una vida muy dura. No quería trabajar, pero tuvo que hacerlo bajo la esclavitud de su amo cruel.

Un día su amo lo vendió en la subasta de esclavos. Llevaba una mirada dura mientras esperaba que su amo nuevo lo comprara. Después que fue vendido, miró a su nuevo amo con amargura y le espetó:

—No trabajaré para ti.

Con los ojos llenos de amor, el nuevo amo bondadoso le explicó al esclavo sus intenciones:

—Te he comprado para ponerte en libertad.

El corazón del esclavo fue completamente conmovido.

—Te serviré el resto de mi vida —respondió.

¿Cómo es nuestra respuesta a Dios? Con la sangre preciosa de Cristo, él pagó el precio de nuestra liberación. ¿Somos libres del pecado y siervos de Dios, o estamos todavía atados bajo el cruel pecado? Somos siervos, atados o libres.

Joseph Miller, Applecreek, OH

La verdad os hará libres, y seréis verdaderamente libres.

2 de diciembre

Lectura bíblica: Mateo 7:12-29

Plan para leer la Biblia en un año: 2 Pedro 3; Ezequiel 45, 46

Y en ningún otro hay salvación; porque no hay otro nombre bajo el cielo, dado a los hombres, en que podamos ser salvos.

HECHOS 4:12

SÍ IMPORTA LO QUE CREES

"No importa lo que creas, con tal de que seas sincero." Este refrán popular le pone una importancia alta a la sinceridad. Admiramos a la persona sincera, pero es posible ser sincero y a la vez estar equivocado. Todos respetamos a la persona que es tan sinceramente devota que moriría por sus convicciones. Pero solamente ser sincero no es suficiente. La persona que murió atropellada por el tren seguramente creía que no venía el tren; de lo contrario, no habría caminado sobre los rieles.

La sinceridad no salvará nuestra alma si creemos lo incorrecto. Estar sinceramente equivocado es más mortífero que beber veneno. La declaración; "Realmente no importa lo que creas" insinúa que cualquier fe que sigamos con sinceridad nos llevará al cielo. Pero esa enseñanza es falsa. Los paganos son sinceros cuando adoran a sus ídolos. Los hindúes también son sinceros al acostarse durante años sobre camas de clavos. Estas personas y muchas otras que están enredadas en religiones falsas son sinceras, pero están perdidas. Lamentablemente, ni todos los llamados cristianos serán salvos si basan su esperanza en las ceremonias religiosas o en seguir cierta denominación, aunque sean muy sinceros. Es la mentira del diablo que lleva a la persona a creer que no importa lo que crea con tal de que sea sincera.

Sí hace una diferencia, y una diferencia eterna. La persona puede salvarse solamente por llegar al Señor Jesucristo como un pecador necesitado e indefenso, y aceptar su perdón. Sí importa lo que creemos. Basemos nuestra fe en Jesús con toda sinceridad, y él nos dará la paz y la vida eterna.

Daniel Miller, Dunnegan, Misuri

Puedes ser lo más sincero posible,
pero estar sinceramente equivocado.

3 de diciembre

Lectura bíblica: Isaías 53; Apocalipsis 5:6-14

Plan para leer la Biblia en un año: 1 Juan 1; Ezequiel 47, 48

He aquí el Cordero de Dios, que quita el pecado del mundo.
JUAN 1:29

HE AQUÍ EL CORDERO DE DIOS

Una vez un hombre viajaba en otro país. Al llegar a cierta capilla un domingo, miró arriba hacia la torre y vio una figura tallada de un cordero en la parte superior. El hombre le preguntó al pastor de la iglesia por qué el cordero estaba ubicado en esa posición. El pastor le contó lo que pasó un día cuando la torre estaba en construcción.

Había constructores que trabajaban sobre un andamio alto en la torre. Uno de los trabajadores dio un paso en falso y se cayó. Sus compañeros bajaron con gran consternación, esperando hallar su cuerpo destrozado. Pero, para su gran sorpresa, el hombre estaba ileso. Un rebaño de ovejas había pasado en el preciso momento de su caída. El hombre cayó encima de uno de los corderos. El cordero murió aplastado, pero el hombre no sufrió ningún daño serio.

La figura tallada del cordero en la torre de la capilla se puso allí, no solamente para conmemorar este evento, sino también para recordar a todos que el Hijo de Dios vino al mundo para morir como el Cordero de Dios para salvar a todo pecador. "Mas él herido fue por nuestras rebeliones, molido por nuestros pecados; el castigo de nuestra paz fue sobre él, y por su llaga fuimos nosotros curados" (Isaías 53:5).

Eli A. Yoder, Stuarts Draft, Virginia

---

*Si Jesús me amó tanto que estuvo
dispuesto a morir por mí, entonces no hay sacrificio
demasiado grande que pueda hacer por él.*

4 de diciembre

Sino que siguiendo la verdad en amor,
crezcamos en todo en aquel que es la cabeza, esto es, Cristo.
EFESIOS 4:15

AYUDA AMOROSA

En esta era de tinieblas y de maldad espiritual, como cristianos lo hallamos más difícil andar en la luz. Muchas son las ofensas en este tiempo, y muchas son las opiniones en cuanto a cómo enfrentarlas.

Muchas veces, al ver a un hermano sorprendido en alguna falta, hacemos un juicio supuestamente bíblico sobre el asunto y nos preparamos para enfrentarlo. ¡Pero, espera! En realidad, esto solamente es una media verdad. Dios tiene toda la verdad. Su Espíritu Santo conoce todo, incluso lo que está en el corazón de la otra persona, asunto sobre el cual sabemos muy poco, por lo general. Podemos ver sólo lo que está fuera del corazón de la persona, y no podemos ver lo de adentro. El Espíritu Santo sabe aplicar la Palabra de Dios al corazón de una persona porque él sabe todo. Nosotros, no.

Para poder ayudar a la persona a ver su error, aun antes de hacer un juicio bíblico, debemos ponernos de rodillas con la persona y amorosamente tratar de entender dónde está su corazón en el asunto. Solamente entonces estamos en una posición de poder ayudarle.

El amor es sufrido y benigno. ¿Hemos sufrido pacientemente? ¿Acusamos a la persona inmediatamente cuando la vimos cometer algún error? Antes de aplicar a Mateo 18, debemos orar y soportar la falta del otro con mucha paciencia. Quizás a veces usamos Mateo 18 como licencia para ejercer nuestro enojo y desprecio espiritual. ¿Nos dirigimos a otros con una actitud que demuestra benignidad y amor fraternal? Debemos ponernos de rodillas y tratar de entender y comprender las luchas del otro antes de ser tan prontos a decirle "la verdad".

Amos E. Stoltzfus, Evart, Michigan

Corrijamos a otros como quisiéramos que nos corrigieran.

5 de diciembre

Lectura bíblica: Lucas 16:19-31; Apocalipsis 20:10-14

Plan para leer la Biblia en un año: 1 Juan 3; Daniel 3, 4

En llama de fuego, para dar retribución a los que no conocieron a Dios, ni obedecen al evangelio de nuestro Señor Jesucristo.

2 TESALONICENSES 1:8

¿HAS SIDO LIBRADO DEL INFIERNO?

Una vez un predicador visitó una fábrica de vidrio. Cuando llegó a la puerta del gran horno, se quedó parado un rato, mirando el fuego intenso. Dijo para sí mismo:

—Ay, ¿cómo será el infierno?

El fogonero que cuidaba el horno estaba cerca y oyó el comentario del pastor. Unas semanas más tarde este fogonero llegó al culto. Después del culto pidió hablar con el pastor. El pastor dijo:

—¿En qué te puedo servir?

El hombre le dijo:

—Cuando visitaste la fábrica de vidrio y te quedaste mirando el horno, dijiste: "Ay, ¿cómo será el infierno?" Desde entonces, cada vez que abro la puerta pienso en tus palabras. Vine al culto hoy para preguntarte qué puedo hacer para aceptar a Cristo como mi Salvador porque nunca quiero darme cuenta de cómo es el infierno.

El pastor le explicó el plan de la salvación, y juntos se arrodillaron y oraron, y el hombre recibió a Cristo como su Salvador. Se propuso hacer restitución para las cosas malas que había hecho y vivir de allí en adelante para Jesús. Después de eso, cuando abría la puerta del horno, ya no tuvo más miedo del fuego eterno, sino que podía regocijarse en la esperanza viva que tenía en Cristo Jesús.

Espero que todos los que leen esto tengan esta esperanza viva, para que no tengan que darse cuenta de cómo es el infierno. Si no tienes esta esperanza, la puedes obtener si aceptas a Cristo como tu Salvador personal y vives para él.

Eli A. Yoder, Stuarts Draft, Virginia

Ya que es imposible que Dios mienta,
sabemos que el infierno existe.

6 de diciembre

Lectura bíblica: Zacarías 8

Plan para leer la Biblia en un año: 1 Juan 4; Daniel 5, 6

Y las calles de la ciudad estarán llenas de muchachos y muchachas que jugarán en ellas.

ZACARÍAS 8:5

EL REMANENTE SERÁ SALVO

Antes que comenzara el mundo, Dios tenía un programa especial en mente. Primero estableció a los hijos de Israel. Fielmente los bendijo cuando le obedecían. El versículo 12 indica las bendiciones que tenía para ellos. El versículo catorce menciona sus castigos por la desobediencia.

Con mucha paciencia Dios esperó, exhortó, advirtió, bendijo, destruyó y salvó. Pero no cambió su programa. Cumplió su promesa de enviar a un Redentor. El nacimiento de Jesús trajo el cumplimiento de su promesa. El tiempo esperado había llegado, exactamente como fue planeado.

Cuando la creación fue terminada, Dios dijo que era "bueno en gran manera." Después que Cristo fue bautizado, una voz del cielo dijo: "Este es mi Hijo amado, en quien tengo complacencia." Cuando Jesús murió en la cruz, dijo: "Consumado es." Cuando Dios levantó a Jesús de los muertos, su agenda ya se había cumplido. Él cumplió.

Como bien sabemos los profesores, planear un programa de escuela lleva tiempo. Se practican los cantos, después se descartan algunos y se reemplazan con otros. Se escriben poesías, se memorizan y se practican. Este año no fue la excepción. El día del programa noté que la cara de mis alumnos acusaba nerviosismo. Muchas cosas podrían salir mal. Pero un comentario de una alumna del quinto grado me inspiró:

—Si llegara solamente una persona, ¿todavía presentaríamos el programa?

El versículo 12 de Zacarías 8 dice: "Haré que el remanente de este pueblo posea todo esto." Un remanente poseerá todo. Dios sabía que solamente un remanente llegaría, pero les dio "todo esto". El remanente valía toda la pena. ¿Qué tal Dios, sabiendo todo de antemano, no habría presentado su programa para el remanente? Dios dijo: "Lo haré."

James M. Beachy, Sugarcreek, Ohio

El remanente lo poseerá todo. ¿Y tú?

7 de diciembre

Lectura bíblica: Mateo 6:19-34

Plan para leer la Biblia en un año: 1 Juan 5; Daniel 7, 8

Mas buscad primeramente el reino de Dios y su justicia,
y todas estas cosas os serán añadidas.

MATEO 6:33

APRENDAMOS DE LAS AVES

Las aves revolotean entrando y saliendo del árbol de pino. Deben de haber varios nidos otra vez este año. Lo digo por observar la mucha actividad de las aves. La ventana de mi oficina da una buena vista de nuestro patio y especialmente del pequeño pino. Durante varios años he observado los gorriones construyendo sus nidos, recogiendo un pedacito aquí y otro allá. He notado cómo buscan comida en el patio, encontrando una semillita a la vez. De vez en cuando se hallan una jugosa lombriz.

Muchas veces cuando llega el momento de pagar las cuentas y me pregunto de dónde vendrá todo el dinero necesario, las aves me llaman la atención. Recuerdo que Dios nota cada una, y que las cuida y las alimenta. Varias veces he sido conmovido a orar y encomendarme de nuevo al cuidado del Padre, renovando mi confianza en nuestro proveedor.

En la lectura de hoy, Jesús nos dice que miremos las aves. Nos recuerda que éstas no cultivan la tierra ni almacenan para el invierno, pero siempre son alimentadas. Su pregunta nos debe afectar a todos: "¿No valéis vosotros mucho más que ellas?" ¿Nos preocupamos por mañana, en cuanto a "nuestras" finanzas? ¿Nos olvidamos que él proveerá? Notemos el énfasis de los versículos 19 y 20 de nuestro pasaje. Las palabras: "No os hagáis tesoros en la tierra" son un mandato, no una sugerencia.

Padre, ayúdanos hoy a hacernos tesoros en el cielo, a confiar en ti y a no afanarnos por el mañana.

Michael Webb, Woodburn, Indiana

¡No puedes servir a Dios y al dinero!

8 de diciembre

Hermanos, si alguno fuere sorprendido en alguna falta,
vosotros que sois espirituales, restauradle con espíritu de mansedumbre,
considerándote a ti mismo, no sea que tú también seas tentado.

GÁLATAS 6:1

NO RESISTÁIS AL QUE ES MALO

La sala de espera del médico estaba llena. La mayoría esperábamos en silencio. Sin embargo, cerca del escritorio de la secretaria, una mujer hablaba por su celular. Sin querer, pudimos oír su conversación. Ella le contaba a alguien los detalles complicados de su futura cirugía en la rodilla. Terminó la plática con esta declaración jubilosa:

—¡Si no sale bien la cirugía, lo llevo ante la ley y le saco un montón de dinero! —La mujer terminó su conversación, se levantó y salió cojeando sobre las muletas.

Me parece un tanto descarado que una paciente se siente en presencia de los empleados de la oficina del médico y haga chistes de llevar a la ley al hombre que le está tratando de ayudar. Pero esto me hizo reflexionar.

¿Cómo nos sentimos cuando alguien nos trata de ayudar, pero más bien nos causa más problemas? ¿Somos no resistentes? Tal vez no llevaríamos a tal persona ante el tribunal, pero ¿aprovecharíamos la oportunidad para difamarla? ¿Nos alegramos cuando una persona en posición de poder comete errores? ¿Buscamos oportunidad de enaltecernos a costo de otros?

Cuando trabajamos como grupo en un proyecto y algo sale mal, tendemos a señalar rápidamente a otro, esperando que nadie crea que fue error nuestro. ¿Culpamos al director aun si no es probable que haya sido él el que cometió el error?

La no resistencia es una doctrina que se debe practicar también en las relaciones en la iglesia. Cuando somos tentados a publicar algo para nuestro propio beneficio, acordémonos que cuando la Biblia enseña la no resistencia, usa frases como "a cualquiera que te hiera" y "al que quiera ponerte a pleito".

Raymond Fox, Shiloh, Ohio

El amor es sufrido y benigno.

9 de diciembre

Lectura bíblica: Efesios 5:1-20

Plan para leer la Biblia en un año: Judas; Daniel 11, 12

No todo el que me dice: Señor, Señor, entrará en el reino de los cielos, sino el que hace la voluntad de mi Padre que está en los cielos.

MATEO 7:21

UN CAMBIO DE DIRECCIÓN

Una nebulosa mañana regresaba de un trabajo, confiado en que conocía bien el camino para llegar a la calle principal. Había mucha circulación que, combinado con la neblina y la lluvia, hacía más difícil que lo normal conducir. Después de un tiempo me percaté que el paisaje era desconocido. Nunca llegaba a la salida donde había acordado encontrar a mi compañero de trabajo. Entonces me di cuenta de que había estado tan confiado en mi conocimiento del camino, que cuando llegué a la calle principal, la tomé en dirección opuesta.

Mi primera reacción fue: "¿Cómo pude haber hecho tal cosa?" Después me di cuenta de que en mi autoconfianza, no le había puesto atención a las señales en la carretera.

¿Cómo es con nuestra vida espiritual? ¿Qué curso lleva mi vida cristiana? ¿Recibo mis direcciones de la Palabra de Dios y del Espíritu Santo? ¿Me sujeto a la iglesia de Jesucristo?

Al darme cuenta de que iba en dirección opuesta, tuve que cambiar de rumbo. Pero me era difícil hacer un giro rápido. Era difícil y peligroso hacer una vuelta en U, así que tuve que viajar otra distancia más hasta hallar un regreso seguro.

De la misma manera, si vamos por un rumbo incorrecto en la vida, un cambio no será fácil para nuestra naturaleza carnal. Necesitamos arrepentirnos, cargar la cruz, negarnos a nosotros mismos y seguir a Jesucristo y a su Palabra en verdadera obediencia.

Seamos "imitadores de Dios como hijos amados" (Efesios 5:1).

Enos R. Martin, Harrodsburg, Kentucky

Pon atención a las señales, o llegarás a ser señal.

10 de diciembre

Lectura bíblica: Juan 6:32-63

Plan para leer la Biblia en un año: Apocalipsis 1; Oseas 1-4

Tierra de trigo y cebada, de vides, higueras y granados;
tierra de olivos, de aceite y de miel.

DEUTERONOMIO 8:8

EL PAN DE VIDA

Cuando los espías regresaron de reconocer la tierra de Canaán, trajeron consigo un racimo de uvas tan pesado que tenían que cargarlo entre dos (Números 13:23). Canaán era tierra que fluía leche y miel. No cabía duda de que en Canaán se podría conseguir pan suficiente. Después de atravesar el desierto, ésta era una posibilidad muy agradable. Sin embargo, diez de los espías vieron solamente obstáculos y no querían entrar. No negaban que la tierra fuera buena, pero los gigantes anaceos los intimidaron.

Hoy, en nuestra experiencia con Jesucristo, el pan de vida, estamos convencidos de que abundan el trigo, la cebada y las vides, pero ¿qué pasa? Satanás quiere asustarnos para que veamos solamente las pruebas, las tentaciones y los gigantes de nuestros propios deseos carnales. Convence a muchos a devolverse. Ellos olvidan la bendición de la vida eterna y la gracia, la paz, el gozo y la esperanza de la pureza. Muchos vagan en un desierto espiritual durante años, como los israelitas, incluso después de reconocer que hay abundantes recursos espirituales. Satanás planea este engaño con la meta de que tropecemos y que lleguemos a morir en esta situación.

Acordémonos: "Porque el pan de Dios es aquel que descendió del cielo y da vida al mundo" (Juan 6:33).

En vez de acobardarnos y actuar como si fuéramos langostas, podemos ser reyes y sacerdotes en la casa de Dios, teniendo comunión con él por medio de Jesús, el pan de vida.

Allan A. Miller, Sarcoxie, Misuri

Muchos cristianos intentan comer de la mesa incorrecta cuando
Dios tiene pan en abundancia.

11 de diciembre

Lectura bíblica: Salmo 31

Plan para leer la Biblia en un año: Apocalipsis 2; Oseas 5-8

Jehová te bendiga, y te guarde; Jehová haga resplandecer su rostro sobre ti, y tenga de ti misericordia; Jehová alce sobre ti su rostro, y ponga en ti paz.
NÚMEROS 6:24-26

¿ESTÁ TU ROSTRO VUELTO HACIA MÍ?

Un niño llamado Ben experimentaba una gran pérdida en la vida: su madre había muerto. Después de regresar del funeral con su padre, ambos se acostaron apenas se había puesto el sol, porque les parecía que no había otra cosa para hacer. Acostado en lo oscuro, el niño rompió el silencio con esta pregunta:

—Papi, ¿dónde está Mami?

El padre contestó como mejor pudo, pero Ben seguía haciendo más preguntas. Después de un rato el padre se levantó, recogió al niño en sus brazos, y lo llevó a la cama junto a él. Ben seguía haciendo preguntas. Al fin extendió la mano en la oscuridad, la puso en la cara de su papá, y le preguntó:

—Papi, ¿está tu rostro vuelto hacia mí?

Su papá le aseguró que su rostro sí estaba vuelto hacia él. Después Ben dijo:

—Si tu rostro está vuelto hacia mí, creo que puedo dormir.

Poco después se durmió. El papá estuvo despierto por largo rato y oró a su Padre en el cielo. Dijo algo así:

—Oh Dios, está muy oscuro, y en este momento no veo cómo podré sobrevivir. Pero si tu rostro está vuelto hacia mí, de alguna forma creo que puedo.

Ben le enseñó a su papá una lección importante. Estaba tranquilo y podía descansar si el rostro de su papá estaba vuelto hacia él. De la misma manera, podemos tener paz y descanso cuando el rostro de nuestro Padre celestial está vuelto hacia nosotros.

Melvin Byler, Newaygo, Míchigan

Jehová, haz resplandecer tu rostro sobre nosotros,
pon en nosotros tu paz y ponnos tu sello.

12 de diciembre

Lectura bíblica: Hebreos 10:1-18

Plan para leer la Biblia en un año: Apocalipsis 3; Oseas 9-11

Pero ahora en Cristo Jesús, vosotros que en otro tiempo estabais lejos, habéis sido hechos cercanos por la sangre de Cristo.
EFESIOS 2:13

LA SALVACIÓN: LA PARTE DE DIOS

Si podrías proporcionar suficiente comida, ropa y abrigo a toda la gente del mundo, ¿no lo harías? Les tenemos lástima a los necesitados del mundo entero, pero también nos sentimos incapaces de proveerles de un remedio.

Dios también le tuvo lástima a la humanidad al ver su condición pecaminosa e impotente. Tuvo compasión y un deseo de extender la mano y proveer para ellos lo que ellos no podían proveer para sí mismos.

Pero en contraste con nosotros, Dios sí le puede suplir completamente todas las necesidades a la humanidad. Puso en acción una cadena larga de eventos que llamaría la atención a los hombres a su provisión. Les proveyó a Adán y Eva túnicas de piel para tapar su vergüenza. A Noé le suministró las instrucciones completas para la construcción del arca, que le permitió salvarse a sí mismo y a su familia. Después Dios puso un arco iris en el cielo que nos recuerda de su promesa.

A Abraham, Dios le dio ricas promesas por su obediencia y su fidelidad. La promesa señalaba al Redentor que vendría. Además, llamó la atención de Israel a su provisión, dándoles la ley y los sacrificios que señalaban a Jesucristo.

Dios prestó toda su atención y dio todos sus recursos para suplir las necesidades del hombre. Al fin, en el momento correcto, envió a su Hijo unigénito al mundo. Fue por medio del sacrificio de Jesús que una vez para siempre fueron suplidas todas las necesidades de la humanidad. El costo fue grande, pero valía la pena para Dios restaurar al hombre a una relación con él.

¡Qué maravillosa provisión! ¡Qué plena salvación! Dios ha hecho su parte. ¿Habré hecho la mía?

Delmar R. Eby, London, Kentucky

---

*Si la salvación fuera un asunto de Dios solamente,
todos habitarían el cielo.*

13 de diciembre

A fin de que no os hagáis perezosos, sino imitadores de aquellos que por la fe y la paciencia heredan las promesas.

HEBREOS 6:12

LA SALVACIÓN: LA PARTE MÍA

Supongamos que tuvieras la capacidad del dador hipotético de la meditación de ayer. ¿Cuán bien podrías suplir las necesidades de toda la humanidad si algunos no recibieran tu regalo? ¿Qué tal la gente rehusara creer que tendrías algo que ofrecer?

Dios enfrentó esta clase de incredulidad. La parte de Dios en la salvación no violó el libre albedrío del hombre. La pregunta que enfrentamos es: "¿Habré hecho de mi parte para poder experimentar la salvación?"

La lectura bíblica contiene tres mandatos para motivarnos a actuar y así cumplir nuestra parte de la salvación.

1. "Acerquémonos" (versículo 22). Dios nunca obliga a nadie. Se presenta por medio de la revelación de la verdad para que podamos saber quién es y dónde está. Nos acercamos a él cuando creemos que él tiene lo que necesitamos. Nos acercamos aun más cuando permitimos que su verdad y su espíritu nos limpien de todo lo que le repugna. No podemos acercarnos a él con el corazón pecaminoso.

2. "Mantengamos firme" (versículo 23). Al acercarnos, experimentamos su amor y plenitud. Sería fácil relajarnos y dejar que la carne tome control. La vida vieja pronto nos vencería. Pero nuestra parte es mantener firme lo que nuestra fe ha agarrado. Nuestra fe tiene que basarse en las promesas de Dios, sabiendo que ellas nunca fallan.

3. "Considerémonos unos a otros" (versículo 24). Cuando nuestro corazón está firmemente anclado, la tercera parte nuestra es relacionarnos con otros, ayudándoles a obtener la salvación. Nuestra salvación se demostrará en la relación con los hermanos. Cuando los animamos a ser fieles, nos ayudamos a nosotros mismos también.

Delmar R. Eby, London, Kentucky

El hombre tiene la clave que permite que la obra
de redención se cumpla en su vida.

14 de diciembre

Porque todo aquel que hace la voluntad de mi Padre que está en los cielos, ése es mi hermano, y hermana, y madre.

MATEO 12:50

¿NIETOS O HIJOS?

El hecho de que nuestros padres fueron cristianos fieles no quiere decir que nosotros lo seamos. Muchas personas, si se les pregunta si son cristianos, responden con: "Soy de una familia cristiana", o "Asisto a una iglesia cristiana". Muchas personas parecen creer que pueden enfrentar el juicio por los méritos de sus padres. ¿Por qué esperan tanto los jóvenes que asisten a iglesias cristianas para hacer su compromiso de servir a Dios? ¿Esperarán que las buenas obras de otros les darán la entrada en el cielo?

Muchas veces las personas parecen perfectamente satisfechas de intentar ser los nietos de Dios y no están dispuestos a hacer lo necesario para llegar a ser sus hijos. Todos necesitamos llegar a un punto en la vida de tomar una decisión personal de abandonar al pecado y aceptar a Cristo como Salvador, si queremos llegar al cielo. Miremos por qué Dios quiere que seamos hijos y no nietos.

Por lo general, tenemos una relación más cercana con el padre que con el abuelo porque vivimos con el padre. Es el padre, no el abuelo, que nos provee de las necesidades. El padre conoce las necesidades y busca protegernos de los dolores de la vida. El padre nos corrige y nos instruye. El padre está allí cuando enfrentamos luchas y necesitamos respuestas y ánimo. El padre espera que aprendamos la obediencia, la paciencia y otras virtudes.

El abuelo, por lo general, solamente llega a visitar. Aunque lo queremos y lo apreciamos mucho, tiende a mimarnos. No exige la obediencia estricta como el padre. No nos enseña tantas cosas. No nos conoce tan bien. Muchas veces tenemos una relación bonita con el abuelo que no exige mucho esfuerzo de nuestra parte.

Dios quiere ser nuestro padre, no nuestro abuelo.

Benjamin Christner, Cochranton, Pensilvania

Deja de intentar ser nieto de Dios; llega a ser hijo.

15 de diciembre

Lectura bíblica: 1 Juan 1; 2:1-11

Plan para leer la Biblia en un año: Apocalipsis 6; Amos 1-3

Si confesamos nuestros pecados, él es fiel y justo para perdonar nuestros pecados, y limpiarnos de toda maldad.

1 JUAN 1:9

LA CONFESIÓN

¿Luchas con el pecado en tu vida? ¿Dudas que en verdad estén perdonados tus pecados? El versículo seleccionado para hoy nos asegura que si confesamos nuestros pecados, él es fiel y justo para perdonar nuestros pecados y limpiarnos de toda maldad.

Se cuenta del rey Federico II, rey de Prusia en el siglo dieciocho. Este rey visitó una cárcel, y todos menos uno de los reos trataron de convencerle de que habían sido injustamente encarcelados. Pero uno se quedaba sentado calladamente en un rincón mientras todos los demás proclamaban su inocencia. El rey lo vio sentado allí sin meterse en el alboroto, y le preguntó por qué estaba preso.

—Asalto armado, Majestad.

El rey preguntó:

—¿Y eres culpable?

—Sí, Majestad —contestó—. El castigo es merecido.

El rey después dio la orden a un guardia.

—Pon en libertad a este culpable. No quiero que corrompa a todos estos inocentes.

La lectura bíblica nos recuerda que si tenemos odio o malicia contra nuestro hermano, andamos en tinieblas. "El que ama a su hermano, permanece en la luz, y en él no hay tropiezo. Pero el que aborrece a su hermano está en tinieblas, y anda en tinieblas, y no sabe a dónde va, porque las tinieblas le han cegado los ojos" (1 Juan 2:10-11).

¿Anhelas estar libre de toda maldad? Si has hecho mal y lo sabes, estás en la cárcel del pecado. El arrepentimiento y la confesión es la única forma de escape.

Melvin L. Yoder, Gambier, Ohio

Hoy haré una obra buena; intentaré ayudarle a algún necesitado.

16 de diciembre

Lectura bíblica: Salmo 77:1-13; 37:1-7

Plan para leer la Biblia en un año: Apocalipsis 7; Amos 4-6

Encomienda a Jehová tu camino, y confía en él; y él hará.

SALMO 37:5

PUERTAS ABIERTAS

Una vez nuestro gato se nos metió en el taller. Este gato era arisco y no le gustaba estar cerca de la gente. Abrimos la puerta e intentamos convencerlo que saliera, pero el gato parecía estar ciego a la puerta abierta. En vez de salir corriendo, se escondía. No sabía que le tratábamos de ayudar. Simplemente no podía ver que la puerta que abrimos era para su beneficio. Después de tres días de estar en el taller, el gato al fin salió por la puerta abierta.

Podemos pensar, "¡Qué gato más ciego! ¿Por qué no podía ver aquella gran puerta abierta?" Pero ¿no será que muchas veces nos portamos como ese gato?

Quizás pensemos que nuestros planes son lo mejor para nosotros, pero Dios puede tener otro plan para nuestra vida. Él toca la puerta de nuestro corazón. La puerta se abre para que sigamos el plan de Dios. Rebeldes, corremos e intentamos escondernos de la puerta abierta. Pero Dios sigue llamándonos, y al fin nos entregamos a él. Al pasar por la puerta abierta de Dios, recibimos muchas bendiciones. Experimentamos la verdadera libertad. No seamos lentos para obedecer a la voz de Dios, sino estemos dispuestos a seguir a Dios cuando nos abre una puerta.

Al entregarnos completamente a Dios y a sus planes para nosotros, podemos experimentar la verdadera paz, el gozo y la libertad.

Samuel Beachy, Belvidere, Tennessee

Cuando Dios nos abre una puerta,
también nos da la fuerza suficiente para cumplir su plan.

17 de diciembre

Lectura bíblica: 1 Corintios 12

Plan para leer la Biblia en un año: Apocalipsis 8; Amos 7-9

Pero a cada uno de nosotros fue dada la gracia conforme a la medida del don de Cristo.

EFESIOS 4:7

JUNTOS TRABAJAMOS

Una mañana hermosa de invierno estaba en casa mirando caer la nieve y pensando en las lecciones que Dios nos enseña por medio de su creación. Mis ojos comenzaron a seguir los copos individuales de nieve. Los cristianos nos parecemos mucho a los copos de nieve. Un copo de nieve es casi invisible en un paisaje. Pero junta millones de copos de nieve y tienes una nevasca.

La nevasca causa salir de la carretera los autos, nos hace quedarnos en casa, nos da la oportunidad para esquiar, hacer figuras de nieve y jugar a lanzar bolas de nieve el uno al otro.

Noté algunas otras cosas respecto a la nieve. Parecía que los copos de nieve sabían lo que tenían que hacer. No había copos viéndose unos a otros y haciendo comentarios tales como: "Yo soy más importante que él", o "Yo soy más bonito que aquel". En el suelo no observé ningún copo individual tratando de sobresalir, o de parecer más grande o mejor que los demás.

Un copo de nieve no hace casi ninguna diferencia. Pero muchos copos de nieve juntos, sí. Proveen diversión o crean una crisis. Nosotros podemos hacer una diferencia en nuestra comunidad si trabajamos juntos. Somos mejor luz así. En vez de pelear y reñir, debemos permanecer juntos para el bien común, igual a la nieve.

Owen Schrock, Shreve, Ohio

La unidad es el fruto del amor.

18 de diciembre

Lectura bíblica: Juan 14:1-15

Plan para leer la Biblia en un año: Apocalipsis 9; Abdías

Jesús le dijo: Yo soy el camino, y la verdad, y la vida;
nadie viene al Padre, sino por mí.

JUAN 14:6

PREGUNTAD POR LAS SENDAS ANTIGUAS

Hace unos años tuve el privilegio de conocer a un marinero jubilado. Fue muy interesante escuchar al viejo capitán guardacostas. No se jactaba de sus experiencias, pero sí las apreciaba mucho. Aunque hoy en día mucho se puede hacer con controles computadorizados de radar en la dirección de los barcos, los que desean conocer los caminos del mar aún tienen que aprender a usar el viejo instrumento de dirección, el sextante. Este método de siglos de antigüedad calcula la posición de una nave por medio de medir la distancia angular entre el horizonte y una estrella, el sol o la luna. Si todos los otros sistemas fallaran, con sólo el sextante los marineros podrían hallar el rumbo correcto.

El viejo capitán había viajado sobre las aguas de país en país, como nosotros viajamos en tierra por las carreteras. Las estrellas del cielo eran sus guías en el camino, muy parecidas a las señales en la carretera. El capitán dijo que en alta mar hay pocos incrédulos.

Vivimos en una época en que muchos desean el camino más fácil. Jehová Dios nos advierte hoy con las palabras de Jeremías 6:16: "Así dijo Jehová: Paraos en los caminos, y mirad, y preguntad por las sendas antiguas, cuál sea el buen camino, y andad por él, y hallaréis descanso para vuestra alma. Mas dijeron: No andaremos." ¡Qué triste!

Como el sextante, los caminos antiguos y probados son los mejores. Pero el hombre es obstinado en desear su propio camino.

Wayne E. Miller, Rushsylvania, Ohio

La oración lo mantiene a uno dependiente de Dios.

19 de diciembre

Lectura bíblica: Mateo 1:18-25; 2:1-10

Plan para leer la Biblia en un año: Apocalipsis 10; Jonás

Comprobando lo que es agradable al Señor.

EFESIOS 5:10

LA ÉPOCA NAVIDEÑA

Cuando pienso en la Navidad, se me llena la mente de recuerdos de mi niñez: árboles de Navidad y decoraciones, viajes de compras, mucha comida, ropa nueva y más que todo, San Nicolás. Durante todo el año anhelábamos la venida de San Nicolás en la época navideña. Cantamos de él y escuchamos muchas historias de él que después nos dimos cuenta que no eran ciertas. Las canciones navideñas traían una emoción sin igual.

Más tarde, en mi juventud, desarrollé una relación personal con Jesucristo y me di cuenta de que él es muy diferente del niño Jesús que destaca la Navidad. Aunque era sobresaliente recordar que Jesús vino, la "Feliz Navidad" del mundo contradecía la razón de su venida, porque Jesús no quiere que estemos felices en nuestros pecados. Algunos amigos y familiares míos no se embriagaban con vino en todo el año menos en el día de la Navidad. Los demás nos embriagábamos emocionalmente.

Como cristianos, es bueno recordar que Cristo vino al mundo como un niño, pero es mucho más importante recordar que viene de nuevo para juzgar al mundo y recibir a los suyos. La época navideña es una oportunidad excelente para enseñarle al mundo que como cristianos, vivimos en alegre obediencia a Dios todo el año.

La Biblia no nos manda a adorar a una estatua en un portal de Belén. Sin embargo, nos exhorta a creer en Jesús, nuestro Señor resucitado, y a obedecer sus mandatos. También nos manda guardarnos sin mancha y apartados del mundo. ¡Gracias a Dios, podemos ser fieles a él y por su gracia vivir una vida piadosa!

Roger Rangai, Lott, Texas

Si reconocemos que Jesús es real, le daremos nuestra adoración.

20 de diciembre

Lectura bíblica: Filipenses 2:1-18

Plan para leer la Biblia en un año: Apocalipsis 11; Miqueas 1-4:8

Nada hagáis por contienda o por vanagloria; antes bien con humildad, estimando cada uno a los demás como superiores a él mismo.

FILIPENSES 2:3

LA TRAMPA DE LA ENVIDIA

La envidia se define en mi diccionario como un sentimiento de inconformidad o mala voluntad por las ventajas o posesiones de otro. Otra palabra igual de mortífera es "envenenar", que significa poner veneno en algo o llenarlo de odio, o amargarlo (o causarle a envidiar).

Ponemos una trampa para estorninos cerca de unos árboles a poca distancia de nuestras casitas para vencejos. Los estorninos son pájaros envidiosos. Si un estornino entra en la trampa y otro está cerca, ambos pájaros generalmente terminarán adentro. Hemos atrapado hasta cinco a la vez. Los pájaros afuera no aguantan ver que otro se aproveche de una situación que les parece más favorable.

Me parece que los humanos no somos mejores. Lo he visto suceder entre vecinos, entre familiares y entre otros. Uno compra un vehículo más nuevo o mejor, y el otro no puede dejarse superar. Lo mismo sucede en otros asuntos. El objeto no siempre es malo, pero la actitud muchas veces sí. La raíz es simplemente el orgullo. Me gusta le definición de un diccionario alemán para orgullo: "una opinión inflada de uno mismo, un autoengaño en que el hombre no es lo que se cree ser".

Nadie jamás puede decir que no ha sido tentado con la envidia, aunque haya sido solamente por un momento. Todos necesitamos el Espíritu de Dios por medio de Cristo para rechazar esos pensamientos inmediatamente. Busquemos poner en práctica el deseo de ver a otros prosperar. Desear que otros prosperen debe ser parte de nuestro gozo en Cristo. Cuando fallan, nos debe causar un verdadero dolor al corazón porque sufrimos con ellos.

Wayne E. Miller, Rushsylvania, Ohio

Una cosa es necesaria: tener la mente de Cristo.

21 de diciembre

Lectura bíblica: 2 Samuel 9

Plan para leer la Biblia en un año: Apocalipsis 12; Miqueas 4:9-7:20

Antes sed benignos unos con otros, misericordiosos, perdonándoos unos a otros, como Dios también os perdonó a vosotros en Cristo.
EFESIOS 4:32

SED BENIGNOS

David mandó a sus siervos a cultivar la tierra que le dio a Mefi-boset para que él y su hijo tuvieran comida. Esto es un bello cuadro de la bondad y del amor de Dios para nosotros. Éramos completamente indignos de su amor. No pudimos hacer nada para hacernos dignos de su amor. Cuando éramos aún pecadores, Cristo murió por nosotros.

Los hijos por lo general heredan características de sus padres. Si somos hijos de Dios, el mundo debe ver bondad en nosotros. La amargura, la ira, el enojo y la maledicencia se deben dejar atrás. La bondad, la compasión y el perdón se deben ver en nuestra vida.

Dios nos amó cuando aún éramos sus enemigos. Dios nos manda amar a nuestros enemigos. El amor es más fuerte que el odio. El odio puede causar que controlemos a las personas a la fuerza, pero solamente el amor puede hacer un amigo del enemigo. Se necesita el amor de Dios en el corazón para hacer el bien a los que nos odian.

En el libro *Martyr's Mirror* (El espejo de los mártires) leemos de Dirk Willems que corrió por encima del hielo delgado para escapar de su apresador. Miró hacia atrás y vio que el hielo no había aguantado el peso del apresador. Dirk sabía que el apresador se ahogaría si no regresaría para rescatarlo, y se volvió a rescatarlo. El hombre agradecido quería dejar libre a Dirk, pero el burgomaestre le habló severamente, diciéndole que se acordara de su juramento. Dirk fue apresado y después ejecutado.

La bondad ha ganado el corazón de muchos. Como hijos de Dios, debemos mostrar bondad a pesar de la reacción que recibamos.

Benuel Glick, Indiana, Pensilvania

Si te falta la bondad, te falta la santidad.

360

22 de diciembre

Lectura bíblica: Filipenses 4

Plan para leer la Biblia en un año: Apocalipsis 13; Nahúm

Camino a la vida es guardar la instrucción;
pero quien desecha la reprensión, yerra.
PROVERBIOS 10:17

LAS PRIORIDADES CRISTIANAS

Un pequeño grupo de hombres dialogaba la espiritualidad y la iglesia un domingo en la noche después del culto. Era una plática intensa, interesante y franca. Una esposa le recordaba al esposo que era hora de irse, ya que ella tenía que prepararse para una cita importante en la madrugada. Su esposo, fascinado por la atracción magnética de la plática, le hacía poco caso. Después de un tiempo, el grupito se dispersó y todos se fueron a casa.

El siguiente día un hermano le dijo al hermano que había hecho caso omiso de los deseos de su esposa:

—Tu respuesta a tu esposa anoche me molestó. Perdiste una buena oportunidad de mostrar tu amor y fe en acción. Como hombre mayor, podría habernos dejado un buen ejemplo a nosotros los menores.

—Pero estábamos en una plática espiritual —se defendió el hermano.

—Dios nunca quiso que fuéramos tan espirituales que dejaríamos a un lado nuestras responsabilidades —le recordó el primer hermano.

Ésa es una verdad profunda. Es la lucha de los siglos entre el Espíritu Santo y el espíritu del hombre. ¿Estamos satisfechos con cumplir los deberes y las obligaciones pequeñas que claramente nos tocan? Vivir una vida entregada, pero a la vez apasionada y centrada en Dios, no solamente es posible, sino que es exactamente lo que Dios quiere. Hay un tiempo para las palabras y un tiempo para la acción. ¿Podemos, en el espíritu de Filipenses 4:12, animarnos unos a otros a seguir adelante y poner la mirada en las cosas de arriba? Acepta tus circunstancias a como son. Claro que algunas se pueden cambiar, y se deben.

Roy Keim, West Union, Ohio

Porque los caminos del hombre están ante los ojos de Jehová,
y él considera todas sus veredas. Proverbios 5:21

23 de diciembre

Lectura bíblica: Mateo 5:23-48

Plan para leer la Biblia en un año: Apocalipsis 14; Habacuc

Pero yo os digo: Amad a vuestros enemigos,
bendecid a los que os maldicen, haced bien a los que os aborrecen,
y orad por los que os ultrajan y os persiguen.

MATEO 5:44

VIDAS CAMBIADAS

En los libros de la historia y en las enciclopedias abunda la información en cuanto al ataque japonés contra la base militar de los Estados Unidos en Pearl Harbor el 7 de diciembre, 1941. La historia cuenta la destrucción vasta de propiedad y la pérdida de miles de vidas.

Pero los libros de historia no cuentan toda la historia. El libro *Real Stories for the Soul* (Historias verídicas para el alma) cuenta de Mitsuo Fuchida que encabezó al escuadrón de 860 aviones involucrados en el ataque. Jacob DeShazer, piloto americano de bombardeo, estaba muy ansioso por vengarse con el enemigo. El 18 de abril, DeShazer piloteó su bombardero B-25 sobre Nagoya en un asalto peligroso. Después que dejó caer las bombas, se perdió en la densa neblina, y tuvo que expulsarse del avión cuando se le terminó el combustible. DeShazer sufrió hambre, frío y tortura a manos de sus enemigos. Los odiaba y los trataba con desprecio. En mayo de 1944, le fue dada una Biblia. La apretó contra su pecho; después comenzó a leerla. Empezó a memorizar versículos; y después de llegar a Mateo 5:44, él cambió. Comenzó a tratar a los guardias con bondad y respeto. Pronto la actitud de los guardias cambió y comenzaron a ayudarle.

Después de la guerra, DeShazer regresó a Japón como misionero. Un día un hombre llegó a su puerta. Era Mitsuo Fuchida, que había encabezado el ataque contra Pearl Harbor. Había llegado a ser seguidor de Cristo después de que un hombre le dio un Nuevo Testamento. Los dos hombres llegaron a ser buenos amigos y se consideraban hermanos en Cristo. Aprendieron el perdón y cambiaron el odio por el amor. Mitsuo Fuchida pasó el resto de su vida como misionero.

Nunca te aburres de hablar de la Palabra de Dios. Quizás nunca nos daremos cuenta de los efectos de una Biblia que hayamos regalado. Dios puede usar nuestros débiles esfuerzos para producir una gran cosecha espiritual.

Melvin L. Yoder, Gambier, Ohio

Un alma ganada vale más que todo el mundo y lo que contiene.

24 de diciembre

Lectura bíblica: Lucas 2:1-20·

Plan para leer la Biblia en un año: Apocalipsis 15; Sofonías

Y dio a luz a su hijo primogénito, y lo envolvió en pañales, y lo acostó en un pesebre, porque no había lugar para ellos en el mesón.

LUCAS 2:7

NINGUNA HABITACIÓN DISPONIBLE

Viajábamos de regreso a casa después de visitar a nuestros padres en otro estado. Al anochecer, comenzamos a buscar un hotel, pero para nuestra consternación todo hotel llevaba un letrero de "Ninguna habitación disponible". Para peor, nuestro automóvil comenzó a fallar, amenazando dejarnos inmovilizados. ¿Dónde encontraríamos ayuda y posada a las once de la noche? Al fin hallamos un viejo hotel con solamente dos habitaciones disponibles. ¡Cuán agradecidos estábamos! La siguiente mañana un hombre del taller local reparó el automóvil, y seguimos felices y agradecidos.

Pensé en José y María que tuvieron una experiencia parecida cuando viajaban de Nazaret a Belén. María estaba por dar a luz, pero no había habitación disponible. Al fin encontraron lugar en el establo, y allí nació Jesús, nuestro Señor y Salvador.

Ahora, dos mil años después, millones de personas no tienen lugar para Jesús. Es como si tuvieran un letrero de "ninguna habitación disponible" sobre el corazón. Durante la época navideña, muchos corren de allá para acá en viajes de compras, afanados y turbados por muchas cosas. No dedican ningún pensamiento al don inexpresable que Dios ha dado a la humanidad para librarnos de la esclavitud del pecado. Dios se ha de entristecer mucho con la humanidad al ver tantos letreros de "ninguna habitación disponible".

¿Podrá haber decepción más grande que pararnos ante las puertas del cielo y hallar un letrero de "ninguna habitación disponible"? Si hay algún letrero de "ninguna habitación disponible" para Jesús en nuestro corazón, quitémoslo ahora mismo.

Norman Wine, Lebanon, Pensilvania

¿Ninguna habitación disponible para Jesús?
Ninguna habitación disponible para ti en el cielo.

Lectura bíblica: Lucas 1:67-80

Plan para leer la Biblia en un año: Apocalipsis 16; Hageo

Porque han visto mis ojos tu salvación,
la cual has preparado en presencia de todos los pueblos.

LUCAS 2:30-31

CRISTO ¿NIÑO O REY?

¿Cuál debe ser el enfoque en el día de la Navidad? Si seguimos el ejemplo del mundo religioso alrededor de nosotros, sería el niño Jesús. Es correcto que nos regocijemos de la venida de Cristo como bebé. La llegada de Cristo fue una maravilla que solamente Dios pudo hacer. Pero el énfasis sobre Cristo como bebé está equivocado. La infancia de Jesús solamente era un medio para un fin. Comprobó la completa humanidad de Cristo. Pero la infancia de Jesús no proveyó nada para nuestra salvación.

Quizás sea bonito pensar en un bebé dulce y lindo. Los bebés son el cuadro mismo de la inocencia. Son muy indefensos. Sin embargo, no debemos reducir al Cristo exaltado del cielo a un bebé perpetuo en nuestra vida. Sí, un bebé fácilmente nos gana el amor. Pero ¿trajo salvación un bebé? ¿Es un bebé el Señor de nuestra vida?

El esfuerzo del mundo para mantener a Jesús en el pesebre no es tan diferente de promover a San Nicolás. Ambas cosas apartan la mente de las personas de su responsabilidad a Cristo. Ambos sirven como ídolos para quitar nuestro amor para con Dios. En el nombre de la religión, Jesucristo Señor de la gloria se deja a un lado y se olvida.

Estamos agradecidos de que Dios enviara a Jesús al mundo como bebé. Estamos aun más agradecidos de que creciera para ser un hombre perfecto, un ejemplo para nosotros. Pero nuestro gozo llega a ser completo al recordar la gran salvación que obró para nosotros, y al recordar que sigue su obra en el cielo a la diestra de Dios. Adoremos a Cristo por quién es, no solamente por quién era hace dos mil años. Que el gozo de la Navidad halle su expresión verdadera mientras servimos al Rey de la gloria.

Delmar R. Eby, London, Kentucky

Cristo nació, el gran ungido. ¡Cielo y tierra sus alabanzas cantad!
Recibid al que Dios escogió como profeta, sacerdote y rey.

26 de diciembre

Lectura bíblica: Romanos 12, 13:10-14

Plan para leer la Biblia en un año: Apocalipsis 17; Zacarías 1-3

Este es el día que hizo Jehová; nos gozaremos y alegraremos en él.
SALMO 118:24

EL DÍA DE HOY

Según cierto cálculo, la persona media a los setenta y cinco años de edad ha pasado nueve años jugando, siete años y medio vistiéndose, seis años viajando, seis años comiendo, cuatro años enfermo y un año en la casa de Dios. Ya pasé los setenta y cinco años, pero espero haber pasado más de un año en la casa de Dios.

Hoy es un día que no existió antes y nunca vendrá otra vez. Necesitamos tener cuidado con lo que hacemos. Afectará nuestro destino eterno.

Es bueno levantarnos lo suficiente temprano cada mañana para pasar un rato en oración y en la lectura de la Palabra de Dios. Es muy importante sacar un rato diario de adoración con la familia, pero también es importante tener un rato de adoración personal, a solas con Dios. Como dice la Biblia: "Entra en tu aposento, y cerrada la puerta, ora a tu Padre . . ."

Puede ser bueno tomar unas decisiones en cuanto a cómo vamos a pasar el día. Hoy comenzaré el día con una sonrisa. Me regocijaré en el Señor. No criticaré a nadie. Hoy no malgastaré el tiempo afanándome por lo que podría suceder. Hoy procuraré mejorar. Hoy decido hacer lo que debo, y dejar de hacer lo que no debo. Hoy no me imaginaré qué haría si las cosas fueran diferentes. No son diferentes. Trabajaré con lo que tengo. Hoy trataré a las demás personas como si fuera mi último día. Posiblemente mañana no vendrá.

Eli A. Yoder, Stuarts Draft, Virginia

---

*Mañana nunca llegará, y ayer nunca regresará.
Hoy es lo único que tenemos. Usémoslo con sabiduría.*

27 de diciembre

Lectura bíblica: Judas

Plan para leer la Biblia en un año: Apocalipsis 18; Zacarías 4-6

El que habita al abrigo del Altísimo morará bajo la sombra del Omnipotente.
SALMO 91:1

¿VIDA AUTOMÁTICA?

Muchos aparatos modernos han reemplazado la retención mental, las decisiones y los esfuerzos mentales. Tenemos transmisiones automáticas, lavaplatos y lavadoras, y controles automáticos para los automóviles. El peligro que enfrentamos es el de aplicar estas conveniencias a la vida espiritual también.

Después de la conversión y del bautismo, tomamos por sentado que el fuego, entusiasmo y gozo inicial continuarán automáticamente. Sin embargo, tendemos a enfriarnos durante el tiempo, y después nos preguntamos por qué. Judas nos amonesta a conservarnos en el amor de Dios. Es nuestra responsabilidad estar donde Dios nos puede bendecir. Creceremos si estamos al lado del río de agua viva. Para mantenernos en su amor, debemos mantener la comunión diaria con el Hijo y obedecer y absorber su Palabra.

También podríamos creer que si tan sólo pudiéramos encontrar a la iglesia perfecta u obtener una Biblia de estudio mejor, automáticamente llegaríamos a ser más espirituales. Por buenas que puedan ser estas cosas, de nada nos sirven hasta que pongamos en práctica las verdades que nos revelan. La espiritualidad pocas veces se desarrolla en las circunstancias ideales, sino en la adversidad. "Sabiendo que la prueba de vuestra fe produce paciencia. Mas tenga la paciencia su obra completa, para que seáis perfectos y cabales, sin que os falte cosa alguna" (Santiago 1:3-4). Nuestra fe se tiene que aplicar y probar para demostrar su calidad.

Satanás no puede impedir que Dios nos bendiga, pero utiliza cualquier método a su alcance para mantenernos alejados de Dios. Nos mantendrá tan concentrados en el entretenimiento, el trabajo, las diversiones, los deportes o sencillamente en estar muy ocupados, que tendremos poco tiempo para recibir las bendiciones de Dios. Dejemos a un lado los afanes de la vida y démosle a Dios el tiempo que él se merece. El tiempo que pasamos con Dios nos ayuda a crecer.

Steven Taylor, Stoystown, Pensilvania

La Palabra de Dios es deliciosa para aquel que desprecia al mundo.

28 de diciembre

Lectura bíblica: Génesis 6:11-22; 7:1-12, 22-24

Plan para leer la Biblia en un año: Apocalipsis 19; Zacarías 7-9

Y lo hizo así Noé; hizo conforme a todo lo que Dios le mandó.

GÉNESIS 6:22

LA OBEDIENCIA SEGÚN DIOS

Dios mandó a Noé construir el arca. Noé obedeció. Se exigió esfuerzo de parte de Noé para obedecer. Era un proyecto grande. El arca medía aproximadamente 137 metros de largo, 23 metros de ancho y 14 metros de alto. La construcción del arca duró casi cien años. Probablemente Noé no tenía mucha ayuda. Los impíos a su alrededor no hacían arcas. Pero Noé obedeció.

Dios también nos llama a hacer cosas que parecen difíciles para la carne. En la Biblia nos manda vivir en santidad y ganar la victoria sobre el pecado. Nos llama a amar a los enemigos y a perdonar a los que nos hacen daño.

También habla por medio de los hombres. Ha creado una red de personas en autoridad sobre nosotros. Nos llama a todos a obedecer en el hogar y en la iglesia. Nos llama a obedecer al gobierno civil. También puede hablar por medio de la amonestación de los hermanos.

A veces Dios nos llama por medio de las circunstancias. Puede presentar una oportunidad para mayor servicio aunque creamos que estamos demasiado ocupados para hacerlo. Quizás tememos lo que podrían pensar los demás si respondiéramos a tal llamado.

Noé obedeció a Dios, y Dios lo recompensó. Durante el diluvio, el arca que había hecho le salvó la vida. La familia de Noé también fue salva porque obedecieron a Dios junto con Noé. Aun muchos animales fueron preservados del diluvio por la obediencia de Noé.

Las obras no nos pueden salvar del pecado, pero Dios sí nos llama a una vida de obediencia. Ha prometido que si le seguimos, nos dará un galardón en el cielo con él. Allí estaremos seguros de la destrucción del mundo en una calamidad peor que la del diluvio.

Jonathan E. Mast, Crossville, Tennessee

Obedece y confía. Hoy.

29 de diciembre

Lectura bíblica: Mateo 24:1-13; Apocalipsis 16:17-21

Plan para leer la Biblia en un año: Apocalipsis 20; Zacarías 10-12

Mas el que persevere hasta el fin, éste será salvo.

MATEO 24:13

PREPÁRATE PARA VENIR AL ENCUENTRO DE DIOS

El 26 de diciembre de 2004, hubo un terremoto de una magnitud de 9.0 en el océano Índico. Era el terremoto más fuerte en los últimos cuarenta años. Una sección del lecho del mar, de quince kilómetros de ancho y 1,600 kilómetros de largo, se alzó treinta metros. El terremoto soltó una ola destructora que viajó 6,500 kilómetros a través del océano Índico a 800 kilómetros por hora. Fue uno de los peores desastres naturales en la historia moderna.

¿Qué nos querrá decir Dios? ¿Estamos escuchando? Los débiles humanos no podemos comprender el gran poder de Dios. Un hombre dijo:

—¡Esta vez Dios se equivocó!

Servimos a un Dios que no hace errores. No podemos entender los caminos de Dios, pero podemos aceptarlos como su voluntad. Muchas personas sienten que el terremoto es una forma en que Dios nos muestra que el fin se acerca. Otros blasfeman a Dios. En Apocalipsis 16 leemos de dos plagas que Dios mandó. La gente le blasfemaba y no se arrepentía.

Aun si Jesús no regresa mientras vivimos, recuerda que la vida pasa rápidamente. ¿Estamos preparados, o seguimos viviendo descuidados, más preocupados por ganar dinero y vivir cómodamente? ¡Prepárate para venir al encuentro de tu Dios!

Daniel Miller, Dunnegan, Misuri

El negocio más importante de esta vida
es prepararte para la que sigue.

30 de diciembre

Y escribe al ángel de la iglesia en Tiatira: El Hijo de Dios, el que tiene ojos como llama de fuego, y pies semejantes al bronce bruñido, dice esto: . . .
APOCALIPSIS 2:18

LOS OJOS DE DIOS

El versículo clave dice que los ojos de Dios son como llama de fuego. Eso da la idea de que son penetrantes. Los ojos de Dios no son limitados como los nuestros. Él puede ver dentro del corazón como nosotros podemos ver a través del vidrio transparente. Conoce los pensamientos y las intenciones del corazón. Quizás engañemos a la gente a nuestro alrededor, pero no podemos engañar a Dios. "Los ojos de Jehová están en todo lugar, mirando a los malos y a los buenos" (Proverbios 15:3).

Los impíos se incomodan al pensar en que los ojos de Dios miran su vida. En el día del juicio clamarán a las piedras y a las montañas que caigan sobre ellos y les escondan del rostro de Dios (Apocalipsis 6:16).

Para el pueblo de Dios, es una gran bendición saber que Dios nos está vigilando. Él sabe cuándo enfrentamos pruebas y tentaciones, y cuida de nosotros. Nos da la gracia que necesitamos para vivir en victoria. No importa dónde nos manda, él promete estar con nosotros y protegernos. Nunca nos dejará, ni nos desamparará. Mientras miramos a él, él nos dará la fuerza y el ánimo para serle fiel.

Nos debe ayudar a ser reverentes ante Dios y a no guardar maldad en el corazón, al pensar en que los ojos de Dios nos miran.

Dan Troyer, Deer Lodge, Tennessee

Si pecas, no podrás escaparte.

31 de diciembre

Lectura bíblica: Proverbios 4; Santiago 1:5

Plan para leer la Biblia en un año: Apocalipsis 22; Malaquías

Sabiduría ante todo; adquiere sabiduría;
y sobre todas tus posesiones adquiere inteligencia.

PROVERBIOS 4:7

LA SABIDURÍA SEGÚN DIOS

La Biblia dice que el temor del Señor es la sabiduría (Job 28:28). Todos queremos la sabiduría y el entendimiento. Eva cometió el primer pecado con la esperanza de ganar el conocimiento y el entendimiento. Hoy en día se gasta mucho dinero en ganar el conocimiento y el entendimiento mundano en muchas áreas distintas. Pero la Palabra de Dios dice que la sabiduría de este mundo es insensatez para con Dios (1 Corintios 3:19). "Pero la sabiduría que es de lo alto es primeramente pura, después pacífica, amable, benigna, llena de misericordia y de buenos frutos, sin incertidumbre ni hipocresía" (Santiago 3:17).

Si somos discípulos de él, Dios nos dará la sabiduría de lo alto. Dios se place en darnos la sabiduría y el entendimiento por medio de su Palabra y del Espíritu Santo. Si alguien tiene falta de sabiduría, pídala a Dios, que da a todos abundantemente (Santiago 1:5). Todos necesitamos pedirle a Dios sabiduría con humildad.

Salomón reconoció su debilidad e ignorancia diciéndole a Dios: "Da, pues, a tu siervo corazón entendido" (1 Reyes 3:9). Por eso, Dios le hizo el más sabio de todos los hombres. Pero la sabiduría de Salomón no le enseñó el autocontrol. Salomón enseñó bien, pero no cumplió lo que enseñó. Describe el necio en Proverbios y nos da un cuadro vivo de sus propias fallas. Podemos tener mucho conocimiento en la cabeza, pero si no ponemos en práctica lo que sabemos, Dios no nos bendecirá con más sabiduría.

Ben Gingerich, Burkesville, Kentucky

El hombre es sabio cuando reconoce que no lo es.

Junto a aguas de Reposo

Beside the Still Waters - Spanish Edition

Volumen 2

$8.99 . 370 páginas . tapa flexible

Item #JUN76136

"Eres lo que comes" es un buen refrán antiguo. Comer zanahorias no convertirá a nadie en zanahoria, pero es imposible ser físicamente saludable sin una dieta saludable. La salud espiritual del cristiano también depende de una dieta espiritual saludable. Le resulta imposible al cristiano mantenerse saludable espiritualmente mientras se alimente de las golosinas del mundo. Si deseas evitar la enfermedad espiritual, tú tienes que alimentar tu mente cada día con las cosas de Dios.

Por esa razón, me complace presentar este segundo volumen de Junto a aguas de reposo con sus 366 meditaciones diarias selectas. Confío en que este libro te ayudará a mantener la costumbre sana de entrar diariamente en la presencia de Dios y de alimentar tu alma en él. ¡Que las sobras del mundo parezcan insípidas y sin sabor al lado de las exquisiteces de la Palabra de Dios!

—De la introducción

El costo del rechazo

THE PRICE - SPANISH EDITION

172 páginas \\ tapa flexible \\ $9.99
Item #COS00010

FORMULARIO DE PEDIDOS
Para hacer un pedido, envíe este formulario completado a:

Vision Publishers
P.O. Box 190 • Harrisonburg, VA 22803
Teléfono: 877.488.0901 • Fax: 540-437-1969
E-mail: orders@vision-publishers.com
Sitio web: www.vision-publishers.com

_____   _____
Nombre   Fecha

_____   _____
Dirección de correo   Teléfono

_____
Ciudad   Estado   Código Postal

El costo del rechazo   Cantidad: _____ x $9.99 cada uno = _____

Junto a aguas de reposo (Volumen 2)

Cantidad: _____ x $8.99 cada uno = _____

Junto a aguas de reposo (Volumen 3)

Cantidad: _____ x $8.99 cada uno = _____

(Consulte al 877-488-0901 para descuentos en compras mayores)

Precio: _____

5% impuesto a las ventas: (residentes de Virginia solamente) _____

Impuesto a las ventas aplicable a residentes de Ohio: _____

Envío: (Añada el 10% del total del pedido + $3.00) _____

Total en dólares estadunidenses: _____

❏ Cheque número: _____
❏ Giro postal   ❏ Visa
❏ MasterCard   ❏ Discover

Nombre en la tarjeta: _____

Número de tarjeta: _|_|_|_| _|_|_|_| _|_|_|_| _|_|_|_|

Número de verificación de tarjeta: _|_|_| Fecha de vencimiento: _|_|_|_|

¡Le agradecemos por su pedido!

Si desea un listado completo de nuestros libros, pida nuestro catálogo.
Recibimos consultas de librerías